“十二五”国家重点图书出版规划项目

关学文库　总主编　刘学智　方光华

冯从吾评传

何睿洁 著

西北大学出版社

总　序

张载(1020—1077),字子厚,宋凤翔府郿县(今陕西眉县)人,祖籍大梁,宋仁宗嘉祐二年(1057)进士。张载出身于官宦之家。祖父张复在宋真宗时官至给事中、集贤院学士,死后赠司空。父亲张迪在宋仁宗时官至殿中丞、知涪州事,赠尚书都官郎中。张迪死后,张载与全家遂侨居于凤翔府郿县横渠镇之南。因他曾在此聚徒讲学,世称"横渠先生"。他的学术思想在学术史上被称为"横渠之学",他所代表的学派被后人称为"关学"。张载与程颢、程颐同为北宋理学的创始人。可以说,关学是由张载创立并于宋元明清时期,一直在关中地区传衍的地域性理学学派,亦称关中理学。

关学基本文献整理与相关研究不仅是中国思想学术史的重要课题,也是体现中国思想文化传承与创新的重要举措。《关学文库》以继承、弘扬和创新中华文化为宗旨,以文献整理的系统性、学术研究的开拓性为特点,是我国第一部对上起于北宋、下迄于清末民初,绵延八百余年的关中理学的基本文献资料进行整理与研究的大型丛书。这项重点文化工程的完成,对于完整呈现关学的历史面貌、发展脉络和鲜明特色,彰显关学精神,推动传统文化创造性转化、创新性发展无疑具有重要意义。在《关学文库》即将出版发行之际,我仅就关学、关学与程朱理学的关系、关学的思想特质、《关学文库》的整体构成等谈几点意见,以供读者参考。

一、作为理学重要构成部分的关学

众所周知,宋明理学是中国儒学发展的新形态与新阶段,一般被称为新儒学。但在新儒学中,构成较为复杂。比较典型的则是程朱理学与陆王心学。南宋学者吕本中较早提到"关学"这一概念。南宋朱熹、吕祖谦编选的《近思录》较早地梳理了北宋理学发展的统绪,关学是作为理学的重要一支来作介绍的。朱熹在《伊洛渊源录》中,将张载的"关学"与周敦颐的"濂学"、二程(程颢、程颐)的"洛学"并列加以考察。明初宋濂、王祎等人纂修《元史》,将宋代理学概括为"濂洛关闽"四大派别,其中虽有地域文化的特色,但它们的思想内涵及其影响并不限于某个地域,而成为中华思想文化史上重要的一页,即宋代理学。

根据洛学代表人物程颢、程颐以及闽学代表人物朱熹对记载关学思想的理解、评价和吸收,张载创始的关学本质上当是理学,而且是影响全国的思想文化学派。过去,我们在编写《中国思想通史》第四卷、《宋明理学史》上册的时候,在关学学术旨归和历史作用上曾作过探讨,但是也不能不顾及古代学术史考镜源流的基本看法。

需要注意的是,张载后学,如蓝田吕氏等,在张载去世后多归二程门下,如果拘泥门户之见,似乎张载关学发展有所中断,但学术思想的传承往往较学者的理解和判断复杂得多。关学,如同其他学术形态一样,也是一个源远流长、不断推陈出新的形态。关学没有中断过,它不断与程朱理学、陆王心学融合。明清时期,关学的学术基本是朱子学、阳明学的传入及与张载关学的融会过程。因此,由宋至清的关学,实际是中国理学的重要组成部分,它是一个动态的且具有包容性和创新性的概念,它开启了清初王船山学术的先河。

《关学文库》所遴选的作品与人物,结合学术史已有研究成果,如《宋元学案》《明儒学案》《关学编》及《关学续编》《关学宗传》等,均是关中理学的典型代表,上起北宋张载,下至晚清的刘光蕡、民国时期的牛兆濂,能够反映关中理学的发展源流及其学术内容的丰富性、深刻性。与历史上的《关中丛书》相比,这套文库更加丰富醇纯,是对前贤整理文献思想与实践的进一步继承与发展,其学术意义不言而喻。

二、张载关学与程朱理学的关系

佛教传入中土后,有所谓"三教合一"说,主张儒、道、释融合渗透,或称三教"会通"。唐朝初期可以看到三教并举的文化现象。当历史演进到北宋时期,由于书院建立,学术思想有了更多自由交流的场所,从而促进了学人的独立思考,使他们对儒家经学笺注主义提出了怀疑,呼唤新思想的出现,于是理学应时而生。理学主体是儒学,兼采佛、道思想,研究如何将它们融合为一个整体,这是一个重要的课题。从理学产生时起,不同时代有不同的理学学派。

比如，在“三教融合”过程中，如何理解“气”与“理”（理的问题是回避不开的，华严宗的“事理说”早在唐代就有很大影响）的关系？理学如何捍卫儒学早期关于人性善恶的基本观点，又不致只在“善”与“恶”的对立中打圈子？如何理解宇宙？宇宙与社会及个人有何关系？君子、士大夫怎么做才能维护自身的价值和尊严，又能坚持修齐治平的准则？这些都是中国思想史中宇宙观与人生观的大问题。对这些问题的研究和认识，不可能一开始就有一个统一的看法，需要在思想文化演进的历史进程中逐步加以解决。宋代理学的产生及不同学派的存在，就是上述思想文化发展历史的写照，因而理学在实质上是中国思想文化的传承创新，具有重要的历史意义。

张载关学、二程洛学、南宋时朱熹闽学各有自己的特色。作为理学的创建者之一，张载胸怀“为天地立心，为生民立命，为往圣继绝学，为万世开太平”的学术抱负，在对儒学学说进行传承发展中做出了重要的理论贡献。北宋时期，学者们重视对《易》的研究。《易》富于哲理性，他通过对《易》的解说，阐述对宇宙和人生的见解，积极发挥《四书》义理，并融合佛、道，将儒家的思想提升到一个新的高度。

张载与洛学的代表人物程颢、程颐等人曾有过密切的学术交往，彼此或多或少在学术思想上相互产生过一定的影响。宋仁宗嘉祐元年（1056），张载来到京师汴京，讲授《易》学，曾与程颢一起终日切磋学术，探讨学问（参见《二程集·河南程氏遗书》卷二上）。张载是二程之父程珦的表弟，为二程表叔，二程对张载的人品和学术非常敬重。通过与二程的切磋与交流，张载对自成一家之言的学术思想充满自信：“吾道自足，何事旁求！”（吕大临《横渠先生行状》）

因为张载与程颢、程颐之间为亲属关系，在学术上有密切的交往，关学后传不拘门户，如吕氏三兄弟吕大忠、吕大钧、吕大临，苏昞、范育、薛昌朝以及种师道、游师雄、潘拯、李复、田腴、邵彦明、张舜民等，在张载去世后一些人投到二程门下，继续研究学术，也因此关学的学术地位在学术史上常常有意无意地受到贬低甚至质疑（包括程门弟子的贬低和质疑）。事实上，在理学发展史上，张载以其关学卓然成家，具有鲜明的特点和理论建树，这是不能否定的。反过来，张载的一些观点和思想也影响了二程的思想体系，对后来的程朱学说及闽学的形成也有重要的启迪意义，这也是客观的事实。

张载依据《易》建立自己的思想体系，但是，在基本点上和《易》的原有内容并不完全相同。他提出“太虚即气”的观点，认为没有超越“气”之上的“太极”或“理”世界，换言之，“气”不是被人创造出的产物。又由此推论出天下万物由“气”聚而成；物毁气散，复归于虚空（或“太虚”）。在气聚、气散即物成物毁的运行过程中，才显示出事物的条理性。张载说：“太虚不能无气，气不能不聚而为万物，万物不能不散而为太虚，循是出入，是皆不得已而然也。”（《正蒙》卷一）他用这个观点去看万物的成毁。这些观点极大地影响了清初大思想家王船山。

张载在《西铭》中说：“乾称父，坤称母。予兹藐焉，乃混然中处。故天地之塞，吾其体；天地之帅，吾其性。民，吾同胞；物，吾与也。”天地是万物和人的父母，人是天地间藐小的一物。天、地、人三者共处于宇宙之中。由于三者都是气聚之物，天地之性就是人之性，所以人类是我的同胞，万物是我的朋友，归根到底，万物与人类的本性是一致的。进而认为，人们“尊高年，所以长其长；慈孤弱，所以幼其幼。圣，其合德；贤，其秀也。凡天下疲癃残疾、茕独鳏寡，皆吾兄弟之颠连而无告者也”。这里所表述的是一种高尚的人道主义精神境界。

二程思想与张载有别，他们通过对张载气本论的取舍和改造，又吸收佛教的有关思想，建构了“万理归于一理”的理论体系。在人性论方面，二程在张载人性论的基础上进一步深化了孟子的性善论。二程赞同张载将人性分为“天地之性”和“气质之性”。但二程认为“天地之性”是天理在人性中的体现，未受任何损害和扭曲，因而是至善无瑕的；“气质之性”是气化而生的，也叫“才”，它由气禀决定，禀清气则为善，禀浊气则为恶，正因为气质之性不可避免地受到了“气”的侵蚀而出现“气之偏”，因而具有恶的因素。在二程看来，善与恶的对立，实际上是“天理”与“人欲”的对立。

朱熹将张载气本论进行改造，把有关“气”的学说纳入他的天理论体系中。朱熹接受“气”生万物的思想，但与张载的气本论不同，朱熹不再将“理”看成是“气”的属性，而是“气”的本原。天理与万事万物是一种怎样的关系？朱熹关于“理一分殊”的理论回答了这一问题。他认为：“太极只是个极好至善的道理。人人有一太极，物物有一太极。”又说：“太极非是别为一物，即阴阳而在阴阳，即五行而在五行，即万物而在万物，只是一个理而已。”（《朱子语类》卷九四）“理一分殊”理论包括一理摄万理与万理归一理两个方面，这与张载思想有别。

总之，宋明理学反映出儒、道、释三者融合所达到的理论高度。这一思想的融合完成于两宋时期。张载开创的关学为此做出了重要的学术贡献。正如清初思想家王船山所说："张子之学，上承孔孟之志，下救来兹之失，如皎日丽天，无幽不烛，圣人复起，未有能易焉者也。"（《张子正蒙注·序论》）船山之学继承发扬了张载学说，又有新的创造。

三、关学的特色

关学既有深邃的理论，又重视实用。这可以概括为以下几个方面：

首先，学风笃实，注重践履。黄宗羲指出："关学世有渊源，皆以躬行礼教为本。"（《明儒学案·师说》）躬行礼教，学风朴质是关学的显著特征。受张载的影响，其弟子蓝田"三吕"也"务为实践之学，取古礼，绎其义，陈其数，而力行之"（《宋元学案·吕范诸儒学案》），特别是吕大临。明代吕柟其行亦"一准之以礼"（《关学编》）。即使清代的关学学者王心敬、李元春、贺瑞麟等人，依然守礼不辍。

其次，崇尚气节，敦善厚行。关学学者大都注意砥砺操行，敦厚士风，具有不阿权贵、不苟于世的特点。张载曾两次被荐入京，但当发现政治理想难以实现时，毅然辞官，回归乡里，教授弟子。明代杨爵、吕柟、冯从吾等均敢于仗义执言，即使触犯龙颜，被判入狱，依旧不改初衷，体现了大义凛然的独立人格和卓异的精神风貌。清代关学大儒李颙，在皇权面前铮铮铁骨，操志高洁。这些关学学者"穷则独善其身，达则兼善天下"，体现出"富贵不能淫，贫贱不能移，威武不能屈"的"大丈夫"气节。

最后，求真求实，开放会通。关学学者大多不主一家，具有比较宽广的学术胸怀。张载善于吸收新的自然科学成果，不断充实丰富自己的儒学理论。他注意对物理、气象、生物等自然现象做客观的观察和合理的解释，具有科学精神。后世关学学者韩邦奇、王徵等都重视自然科学。三原学派的代表人物王恕以治易入仕，晚年精研儒家经典，强调用心求学，求其"放心"，用心考证，求疏通之解，形成了有独立主见的治国理政观念。关学学者坚持传统，但并不拘泥传统，能够因时而化，不断地融合会通学术思想，具有鲜明的开放性和包容性特征。由张载到"三吕"、吕柟、冯从吾、李颙等，这种融会贯通的学术精神得到不断承传和弘扬。

四、《关学文库》的整体构成

关学文献遗存丰厚，但是长期以来没有得到应有的保护和整理，除少量著作如《正蒙》《泾野先生五经说》《少墟集》《元儒考略》等在清代收入《四库全书》之外，大量的著作仍散存于陕西、北京、上海等地的图书馆或民间，其中有的在大陆已成孤本（如韩邦奇的《禹贡详略》、李因笃的《受祺堂文集》家藏抄本），有的已残缺不全（如《南大吉集》收入的《瑞泉集》残本，现重庆图书馆存有原书，国家图书馆仅存胶片；收入的南大吉诗文，搜自西北大学图书馆藏《周雅续》）。即使晚近的刘光蕡、牛兆濂等人的著述，其流传亦稀世罕见。民国时期曾有宋联奎主持编纂《关中丛书》（邵力子题书名），但该丛书所收书籍涉及关中历史、地理、文学、艺术等诸多方面，内容驳杂，基本上不能算作是关学学术视野的文献整理。20 世纪 70 年代以来，中华书局将《张载集》《蓝田吕氏遗著辑校》《关学编（附续编）》《泾野子内篇》《二曲集》等收入《理学丛书》陆续出版，这些仅是关学文献的很少一部分。全方位系统梳理关学学术文献仍系空白。

关学典籍的收集与整理，是关学学术研究的重要基础，文献整理的严重滞后，直接影响到关学研究的深入和关学精神的弘扬，影响到对历史文化的传承和中国文化精神的发掘。

现在将要出版的《关学文库》由两部分内容组成，共 40 种，47 册，约 2300 余万字。

一是文献整理类，即对关学史上重要文献进行搜集、抢救和整理（标点、校勘），其中涉及关学重要学人 29 人，编订文献 26 部。这些文献分别是：《张子全书》《蓝田吕氏集》《李复集》《元代关学三家集》《王恕集》《薛敬之张舜典集》《马理集》《吕柟集·泾野经学文集》《吕柟集·泾野子内篇》《吕柟集·泾野先生文集》《韩邦奇集》《南大吉集》《杨爵集》《冯从吾集》《王徵集》《王建常集》《王弘撰集》《李颙集》《李柏集》《李因笃集》《王心敬集》《李元春集》《贺瑞麟集》《刘光蕡集》《牛兆濂集》以及《关学史文献辑校》。

二是学术研究类，其中一些以“评传”或年谱的形式，对关学重要学人进行个案研究，主要涉及眉县张载、蓝田吕大临、高陵吕柟、长安冯从吾、朝邑韩邦奇、周至李颙、眉县李柏、富平李因笃、户县王心敬、咸阳刘光蕡等学人，共 11 部。它们分别是：《张载思想研究》《张载年谱》《吕大临评传》《吕柟评传》

《韩邦奇评传》《冯从吾评传》《李颙评传》《李柏评传》《李因笃评传》《王心敬评传》《刘光蕡评传》等。此外，针对关学的主要理论问题与思想学术演变历程进行研究，共3部。这些著作分别是：《关学精神论》《关学思想史》《关学学术编年》等。

在这两部分内容中，文献整理是文库的重点内容和主体部分。

《关学文库》系"十二五"国家重点图书出版规划项目，国家出版基金项目、陕西出版资金资助项目，得到了中共陕西省委、陕西省人民政府和国家新闻出版广电总局的大力支持。本文库历时五年编撰完成，凝结着全体参与者的智慧和心血。总主编刘学智、方光华教授，项目总负责徐晔、马来同志统筹全书，精心组织，西北大学、陕西师范大学、中国人民大学、华东师范大学、郑州大学等十余所院校的数十位专家学者协力攻关，精益求精，体现出深沉厚重的历史使命感和复兴民族文化的责任感；他们孜孜矻矻，持之以恒，任劳任怨，乐于奉献，以古人为己之学相互勉励，在整理研究古代文献的同时，不断锤炼学识，砥砺德行，努力追求朴实的学风和严谨的学术品格。出版社组织专业编辑、外审专家通力合作，希望尽最大可能提高该文库的学术品质。我谨向大家卓有成效的工作表示衷心的感谢。由于时间紧迫、经验不足等原因，文库书稿中的疏漏差错难以完全避免。希望读者朋友们在阅读使用时加以批评指正，以便日后进一步修订，努力使该文库更加完善。

张岂之

2015年1月8日

于西北大学中国思想文化研究所

目　录

第二章　冯从吾学术思想的理论渊源

第三章　冯从吾的“善心”与“善性”本体论

第五章　冯从吾的讲学思想

第六章　冯从吾对异端邪说的批判

第七章 冯从吾的学术特征与贡献

引 言

西安市南城门内东侧是古色古香的书院门古文化街，街口有一座突兀而起、古韵十足的高大牌楼，牌楼上方是“书院门”三个金灿灿的颜体大字，两旁是“碑林藏国宝，书院育人杰”的醒目对联。书院门因久负盛名的关中书院而得名。关中书院坐落在书院门街中段北侧，是明代陕西的最高学府，现为西安师范学校。学校门口一位学者的塑像静静矗立，手不释卷，目光前视，像是在注视着来来往往的莘莘学子。他就是关中书院的创始人，明代著名的关学家、教育家冯从吾。凝视着冯从吾先生远望的目光，仿佛他带我们穿越到了明朝万历年间……

明万历二十年(公元1592年)正月的一天，京城皇宫内张灯结彩，笙歌喧天，王公大臣竞相揖拜，赞辞颂诗不绝于耳，为当朝皇帝明神宗朱翊钧的生母——仁圣皇太后隆重庆贺生日。这时，明神宗自然欢喜不尽。可是，一份题为《请修朝政疏》的书奏，顿时使他大发雷霆。他立即传旨：对上疏者执行“廷杖”。廷杖是明朝廷惩罚官吏的一种酷刑，即在朝廷上当众用棍棒殴打被脱去衣裳的大臣。原来，这份“不识时务”的奏疏非但没有一字向皇太后祝颂万寿，反而全篇矛头直指当朝皇帝。正当杀气腾腾的武士持棒上殿，准备动手施刑的时候，大臣赵志皋等人出面向明神宗皇帝极力恳请，联名举保。明神宗姑念太后寿辰，最终卖了众大臣情面，上疏者才幸免于难。这位铁骨铮铮、冒死直谏的上疏者，就是当朝的御史——关学家冯从吾。

第一章　冯从吾的生平

人来到这个世界，首先面对的就是不可选择的时代、社会与家庭等诸多客观而又现实的因素。哲学家也是如此，而且，哲学家对这种不可选择性有着更深刻的体悟，他们将自己对世界的体悟凝结成思想，迸发为精神，落实于立身行事，最后又写进自己的书里。后人捧着他们的书，期望走入他们的世界、他们的人生以及他们的哲学。在哲学家的思想启迪中后人抚卷沉思、击节歌咏，思想认识、精神境界得以提升。这是一种心灵的交流与沟通，这是对哲学家真正的理解和诠释，这才是研究哲学、研究哲学家的意义所在。

冯从吾，字仲好，号少墟，谥恭定，嘉靖三十六年（1557）十一月二十三生于陕西长安城西冯家村（今西安市西北工业大学校园内西北角家属院），卒于天启七年（1627）二月十二日，享年71岁，安葬于故里冯家村东（今陕西交通医院绿化区内）。冯从吾是明万历朝的进士，毕生仕途多舛，倾心于理学。先后任御史和工部尚书等职，曾在长安宝庆寺讲学，创建关中书院并任山长。当时，宫廷宦官权势很大，许多官僚文人都投身于他们门下，而冯从吾却拒绝与之往来，表现了一个正直的封建知识分子的高风亮节。后来关中书院被魏（魏忠贤）党毁，先生静坐二百日而死。在冯从吾身上，体现出鲜明的关中学者特征。他行事严谨，性格耿直率真，个性鲜明突出。为人“严气正性”，一丝不苟；为官“侃侃立朝”，勇于担当；为学重会通而求自得，戒空谈而敦实行；为父慈爱有加；为子谨守孝道；为夫与妻琴瑟静好。冯从吾心向圣贤，崇正避邪；毕生讲学，笃定坚毅；一身正气，两袖清风。他生活简朴，家中除了书，可以说是四壁空空。姜士昌[①]曾经目睹了冯从吾生活简朴、倾心理学的情形，姜心中感慨不已：“尝诣公斋中，图书四辟，泊如也，予慨焉。”（《冯恭定全书》首卷）虽然生活在晚明时期，王朝日益没落，但他常怀忧国忧民心，具有更强烈的以天下为己任的士大夫责任感，为后人留下了一个“以学行其道”的“关西

① 姜士昌（1561—1623年），字仲文，号养冲，江苏丹阳人。万历八年进士，东林学士，曾任户部主事、员外郎、陕西提学副使。

夫子”的鲜活形象。

第一节　时代背景——王朝末路

冯从吾主要生活在明神宗万历年间和明熹宗天启年间，即16世纪下半叶至17世纪中叶的晚明时期。此时，世界经济、文化发展正处在地理大发现后的“全球化”起步阶段。[①] 中国在世界经济文化中占据着令人难以想象的重要地位。时代给当时的中国提供了在经济、文化上融入世界的极好机遇，然而，一个固步自封的王朝不仅不可能把握机遇，反而是加剧了自身的内在矛盾。富可敌国与民无立锥之地并行，商业的发展与贿赂公行并行，皇权的高度集中与朝廷上下的政治派系之争并行，连绵的水旱灾害、民变与边境战争不断并行，阳明心学与程朱理学、佛、道各种思想并存、纠结，晚明的几十年整个呈现出一派王朝末路的颓败、腐朽景象。

一、全球化视野下的晚明

从全球化的视野来看冯从吾生活的晚明时期，或许会与以往传统史著中的晚明史视角大异其趣。按照樊树志《晚明史》的分析，当时的中国正处在地理大发现后全球经济、文化的密切交往时期，而且中国在世界交往中占有着超出我们想象的重要地位，不仅邻近的国家要与中国保持朝贡贸易，或者以走私贸易作为补充，而且遥远的欧洲国家如葡萄牙、西班牙、荷兰等国，以及它们在亚洲与美洲的殖民地都卷入与中国的远程贸易之中，而且都毫无例外地处在贸易逆差之中。以丝绸为主的中国商品遍及全世界，作为支付手段的

---

① 美国学者罗伯特·基欧汉(Robert Keohane)和约瑟夫·奈(Joseph S Nye)在他们的论著《全球化:来龙去脉》中说:“我们认为，全球性因素是一种古已有之的现象。而全球化、不论过去还是现在，都是指全球因素增加的过程。”中国学者也有类似的看法:“全球化的历史可以追溯到15世纪后期。在这一时期，由于哥伦布发现了美洲新大陆，迪亚士和达伽马等葡萄牙人开辟了抵达亚洲的海上航线，麦哲伦率领船队完成了环球航行，从而宣告了东西半球相互隔绝的历史的结束。此后……世界市场也从欧洲拓展到美洲、亚洲和非洲等许多地区……全球化初露端倪。”德裔美国学者贡德·弗兰克在他引起国际学术界震动的著作《白银资本》中明确地认定，从地理大发现到工业革命之前的时代，已经是一个“经济全球化”的时代。他提出的“经济全球化中的东方”是指以中国为中心的亚洲地区。

占全世界产量三分之一甚至更多的白银源源不断地流入中国。

以葡萄牙(明时中国人笔下的佛郎机)人为例。从1524年起,葡萄牙人就在中国东南沿海一带进行走私贸易,他们盘踞的浙江宁波甬江口外的双屿岛(今普陀县六横岛)就是一个大规模走私贸易的据点。从1524年到1547年,葡商在双屿岛上建造了千余座房屋,设立了市政厅、教堂、医院、慈善堂,居民达3000人。当时国际走私贸易十分兴旺,以致造成港口堵塞的现象。据说葡萄牙人每年在双屿岛的交易额达到300万葡元以上,绝大部分以日本银锭交换中国的丝绸、瓷器、棉布、粮食以及从东南亚运来的胡椒等物产。因此之故,葡萄牙人所盘踞的双屿岛号称当时葡属东方殖民地最富庶的商埠。濠镜(澳门)的开埠据说是负责广东沿海防务的都指挥使黄庆接受葡萄牙人贿赂而成,但这一变通有利于中外贸易的发展。葡萄牙人获得澳门贸易的许可以后,大约从1557年(冯从吾出生)开始在澳门搭建住房、营造村落,企图长期定居于此。到1562年澳门成为葡萄牙人在中国的唯一居留地。从1561年到1580年,澳门由500多人增长至2万人,商业欣欣向荣,迅速向海港城市发展。到1635年澳门已发展成为“东方第一商埠”,最早出现在中国的西式洋房、医院、学堂、教堂以及早期的火炮、船舶、钟表等制造工业,都是在澳门开始的。澳门逐渐成为沟通东西方经济的重要商埠,成为晚明对外贸易的重要通道。以澳门为中心的转口贸易,把中国市场卷入全球贸易网络之中,出现了前所未有的全球化经济新格局。当时以澳门为中心形成了三条远程贸易线路:澳门—果阿—里斯本之间的远程贸易;澳门—长崎的贸易;澳门—马尼拉之间的贸易。1636年从澳门运往果阿的生丝为6000担,价值白银48万两,利润白银72万两。据统计,崇祯时期每年由澳门运往长崎的中国商品的总价值都在白银100万两以上。①

这一时期,在中国与葡萄牙、西班牙、日本等国的贸易中,中国以出口生丝、丝织品、瓷器等为主,进口少量土特产,明显的出超,葡、西、日等国商人不得不以大量白银支付贸易逆差,于是美洲和日本的白银源源不断地流入中国,这成为此时中外贸易的显著特点。对此方面深有研究的中国学者全汉升在他的论文《明清间美洲白银的输入中国》中系统而精深地分析了这个问题。他根据比较确实可靠的记载,把16世纪至18世纪西班牙人每年自美洲运银

① 樊树志撰:《晚明史》(上卷),上海:复旦大学出版社,2003年版,第10—27页。

赴菲的数目统计如下：

1598 年	100 万比索
1602 年及以前	200 万比索
1604 年	250 万比索
约 1620 年	300 万比索
1633 年	200 万比索
1688 年及以前	200 万比索
1698—1699 年	207 万比索
1712 年及以前	260 万比索
1714 年以前	300 万—400 万比索
1723 年	400 万比索
1729 年及以前	300 万—400 万比索
1731 年	2434121 比索
1740 年前后	300 万比索
1746—1748 年	400 万比索
1762 年	2309111 比索
1764 年	300 万比索
1768—1773 年	150 万—200 万比索
1772 年	200 万—300 万比索
1784 年	2791632 比索

他在论文中引用了一位南美洲主教的话："菲律宾每年输入二百万元(比索)的银子,所有这些财富都转入中国人之手"。关于"丝—银贸易"对中国的影响,他有一个宏观的分析："中国的丝绸工业因为具有长期发展的历史,技术比较进步,成本比较低廉,产量比较丰富,所以中国产品能够远渡太平洋,在西属美洲市场上大量廉价出售,连原来独霸该地市场的西班牙丝织品也大受威胁。由此可知,在近代西方工业化成功以前,中国工业的发展使中国产品在国际市场上的强大竞争力来说,显然曾经有过一页光荣的历史。"[①] 关于这一时期白银流入中国研究的集大成者弗兰克在《白银资本》中也指出：

① 全汉升撰：《明清间美洲白银的输入中国》,《中国经济史论丛》第一册,香港：新亚研究所,1972 年版,第 435—446 页。

“中国占有了世界白银产量的四分之一至三分之一。”[1]

地理大发现后的全球经济带动了晚明的进出口贸易,源源不断流入中国的白银,不仅提供了贸易中一般等价物的银通货,为晚明社会的银本位货币体制奠定了坚实的基础,而且由于生丝、丝绸、棉布、瓷器等商品的出口持续地增长,这种“外向型”经济极大地刺激了东南沿海地区商品经济的高度成长,同时也促进了作为商品集散地的市镇的蓬勃发展。晚明时期,由于葡萄牙人、西班牙人、荷兰人、日本人全面地介入中国的对外贸易,使原先主要面向国内市场的商品生产,一变而为同时兼顾国内与国外两个市场。因为外销价格的高昂,利润可观,不仅带动了内销价格的上扬,而且刺激了产量的激增,使商品经济的发展水平达到了前所未有的新高峰。

地理大发现后的全球化进程,不仅表现在经济上,也表现在文化上。其主要标志就是以耶稣会为代表的教会向世界各国包括中国派出传教士,他们不远万里来到中国,在传教布道的同时传播文艺复兴以来的欧洲科学文化,使中国在经济上融入世界的同时,在文化上也融入世界。晚明时期欧洲传教士在中国活动相对自由,使欧洲的科技文化在中国的传播出现了一次活跃与高潮。他们通过澳门这个中西经济文化交流的窗口,为中国人带来了令人耳目一新的天主教,也带来了西方先进的科学技术与文化,在这种早期西学东渐中,耶稣会士是功不可没的。西方耶稣会士进入中国,几乎都是通过中国这个第一个对外开放的贸易港口澳门,它成为耶稣会士向中国传播天主教的基地。第一个来到中国的耶稣会士是西班牙贵族方济各·沙勿略(1506—1552),在他之后,意大利人范礼安(1539—1606)[2]、罗明坚、利玛窦(1552—1610)等先后来到中国。

在天文学方面,欧洲传教士们来到中国后,不仅翻译、介绍了许多西方天文历算方面的书籍。而且引进、制造了一批天文仪器,如地球仪、天体仪、望远镜,等等。在数学方面,利玛窦和徐光启合译的欧几里德的数学名著《几何原本》,是关于平面几何学的系统性著作。由此传入中国一种崭新的逻辑推

---

① (德)安德烈·贡德·弗兰克撰,刘北成译:《白银资本》,北京:中央编译出版社2000年版,第202—207页。

② 范礼安被利玛窦誉为“中国传教事业之父”。他在东方传教32年,其中在印度21年,在中国和日本11年,直至1606年病逝于澳门。他为基督教在中国的传教事业倾注了毕生精力。

理方法，也大大丰富了中国几何学的内容与表述方式。同天文、数学一道传入中国的，是西方的地理学。利玛窦的《坤舆万国全图》，第一次向中国人展示了地球的全貌，使中国人大大开阔了视野。欧洲传教士还把西方生物学、医学知识传入中国，把欧洲的建筑技术与风格、绘画艺术也带到中国来。

在这些传教士中，利玛窦尤其值得一提。利玛窦在中国28年，潜心研究中国的儒学，著书立说，利用儒家学说宣扬天主教教义。《天主实义》一书，是利玛窦在这方面的代表作。书中将儒家学说和天主教教义融合在一起，在明代官员士大夫中很有影响。利玛窦总结了他的前辈在中国传教活动的经验教训，尽可能使天主教本土化，亦即使天主教教义与中国传统儒家学说相结合，谓之“合儒”“补儒”“趋儒”。一言以蔽之，尽量中国化。他一度剃去头发、穿上僧服；以后又接受瞿太素的建议脱去僧服，换上儒服。他不惜修改教规，默认对祖先的崇拜，以《圣经》附会四书五经，因此博得中国士大夫的好感与崇敬。利玛窦的天主教“本土化”策略不仅使他在北京的传教活动取得成功，而且为他在北京传播西方科学文化，创造了极佳的条件。他以自己的博学，对西欧科技、文化在华的传播起了媒介作用，为中国人打开通向西方科学的大门，为中国人带来了欧洲文艺复兴以来先进的科学文化，令当时的知识阶层耳目一新。西学以前所未见的巨大魅力，深深吸引一批正在探求新知识的士大夫们，短短几年中掀起一个“西学东渐”的高潮，利玛窦功不可没。从一定意义上说，如果没有利玛窦，就不可能造就晚明时代如此众多的科学家及其科学成就。为了吸引中国人的注意，他展出了从欧洲带来的“西洋奇器”，如自鸣钟、三棱镜、天象仪器、圣母画像，等等。利玛窦在中国最有影响的科学创举是把欧洲的地理学以及世界地图首次介绍给中国人。利玛窦绘制的这幅世界地图，真是费尽苦心。地图用中文标出，以便中国人能看懂。为了适应中国人以天朝居中的观念，特地将中国放在地图的中央。他为中国人翻译出《山海舆地全图》，绘制了《坤舆万国全图》。利玛窦和徐光启合作翻译了《几何原本》，其在中国的价值超出了几何学本身，让当时的中国人看到了科学理论的真正代表作，引进了一种科学思维方式。他们所首创的几何学名词术语，如点、线、直线、平面、曲线、四边形、多边形、平行线、对角线、直角、钝角等，一直沿用至今。另外，利玛窦与李之藻合作翻译了《同文算指》，耶稣会士邓玉函与王徵合作翻译了第一本力学与机械学专著《远西奇器图说》，耶稣会士熊三拔与徐光启合作编译了西方农田水利及水利机械专著《泰西水法》。徐光启还以西方历法为基础,主持修订了《崇祯历书》,严格地说,它其实是为了改革历法而编撰的一部丛书,详细介绍了第谷的《论新天象》《新编天文学初阶》,托勒密的《大综合论》,哥白尼的《天体运行论》,开普勒的《论火星的运动》等西方天文学著作。《崇祯历书》为中国引进了先进的天文学,它的意义已经越出了历法修改本身,标志着中国传统天文学的转型,开启了中国人认识宇宙的新阶段。

西方哲学著作也在此时被译介给中国读者,例如李之藻与耶稣会士傅泛际合译的《寰有诠》(亚里士多德的《谈天》),耶稣会士安文思翻译的托马斯·阿奎那的《超性学要》等。其中尤以傅泛际译义、李之藻达词的《名理探》影响最为深远,该书介绍亚里士多德的《逻辑学》,首次把西方的逻辑学引入中国,为后世留下关于概念、判断、推论、演绎、归纳的最初认识。

交流总是双向的,欧洲传教士们不仅将西方的文化传到中国,他们也将中华文明传回西方。据张国刚等学者的研究,耶稣会士在中国的将近两百年中写了许多有关中国的著作,其中 17 世纪刊布的单行本 66 种、非单行本 41 种、未刊作品 42 种。他们对中国的描述由浅入深、由点到面、由全景式概述到专题性研究。利玛窦留下的关于中国的札记,内容包括了当时明代中国的各方面情况,以及耶稣会自沙勿略以来在华传教的过程。利玛窦把中国人称为"最勤劳的人民",并且说:"中国这个古老的帝国以普遍讲究温文有礼而知名于世。"利玛窦描述了中华帝国的情况,如风土人情、伦理道德、宗教信仰,特别是孔子的言行与儒家经典,等等。耶稣会士对中国的介绍与研究,在欧洲引起了巨大的反响,犹如"西学东渐"在中国引起巨大反响一样。

这一切对中国发生了重大的影响。遗憾的是,这种影响并没有改变中华帝国的统治者对世界的看法,良好的外缘并没有引起统治者的足够重视与珍惜,一切仍然是以不变应万变,政治体制与权利运作仍然是封建专制的老传统,政治的腐朽极大地消耗着大明的国力,使它在经济、文化全球化中的优势逐渐丧失。这当然是进入清朝以后才逐渐让人们看到的变化,但晚明时代已经初露端倪。

二、晚明国内的社会背景

冯从吾生活的万历朝堪称有明一代最为繁荣昌盛的一段时光,正是中国与全球经济发生密切联系的时代。这时的当政者是明神宗朱翊钧,他 1572

年即位时尚不满 10 岁。他的父亲隆庆皇帝在明朝历史上是一个平淡而庸碌的皇帝,他本人对国政毫无所知,在御宇的五年半时间里,临朝时如同木偶,常常让大学士代答其他官员的呈奏。他的祖父嘉靖皇帝登基之后的前二十年还算得上尽职,可是中年以后就搬出紫禁城,住在离宫别苑,专心致志于修坛炼丹,企求长生不老。因而这一时代的繁荣昌盛既不是年幼的明神宗朱翊钧缔造的,也跟他的父辈无多大关系。这个时代真正的缔造者是当时摄政的内阁首辅张居正。

张居正,字叔大,号太岳,湖北江陵人。他成为内阁首辅后,在明神宗的支持下大刀阔斧地开始推行新政。张居正的万历新政从几个方面渐次展开。在内政方面,他整顿吏治,裁汰冗员,改变颓靡之风;革新政体,提拔、培养有才能的人;整顿邮传和铨政。在军事上,他加强边备,训练士卒。在经济上,抑制国家财政和宫廷财政的支出;强化对于边镇的钱粮与屯田的管理工作,以减轻边镇军饷日趋增大的财政压力;为了解决地方的“民困”与政府的“国匮”,限制宗藩、官僚利用特权而占有的各种既得利益;强化户部的财政事务管理机能。新政在财政经济方面最重大的改革,当推清丈田粮与推广“一条鞭法”。一条鞭法的创造性贡献在于,把赋税(夏税、秋粮)与徭役(正役、杂役)以货币即银两形式折纳,并在征收方法上简化为一次编审,为赋税、徭役趋向一元化,迈开了重要的一步。用历史的眼光看问题,一条鞭法是赋役发展史上一大进步。赋役一律以银(货币)为计量单位,统一征解,使赋役简单化,也符合当时整个社会商品经济的发展趋势。[①] 总而言之,新政在财政经济方面的改革效果是显而易见的。由于开源节流双管齐下,财政赤字渐趋消失,史称:“太仓粟可支数年,冏寺积金不下四百余万。”(《明神宗实录》卷一二五,万历十年六月丙午)此话是有切实的事实根据的。户部管辖的太仓收入,从嘉靖、隆庆年间每年二百万两白银,到万历初期,激增至三百万两至四百万两之间。[②] 万历时期成为明朝最为富庶的几十年决不是偶然的。

万历十年(1582)6 月,张居正病逝,权阉冯保被逐出皇宫,神宗皇帝开始亲操政柄。神宗在亲政初期,还称得上励精图治。在用人方面他强调实绩而

① 参见樊树志撰:《一条鞭法的由来与发展》,《明史研究论丛》第一辑,南京:江苏人民出版社,1982 年版,第 124—151 页。

② 全汉升、李龙华:《明中叶后太仓岁入银两研究》,《香港中文大学中国文化研究所学报》,1972 年第 1 号。

不拘资格。平定宁夏哱拜叛乱、东征御倭援朝、平定播州杨应龙叛乱，在西北、东北、西南几乎同时展开三次重大军事行动，史称“万历三征”。但是万历中期以后，各种社会矛盾不断暴露出来并急剧激化，专制腐朽的帝国体制弊端充分表现出来。

政治上，神宗皇帝独断专制，这在“国本”之争中表现得十分明显。神宗皇帝宠爱郑贵妃，爱屋及乌，他偏爱皇三子（郑贵妃之子）朱常洵，于是，不顾祖宗旧制和皇室礼仪，神宗一意孤行地册封郑贵妃为皇贵妃，并想立皇三子为太子。但是，以内阁首辅申时行等为代表的朝中大臣认为册立太子一事是涉及“国本”的大事，坚持册立皇长子朱常洛为太子。在双方尖锐对立的过程中，神宗固执己见，不但严厉地封杀批评意见，扔了劝谏的奏疏，一再拍案而起，而且严厉地压制言官，将他们降级夺俸、甚至革职廷杖。最后，还是迫于其生母慈圣皇太后的压力，才被迫放弃了废长立幼的初衷。中年后的神宗长期身居宫内，不理朝政，纵情酒色，挥霍无度，敛财成癖。神宗因长期沉湎于酒色而“头晕目眩”，也曾因醉酒而将一宫女头发割下，将两名宦官杖责得几乎死去。[1] 冯从吾就曾冒死直谏，上《请修朝政疏》劝谏神宗皇帝少酗酒勤政事。正如明清史宗师孟森所说，神宗怠于临政，却勇于敛财。[2] 说到贪财，在明代诸帝中，神宗尤为突出。万历朝，仅皇室婚礼一项就用银一千万两。神宗为建造洛阳的福王府，耗银四十万两。据《明史》记载，神宗曾“诏旨采办珠宝，额二千四百万，而天下赋税之额乃止四百万。”（张廷玉：《明史》卷二四〇《列传·朱国祚传》，北京：中华书局，1974 年版）真可谓贪得无厌，对财政的入不敷出视若无睹。下旨查抄冯保、张居正的家财，全部搬入大内，归自己支配，最明显不过地暴露了他的贪财秉性。司礼太监张鲸因贿赂皇上而受重用，遭外廷大臣弹劾后，又以重贿皇上而消灾避祸。

上行下效，从中央到地方，各级官员贪污腐化，许多衙门缺少主管长官，政事无人处理。朝廷内外，党派林立，各党派之间展开了激烈的“门户”之争。有以内阁辅臣沈一贯、方从哲为首的浙党，给事中亓诗教为首的齐党，给事中官应震为首的楚党，宣城人汤宾尹为首的宣党，昆山人顾天峻为首的昆党。到了天启朝，以魏忠贤为首的阉党专权后，更是“怙势作威，专权乱政，无日无

---

① 樊树志：《晚明史》（上卷），第 483—486 页。

② 参见孟森：《明清史讲义》（上册），北京：中华书局，1981 年版，第 246 页。

天”。魏忠贤残害忠良，建造生祠，明朝进入一个畸形的阉党专政时代。浙党等非东林党党派都投靠了阉党。冯从吾与邹元标（字尔瞻，别号南皋）在京师建首善书院时，魏党就百般诋毁、阻挠。1626年，魏忠贤大肆残杀东林党人，作《东林点将录》，按录捕人。冯从吾也名列录中，阉党派人捣毁冯从吾创建的关中书院，日夜窘辱，先生饮恨而逝。与以上各党派不同，东林党人反对宦官专权、矿监税使、宗室占地，依托东林学院，聚众讲学，在朝在野依附于东林党的官僚士绅越来越多，一些与东林党政见相同的人也被反对派视为东林党人，冯从吾就属于这种情况。天启年间，形成了东林党（包括与东林党政见相同者）与阉党（包括以浙党为首的非东林党）的激烈斗争。

经济上，由于严重的土地兼并，地主的贪婪掠夺，繁重的赋役摊派[①]与地租剥削，导致农民与地主阶级的矛盾日益尖锐。皇亲国戚“占据膏腴，跨连郡县”，潞王有赐田四万顷，福王有赐田二万顷。成都平原的土地，十之七为王府庄田，十之二为军屯土地，仅剩十之一为民田。商品经济的生产方式在东南地区有了比较充分的发展，新兴市民阶层崛起，对当时的社会结构、社会思想、社会风气都产生了深刻的影响。商品经济的发展所涌现出来的大量社会财富，如果不能用于扩大再生产，必然为贪污腐化提供条件。所以，在商品经济的刺激下，传统的保守势力更加贪婪，大肆压榨搜刮，在全国造成了贫富尽倾、农商交困的严重局面。这说明传统的自然经济环境可以为商品经济的发展提供一定的条件，但不可能为商品经济的良性发展提供充分的条件。贵族和官吏掌握着城市的统治权，他们不仅勒索和受贿，而且直接经营商业，从中渔利。政府为了增加收入，也对城市大加搜刮。神宗派出大批宦官到各地工商业城市，四出搜刮钱财，所得之金银财宝送给明廷，自己更大量吞没，矿税太监一时成为社会的大祸害。各地都爆发了以城市居民为主力的反对税监、矿监的斗争，陕西也爆发了轰轰烈烈的反税监、逐梁永的斗争。

明中期以后，朝政腐败，边防松弛，日本武士经常到中国沿海进行武装掠夺和骚扰，历史称之为“倭寇”。由于某些抗倭官员、富商大贾为了通过走私

---

① 黄仁宇《万历十五年》中对“税重民穷”提出了自己的观点。他不认同，当时全国税收总额过高而导致百姓贫困，因为从田赋占收入的比例看，万历朝各府县一般都在10%以下，而此时日本大名政权税额占收入的50%。从总额看，英国每年税收达七百万英镑，折合银两千余万两，和人口为三十倍的中国大体相等。所以，他认为“民穷”的根本原因是政府低能，官僚贪污，额外加征，无力的百姓被摊派的赋税过重。笔者倾向此观点。

贸易发财而与倭寇勾结起来,以至倭患长期无法得到真正解决。在东北,满洲建立了奴隶主政权——后金后,就开始了对明朝的掠夺战争。1618年,努尔哈赤借口报“七大恨”之仇,大举侵明。萨尔浒战役之后,后金更是开始了对明朝的大规模进犯。万历朝真可以说是内外交困。皇室宦官、贵族官僚以及豪绅地主的竞相盘剥,激起了广大农民的强烈憎恨,各地农民的反抗斗争不断爆发。到天启五、六年,也就是冯从吾去世的前一两年,几乎到处都看到农民反抗和起义的活动,这些反抗斗争正是明末农民大起义的前奏。此时,外有东北地区满族的南侵、南方倭寇的进犯,内有各地频繁的民变,大明王朝已经是穷途末路。

三、晚明陕西的社会状况

明代后期陕西的社会状况与全国的总体情况有所不同,体现出自身的特殊性。陕西僻处内地,国家—小农关系是关中封建制度的主要模式,因而,沿海进出口贸易的蓬勃发展与江南地区工商业的欣欣向荣,张居正新政带来的革故鼎新都没有对陕西带来太大的影响。嘉靖以后,明朝在陕西统治的衰败之象远比盛世气氛更为突出,走下坡路的趋势日益明显,并且这种趋势一直延续到明末。天灾人祸并行,明后期陕西陷入日益加重的社会危机之中,最终,风起云涌的明末农民大起义自陕西爆发。

在冯从吾出生的前一年,即嘉靖三十四年十二月十二日(1556年元月23日)午夜,爆发了华县八级大地震。据研究,这次地震的震级(8级)、烈度(11度)都是我国有记载的地震中最强的。当时人们已发现大地震的震中在关中东部的潼关一带。陕西、甘肃、山西、河南、河北等省的90多个县都不同程度地受到地震破坏,而有震感范围更远及山东、安徽、湖北等省。地震过后,关中大地面目全非:“川原折裂,郊墟迁移,或壅为岗阜,或陷作沟渠。”(康熙《咸宁县志》卷八,《艺文》)震之轻者,房壁之类尚以渐倾,人之救死尚可走避;而重者则一发即倾荡尽矣,即使有幸存活,多自覆压之下掘挖出矣。在省会西安,不仅大批房屋倒塌,连当时已有八百多年历史的唐代建筑小雁塔也坍毁二层,塔身纵裂,成为今天见到的样子。潼关、蒲城城垣沦没,而位于震中的华州竟至于“堵无尺竖”,完全被夷为平地。这些地区不仅人工建筑荡然夷平,自然地貌也大为改观。华阴、华县、朝邑、三原一带平地上突出了许多岗丘,而华县赤水山则陷为平地,渭河北徙四五里,神川塬上五指山的五峰尽圮，而耀州的将军山也变得与震前比它低许多的宝鉴山一般高了。

地震造成了极为惨重的人员伤亡，据当时人估计“潼（关）、蒲（城）之死者什七、同（同，指同州，即今天陕西大荔县）、华（华，指今华县和华阴市）之死者什六，渭南之死者什五，临憧之死者什四，省城之死者什三。”（康熙《咸宁县志》卷八，《艺文》）《华阴县志》记载：华岳山鸣，天摇地动，四处塌陷，地面涌水，房倒屋塌，同、华之民死者十数有六。重灾面积28万平方公里。有名者死83万，未名者不可计。西岳庙毁，华阴所有庙寺尽倾，自古灾伤无此惨也，为世界震灾之最。这次地震造成的死亡人数8倍于日本关东大地震，3.5倍于唐山大地震，实为古今中外地震史上仅见的浩劫。关中大儒马理、韩邦奇都在这次大地震中丧生。浩劫过后，关中大地哀鸿遍野，几乎家家带孝，户户临丧。此后20年中，关中强震、余震不绝，频繁的震灾使关中日渐衰落的经济雪上加霜，百姓无法安居，更不能乐业，社会矛盾不断加剧。

矿监税使之扰是明后期的一大弊政。万历中期，陕西人民刚从关中大地震的灾难中喘过气来，矿监税使的骚扰又接踵而来。贪婪成性的明神宗不满足于“正常的”搜刮渠道，向全国各地派出一批宦官作为矿监、税使或称税监，对各地进行额外的大搜刮。当时朝廷的借口是各地商民开矿经商有利可图，国家当据以征税，不但可以满足国用、还可以减轻农民负担。然而宦官们打着皇帝的旗号横行霸道，搜刮勒索，激起了陕西人民反对矿监税使的斗争。

明神宗下令兴矿、税之征后，先后派赵钦、宦官梁永为矿监到陕西来主持聚敛与搜刮。梁永到陕西以后，以手下的千户乐纲、吕四为爪牙，到处敲诈勒索“天下之税多者数四五万金止矣，而吾陕则十一万金，而其他所自渔猎者不计也。”（康熙《咸宁县志》卷八，《艺文》）在初期，他们尚只是以商家为勒索对象，到后来则官吏农工皆成入税之人，陕西各阶层的受害面越来越大，民脂民膏为之枯竭。当贪欲未能满足，或者搜刮受阻时，税监及其爪牙便拿地方官出气，在其淫威下，不仅州县受税监及其走狗的气已是司空见惯，连西安府同知宋言也被梁永“劾其激众倡乱”而遭逮捕入狱。（《明末纪事本末》卷六五，《矿、税之弊》）经过梁永一伙数年的肆虐，陕西人民从贫苦百姓、民间富户直到地方官府的利益都被严重损害。全陕“如沸鼎同煎，无一片安乐之地，贫富尽倾，农商交困。流离迁徙，卖子抛妻，哭泣道路，萧条巷陌。”（《明神宗实录》卷三七六）各阶层人士忍无可忍，一场基础广泛的反税监运动形成了。

万历二十八年,也就是梁永入陕的次年就出现了下层人民反税监斗争。陕西巡抚顾其志是个敢作敢为的地方官,他对梁永手下爪牙的猖狂不法行为进行了惩治。在他的暗中支持下,陕西的州县官员纷纷与梁永开始对着干,这其中包括咸阳知县宋时际、咸宁知县满朝荐。满朝荐抵制税监比宋时际更为坚决。他"痛治税使之横溢者,若积棍杨某,一邑之蠹,捕治之。翼虎为虐如王某、吴某及奸僧水南等,皆次第擒捕,下之狱"。(秦可贞:《咸宁满侯生祠记》)梁永状告满朝荐阻挠税使公务,使吏部下令调满朝荐离陕。但陕西巡抚巡按连续上奏请留,明神宗不得已,下诏令其返回咸宁复任。而满朝荐这时更加理直气壮,坚持要以驱逐梁永在作为他返陕复任的条件。长安知县杨鹤、蓝田知县王邦才也与满朝荐相呼应,对各自所辖县的梁永党羽进行了约束和惩治。复任后的满朝荐更加严厉地追查梁永爪牙的不法行为。明神宗对满朝荐极为恼怒,但他已感到了税使不得人心,于是,他下了个"两边打"的诏书,一方面将满朝荐逮捕进京问罪,一方面罢去税使,撤回梁永。没想到诏令传到陕西,反而激起了事变:陕西士民一方面为梁永的倒台而兴奋鼓舞,一方面又为满朝荐蒙冤下狱而群情激愤,于是全城轰动,梁永的衙署被愤怒的人群包围,陕西地方当局虽多方规劝,而"民思乱弗已",几乎酿成一场起义。后来明神宗闻知,迫于舆论,终于把满朝荐与同时被捕的蓝田知县王邦才都无罪释放,满朝荐后来还升太仆寺卿。陕西官民反税监、驱逐梁永的斗争,终于取得了胜利。

陕西官民的这次斗争与全国各地的反矿监税使运动是紧密相连的。不过,在手工业、商业及城市商品经济不发达的陕西,这场斗争的"市民运动"色彩较为淡薄,像苏州葛贤这样的市民、工匠领袖在陕西尚未出现,而是由巡抚顾其志、巡按王基洪以及咸宁、长安、蓝田、渭南、富平等地的知县这些开明的地方官员或暗或明地领导了这场斗争。满朝荐这个七品芝麻官更成了斗争中的第一号风云人物。陕西人民反对矿监税使的斗争具有更多的士大夫"清议"势力反对宦官乱政的色彩。这些陕西地方官员中许多都是冯从吾的好朋友,他们经常与冯从吾一起讲学论道。例如,这场斗争的一个重要人物长安知县杨鹤就为冯从吾的《辨学录 》作过序。巡按陕西的毕懋康曾倡议建关中书院,捐俸为书院置公田,为《元儒考略》作序,于万历四十年(1612)将冯从吾的著述合刻为《冯少墟集》二十二卷(今称为万历壬子陕西本)并作序。冯从吾曾称赞毕懋康:"请增解额,请罢榷税,善政覼缕,造福秦人士无量,是秦

人士实受公讲学之益矣。”(《冯恭定全书》卷一三,《吕泾野先生语录序》)

陕西官民虽然赶走了矿监税使,但受破坏的经济一直未能得到振兴,各种社会矛盾仍在不断激化。冯从吾生活的晚明陕西,天灾与人祸之间的辩证关系更加明显地表现出来,社会危机日益深重。

第二节　早年志学——心向圣贤

冯从吾出生于书香门第,其父学宗阳明,冯从吾九岁时,父亲即手书王阳明“个个人心有仲尼”诗,命习字,对他进行心学启蒙。父亲向他开启了王学的大门,启发他确立了学为圣贤的志向。外祖父的训育、萧沈二先生的严格教导、太学儒家学统的正规训练使冯从吾渐入圣学门径,心向圣学、发扬关学的志向愈笃。

一、士夫之家

冯从吾出生于儒学士大夫之家,自小有着良好的家庭教育环境。《冯氏族谱》中记载,其父名友,字益卿,别号兑泉。少时家贫但勤于攻读,精通儒门典籍,崇尚理学,学宗阳明,颇有造诣。嘉靖十三年(1534)举于乡,四十四年(1565),病殁,赠通议大夫。冯从吾弟兄三人,排行为二,“先君生敬吾、从吾、养吾。敬吾有骏声,博士籍。从吾重负君亲,不足称。养吾早殇。”(《冯恭定全书》卷一九,《族谱》)兄名敬吾,字伯恭,号斗墟,生于嘉靖二十七年(1548),卒于天启元年(1621 年)。弟名养吾。

冯从吾的父亲冯友一生淡泊名利,专心教书授徒,为官克己奉公,赏罚分明,政绩突出,不喜聚会宴饮,不喜城市喧闹。他孝敬父母、亲厚兄姊、爱护学生,他的言传身教,给自己的子女、学生树立了良好的榜样。冯友对父母“每晨昏必冠带问安”(《冯恭定全书》卷二〇,《志铭传表》),讲学的学费、俸禄都交给父母。两位兄长相继故去后,冯友都操办了他们的丧葬事宜,两位兄长身后留下的子女尚年幼,也是冯友将他们抚养成人,还为他们操办了婚嫁之事。冯友也时常用自己的俸禄周济贫寒的族人,资助家贫的学生。冯友年幼时家境贫寒,没有书读,于是他就从邻居家借来书,用手抄录下来,用心诵读。遇到有不解之处,他就反复思考,以至于废寝忘食,仍不能解决就四处求教,直到真正领会于心。弱冠之年进常忠武祠为塾师,教授邑人奉养父母。嘉靖十三年(1534)举于乡,第二年父亲去世,又因为母亲年老,于是做了山西屯留的教谕。屯留地处偏僻,学风未兴,很少有人能科举中第。冯友就职教谕后,为学生讲授经义,教授学生作文。他学规严整,诸生都俯首听命,无人敢喧哗。他平日看好李尚智、李之茂和冯典三位学生,料准他们将来必中第,所以当他外聘浙江离开时,就留下贺币,后来三人果然高中,从此屯留科举登第之人不断。冯友任教谕一职,对扭转屯留的学风可谓功不可没。壬寅年,冯友任岢岚知州,岢岚地处边塞,外族经常来骚扰,不巧又遇到灾年,民不聊生。冯友采取了一系列措施。他严保甲,修武备,加固城防,流寇闻风逃去。他省刑薄敛,一切从宽从简,减轻百姓负担。百姓感激他,送来金银,被他怒声赶走。守卫士兵有扰民者,都被他绳之以法。因为他造福于民,岢岚老百姓在民谣中歌颂他是"青天"。当时的忻州民生凋敝,一派萧条,一年里更换了三个太守也未见效,大家一致认为只有冯友可以治理好那里,于是冯友被调往忻州。冯友前往忻州时,岢岚的百姓抓住车辕,依依不舍,冯友走后还将他的画像挂起来纪念。

冯友任职忻州期间,政令严明,禁止婚丧嫁娶论财尚靡的风气,严禁赌博,严禁信奉佛教等异端邪说。上任伊始,他杀鸡骇猴,严厉整治了一豪民,使其他的地方恶豪闻风丧胆,连夜携家逃遁,第二天忻州百姓举杯相贺。忻州民风刁蛮,好恶人先告状,向来不纳官粮,冯友严刑峻法,好告状的罚粟,不交粮的追回,以后再也没有人敢效法了。王府霸占了民田,全部下令归还。冯友在忻州的有力作为使他政绩卓著,得到了都御史的器重,推荐到朝廷,皇上赏赐金币,并加食四品俸。不久,升保定府同知。在保定任内,立保甲,建墩台,以御响马。邻郡有不能裁决的诉讼案都拿来请教冯友,边关有重大情况也请冯友一起勘察核实,他的声望已经超过了京城内的官员。后来因为得罪了宰相而被罢官,他却欣然归乡,认为终于可以安心奉养老母了,说"吾志遂矣"。母亲去世后,葬礼比父亲甚至更为隆重,因为此时有能力为母亲尽孝。此后课农训子,悠游田野,怡然自乐。冯友卸任后曾遇灾年,乡人要贱卖田产给他,他说:"乘人之急而利其有,是岁凶而人又益之凶也。"拒绝乘人之危,反而加倍付给了对方田产的价钱。冯友晚年越发豪放洒落,黔发雄步,张筵谈笑,意气风发。不料忽然耳后生疮,开始并未在意,谁知疮越来越大,后来入城诊治也未得愈,五六天后竟去世了,终年五十九岁。

冯从吾能从小立志心向圣贤,主要是因为父亲的引导和教育。冯从吾少年聪慧，但小时候生性有点孤僻，九岁时才稍有好转。父亲非常注意对他的引导教育，"先生幼病癖，九岁始小愈。赠公（冯友）手书阳明人心仲尼诗，命习字，且学其为人，即犁然有当也，先生之知学自此始。"（《冯恭定全书》续集卷五，《行实》）《关学续编》也记载："先生（冯从吾）九岁，通议公（冯友）手书王文成公'个个人心有仲尼'诗，命习字，即命学其为人，先生便亹亹有愿学志。"（王心敬：《关学续编》卷一《少墟冯先生》，北京：中华书局，1987 年版）冯从吾的父亲不但自己崇尚理学，探究阳明心学，并且启发冯从吾心向理学，令他坚定心志，致力于圣贤之学，为学、为人都以王阳明为榜样。他以后笃志心学与其父亲有直接的关系。

嘉靖四十四年（1565），冯从吾 9 岁，这是他一生中一个重要的关节点，这一年，在父亲的悉心教导下，他开始萌发了希圣希贤的为学志向，"先生之知学自此始"。然而，不久之后，父亲却永远离开了他。"九岁父殁，不二年，母亦见背，居两丧，哀毁如礼。"（《冯恭定全书》续集卷五，《行实》）他虽然童年失去双亲，却能坚强面对，居丧期间严格遵循礼制，为父母送终尽孝。冯从吾的母亲可以说是出身名门世家，通情达理，敬上养下，相夫教子，持家有方。冯从吾的外祖父刘一轩也是"一代关学名流"，对他"口授五经，朝夕训育"，实际上也是冯从吾的启蒙老师。长兄冯敬吾长冯从吾九岁，从小聪明异常，敬吾"五岁即知读书，八岁读书即解大义，十岁能文。"他博极群书，不乐于仕。父亲去世后，敬吾少年理家，井井有条，孝敬母亲，教诲幼弟。

由于成长于翰墨之家，耳濡目染，受父母兄长的教诲与影响，冯从吾从小知书识礼。他从小交往的朋友，相互之间也主要是谈诗说文，《森玉馆集序》中说到："余与伯明（朱宗尉）居同里闬。伯明长余一岁，自七八岁即相与，相与即彼此问奇字。久之谈文谈诗，不作一戏谑语。里中人以道学嘲之，余两人不为变也。"（《冯恭定全书》卷一三）朱伯明也非常重视讲学，经常与冯从吾探讨理学宗旨。朱伯明强调讲学的重要性说："人生天地间，惟有这一事，读书印证乎此也，诗文发挥乎此也。"这使冯从吾极为赞赏。（《冯恭定全书》卷一三，《森玉馆集序》）

二、师徒结缘

失去了父亲的庇护和训育，冯从吾在 9 岁这一年入塾就读，拜长安萧九卿为启蒙师，开始较正规地学习理学。萧先生博览群书，"涉猎群经，尤长于易，至纲目、性理烂熟胸中，至老犹手不释卷。”他为人严肃，不苟言笑，重视伦理教化，冯从吾在《萧沈二先生传》中讲：“余九岁从先生（萧九卿）学。先生为人严整，不轻言笑，笃于伦理，事父曲尽孝养，尤善事兄长。”（《冯恭定全书》卷一七）14 岁，就读沈豸先生，受毛诗[①]。沈豸自幼端方正直，不妄交游，尤以德行屡见褒于学台[②]，冯从吾回忆说：“余年十四，从先生（沈豸）受毛诗，见先生座右大书‘心术不可得罪于天地，言行要留好样于子孙’二语，心窃识之。知此可以知先生为人矣。”（《冯恭定全书》卷一七，《萧沈二先生传》）萧沈二先生生平俱以敬谨自持，以严毅教人，端方正直，他们典型的关学学风都对冯从吾产生了深刻的影响。冯从吾严肃刚正的性格及其居敬的工夫论，都有两位先生的影子。在外祖父和萧沈二先生的严格教育和指导下，冯从吾受到了儒家学统的严格训练。他从钻研孔、孟入手，悉心研读程朱的理学著述，认真披阅王阳明心学讲章，并仔细辨别与探究洛学、王学及其与关学的异同，渐得关学的要旨。

弱冠之年，冯从吾荫父之恩被选入太学。在太学，冯从吾阅读了大量儒家经典，有了对儒学系统而深入的学习，并逐渐形成独立思考的习惯。冯从吾自太学毕业回乡后，恰逢许孚远（字孟仲，号敬庵，1535—1604）在关中任督学，他便受聘于许孚远所开的正学书院，在此讲学。冯从吾敬重许孚远，归入其门下，师徒由此结缘。《关学续编》记载：“比归，德清许敬庵公督学关中，开正学书院，拔志趋向上士讲明正学。闻先生名，延之。与蓝田秦关王公讲切关、洛宗旨，识力之卓荦，大为敬庵器重。”（王心敬：《关学续编》卷一，《少墟冯先生》，北京：中华书局，1987 年版）许孚远是湛若水（字符明，号甘泉，1466—1560）的再传弟子，许孚远之学以克己为宗，但他笃信良知之学，是甘泉学派中走向阳明心学的一路。“许孚远对王阳明之学深得于心，自有己见，创建书院后，擢拔士人，讲明‘良知’正学。”[③]与王秦关等关中学者在正学书院讲学、论学，他们讲学的主要内容正是对“良知”之学的阐发、彰明。在相互的交流与切磋中，冯从吾对关学、心学的理解越来越切近宗旨，得到许孚远的极大赏识，许孚远对他评价很高：“公亟以为终座代我也。”（《冯恭定全书》续集卷五，《行实》）受家学、师传的影响，冯从吾推崇王阳明的“致良知”之学，

---

① 毛诗：指西汉时鲁国毛亨和赵国毛苌所辑和注的古文《诗经》。

② 学台：明国子监与国子学合一，各省设提督学政，简称学政，别称学台。

③ 方光华：《古都西安：关学及其著述》，西安：西安出版社，2003 年版，第 90 页。

一直以阐发良知之学为旨归。

第三节　初入仕途——御史秀才

冯从吾的性格率真、耿直，这使他的仕途坎坷而短暂，一生的时间与精力主要用于读书和讲学。进士及第后，冯从吾先是被选为翰林院庶吉士，在礼部任职，进而改任山西道御史。冯从吾在御史任内，一身正气，被誉为“御史秀才”。初入仕途的冯从吾对人生、对朝政充满信心，满怀期望“做个好官”，坚信做个好官就是在做人，视做官为实现自己人生理想切实可行的途径。

一、观政礼部

万历十六年(1588)，冯从吾32岁举于乡。次年进士及第，被选为翰林院庶吉士①，应馆课，于一切浮华翰苑风气尽数驱除，惟与焦漪园、涂镜源、徐匡岳诸公立会讲学。在讲学内容上，“不规规于辞章”，而重在德行。冯从吾独立的个性在翰林院便显现出来，董其昌在《序少墟先生集》中回忆说：“在昔乙丑之岁，庶常吉士二十有二人……是时同侪多壮年盛气，不甚省弱侯语，惟会稷陶周望(陶望龄，字周望)好禅理，长安冯仲好好圣学，时与弱侯相激扬。仲好冷面骨人也，尝端居晏坐，茹淡寘营文字之饮鲜所征逐。吾党爱周望之简易，而惮仲好之矜庄，不敢以狎进，私戏之曰：‘此食生猪肉者’，谓其有意于两庑②之间也。”(《冯恭定全书》首卷)冯从吾心向圣贤之学，此时已表现得非常坚定、成熟。他平时就注重个人修养，为人处事严肃认真，一丝不苟，参加宴席也坐得端端正正，不参与酒令，所以同事们感觉他不随和，对他敬而远之，但在心中都佩服他胸怀大志。

冯从吾在馆中阅《邸报》而心生感触，著《做人说》两篇，阐述了做人的道理，也表达了他已初步成熟的人生理想。冯从吾提出学会做人是最基本的，也是最重要的，做官只是一种做人的方式。他说：“是《大学》一书乃古人做人之法则。”(《冯恭定全书》卷一四，《做人说》)格致诚正是讲做人，平天下治国是讲做官，也是讲做人，做官做人不是两回事，做秀才做个好秀才，做官做

---

① 庶吉士：明清时期，举人进京参加会试，考上的叫贡士。然后参加殿试，取中者成为进士，再参加朝考，选优者为翰林院庶吉士。

② 两庑：大成殿东西两侧的房子叫“两庑”，是后世供奉先贤先儒的地方。

个好官,就是在认认真真做人。他发出了“文人何如圣人”的感慨,抒发了自己希圣希贤的志向。他说:“阳明先生曰个个人心有仲尼,岂欺我哉?……途患不行,不患不至,不用工夫而曰尧舜孔孟难为,真难之难也。”“做人不在多言,顾力行何如耳。”(《冯恭定全书》卷一四,《做人说》)冯从吾批评了圣人难为的思想,认为有的人只是喋喋不休,不去身体力行,却总说尧舜孔孟那都是圣人,一般人怎么可能做到他们那样?而坚信只要心怀抱负,脚踏实地认真去做,最终一定能实现内圣外王的理想。《做人说》既体现了他对世界、人生的基本理解,也表现出典型的心学志趣。他非常强调圣贤理想是构成儒者的人格的基调和内在根据,其内向性的修养论倾向、内敛的性格特征都开始显露出来。但因为是刚刚踏上仕途,冯从吾此时对朝廷、对神宗充满信心,抱有士人“得君行道”,“与之同治天下”的内圣外王理想。

入仕后,冯从吾初在礼部任职,为了警示自己,他在墙壁上书自警语二则。其一曰:“士君子释褐后,不可忘了秀才气味。凡事让人一步,凡事俭用一着,便是做人实际,不然贻累不浅,悔之何及?”其二曰:“自己不能寡过而望人容我,惑也。望人容我而我不能容人,惑之惑也。必随事自反,不与人较量,方能拔此病根。”(《冯恭定全书》卷一六)这两则自警语都是冯从吾在提醒自己,进入仕途后不要忘本,要严以律己,宽以待人。可以看出,冯从吾给自己的定位首先是一个读书人,做一个好秀才才是真正守住了读书人的本分,所以他强调“不可忘了秀才气味”。冯从吾清醒的自我认识反映出当时士人阶层的独立意识,他们志在圣贤,以读书讲学为生,不依附达官显贵。正因为有这样的人生关怀,内心自足,所以冯从吾能做到“凡事让人一步”,“随事自反,不与人较量”。这也构成了他以后能直面人生,达观仕途,敢于疏斥权贵,直谏犯上的内在依据。冯从吾言行一致,没有让自警语成为墙壁上的装饰。当时进入朝廷的进士,大多都去宦官那里谒拜巴结,只有他清拔不屈,我行我素,上朝自带茶饼,随身携书。据《行实》记载:“入朝者多饭中贵家,先生独携茶饼往。所到必以理学书一二册自随。”(《冯恭定全书》续集卷五,《行实》)此种特立独行的超迈气象,如无内在根据,岂非成了现代人讲的“作秀”?只能徒招嫉谤。

二、“御史秀才”

万历十九年(1591)八月,冯从吾由庶吉士改任山西道御史。明万历朝,宦官专权而跋扈，许多朝臣都想方设法逢迎巴结宦官，而冯从吾在御史任内，许多宦官主动递上名帖示好，冯从吾却拒不买账，一律坚决退回。“巡城日，中贵以半刺通者，却必峻，若辈从息。”（《冯恭定全书》续集卷五，《行实》）中贵即宦官。刺即名帖，相当于后来的名片，刺通即是递上名帖，表达希望结交的愿望。宦官们的名帖被冯从吾拒绝后，无奈只好作罢。冯从吾在御史任内，一身正气，拒斥徇情枉法，与朋友往来也是以书卷相送，被誉为“御史秀才”。他是在其位，则必谋其政，整肃法纪，坚决果敢。“司城者结首揆纲纪为厉，疏斥之。”（《冯恭定全书》续集卷五，《行实》）司城者上下勾结，违法乱纪，为患已久。既然这样的情形不是一天两天了，想必以往的御史都是睁一眼闭一眼，姑息养奸。而冯从吾眼里容不得沙子，发现问题立即上疏，由于他的凛凛之威，权贵之士才稍稍有所收敛。尤其有礼科都给事中胡汝宁，此人倾邪狡猾，却是大有背景，“督科胡某为政府私人，前后疏参者，神庙皆留中，先生列其状，得旨摘调。”（王心敬：《关学续编》卷一，《少墟冯先生》，北京：中华书局，1987年版）冯从吾弹劾胡汝宁之《论劾险佞科臣疏》可谓义正词严，他说：“盖谓汝宁以一小人之言，中于皇上，故言科场则皇上听之，言铨臣则皇上又听之，或下部覆，或命回话，使君臣上下反复疑二，是今日，庙堂之上已不胜其多事之扰矣。倪汝宁恃皇上之优容，而再肆倾危之巧计，则议论愈多，是非愈混，其弊不至于小人攘臂，君子裹足，不止者犹幸。”（《冯恭定全书》卷一八）冯从吾力劝皇上近君子，远小人。因为只有如此才能避免君臣之间互相猜忌，使社稷无忧。冯从吾动之以情，晓之以理，终于说服了神宗皇帝将胡汝宁“摘调”。

冯从吾御史任内，遇到京畿闹灾荒，官府出资设粥棚救济百姓。冯从吾巡城时发现，官府粥棚的粥却无人去吃，他很奇怪，于是亲自上前尝粥，才发现粥饭色污味苦，立即予以追究。原来主事将好粮贪污，用霉粮掉包。经冯从吾检举揭发后，赃官们收敛行迹。可以看出，初入仕途的冯从吾抱定内圣外王的儒家理想，对朝廷充满期待，面对权臣、宦官，甚至是面对皇帝他都敢做敢为，遇可言处绝不缄口，遇可为处决不退让，希望通过自己的努力，能够经世济民，有所作为。

三、冒死直谏

弹劾胡汝宁可说是大获成功，这无疑更加坚定了冯从吾修齐治平的信心。《论劾险佞科臣疏》在万历十九年十二月二十二日,二十天后,冯从吾就又递上了《请修朝政疏》。明神宗朱翊钧中年后深居宫中,沉湎酒色,荒于朝政,致使奸臣专权。万历二十年(1592)正月十三日,冯从吾冒死直谏,上章奏抗议,这便是闻名于史的《请修朝政疏》。其疏曰:

> 题为中外多事,朝政当修,恳乞圣明励精以图万世治安事。臣不佞猥以书生叨入仕籍三年于此矣,窃见皇上郊庙不亲,朝讲不御,章奏多留中不发。……皇上试观丁亥戊子年以前,四裔效顺,海不扬波,天下何等景象也,是励精之效既如彼;己丑庚寅以后,南倭报警,北兵叛盟,天变人妖叠出还至,天下又何等景象也,是静摄之患又如此。……不曰皇上困于曲蘖之御而欢饮长夜,而曰皇上倦于窈窕之娱而宴眠终日,不然何朝政废弛至此极也?虽皇上近颁敕谕,谓圣体违和,……天下人心岂可欺乎?况皇上每晚必饮,每饮必醉,每醉必怒。酒酣之后,左右近侍一言稍违,即毙杖下,……臣愿皇上勿以天变为不足畏,勿以人言为不足恤,勿以目前之晏安为可恃,勿以将来之危乱为可忽。(《冯恭定全书》卷一八)

此疏首先开宗明义,直言不讳地指出朝政当修,三年来未见神宗皇帝去郊庙祭拜,出席朝讲,奏章也经常压着不批阅,请皇上励精图治;接着对比了励精之效与静摄之患,前者"四裔效顺,海不扬波",后者却是"南倭报警,北兵叛盟,天变人妖叠出还至";进而直接揭掉了"静摄"这块遮羞布,说神宗"借静摄之名,以少掩其晏安之非","况皇上每晚必饮,每饮必醉,每醉必怒。酒酣之后,左右近侍一言稍违,即毙杖下,如是则既非静摄,又废朝政,纵谕旨森严,恐亦不足以服天下而信后世也";最后,劝谏神宗少酗酒勤政事,警示其不要因暂时的平静而忽视即将来临的危机。虽然冯从吾是一片赤胆忠心,但他如此这般不留情面的谏言、犀利刺耳的言辞纵使善为纳谏的唐太宗在世,也不免会勃然变色,更何况是中年之后昏聩不可救药的明神宗。结果可想而知,神宗皇帝恼羞成怒,传旨欲廷杖冯从吾,幸而适逢仁圣太后寿辰(长秋节),加之赵志皋等大臣们的再三苦求,才幸免于难。"国家不幸个人幸,从此赢得直臣名;灯红酒绿浑不觉,宫廷夜夜歌舞声。"从此,冒死直谏之声震于天下。

神宗传旨廷杖及幸免之事冯从吾都是事后才知道的,事后他在《秘录》中记载:"时从吾滥竽西台已六阅月,先是疏劾都给事中胡汝宁,主上幸见纳,窃以为圣明在上，正臣子披肝露胆之时，于是此疏于正月十三日上。”（《冯恭定全书》卷一八）毫无知觉说明神宗的反映完全出乎冯从吾的意料之外。他认为天子总是“圣明在上”，他们犯错误都是受了奸臣的蒙蔽，所以正需要忠良臣子“披肝露胆”上书劝谏，辅佐君王明辨是非，惩恶扬善。弹劾胡汝宁“见纳”，使他对神宗皇帝充满了期望。同时，初入仕途的冯从吾一腔学者的担当气概，满怀治国平天下的理想，心存“文死谏，武死战”的信念。理学家都有担当气概，心学家更是坚持“以己心之是非为是非”，有自己独立的是非标准和道德判断，坚持自己认为正确的东西，并付之于实践，这就是“致良知”，不被任何外在强加的压力所改变。在他们看来，大是大非面前，天地可以掀翻，劝谏受蒙蔽的君主当然是义不容辞的。但是，神宗的传旨廷杖对冯从吾来说犹如当头一棒，使他弹劾胡汝宁后有点发热的头脑冷静下来。神宗就是要向冯从吾这些士大夫显示皇权的威严与皇帝的不可侵犯，让他们明白何为君，何为臣；何为主，何为仆。冯从吾的确也深深体会到了来自皇权的压制与威胁，其“外王”的人生理想开始逐渐转变。《请修朝政疏》及其后的一再受挫，使冯从吾不再沉湎于一味的义气承当。以后，其心性之学的工夫理路便一步一步转向内敛反省之路，主要精力用于读书讲学。

四、归乡三年

冯从吾虽然廷杖被免，但仍因直谏之事请告归乡。二月，冯从吾素患之痞积发作，时又奉命差往宣大巡按。赴任，行经涿州，病情加重。比至保定，即伏卧床褥，不能起动，延医服药无效。遂于四月二十一日上疏请告，获准回籍调治。万历二十年至二十三年(1592—1595)，冯从吾在陕西与故友萧茂才(辉之)等人以读书论学度日。他们在宝庆寺共同讲学，对四书深入细致地进行研究，并将三年的读书札记由萧茂才编次为《疑思录》六卷。时“多士执经问难，户外屦常满”，他们“力僻蓁芜，共偕大道”，倡明洙泗之学、邹鲁之秘。正如其于该书中自序所言，“余自壬辰请告，杜门谢客，足未逾阈者三年，自药裹外维以读书遣怀，无它营也。间有二三同志及伯兄月夜过存，相与讲孔曾思孟之学，辨析疑义。”(《冯恭定全书》卷二，《疑思录》)归乡的三年，是冯从吾第一次沉潜于读书的时日，他将以前对圣贤之学的理解进行了认真的反思，“以心读之，以身证之”，始而疑，进而思，最终在对四书重新认识的基础上，形成了自己对儒学宗旨的深刻认识，这从篇名《疑思录》就反映出来。杨嘉猷在《疑思录序》中说:“先生力排异端,羹墙尧舜,故于四子之书以心读之,以身证之。证之而是也则已,纤毫未恊,焉得不疑,疑稍未释,焉得不思,思者明之基,而疑者信之渐也。”(《冯恭定全书》卷二,《疑思录》)

归乡三年,冯从吾一边读书、思考、著述,一边在宝庆寺讲学。先生朴实、率真的性格与关学学风相互影响,使关学“敦本尚实”“崇正辟邪”等优良学风得以发扬。如《朱贫士传》记载了朱蕴奇之事,朱生家贫而听讲宝庆寺寒暑不辍,“生每赴余宝庆之会。见衣敝履穿,人或诮之,以为贫至此,不听讲可耳。余闻之曰:‘如此是听讲者皆当鲜衣华服,以饰观美矣?’诮者语塞。”(《冯恭定全书》卷一七)冯从吾对破衣烂衫却每会必听的朱贫士赞赏有加,体现出崇实尚简的学风;对讥诮朱贫士的人,他当面回击,不留情面,体现出耿直实在的个性。

万历二十三年(1595),冯从吾出任河南道监察御史,奉敕巡按直隶等处,督理长芦、山东盐课及河道。在任上不改素志,革除积弊,清理国税之收,打击不法之徒,洁己惠商,堵塞权奸贪赃舞弊之路。先生非常勤勉,五月出任,十月罢免,任上仅五个月,而《冯恭定全书》中(第十八卷)收有冯从吾整饬盐务、河道的公移就有八篇。他还注意教化与法令的结合,《冯恭定全书》中(第十八卷)收有冯从吾尊崇名贤以敦教化的公移有四篇。且行部所至,不忘讲学,“进诸生,讲四书义,率出己意,反复印证,期于剖微言,透宗旨,有前人所未发,而末学所共迷者。”(《冯恭定全书》卷四,《订士编》)冯从吾将讲稿数则辑成《订士编》,于次年正月由山东知府王命爵序,嘱咐州牧张君刻而传之。冯从吾此次出巡,还有杂著若干篇,与京途所作合并,命曰《东游稿》。(《冯恭定全书》卷一三,《东游稿序》)不久,回到朝廷,正遇上神宗皇帝以军政事黜放两京言官,冯从吾因前疏触及皇帝过失,亦在削籍归里之列,复还关中。(张廷玉:《明史》卷二四三《列传・冯从吾传》,中华书局 1974 年版。)这次入仕冯从吾依然勤政、廉政,但是与第一次踏上仕途比较,他多了份沉稳与从容。同时,他深深意识到政令必须与教化相结合,所以在任上不忘讲学,以内圣之学塑造士人子弟的德行和人格。经历了几年的仕途风雨,深深体味了晚明皇权的专制和政治的黑暗后,冯从吾内圣外王的理想被打击不小,其“得君行道”的人生理想开始逐渐转变。

第四节　林居讲学——关西夫子

辞官归乡后的讲学实践使冯从吾的心性之学日趋成熟和完善，他不再沉湎于一味的义气承当，工夫理路一步步转向内敛反省之路。其讲学思想在讲学实践中也逐步成熟。冯从吾自万历二十三年(1595)十月罢归后，“林居凡二十六年，一字不干公府，绝口不谈时事。荐章百十上，世推‘南邹北冯’。”(《冯恭定全书》续集卷五，《行实》)他开始踏上了“以学行其道”的讲学人生。这期间，曾有右都御史户部尚书孙玮向皇帝进言：“陛下以累累三印悉畀之臣，岂真国无人耶？臣所知，大僚则有吕坤、刘元震、汪应蛟，庶僚则有邹元标、孟一脉、赵南星、姜士昌、刘九经，台谏则有王德完、冯从吾辈，皆德立行修，足备任使。苟更阅数年，陛下即欲用之，不可得矣。”弗听。此次归乡后的讲学生活是冯从吾的第二次沉潜，时间很长，“凡二十六年”，思想更深沉，“一字不干公府，绝口不谈时事”，这是一种更为深入的内向收摄的工夫。

一、讲学宝庆寺

此次罢官回到长安后，冯从吾闭门谢客开始了他的学术人生。碰了皇权政治这块坚硬的大石头后，冯从吾内心的冲击是巨大的。思想深处经过对当朝政治现状和历史百回千折的反思，对朝廷的专制腐朽、皇帝的昏庸专断有了彻底、清醒的认识。此时的冯从吾已年近不惑，仕途的一再受挫使其人生定位越来越明确，越来越坚定，对做官成就人生理想不再抱希望，所以即使当时“荐章百十上”，他却丝毫不为所动。因为他已抱定一个念头：要挽救明王朝的危机，必须大兴讲学之风，弘扬圣人之学，从而点石成金。也就是通过明学术，使皇帝、群臣及世人在听取学者的谈经论史中明晰国家兴亡，何由取舍、去从的道理，进而使朝纲重整，明王朝驶入复兴的正确轨道。冯从吾用心良苦，他虽不得善遇，却仍寄希望于君主有朝一日能醒悟，把弘扬儒家理学作为有朝一日昏庸皇帝的醒神“灵丹”。这让旁观者看起来有些渺茫和虚幻，有知不可为而为之的悲壮，但在冯从吾看来，作为人臣，作为儒者，这是自己义不容辞的责任。

既还故里，冯从吾于是专心治学，吸取先正格言，体验身心。与王经轩、张舜典、萧茂才诸君子讲学于宝庆寺。经过一段时日的聚会讲学，为了使讲学活动规范化，大家感觉有必要制定讲学制度，于是推举冯从吾草拟《学会约》。接受诸君子委托，万历二十四年(1596)秋，冯从吾拟定《学会约》八款。《学会约》明确了学会会期、同志间交往应遵循的基本原则，阐明了讲学内容及教材，体现了学会的宗旨、学风特征等。如“会期每月三会，初一、十一、廿一”，“会中一切交际俱当谢绝”。“会期讲论毋及朝廷利害、边报差除，毋及官长贤否、政事得失，毋及个人家门私事与众人所作过失及词讼请托等事，亵狎戏谑等语。其言当以纲常伦理为主，其书当以《四书》《五经》《性理》《通鉴》《小学》《近思录》为主，其相与当以崇真尚简为主，务戒空谈，敦实行。”(《冯恭定全书》卷六)学会的宗旨强调学会是独立自主的组织，有固定的会期，会中讲论以《四书》《五经》等儒家经典为主，谢绝讲学之外的其它交际，禁止议论诸如朝廷、长官、私事等这些与儒学无关的事情，这是一种明显的内向收摄的工夫理路。可见，冯从吾已经有意识地强调讲学要独立于朝廷，独立于政治，要有自身的独立性，注重士大夫内在的修养。这是努力构筑士大夫自身独立的社会生存方式和内在精神堤坝的主动作为，也是为了适应政治专制的被动无奈之举。《学会约》也体现了崇真尚简、严谨朴实的关学学风。

冯从吾还为听讲者诸生立学规二十款，题为《士戒》，从而对诸生从严训导。冯从吾首先以身作则，反求诸己，谓“倘中有不率者，诸生当先鸣鼓攻余训导不严之罪。”不久，凡农工商贾各界人士都来听讲，并问：“讲些什么？”为了便于理解，冯从吾将《学会约》的核心内容化约为通俗易懂的《谕俗》，便于几句话答复他们，《谕俗》曰：“千讲万讲不过要大家做好人，存好心，行好事，三句尽之矣。因录旧对一联：‘做个好人心正身安魂梦稳；行些善事天知地鉴鬼神钦’。”(《冯恭定全书》卷六)《谕俗》使《学会约》的核心理念——“善”通俗化，得以普及大众，进入农工商贾的生活中。这一年仲冬(十一月)十一日，在宝庆寺讲学期间，冯从吾被问及舜跖善利诸章，“诸君子各虑所见，互相发明”，先生为折衷之，做《善利图》并系之以说。(《冯恭定全书》卷八，《善利图说》)冯从吾的心性之学以王学为根基，又远承孟子，他坚信孟子的性善论，用图解的方式指出善利在一念之间，一念之差便分舜跖，中间无路，一目了然，清楚明白。冯从吾在宝庆寺讲学期间与诸生的问答语，由门人许大伦、任国珣辑为《宝庆语录》一卷，付梓传世。

冯从吾由端正学风进而敦化士风乡俗。关学奉行“以躬行礼教为本”的宗旨。从张载到三吕、范育、苏昞，皆先“正礼文”，“学古道”，务求先王本义，使学者视听言动、出处进退先有据守，“亦如天地设位”，真正“知礼”。关学如此重礼化俗，尤其是由蓝田吕氏制定并推行的《乡约》《乡仪》，[1]使关中社会风俗为之丕变。晚明时的秦地世风日下，如时人“争讥”“诋毁”，不能“成人之美”。(《冯恭定全书》续集卷二，《正俗俗言》)冯从吾与有识之士对当时的士风不古深有同感，认为“世道隆污，系士风厚薄。而返薄还厚，倡之者当自士大夫始。使士大夫而犹然不倡，则齐民何责焉！”(《冯恭定全书》卷五，《行实》)世风日下的原因在于士风不正，士风对世风有引领作用，要想挽救社会风尚，使其返薄还厚，必须从端正士风做起，士大夫们都不能起表率作用，又怎么能要求老百姓呢？于是倡议立会，并公推冯从吾拟定会约。万历二十五年(1597)十二月，冯从吾拟出《关中士夫会约》十三条，约定会期及聚会的具体规定。万历二十六年(1598)正月初六，关中士夫首次聚会。会后冯从吾就旧病复发，卧床不起，此后九年闭关静摄，未能赴会。

冯从吾闭关静摄九年，内向收摄之功已做到极至，此后其学养愈厚，对圣贤之学自得于心。“躲进小楼成一统，管他春夏与秋冬”。他身居斗室，潜心学问，足不出户九年之久。在这其间，他除继续研阅《四书》《五经》等儒家经典外，精心梳理濂(周敦颐)、洛(程颢、程颐)、关(张载)、闽(朱熹)、王(王阳明)之学，尊宗探源，辨析异同，多有发明，间或去宝庆寺讲学。他越来越强调讲学对于士人的重要性与特殊意义，认为讲学是士人独立于仕途政治之外的一种生存方式，也是士人安身立命、人格修养、治国平天下所独有的、也是最佳的方式。晚明时学风虚浮，其中一个表现就是重事功，不事讲学，或虽讲学却是讲“非学之言”，即或“谈玄说空”之言，或“看书作文时务”，或似是而非之言等等。冯从吾认为这与不能“敦本”有关，他说学问不能抓住根本，就会不得要领，陷入支离，“本体源头处一不清楚，此所以后来流弊无穷”。(《冯恭定全书》卷一二，《关中书院语录》)王学末流“逐末而迷本”，流于玄虚，不可避免要陷入佛老异端“悬空之学”。为了根治王学末流的偏失，冯从吾以“敦本”对“务末”，以“尚实”对“悬空”，极力与异端辨学，与佛老之玄虚立异，使“吾儒修德之学”见诸实效。万历三十三年(1605)秋天，冯从吾与凤翔张心虞(舜典)谈心性之学，所见甚契，二人分别后，冯从吾著成《辨学录》八十一章，明儒佛之辨，申下学上达之旨，免后学之惑。书稿由门人杜邦泰等作

① 参见陈俊民：《蓝田吕氏遗著辑校》，北京：中华书局，1993年版，第563—584页。

了校对，书后有张舜典的跋。武陵后学杨鹤在《辨学录序》中说："卧病闭关九年，精思力践，遂入圣人之室……《辨学录》一书，尤先生静中妙语，见儒释所以分别处，皆昔贤所未发也。"（《冯恭定全书》卷一，《辨学录》）

二、著成《关学编》

为维护士阶层的独立性，冯从吾尤重讲学传统，这也就可以理解冯从吾为什么强调道统学脉的延续，注重对学谱、家谱的整理，他实际是在追寻士君子阶层的历史发展轨迹。万历三十四年（1606）九月，冯从吾著成《关学编》《冯氏族谱》《冯氏家乘》。明代的人好标榜，特别是在谱牒记载中，多有夸耀失实的现象。但从《冯氏族谱》的情况来看，记载得较为慎重，冯从吾没有隐讳自己的寒微出身，实事求是地断自可知之世，且毫无潜隐夸耀不实之事，对于无文献可稽的事和无定论的人，宁可阙之，体现出敦本尚实的关学学风。《关学编》是冯从吾为识"关中理学大略"，集宋、金、元、明代关学诸儒行实，发凡起例，探隐索迹，为陕西关中的理学而首次创编。亦可以说它是一部关学史，它通过为理学诸子立传的形式，述其为学大略，辨其授受之原委，明其道学之统绪，借以恢复孔孟"儒之正传"。冯从吾率先总结了关中理学的产生、发展状况，使宋明理学在关中地区范围内的跌宕起伏，有了比较清晰的脉络。虽然他并未真正给关中理学归纳出一个学术传统，而是凡祖述孔子者都列入编内，但是，因为有了这样一部关中理学的学术史，客观上为关中理学建立了一个学统。

冯从吾强调讲学的重要性，他自己也坚定地走在"以学行其道"的讲学道路上。万历三十六年（1608）三月，冯从吾与地方官及学者讲学于太华山（华山）中，时有华阴县令朱官及理学名士杨震等来访，邀其讲学。十五日"午后即讲于岳庙官署中"，邑中诸生听讲者数十人，私下议论"今日华麓，何殊白鹿鹅湖，甚盛事也"。晚上邑郡守王惟大"又治具寓邸，坐次讲学"。十六日"会讲友益众"，十七日"复会讲于灏灵楼上"，十八日偕诸君登岳，青柯坪途中遇雨，故二十五日始归。后青柯坪改为太华书院。此次聚会讲学的主要内容为儒家心性之学，冯从吾主要讲述了《中庸》"率性章"的微言大义，"华阴士之知讲学亦始于此"，使华阴地区的学者名士增强了对讲学重要性的认识。万历三十七年（1609）三月，冯从吾讲学于太乙峰（今终南山）下。

三、创建关中书院

冯从吾在游学讲学的过程中，对理学的理解又深入了一步。同时，他在各地的讲学活动也产生了很大的反响，前来从游问学、听讲学习的人的越来越多，宝庆寺门庭若市，小小寺院已是人满为患。先生自“挂冠归，则恂恂大雅似不能言，而理学亦邃，从游者日益众，一时缙绅学士多执经问难，而农工商贾环视窃听，有非宝庆禅寺所能容者，当道遂为辟今关中书院以聚众讲肄。”（《冯恭定全书》卷一一，《池阳语录序》）是年十月一日，陕西布政司汪可受、按察使李天麟等一批官员找冯从吾谈学论道、联镳会讲，看到几千人聚集在狭小的宝庆寺中，拥挤不堪。第二天，他们就下令将宝庆寺东边的“小悉园”拨出来改建成关中书院。关中书院的建筑规模宏大，中间讲堂6间总名“允执堂”。“书院名关中而扁其堂为允执，盖借关中‘中’字阐‘允执厥中’[①]之秘耳。”（《冯恭定全书》卷一五，《关中书院记》）“允执”一词，最早出自《尚书·大禹谟》，允者诚信也；执者执著不二之谓也；中者不偏不倚，是为中庸之道也。后《论语·尧曰》有“天之历数在尔躬，允执其中”句，此句的意蕴在于强调，只有真诚信守儒家的中庸之道，帝王的统治就犹如岁时节气的更易那样自然而然，天经地义。关中书院取“允执”二字名堂，不仅寓意坚持儒家的中庸思想，更暗合关中之名。

新建的关中书院，首请冯从吾、周淑远等名流主讲，冯从吾任山长。关中书院一时“同志川至云集”，川、甘、豫、鄂等地学子纷纷负笈前来就读，盛况空前，从学者多达五千余人，成为明末四大书院之一。冯从吾亦声名大震，被誉为“关西夫子”。冯从吾竭力坚持讲学要独立于政治之外，而当讲学的独立意义显示出来后，它却在客观上产生了不容忽视的政治影响，当道的官员反而纷纷出面助学。

万历三十九年（1611）孟冬（十月），冯从吾至三原池阳拜谒王端毅、王康僖、马溪田、张安坡、温一斋五位学者的祠墓。谒墓后，应门人之请，讲学于城北西寺。翌日归，又有长安门人请讲于城南庆善寺。“先生池阳之讲，不惟士人兴起，即里巷小民咸拥与聚观，候门窃听，欲得一二语终身诵之。”（《冯恭定全书》卷一一，《庆善寺讲语》）门人将两地讲语辑录成帙编为《池阳语录》。

① 《尚书·大禹谟》曰：人心惟危，道心惟微，惟精惟一，允执厥中。

万历四十年(1612)春,冯从吾又赴新辟的太华书院讲学。春光一片,师友一处,畅谈尧舜危微,孔颜博约,冯从吾在孔颜乐处怡然自得,兴之所至,诵而成诗。其诗曰:"太华峰头好振衣,雨晴百卉竞芳菲。孔颜博约传心诀,尧舜危微泄性机。玄鹤远从天外至,白云时傍洞中飞。工夫须到真源处,才得吟风弄月归。"万历四十一年(1613),门人王之翰等收集冯从吾在华岳多次讲学的语录,编为《太华书院会语》梓行问世。

万历四十二年至天启元年(1614—1621),冯从吾主要主持关中书院事及讲学,除此便杜门著述。万历四十三年(1615)开始修撰《长安县志》。此外还修成《元儒考略》,是书为元代理学家传记,辑录学者82人,"是编乃集元代诸儒事实,各为小传。大抵以《元史·儒学传》为主,而旁采志乘附益之。中有大书特传者,亦有细书附传者,皆据其学术之高下以为进退"。(永瑢,纪昀:《四库全书总目》,北京:中华书局,1965年版,第525页)由于"宋儒好附门墙,于渊源最悉。明儒喜争同异,于宗派尤详……惟元儒笃实,不甚近名,故讲学之书传世者绝少,亦无汇合诸家勒为一帙,以着相传之系者。""从吾掇拾残剩,补辑此编,以略见一代儒林之梗概",(永瑢,纪昀:《四库全书总目》,北京:中华书局,1965年版,第525页)使元代历史中模糊不清的儒学道统和学谱有了一个总体框架,因而此书的史料价值很高。当然,《元儒考略》也有一些不足,如体例颇为丛碎,个别人的名姓有乖舛之处,校雠亦未免疏漏,不过应该说是瑕不掩瑜。

林下讲学二十六年,冯从吾的心性之学不断完善,趋于成熟。在讲学、论学的过程中,冯从吾对《四书》《五经》等儒家经典以心读之,以身证之,形成了自己的自得之学,即认识到"本体"不离"工夫",所以强调"本体""工夫"并重,反对王学末流废修言悟,废弃工夫,流入玄虚。随着对内圣之学的不断体认,冯从吾内向性的工夫理路也逐渐形成,强调"养心""自反",注重反求诸己,寻求内在的精神自足。冯从吾强调讲学自身的独立对读书人的重要意义,提出讲学要独立于政治,士者阶层要独立于仕途。他注重道统学脉的延续,注重对学谱、家谱的整理,实际是在追寻士人阶层自身的历史轨迹与发展逻辑。

第五节　京师讲学——以学行道

明朝末年皇室腐败荒淫,疏于朝政,致使皇权旁落,皇帝成了宦官手中的玩偶。加之宫庭深深，皇帝短命，皇权更替频仍。当明神宗朱翊钧呜呼哀哉后，明光宗朱常洛即位，泰昌元年(1620)，冯从吾被起为尚宝卿，进太仆少卿，均未赴。不久，即改大理符卿、冏卿、廷尉，因兄丧未行。不久明熹宗朱由校即位，召其进京。天启元年(1621)秋，冯从吾始应诏赴京，擢左佥都御史，两个月后任左副都御史。这年冯从吾65岁，可谓已阅尽人世的冷暖，对朝政、人生、讲学都早已有成熟而稳定的认识。泰昌改元，冯从吾召而未赴，因为他对新朝不能完全信任。而天启改元，他应召赴京是因为他忧时愤世，兼济天下之心未泯，仍抱着"挽狂澜于既倒"的一丝幻想。但再次赴京也并不代表他就对熹宗完全信任，准备入仕重新进入政治生活，改变自己的讲学生活。复振京师讲学之风，在京师施展其"以学行其道"的抱负，才是冯从吾赴京的重要目的之一。他希望通过讲学挽救当时颓废的社会风气，昭示后学，申明"治国平天下"之大义，以唤醒人臣志士救世济国之心。

一、建首善书院

王心敬对冯从吾天启朝赴京的本意把握得较准确，他在《关学续编》中说冯从吾是为了"发明人性本善、尧舜可为之旨，以启斯人固有之良，冀以作其国而忘家、君而忘身之正志，兼欲借此联络正人同志济国也。"(王心敬:《关学续编》卷一，《少墟冯先生》，北京：中华书局，1987年版)冯从吾到京后，"复与同官邹南皋、钟龙源、曹真予、高景逸数先生约会讲都城隍庙……缙绅士庶环听者，至庙院不能容。或曰：'辇毂讲谈，谣诼之囮也。国家内外多事，宜讲者非一端，学其可已乎？'先生怆然曰：'正以国家多事，人臣大义不可不明耳！'邹南皋先生曰：'冯子以学行其道者也，毁誉祸福，老夫愿与共之！'于是十三道奏建首善书院。"(王心敬:《关学续编》卷一，《少墟冯先生》，北京：中华书局，1987年版)京师讲学，非议冯从吾的人不少，有人认为国家正值多事之秋，该说该讲的太多了，怎么能只讲圣贤之学？冯从吾反驳说，正因为国家多事，才需要君臣一心，众志成城，恰恰只有讲学才能使人臣深明忠君死国之理，使子民懂得仁义孝悌大义。邹元标可谓是冯从吾的知己，对冯从吾的反击极为欣赏，并公开声援他，表示"毁誉祸福，老夫愿与共之"，不愧有"南邹北冯"的赞誉。在他们的共同努力下，天启二年(1622)秋，首善书院建成于京城宣武门外。首善书院的讲学活动再次轰动京师，前往聆听者云集。

冯从吾此次赴京，除了振学风，建书院，还以御史之职积极整饬朝纲，说明他对朝廷还没有最后绝望。御史这个具有最高监察、弹劾和进谏职能的职位，遇明君则可大有作为，倘若遭遇昏君，非但难有什么作为，还很容易招灾惹祸。可治国心切的冯从吾，面对国家的内忧外患，又一次奋不顾身地为朝廷除恶务尽。当时的大明王朝外有满族南逼，而守城将帅动辄弃城逃遁，少有与城共存亡的忠义之臣。内则旱荒盗贼，连绵纠结，而士大夫们只顾结党营私，勾心斗角，不知和衷共济。当时，东北战场明军失利，辽左失陷，先生于是"疏参经抚置之法。以'红丸'[①]论李可灼，又论'梃击之狱[②]，与发奸诸臣为难者，皆奸党也'。而于一切大狱，则力任之，确乎不为人言摇夺，坐是与要人左，群党齿击矣……于是挺身而出，冀以直道大义挽回其间。及出，则权所不属，势不可维，徒蒿目而视，殊无救济之良策。于是遇可言处，则明目张胆，纠弹不避，以一身彰宇宙之公道。"（王心敬：《关学续编》卷一，《少墟冯先生》，北京：中华书局）面对晚明朝廷的颓势，先生知不可为而为之，不计毁誉，仗义执言，与群小作对，坚持做最后的努力，世人谓有"于（谦）张（居正）之风"。然而，大明王朝大势已去，冯从吾势单力薄，无力回天，虽然是忧心如焚，却也只能是眼睁睁看着无可奈何花落去。冯从吾的纠弹不避必然引来弄权奸臣的嫉恨，"给事中朱童蒙、郭允厚、郭兴治虑明年京察[③]不利己，潜谋驱逐。会元标与冯从吾建首善书院，集同志讲学，童蒙首请禁之……而（魏）忠贤方窃柄，传旨谓宋室之亡由于讲学，将加严谴。"（张廷玉：《明史》卷二四三《列传·邹元标传》，北京：中华书局，1974 年版。）首善书院的轰动效应和冯从吾的嫉恶如仇使色厉内荏的阉党集团如芒刺背，惶惶不安，加之次年就是京察，朱童蒙等为了驱除异己，在京察中顺利通过，于是罗织罪名，极尽诋毁之能事，借助皇权刀柄，以禁学的方式向冯从吾等"正人同志"发起政治攻击，将刚刚诞生的首善书院扼杀在摇篮中。

冯从吾视讲学为士人独特的生活方式，讲学同时又是一种社会活动。首善书院的建立客观上产生了"联络正人同志济国"，振拔社会风气的作用，这

---

① 1620 年，光宗即位后生重病，郑贵妃进泻药，鸿胪寺李可灼又进红丸两粒，光宗服药后即死。参见樊树志：晚明史，第 644—650 页。

② 1615 年，有人执枣木棍闯入皇太子居住的慈庆宫，行刺皇太子，打伤太监数人。参见樊树志. 晚明史，第 538—539.

③ 京察：明代考核京官的一种制度，每六年一次，根据官员的政绩、品行，来决定升迁、降调或罢官等奖惩。若是"京察"中被罢了官，就将终身不再起用。

种客观的政治、社会影响使弄奸权臣十分惧怕,他们不遗余力地请求朝廷禁学。“讲学即是结党”,这是明朝当时流行的政治观念。“在这种观念下,一切讲学都是与政治相冲突的。而在京察的前一刻,作为官僚身份的学者们在京城的讲学强化了这一政治观念。政治与讲学之冲突于是发生。首善书院之禁毁,正源于此。”[①]于是,冯从吾于天启二年(1622)九月初六上疏力辩,表明创建首善书院的初衷,阐明讲学对激发人心的意义,这就是《辨讲学疏》。他在疏中说:

> 窃惟世道之所以常治而不乱者,惟恃有此理学之一脉,亦惟恃有此讲学之一事。讲学创自孔子,而盛于孟子,故孟子以作《春秋》,辟杨墨,为一治。至孟子没,而异端蜂起,列国纷争,祸乱相寻,千有余年,良可浩叹。至宋儒出,而始有以接孟子之传,然中兴于宋,而禁于宋,是宋之不竞以禁讲之故,非以讲之故也。伏惟我二祖开基,表彰六经,颁行天下,天子经筵讲学,皇太子出阁讲学。讲学二字,昔惟厉禁,今为令甲,是周家以农,国朝以理学开国也。……今臣等创建书院于此,岂为名?岂为利?岂为一身宴游之地?岂为子孙世守之业?原为南京十三省具有,而京师为天子之都,为首善之地,反无,非所以壮帝都而昭一代文明之盛。况今外患未定,邪教猖獗,正当讲学以提醒人心,激发忠义。先臣王守仁当兵戈倥偬之际,不废讲学,卒能成功,此臣等所以不恤毁誉,不恤得失,而甘心冒昧为此也。(《冯恭定全书》续集卷四)

冯从吾在此疏中,首先提出讲学的作用在于使道统常治不乱,使学统绵延不绝;第二层讲宋儒承接了孔孟讲学的传统,功不可没,宋之不竞并非因为讲学,而恰恰是因为禁学;第三层讲国朝亦是以理学开国,有经筵讲学的传统;最后阐明创建书院的真正目的,在于讲学以提醒人心,激发忠义。作为一个读书人,冯从吾最初的理想当然希望通过科举入仕为官,由内圣而外王,尽其所学为国、为君效力,以伸经邦济世之志,他当初弹劾胡汝宁、上《请修朝政疏》,正是怀着这样的一腔热血。然而当他在仕途一再受挫,便逐渐意识到:从政不但难以实现自己最初的理想,而且还可能丧失掉一个士者的尊严(廷

---

① 陈时龙:《从首善书院之禁毁看晚明政治与讲学的冲突》,《史学月刊》,2003年第8期,第40页。

杖)、独立人格,甚至是生命。这已经构成对其人生底限的威胁,于是冯从吾的人生定向、工夫理路便转而向内收敛,寻求士者独立于政治沉浮的生存方式,讲学就是一种最好的方式。讲学可以明学统、维道统,可以保证士人阶层有尊严地生存;可以间接地作用于政治,教化人心,引导社会风气;亦可以成就儒者圣贤人格的内圣理想。正因为此,冯从吾不遗余力地为宋儒辩护,为讲学论辩,为讲学上书,这是他为守护人生底限而必须作出的奋争与努力。

他在疏中请求皇上罢免自己"以谢人言",可见他已有两种思想准备:其一,皇上若能支持讲学,说明朝廷能包容一个独立于政治的士人阶层,这当然是最理想的结局;其二,退一步,若皇上不能认同讲学,他就告归,远离朝政,一心继续"以学行其道",不再奢求皇上的认同。他此次进京的主要目的就是重振京师讲学之风,既难如愿,他自然会毫不犹豫地离开。然而明熹宗朱由校只是下诏慰留,就是不明确表态支持讲学,诏曰:"冯从吾德望素孚,何必以人言引咎。着照旧供职。"(《冯恭定全书》续集卷四)不说支持讲学,也不说不支持,冯从吾看到其势难以挽回,彻底灰心,于十月份连上五疏,以夙病突发,日渐危急,不能供职为由,请告归里。

冯从吾在此后《答辛复元茂才》的书信中表达了告归的真实想法:"昨不佞讲学都门,同志云集,兴起者众,足称一时之盛。然物忌太盛,自是宜归,仕止久速,无往非道,亦无往非学,非专以仕以久为道为学也。耕云钓月,颇有余适。"(《冯恭定全书》续集卷三)十一月,先生满怀对朝政、对熹宗的失望,奉旨回籍。从此,再没有踏入朝堂。

冯从吾在京师与邹南皋、钟龙源等诸先生讲学期间,浙江桐溪方大镇因素慕诸先生之学,天启二年(1622)"因笔其所闻于会中者,题曰《闻斯录》。盖夫子教冉求曰:'闻斯行之,岂独为求也。'"(《冯恭定全书》续集卷二,《闻斯录序》)《闻斯录》其实就是学生方大镇记录的冯从吾、邹南皋等先生在京师讲学的讲语。《都门语录》也是冯从吾门人(王堇父)辑录的冯从吾、邹南皋、钟龙源等诸先生在京师城隍庙及首善书院的讲学语,时间为天启元年(1621)至天启二年(1622)。天启三年(1623)刘宗周(1578—1645)据王堇父刻本再行梓刻,并为之作序。天启四年(1624)吉水李日宣根据"冯先生之都门日抄"进行编辑,今《冯恭定全书》续集卷一所存的《都门语录》,应是李日宣所辑。先生晚年以讲学"独行其道"的思想就体现在《都门语录》中,他解释说"独"不是指离过人独做,"只是不靠君相之命,不靠师友之倡率,各人独自个要做”，强调在朝在野都要讲学，讲学自身要有独立性，不是依附于君主朝廷的旨意，不是依赖于师长朋友的呼应倡议，士人自身要有内在强大的精神支撑，要有独立承当的慑人气概。鼓励士人以道自任，“一切事境不为挠屈”，挺起骨头，在“内圣之学”中追求内在的超越。

二、终老陕西

天启二年（1622）十一月，冯从吾由京归陕，途经二程先生故里伊洛之间，见学会复兴，王惺所讲于陕州、吕豫石讲于新安、张抱初讲于渑池。先生“过其地，俱赴会大讲。二程之风再振，殊可喜也。”（《冯恭定全书》续集卷三）十二月初七途经新安，与吕豫石（维祺）相晤，会讲于新安之学会，吕豫石将此次会讲的语录辑为《川上会纪》。天启三年（1623），冯从吾回到陕西，此后便终日杜门著书，不废讲学，直至去世。

天启四年（1624）二月十七日，朝廷起升冯从吾为南京都察院右都御史，先生以病辞。十一月初六，拜工部尚书，以妻亡病笃为由，再次上疏力辞，十五日准以新衔致仕。“是时逆珰（宦官）犹以人望羁，先生乃正气怒张，珰亦磨牙向人。”（《冯恭定全书》续集卷五，《行实》）魏忠贤为笼络人心，起用冯从吾，而先生坚辞不就，依旧定期在关中书院讲学。天启五年（1625）秋，魏忠贤党羽御史张讷上疏诋毁冯从吾，请废天下讲坛，圣旨批复：“邹元标、孙慎行、冯从吾、余懋衡俱削籍，仍追夺诰命 ……其东林、关中、江右、徽州一切书院俱着拆毁，暨田土房屋估值变卖。”（《皇明通纪集要》卷五六，御史张讷条）先生亦被削籍。冯从吾对朝政、时势的黑暗和浑浊心中十分清楚，对前路的崎岖也有充分的思想准备，表现出理学家的冷静与坦荡。《全书 》续集卷五《行实 》记载，是时“权珰用事，忽中旨削夺，闻者骇愕，先生绝不介意。”

天启六年（1626）十一月二十三日是冯从吾七十寿辰，“门下士谋为贺，先生曰：‘国家多事，岂臣子欢娱称寿之日’，亟力止之。”（《冯恭定全书》续集卷五，《行实》）先生还赋诗言志，题即为《七十自寿》，诗曰：“万事纵灰冷，一念毋陵夷。太华有青松，商山有紫芝。物且耐岁寒，人肯为时移。点检生平事，一步未敢亏”，（《冯恭定全书》续集卷三）仕途的起起落落使冯从吾对朝政、对官场彻底心灰意冷，对朝廷不再抱任何希望，唯有“以学行其道”是他心中不变的信念。他以太华青松，商山紫芝为喻，表达自己矢志不渝的决心。

这年，熹宗在魏忠贤操纵下，下令毁天下书院，大肆屠杀东林党人。冯从吾的同乡、吏部尚书王绍徽曾仿《水浒》故事,编东林党人108人为《东林点将录》,献给魏忠贤,先生(地强星锦毛虎工部尚书冯从吾)亦名列其中。十二月,魏忠贤的党羽乔应甲巡抚陕西,对冯从吾日夜窘辱为事。然而,“察其清,不忍加遣。惟毁书院,曳先师像置城隅,以泄其愤。先生痛如切肤,衄血病榻,寝食俱废,昼夜趺坐百余日,竟以不起。”(《冯恭定全书》续集卷五,《行实》)冯从吾一生以讲学为职志,亲手创办了关中书院并任山长,书院就是他的信念与追求,就是他的生命。书院被毁,先师孔子像被推倒,扔在城角,“先生痛如切肤”,其痛心可想而知,这等于杀死他了。一代大儒面对如此奇耻大辱,人何以堪!风烛残年的冯从吾羞愤交加,以绝食相抗争,终因年迈体弱,冯从吾一病不起。家人“延医请祷,先生叹曰:‘从古有不死之人哉?吾生平多病,亦不意有今日兹逾古稀,足矣!安用医祷为?’”(《冯恭定全书》续集卷五,《行实》)体现出先生勘破生死的达观。天启七年(1627)二月十二日,冯从吾饮恨而逝,享年71岁。关中书院从此元气大伤。他在“易箦之际,整容端坐,尤惓惓以讲学做人为训,绝不及身后一事。”(《冯恭定全书》续集卷五,《行实》)直至最后时刻,先生犹念念不忘讲学,“整容端坐”,表明自己至死信念不改,不向邪恶低头。毅宗改元,清除魏党,奸孽正法。崇祯二年(1629)毅宗降旨为冯从吾昭雪复官,追赠光禄大夫、太子太保,赠一品文官诰,谥恭定,《附品题要言》曰:“不懈为德曰恭,守礼执义曰定”,(《冯恭定全书》续集卷五,《行实》)还先生以客观公正的评价。

三、后世敬仰

冯从吾去世后,学者们深为痛悼,自发集资在西安西门外修建了少墟书院,并刊印了他的文集以示纪念。后人还为他建祠、立碑、造像,以示敬仰。崇祯二年(1629)为冯从吾平反,修复关中书院,将书院改作冯恭定公祠,立木主于书院的师道中天阁内。崇祯五年(1632)重修书院,于西门外另设冯恭定公祠,立冯恭定祠碑。崇祯十年(1637)将冯恭定公祠列入祭典,着地方官员春秋致祭。崇祯十六年(1643)于书院张挂“圣学宗传”匾额。康熙三年(1664)拓修书院,题额“关中书院”,增建“精一堂”和“仁在堂”。乾隆二十一年(1756)御赐“秦川浴德”匾额,以彰书院功绩与影响。乾隆三十六年(1771)对书院重加修葺,后经嘉庆、道光、同治朝,均有整修。光绪十六年(1891)御赐重修冯恭定公专祠,并在祠堂内设立少墟书院(今西安市四十二中校址），每年春秋二季度虔诚祭祀，且立有碑石，以敬仰先贤。祭祀一直延续至 1949 年。

1935—1936 年间，张学良率东北军驻陕，将东北大学亦迁至西安，拟在今太白路一带选址，最初规划在太白路以西，正好将冯公墓园纳入其内，冯氏后人将冯从吾著作呈与少帅，张汉卿阅毕，遂令更改规划，将校址迁至太白路以东，乃形成西北大学今日之格局。1935 年间，裕秦纱厂老板（姓名已不可考）欲建工厂，范围也包含冯从吾墓，冯氏后人无奈之下，如法炮制，复将冯从吾著作呈上，没想到第二天，该老板亲赴冯从吾墓，上香拜谒，并与冯氏后人合影留念。工厂另行迁建于今丰庆路玻璃厂原址。很遗憾，合影在文革中已被红卫兵付之一炬，无法得睹真容。

建国后，国家将冯从吾墓墓园十四亩列入公产，加以保护。1965 年在省市文化部门主持下，拆除了建于明万历四十年（1612）的师道中天阁，原因是中天阁建在城角一隅如同凤凰落在鸡窝里，拟整体拆建至兴庆公园，以便与建成不久的沉香亭相映生辉。1965 年 11 月市文化局派人与建新村党支部书记王登才联系，商议有关冯从吾墓保护问题，然而不幸的是，不久后文化大革命开始，此项计划即被搁置起来。1966 年—1976 年的十年间，冯从吾墓虽遭冲击，但墓碑、翁仲等都被冯族后人就地掩埋，得以留存下来。1977 年建新村大队王登才等部分干部将冯墓墓园卖给欲在此征地的陕西省公路局职工医院。冯族后人力争，却因墓园不属于文物而无可奈何。后虽经文物局协调，将封土周围仅剩之四点八亩作为绿化区，令其不要盖房，妥善保护。但公路局职工医院在此地施工时将冯从吾墓之封土随建筑垃圾一起倾倒，致使冯从吾墓被夷为平地，荡然无存。20 世纪八九十年代，郑自毅、刘安国等人多次在西安市和陕西省政协会议上提交有关提案,[①]建议将冯从吾之墓列入文物保护单位,未得到市文物园林局的批准。2003 年 11 月,建于清光绪年间之冯恭定公专祠,面对城市拆迁改造的浪潮亦未能幸免,虽经各方面呼吁,现已踪迹全无。2005 年 11 月 4 日,冯从吾铜像在西安文理学院内落成,举行了隆重的塑像揭幕仪式。原冯从吾墓前的翁仲[②]、石刻已经被移放到西安文理学院校园内永久保存。

---

① 有关提案:西安市政协七届三次会议第 70 号提案:《建议将明工部尚书冯从吾之墓列入文物保护单位,加以整修,以供观众参观案》,提案人:郑自毅、刘安国、朱飞、宋寿昌等;西安市政协七届四次会议第 41 号提案:《建议给明工部尚书冯从吾墓室已划定的 4.9 亩面积的文物保护区内树立标志案》,提案人:郑自毅;西安市政协七届五次会议第 101 号提案:《建议给明工部尚书冯从吾墓四周已划定的文物保护区内早日树立标志,并将最近出土的翁仲、石马等集中在文物保护区内,供人参观案》,提案人:郑自毅;西安市政协八届二次会议第 92 号提案:《请将冯从吾墓列入文物保护单位》,提案人:宋寿昌、苏济吾、朱飞、何永安、吴健、鱼闻诗、王少卿、陈泽秦等;西安市政协八届二次会议第 151 号提案:《第四次提请将前明工部尚书、著名学者冯从吾墓列入文物保护单位》,提案人:刘安国、宋寿昌、苏济吾、朱飞、马志钧、何永安、雷振山、张家聪、陈长庚;西安市政协八届二次会议第 120 号提案:《第五次提请将冯从吾墓列入文物保护单位》,提案人:朱飞、何世安、苏济吾等;陕西省政协第六届三次会议第 198 号提案:《请将冯从吾墓列入文物保护单位》,提案人:王友直、施有仁、周梵伯、张勋、郑涵慧、王本质等。

② 翁仲:原指匈奴的祭天神像,大约在秦汉时代被汉人引入中国,当作宫殿的装饰物。初为铜制,号曰"金人""铜人""金狄""长狄""遐狄",但后来专指陵墓前面及神道两侧的文武官员石像,成为中国两千年来上层社会墓葬及祭祀活动重要的代表对象。除了人像外,还包括动物及瑞兽造型的石像。

第二章　冯从吾学术思想的理论渊源

像大多数的中国哲学家一样,冯从吾主观上并没有建立哲学体系的意识。吴有能先生说:"冯氏并无建立哲学系统的企图,他的论述方式,大多是顺经籍章句次第而加以讨论,而其著作则大部分都是讲学随意发挥的记录。"然而,他的学说客观上自当有其产生的外在机缘与内在逻辑。冯从吾的理学思想在形成过程中,"西学东渐"的客观影响、家庭环境的熏陶、学派师承的引导、关学学风的作用都在显示着自己的力量,他用心于圣贤之学,重会通而求自得,冯从吾之学归宗孔孟之道,笃信良知之学,援引朱子的主敬工夫,继承关学学风,体现个性特征和学术风格。冯从吾的学术特色在于他不立门户,会通诸家,兼采旁收,为己所用,提出"本体"与"工夫"并重的心性之学。

第一节　学术背景

冯从吾生活在明代末期,"西学东渐"由外而内对思想界产生了极大的冲击。从内部而言,理学自身在理论上已经成熟,走向内在义理的日益精微。明朝前期的学界沉闷而无新义,科举考试的风向标使朱子学日益陈腐而支离,阳明学在与朱子学、佛道二教的互动中,使自身不断丰富和发展,逐渐取代朱子学而占据统治地位,同时也伴随着后学的分化与偏失,王门后学的空谈心性,流于"浮荡"。此时理学家面临的时代问题是需要对理学自身进行反思和融通,纠偏和完善,对理学的内在义理、人性的伦理本原进行细致的分析和再认识。冯从吾与东林学派处于同一时代、同一学术背景,有着共通的问题意识,他们调和朱、王以纠明末学术之偏。冯从吾更是以弘扬"圣学"为己任,自觉地担当起反思心学、总结理学的时代责任。

一、"西学东渐"

西方科学文化的传入和冲击,给"长期封闭的中华帝国吹进了一股清新的空气，让人们接触到了以前闻所未闻的新思想、新事物”[1]，西学在晚明能够顺利的传播，与晚明时期思想界比较宽松的氛围有极大关系。“西学东渐”在晚明的知识界产生了相当大的反响。在与西方传教士的思想交流、碰撞中，一些敏感、先进的知识分子逐渐地改变了他们的世界观和价值观。

明末时期，中国有三位官员同利玛窦有比较密切的交往，对天主教和西学在中国的传播起了积极作用。他们是徐光启、李之藻和杨廷绮。尤其是徐光启，他同利玛窦过从甚密，还加入了天主教，曾随利玛窦学习天文、历算、火器制造等西方科技知识。他还利用自己的地位与影响，努力保护天主教在华势力，同时孜孜不倦地致力于推广西学。另外，与冯从吾共同创办首善书院的邹元标也与利玛窦关系密切，在邹元标的文集中有一篇给利玛窦的信，信中说：“门下二三兄弟欲以天主学行中国，此其意良厚。仆尝窥其奥，与吾国圣人语不异，吾国圣人及诸儒发挥更详尽无余。门下肯信其无异乎？中微有不同者，则习尚之不同耳”。（《愿学集·答西国利玛窦》）邹元标对天主教还是比较认同的，认为它与中国的圣贤之学没有本质的不同，要说有不同，也只是中西因为风俗习惯、传统风尚不同而产生的细微差别。“西学东渐”对冯从吾的哲学视野、思维方式自然也有客观的影响，但是，对待天主教的具体态度，冯从吾却与邹元标不同。冯从吾维护儒家正统思想，对天主教非常排斥。面对西学的宣传和冲击，冯从吾的态度代表了晚明至清一些保守的传统知识分子对待西学的的态度。

二、理学之偏

明朝中后期，宋明理学在理论上已经成熟，尤其是心学，已由成熟走向内在义理的日益精微。此时理学家面临的时代问题不是要建构新的理论体系，而是需要对理学自身进行反思和融通，纠偏和完善，对理学的内在义理、人性的伦理本原进行更细致的分析和再认识。明朝前期的学界沉闷而无新义，科举取士都是以朱熹的经注为标准，学者们依托于复性与躬行，没有自觉、自由的思想。物极必反，陈献章、王阳明的心学革命将个体的能动性与自觉性从理学的经注中解放出来，发出“个个人心有仲尼”的呼声，一扫朱子学的陈腐与支离，令人耳目一新。阳明心学逐步取代朱子学而占据统治地位。“中晚

---

① 樊树志：《晚明史》，第178页。

明的阳明学是在与朱子学、佛道二教的充分互动以及内部王门弟子后学之间不同观点的讨论与辩难中，使自身的丰富蕴涵得以充分展开的”，[①]然而，朱子学、阳明学在展开的过程中，都伴随着后学的分化与偏失。程朱后学流于“支离”，阳明后学流于“浮荡”。尤其是王门后学，讲良知现成，并不断引申、发展，终至极端化地空谈心性的地步，“流于清谈”，“至于纵肆”。浙中派王龙溪倡先天正心学，提出“四无”之说，客观上带来了王学末流在工夫实践中废修言悟，课虚妨实的弊病。而泰州派对礼教发起冲击，后期的思想已非名教所能羁络，其言行如同英雄、侠客，能手缚龙蛇，随心所欲，遂渐蹈于猖狂无忌惮。晚明的王学向玄虚、浮荡一路发展，使朱子格物穷理之学日渐遮蔽。于是以顾宪成、高攀龙等为代表的东林学派，反对阳明后学只在先天良知上用功，背离王学笃实工夫的倾向，他们起而调和朱、王，兼重先天良知与后天工夫，以纠明末学术之偏。

冯从吾与东林学派处于同一时代、同一学术背景，有着共通的问题意识，他面对的问题就是王学末流纯任本体而忽略工夫的虚浮之偏。忧心于心学不明，他认为“心学不明，关系千百年国家治乱不小，故不容不讲”。（《冯恭定全书》卷一二，《关中书院语录》）所以，冯从吾一生以弘扬“圣学”为己任，以讲学以职志，以救正心学，倡明心学为己任，自觉担当起挽救学术之偏的时代责任，体现出强烈的现实关怀与自觉的学术担当。冯从吾的哲学“以心性为本体，以诚敬为工夫”，（《冯恭定全书》续集卷一，《都门语录》）强调湛学中的朱子学内容，重视性理和“诚敬”之功，以对治泰州学派的良知现成，废修言悟。冯从吾对心学的救正反映出晚明时朱、王互救其失，尤其是心学在明末的自我反思与学术转向，也反映出宋明理学开始进行自我总结。

三、心学入秦

明代关中地区的心学思想由渭南学者南大吉传入，他继承了阳明心学。明朝中期以后的学术界，由于阳明心学取代了朱子学而占据统治地位，使得整个明朝中后期都处在阳明心学的笼罩下。可以说，理学发展至明代后期已呈现明显的心学化倾向，处在这一时代的哲学家都不免“多谈心性”。关中地区是北方接受王学传播影响比较大的地区，南大吉对心学在关中的传播发挥

① 彭国翔：《良知学的展开》，北京：三联书店，2005 年版，第 12 页。

了巨大作用。南大吉,字符善,号瑞泉,渭南人,明代关学重要学者之一。南大吉是正德庚午年举人,辛未年进士,授户部主事,历员外郎郎中,浙江绍兴府知府。知绍兴时,阳明正倡道东南,讲致良知之学。王守仁乃南大吉辛未座主,因而南大吉称其门生,与王阳明有过一段特殊的交往关系,深受阳明心学之影响,归乡后又在关中传播其学,故南大吉成为将王学传入关中的第一人,著有《绍兴志》《渭南志》《瑞泉集》。南大吉既从阳明学,得实践致力肯綮处,乃大悟曰:"人心果自有圣贤也,奚必他求。"(《关学宗传》卷二一,《南瑞泉先生》)与王阳明的密切交往使其思想也发生了心学化转向。南大吉为会稽郡守后,仍时常向王阳明问学请益。他看到阳明弟子日渐增多,讲学之所有所不容,特意整修稽山书院,以为阳明讲学之所,遂聚八邑彦士,身率讲习以督之,而王公之门人日益进。据阳明《送南元善入觐序》所记,越地数十年来,因为政府积弊,致使社会种种恶行肆虐,风气日渐衰败。在这种情况下,大吉不畏险阻,顶着种种诽谤,决心励精图治。他坚信"民亦非无是非之心",并决心从讲学入手,"启之以身心之学"。经过他的努力,不仅"民之谤者亦渐消沮",且"各邑之士亦渐以动,日有所觉而月有所悟",越地风气乃为之剧变,大吉因此而受到当地士人的广泛认可,老百姓称他为"严父""慈母","真吾师也"。以至他"入觐"之时,人们用种种方法,甚至通过王阳明的劝说试图挽留他。

南大吉对王阳明的《传习录》推尊有加,对其文尝"朝观而夕玩,口诵而心求",并对其良知之说自信笃定。认为《传习录》所阐发的道理,"置之而塞乎天地,溥之而横乎四海,施诸后世,无朝夕人心之所同然者也。"(《传习录序》)遂命其弟南逢吉(字符贞)"校续而重刻之",以传诸天下。嘉靖三年十月,南逢吉校续《传习录》。南大吉所续刻即今本《传习录》之中卷。南大吉续刻《传习录》,是在极为困难的情况下进行的。因当时朝廷贬抑王学,南大吉为了"以身明道",顶着极大压力,校订并续刻该书,颇有功于王学。故《传习录》中卷钱德洪《题记》称:"元善当时汹汹,乃能以身明斯道。卒至遭奸被斥,油油然惟以此生得闻斯学为庆,而绝有纤芥愤郁不平之气。斯录之刻,人见其有助于同志甚大,而不知其处时之甚艰也。"(《王阳明全集》卷二,《传习录中·题记》)。

嘉靖三年(1524),南大吉与阳明曾有过一次关于良知与自悔的对话。南大吉豪旷不拘小节,与阳明论学有悟,乃告先生曰:"大吉临政多过,先生何无一言?”先生曰:“何过?”大吉历数其事。先生曰:“吾言之矣。”大吉曰:“何?”曰:“吾不言,何以知之?”曰:“良知。”先生曰:“良知非我常言而何?”南大吉笑谢而去。居数日,复自数过加密,且曰:“与其过后悔改,曷若预言不犯为佳也。”先生曰:“人言不如自悔之真。”南大吉笑谢而去。居数日,复自数过益密,且曰:“身过可勉,心过奈何?”先生曰:“昔镜未开,可得藏垢;今镜明矣,一尘之落,自难住脚。此正入圣之机也,勉之!”(《王阳明补编》卷四,《年谱》三)这段关于良知的对话很精彩,它反映了南大吉能经常进行深刻审慎的反思,以慎独改过促进为学致知之工夫。同时,阳明亦通过南大吉有“自悔之真”而证明“良知”人人本具,只要“镜明”已开,则良知自现。南大吉在阳明的点拨下明白了“入圣之机”在于保持心之“镜明”,以了悟本有的“良知”。

嘉靖四年(1525),南大吉在治越期间,一次路过阳明居处,曾与阳明言及“亲民”与“明德”“至善”之间的关系。王阳明的《亲民堂记》记录了这次问政谈话的内容。从这次谈话来看,阳明为南大吉所谈之主要精神是:为政的根本在于“亲民”,而所以“亲民”则在于“明明德”;明德与亲民是统一的,“明明德必在于亲民,而亲民乃所以明其明德也。故曰一也”;而“至善也者,明德亲民之极则”。阳明不仅论述了三者一体的关系,同时指出,“天命之性,粹然至善。其灵昭不昧者,皆其至善之发见,是皆明德之本体,而所谓良知者也。至善之发见,是而是焉,非而非焉,固吾心天然自有之则,而不容有所拟议加损于其间也。”即以“至善”为“明德之本体”,为“良知”。而“良知”则是“吾心天然自有之则”,对此既不可加,亦不可损。这次谈话对南大吉启发很大,他豁然明白了王学简易之理,理解了“天地万物为一体”之旨,于是乃喟然叹道:“甚哉! 大人之学若是其简易也。吾乃今知天地万物之一体矣! 吾乃今知天下之为一家、中国之为一人矣!‘一夫不被其泽,若己推而内诸沟中’,伊尹其先得我心之同然乎!”大吉并于此年匾其莅政之堂为“亲民堂”,并且解释说“吾以亲民为职者也,吾务亲吾之民以求明吾之明德也夫!”(《亲民堂记》(乙酉),见《王阳明全集》卷七《文录四》)

嘉靖五年(1526),南大吉入觐,以考察罢官。南先生治郡,以循良重一时,当事者以抑王公故,故斥之,南先生致书王公千百言,勤勤恳恳,惟以得闻道为喜,急问学为事,恐卒不得为圣人为忧,略无一字及于得丧荣辱之间,阳明读之,叹曰:“此非真有朝闻夕死之志者,未易以涉斯境也。”同门递观传诵,相与歆服,因而兴起者甚多。阳明很快复信大吉,对他力加褒扬和鼓励,此即

《答南元善》书。阳明在信中指出,面对人生挫折,往往有三种不同的人、不同的人生态度:一种是"高抗通脱之士",这样的人有超远的心态和境界,能"捐富贵,轻利害,弃爵禄,决然长往而不顾者"。第二种为避世之徒,他们或"好于外道诡异之说",或"投情于诗酒山水技艺之乐",或"发于意气","溺于嗜好"者。第三种就是"有道之士",此类士人能"见其良知之昭明灵觉,廓然于太虚而同体",故"无一物能为太虚之障碍",从而达到不"慕富贵",不"忧贫贱",对诸如"欣戚得丧,爱憎取舍"之类,皆能超然其外。阳明当然欣赏第三种态度,并肯定南大吉之为人为学,亦鼓励大吉为圣贤之学在关中的光大作出贡献。王阳明说:"关中自古多豪杰,……然自横渠之后,此学不讲,或亦与四方无异矣。自此关中之士有所振发兴起,进其文艺于道德之归,变其气节为圣贤之学,将必自吾元善昆季始也。"(王阳明:《王阳明全集》,《答南元善》,上海古籍出版社,1992 年版)

南大吉回到关中后,益以道自任,寻温旧学不辍,以书抵其侣马西玄诸君,阐明致良知之学,构湭西书院,以教四方来学之士。学人们大都是以诗言志,南大吉也用诗抒发了自己渐入圣学的心路与感悟。其示弟及诸门人有诗云:"昔我在英龄,驾车词赋场。朝夕工步骤,追踪班与扬。中岁遇达人,接我大道方。归来三秦地,坠绪何茫茫。前访周公迹,后窃横渠芳。顾言偕数子,教学此相将。"(《明儒学案》卷二九,《北方王门学案》)南大吉感叹自己早年也曾蹉跎岁月,用心于诗词歌赋,虚度了许多时光。中年后遇到王阳明他才找到学问门径,回到关中后,关中的土厚水深和关学的丰厚资源使他对心学的体悟更深。他不忘恩师教诲,在关中讲学论道,为学以致良知为宗旨,以慎独改过为致知工夫,饬躬励行,惇伦叙理。

此外,当时还有同州(今大荔县)尚班爵心向阳明学。尚班爵,字宗周,弘治甲子年经魁,父衡为浙江参议,公随父任,亦从阳明学。后任安居知县,政绩卓著,溪田先生撰通志,称公作县,刚果勤励,政举民安。尚班爵著有《小净稿》《云林集》。黄宗羲在《明儒学案·北方王门学案》中,列举北方王门后学的代表人物时,还列入了孟浦云先生。冯从吾亦说:"孟云浦先生,潜心理学,力追古道,与余莫逆。"(《冯恭定全书》续集卷三,《存古约言序》)

冯从吾的父亲就深受时代风潮影响,对阳明学造诣颇深。而且从小培养自己的儿子对王学的感情,引导儿子学习王阳明。冯从吾九岁时,其父冯友即手书王守仁诗句"个个人心有仲尼","命习字,且学其为人",这奠定了以后冯从吾的为学进路与致思方向。可以说，西学东渐的异域文化冲击，心学占据统治地位的时代风潮，关学同仁之间的交流切磋和相互影响，共同构成了冯从吾为学致思的学术背景。

第二节　思想渊源

冯从吾的《七十自寿》诗中有六句："谁哉我之师？人心有仲尼。考亭严主敬，姚江致良知。惺惺葆此念，勿复惑多歧。"（《冯恭定全书》续集卷三）这可看作是他对自己一生学问的回顾和归结。"谁哉我之师？人心有仲尼"，他的哲学追根究底自然是归宗孔孟之道；"姚江致良知"，他对王阳明的良知之学笃信不疑，这是他从小受父亲影响立下的为学志向，也是他具体的为学路向；"考亭严主敬"，为了纠正王学末流的偏失，冯从吾一再强调后天工夫的重要性，他援引朱子学的主敬工夫，以对治王学末流的浮荡。他援引朱子学的内容也反映出湛学对他的影响。然而，最终冯从吾还是一位关中夫子，他生于斯，长于斯的关中水土形成他的人生底色，关学构成他思想的理论基调和学术特色。

一、归宗孔孟之道

据《行实》载："先生之学一禀孔孟，以心性为本体，以诚敬为工夫。"（《冯恭定全书》续集卷五，《行实》）祝万龄的《入正学祀》对冯从吾之学有相同的认识："以孔孟为宗，以心性为体，以诚敬为功，以辟邪距异为要。"（《冯恭定全书》续集卷五，《行实》）面对晚明陈腐的科举制度、王学末流浮泛的学风，冯从吾明确宣称自己遵从孔孟之道，他提出："论道体，则千古之门户无二"，（《冯恭定全书》卷七，《宝庆语录》）千古学问皆孔氏之道。其同门师弟刘宗周也认为，冯从吾所讲皆圣贤之学，他说："夫学至于孔孟已至明至尽，无可复加，学圣贤者，只当就其意以发明，不必别开门户……今冯先生所讲，皆圣贤之学，而未尝自标为冯氏之学，其所最辟者，尤在于佛氏之心性与近儒之无善无恶，而一皆取证于圣贤，不以一毫私见与角是非。"（《冯恭定全书》续集卷一，《都门语录序》）刘宗周对自己的师兄很是认同和欣赏。认为他心向圣贤，对孔孟之道阐发的至明至尽，颇有心得，但却并未自立门户，妄筑墙垣，凭着学术良知，为了维护儒家思想的道统和醇正，对佛氏心性之学、王门后学的无善无恶说辩之不遗余力，但内心却没有一丝一毫的私见私利。

冯从吾对四书进行了系统的研读，“以心读之，以身证之”，形成自己独立的思考，为其心性之学的成熟奠定了坚实的理论基础。《疑思录》就是由其读书札记辑录而成，许多地方都是他长期思考、深有感悟的结晶。杨嘉猷在《疑思录》序中说：

> 众人以书观书，只籍为制科雁羔，而一切无补于身心，是不知疑者也；贤知者左袒二氏，反厌薄圣贤之言为无奇，是不屑疑者也。不知疑、不屑疑则均之未能思矣。先生力排异端，羹墙[①]尧舜，故于四子之书，以心读之，以身证之。证之而是也则已，纤毫未惬，焉得不疑，疑稍未释，焉得不思，思者明之基，而疑者信之渐也。”（《冯恭定全书》卷二，《疑思录》）

《疑思录》是冯从吾对四书重新思考后，在其心学工夫中形成的自得之学。正如杨嘉猷所言，许多人读书是为了科举进士，只是诵读记忆，并没有入脑用心，不思考自然不会有什么疑问，因而于自己的身心无补。也有一些贤人智者，他们对佛道之说有偏爱之心，对儒家圣贤之说有偏见，认为孔孟都平淡无奇，因而不屑深思。杨嘉猷说《疑思录》“大都悟后语”，的确不是过誉之言。例如，他对“大体”“小体”的理解，对“从心所欲不逾矩”“博约”“知”的诠释都有独到之处。据《疑思录》载：“问从心所欲不逾矩，曰：只从心所欲便不逾矩，若从耳目口体所欲，便逾矩矣。故曰：从其大体为大人，从其小体为小人。”（《冯恭定全书》卷二，《疑思录》）孔子所讲的“从心所欲不逾矩”，是为学进德的最高境界，进入此境界即随其心之所欲，而自然不逾越法度，安而行之，不勉而中。冯从吾将“从心所欲不逾矩”与孟子的“大体”“小体”联系起来。孟子说：“体有贵贱，有小大，养其小者为小人，养其大者为大人。”“从其大体为大人，从其小体为小人。”（《孟子·告子上》）孟子所谓贵而大者，指的是心志；贱而小者，指的是口腹之欲。所谓大体即心；小体即耳目口体之类。孟子以为大人就是从“心”（大体）所欲，而不是从“耳目口体”（小体）所欲，这是善养大体，而“先立乎其大者，则其小者弗能夺也。”（《孟子·告子上》），所以自然不逾矩。

---

① 羹墙：《后汉书·李固传》载：“昔尧殂之后，舜仰慕三年。坐则见尧于墙，食则睹尧于羹。”后则以“羹墙”为追念前辈或仰慕圣贤的意思。

冯从吾的心性之学深受孟子的影响，他对心的规定基本继承了孟子“仁义之心”的规定，他在诠释孟子的性善论时指出：“人皆有不忍人之心一章，正是孟子道性善……孟子只说仁义原是大家性中生来的，何必去假？如不信是性中生来有的，何不于乍见孺子入井之时去验一验，既验得怵惕恻隐之心是人人有的，则仁是人人生来有的，不必去假可知。”（《冯恭定全书》卷三，《疑思录》）说明他对孟子性善论确有精到的解说。

二、笃信良知之学

冯从吾的理论建构、思想形成是从阳明心学进入的，他对学术的纠偏也是站在心学的立场上，会通诸家，兼采旁收，为己所用。可以说，他是从心学的阵营中自觉挺立起来，对心学进行自我反思、自我批判和自我救治的思想家。《入乡贤祠传》评价冯从吾：“其学虽自王氏入，终亦微救无善无恶之病。”（《冯恭定全书》续集卷五，《行实》）说明其为学进路、理论基底都是心学路向，对无善无恶的批驳也是站在心学的立场对王学末流的纠偏，属于心学的自我救正。与他在京城共建首善书院的挚友邹元标也在《少墟冯先生集序》中说：“公学虽有宗，然于新建亦极笃信。曰‘致良知三字泄千载圣学之秘，有功吾道甚大。’虽不能疑无善无恶一语，又曰：‘非无善无恶之说，并非致良知之说者，俱不是。’盖公不欲以虚无寂灭令后学步趋无据。”（《冯恭定全书》首卷）邹元标对冯从吾之学的认识可以说是深刻的，他看到冯从吾对阳明的笃信与契合，对致良知之说的极高评价。虽然也指出冯从吾对王阳明“无善无恶心之体”有误解，但也理解冯从吾极力批驳“无善无恶”说的真正用心，是针对后学的玄虚与浮荡。而且冯从吾坚持一分为二的思维方法，告诫学者不要因为反对、批判“无善无恶”说而将“致良知”之说一并否定。对冯从吾的心学路向，姜士昌也有认识，他在《冯少墟先生集序》中说到：“公于象山、阳明二家言，若相辨难，实相成真，真二先生益友矣。”（《冯恭定全书》首卷）姜士昌对冯从吾的认识很深刻。冯从吾表面看来对陆象山、王阳明二人的心学理论不时地进行辩驳、发难，实际上他是竭力在通过自己对阳明后学的辨析、纠偏而希望达到正本清源、澄清心学的目的，他对心学的纠正是为了完善心学，他的初衷与陆、王二人的本意无疑是高度一致的。姜士昌正是理解他对心学的良苦用心和所作的努力，所以说冯从吾“真二先生益友矣。”

明代阳明心学大盛，当时的哲学家都不免“多谈心性”。冯从吾九岁时，其父冯友即手书王守仁诗句“个个人心有仲尼”,“命习字,即命学其为人,先生(冯从吾)便亹亹有愿学志。”(王心敬:《关学续编》卷一《少墟冯先生》,北京:中华书局,1987 年版)冯友笃信阳明学,为冯从吾兄弟三人分别取名为敬吾、从吾、养吾。子曰:“富而可求也,虽执鞭之士,吾亦为之,如不可求,从吾所好。”(《论语·述而》)王阳明就有《从吾道人记》一文,他在文中赞扬董萝石老人说:“真可谓之能‘从吾所好’矣……夫吾之所谓真吾者,良知之谓也。父而慈焉,子而孝焉,吾良知所好也……言而忠信焉,行而笃敬焉,吾良知所好也。”“从真吾之好,则天下之人皆好之矣,将家、国、天下无所处而不当,富贵贫贱、患难夷狄无入而不自得,斯之谓能从吾之所好也矣。”(王守仁:《王阳明全集》卷七,《文录四》,上海:上海古籍出版社,1992 年版)这中间可以清晰看到王阳明对冯从吾父子的影响。父亲为冯从吾选择这个名字,就是希望他能在良知的主宰下,显现和拓展仁爱孝悌、忠信笃敬的人性,“从真吾之好”,则天下之人皆好之矣,最终实现家齐、国治、天下平的内圣外王理想。在父亲的熏陶下,冯从吾自童年起就开始接触阳明心学,但他此时对心学的向往带有一定的盲目性。在太学中对儒家经典的系统学习使冯从吾的思想逐渐成熟。太学完成学业后,遇到了影响他后半生的业师——许孚远。明代心学有两支学脉,即江门心学和姚江心学,关中学者得心学之传的,首推渭南南大吉。他在绍兴任职时曾拜王阳明为师,深得心学真传。南大吉很重视道德践履的工夫,却没有从理论上做出总结。南大吉的心学对冯从吾理论的形成有一定的影响。但是,冯从吾师从许孚远,许孚远对其心性之学的影响是直接而深刻的。许孚远是甘泉学派中走向阳明心学的一路,对阳明的良知学极为赞赏,也对阳明后学不能承继良知学的真精神,流入佛禅而深恶痛绝。“孚远笃信良知,而恶夫援良知以入佛者”。(张廷玉:《明史》卷二八三《列传·许孚远传》,北京:中华书局,1974 年标点校勘本)许孚远在关中督学时,执掌正学书院,以“正学”名书院,可见其为学志向与关怀。冯从吾心契许孚远,拜在其门下,而且得到许孚远的极力赏识,这说明许孚远认定冯从吾与自己学旨相同、心志相通,冯从吾心学路向已经清晰确立起来。

冯从吾的思想虽然具有会通的特点,但阳明心学构成他的理论根底。冯从吾提出:“圣贤之学,心学也。”“自古圣贤学问,总只在心上用功,不然终日孳孳,总属枝叶。”(《冯恭定全书》续集卷一,《辨学录》)他在《存古约言序》

中说:“孟云浦[1]先生,潜心理学,力追古道,与余莫逆。”(《冯恭定全书》续集卷三)与王学的相契使他与王门学者有莫逆之交,而这种交往又加深了他对王学的理解。受父亲和许孚远的影响,冯从吾对王阳明的“致良知”推崇备至,认为是“圣学真脉”,有力地纠正了南宋以来学术的支离之弊。冯从吾将主静、居敬、穷理、静坐、体认天理、看喜怒哀乐未发气象都看作是致良知工夫。他还将良知与理、率性相联系,将“致良知”之说与“精一”之说相联系。他在《答张居白大行》中说:

> 王文成公之学其得失正不相妨,其得处在“致良知”三字,直指圣学真脉。且大撤晚宋以来学术支离之障……自良知之说行,而人始知个个人心有仲尼,不专在著述多寡,而文清[2]始获从祀,其默有功于世道人心何如此?文成得处不可诬也,其失处一在以无善无恶为心之体,翻孟子性善之案,堕告子无善无不善,佛氏无净无垢之病,令佞佛者至今借为口实;一在举学庸首章,必欲牵俯而绌文公以穷理解格物之说,不知穷理尽性以至于命,易言非与?一在低昂朱陆太过,而以影响疑朱仲晦,以集注或问为中年未定之见,不知文公临终时犹改订诚意章注,集注或问不知费一生多少心思,安得以为未定之见而启后学之惑?此文成失处不可讳也。(《冯恭定全书》卷一五)

在推崇良知的同时,冯从吾指出王阳明失处有三:其一是讲“无善无恶心之体”;其二是否定朱子以“穷理”解“格物”,认为此工夫失于支离;其三是“低昂朱陆太过”,认为《四书集注》《四书或问》是朱子中年时不成熟的思想。冯从吾认为四句教首句“无善无恶心之体”与孟子性善说相悖,是阳明的失处。与冯从吾不同,许孚远对四句教首句是肯定的,认为“无善无恶心之体”是说明性体之未发、廓然寂然,其中是有深意的,但是王龙溪将其扩展为“四无”说是失却阳明正传的。应当承认,冯从吾对“无善无恶心之体”的批评有失得当,认识不如其师到位。但是应当看到,他真正的用意是针对“无善无恶”说在工夫实践上所产生的流弊,对于心体在存有论意义上的至善之义、境界论意义上的无执不滞,他是认同的。这里,冯从吾有因人病而病法的偏失,

---

① 孟云浦:明代末期北方王门学派的代表人物。

② 文清:薛瑄(1389—1464),字德温,号敬轩,河津人,明初程朱理学的主要代表人物。

但他也是有苦衷的。他对心学笃信无疑,苦思力践,这已融入他的精神和生命,然而王学末流主张"无善无恶"说,谈玄说虚,废修言悟,流入佛禅,这是他不能容忍的。所以他追溯思想根源,就追到了四句教首句,对四句教首句的批评在他看来是正本清源。同样的原因,他极力与佛道辨学,认为佛家主张本体之无,儒家主张本体之有,也同样是为了釜底抽薪,彻底堵塞王学末流的后路。冯从吾辨学的思想集中体现在他的《辨学录》中。

冯从吾坚信良知,所以他会自觉地对心学进行自我反思,自我批判。面对王门后学提出良知现在、现成诸说,尤其是泰州学派对礼教发起冲击,蹈于猖狂无忌惮,致使心学或流于狂荡,或流于玄虚,冯从吾自觉担负起纠心学之偏的责任。所以,他援引朱子学的主敬工夫,强调躬行礼教的关学学风,都是有其针对性的。

三、援引主敬工夫

从宋元至明清的七百年间,朱熹的理学思想一直是官方的意识形态。明代科举考试以朱熹等宋儒的"传经为宗",规定《四书五经》《性理》《通鉴纲目》《大学衍义》等为读书和考试的范围。朱熹思想的统治地位在明中叶受到王学的挑战,冯从吾对朱学的价值有自己的认识,他认为,"朱文公之学集诸儒之大成,其功甚大,其所得甚深,即间有智者千虑之一失,无足为文公病也。"(《冯恭定全书》卷一五,《答张居白大行》)冯从吾对朱熹的评价还是相当高的,认为他是儒学集大成式的人物,学养颇深,对推动儒家学说发展做出了巨大的贡献。人无完人,理学大师也难免智者千虑或有一失,然而瑕不掩瑜,这些不足以否定朱学的整体价值。朱学为王学诟病的"千虑之一失"便在于"见处极实,便有滞语",(顾宪成:《小心斋札记》卷三)为"训诂辞章"所"拘"(顾宪成:《泾皋藏稿》,卷二),朱子后学更是桎梏于训诂词章间,走入支离去。对朱学的支离之失,冯从吾与顾宪成的认识基本一致。他在《答杨原忠运长》(第六书)中说:"近世学者病支离者什一,病猖狂者什九。"(《冯恭定全书》卷一五)他认为晚明很多学者都因为受阳明后学的影响,容易走向猖狂无忌惮。但是也有少部分学者执着于朱学,一味拘泥于词章训诂。在《答杨原忠运长》(第四书)中他还分析了朱学"支离"之病的原因:"若论工夫而不合本体,则泛然用功,必失之支离缠绕"(《冯恭定全书》卷一五)。冯从吾认为有些学者偏执于朱学,忽略了本体对工夫的统摄,盲无目的地"泛然用功",

最终必然导致“支离缠绕”，缺少了高屋建瓴的立意。

在《答杨原忠运长》（第四书）中冯从吾说到：“论本体而不用工夫，则悬空谈体，必失之捷径猖狂。”（《冯恭定全书》卷一五）他这段话是针对王门后学之病的，认为他们蹈空凌虚，悬空谈体，废弃实用工夫，急于求成，一味追求捷径通途，期望顿悟而直达本体，内心失却了戒惧谨慎，走向肆意猖狂。因而冯从吾一再强调后天工夫的重要性，他援引朱子学的“主敬”工夫，对治王门后学的猖狂之病。朱熹说：“求仁只是‘主敬’，‘求放心’。”“上蔡[1]以来，以敬为小，不足言，须加仁字在上。其实敬不须言仁，敬则仁在其中矣。”“恭主容，敬主事。有事着心做，不易其心而为之，是敬。恭形于外，敬主于中。”（黎靖德：《朱子语类》卷六《性理三》，北京：中华书局，1999 年版。）朱熹对“敬”之功非常重视，他认为只有在“敬”中才能不失道德本心、仁心，才能最终求仁得仁。他在这里提到了谢上蔡，上蔡是程门高弟，朱熹认为“良佐之学，以切问近思为要。其言论闳肆，足以启发后进。惟才高意广，不无过中之弊。”（《四库全书总目上蔡语录提要》）指出上蔡的《观复斋记》“说道理皆是禅底意思”，有近禅的倾向，对后世学者影响深刻。上蔡以后，许多学者对“敬”字不屑一顾，认为不值得一提，只有在“敬”上加上了“仁”才有意义。其实这是不理解仁的真意，讲“敬”则必然意味对“仁”的强调，“仁”在“敬”中，不必赘述。因为正是“仁”的统摄使人们心中有敬，遇事表现出面容恭正，敬肃持重，小心谨慎，尽心尽力，而且不会轻易改变心志。面容恭正是外在的表现，内心敬重才是内在的依据。

冯从吾赞赏“考亭严主敬”，而且也汲取了朱子学主敬工夫的精华。在《答客问道》（引）中他说：“晦翁云：‘龟山言饥食渴饮，手持足行，便是道。夫手持足行未是道，手容恭，足容重，乃是道也。目视耳听未是道，视明听聪乃是道也。不然，桀纣亦会手持足履，目视耳听，如何便唤做道？’晦翁此说极是。而或者乃曰：‘此正学问一大关键处也。’夫世有一种恣情任欲之人，冒昧承当，则晦翁之言不可忽。但执定晦翁之言，彼赤子持行而已，视听而已，不知其他，将亦不得为道乎哉？呜呼！一则曰而已，再则曰而已，又曰不知其他。不知他字何所指？必欲借赤子以抹杀聪明恭重道理，何也？不知聪明恭

[1] 上蔡：宋代理学家谢良佐，字显道，上蔡（今属河南）人。与游酢、吕大临、杨时称“程门四先生”。著有《论语说》。

重道理是天生来,自赤子时已完完全全的,只是尚浑含未露,如何便抹煞得他? 如此立论,是又为恣情任欲者开一自便之门也。"(《冯恭定全书》续集卷三)冯从吾非常欣赏朱熹对"道"的阐释。龟山先生杨时曾说,饥则思食,渴则思饮,举手投足之间都是道。朱熹对他的说法进行纠正,并辨析了"道"的究竟。指出举手投足还不能称之为"道",举手投足之间自然表现出恭敬、庄重才是"道";耳闻目睹不是"道",耳闻自然聪、目睹自然明才是"道"。否则的话,夏桀、商纣王每日里也是手持足履,目视耳听,难道能说他们的行为也顺乎"道"吗? 朱熹的分析清晰明了,说明手足恭重是因为心中有敬,事上有"主敬"之工夫,自然就会"手容恭,足容重",而不会恣情任欲。冯从吾对朱熹的分析极为赞同,认为朱指出了学问的最关键所在,当今正有一些学者(阳明后学)以恣情放纵为真性情,以肆无忌惮为有承当,因此朱熹对"道"的辨析不容忽视,需认真思考。一些学者反驳说,赤子只是任着天性自自然然地举手投足,耳闻目睹,他们尚未启蒙,对其他一切都是一无所知,难道能说赤子之心也不顺乎"道"吗? 冯从吾的回应精彩而有针对性。他说,这些人一而再地反复说"而已",又说"不知其他",这是竭力要借用"赤子"之说将理学"聪明恭重"的道理抹杀掉,用心何在呢? "其他"又指的是什么呢? 他们自以为反驳得高明,却不明白理学"道"的真谛,"道"是天地间自然的道理,只要葆有一颗赤子之心,日用常行间耳闻自然聪,目睹自然明,举手投足自然恭敬、庄重,因为"聪明恭重"的道理是天生的,赤子自然完满自足地拥有,只是此时只是潜在的天性,尚未显现出来,随着成长过程中道德实践的展开,"聪明恭重"之"道"才会逐渐萌发、生长并生机勃勃起来。怎么能用赤子未萌之性来抹杀"道"本身呢? 冯从吾同时也深刻地指出,如此立论的目的,就是有些人要彻底抹杀"聪明恭重"的道理,为自己恣情任欲,荡越礼法寻求一个方便的理论依据而已。

另外,冯从吾注重儒佛之辨,其用意也是针对王门后学谈空说玄,流入佛禅。他在儒佛辨中的一些具体观点也受到朱子思想的影响。如认为佛氏"以能知觉能运动的这个言性",以气质言性,这个论点就与朱熹非常契合。试对比以下三段,前者摘自《朱子语类》,后者摘自冯从吾的《关中书院语录》与《辨学录》:

> 佛氏元不曾识得这理,一节便认知觉运动做性。如视听言貌,圣人则视有视之理,听有听之理,言有言之理,动有动之理,思有思

之理，如箕子所谓明、聪、从、恭、睿是也。佛氏则只认那能视，能听，能言，能思，能动底便是性。视明也得，不明也得；听聪也得，不聪也得；言从也得，不从也得；思睿也得，不睿也得；它都不管。横来竖来，它都认为性。它最怕人说这理字，都要除掉了，此正告子生之谓性之说也。（黎靖德：《朱子语类》卷一二六，《释氏》，北京：中华书局，1999 年版）

若佛氏以所以能知觉能运动的这个言性，而不以所以能中节能合礼的这个言性，是言气质之性、嗜欲之性，而非言义理之性也。生之谓性，食色性也，皆是就气质嗜欲一边说。若生生之理，食色之理才是吾儒之所谓性。（《冯恭定全书》卷一二，《关中书院语录》）

彼（佛氏）只说目自能视，更不说论理之可视不可视，有这个明的道理；只说耳自能听，更不说论理之可听不可听，有这个聪的道理；只说饥来自能吃饭，倦来自能眠，更不说论理之可吃不可吃，可眠不可眠，有这个知味知节的道理。（《冯恭定全书》卷一，《辨学录》）

第一段是朱熹分析儒佛所言“性”之不同。朱熹认为儒家讲视听言动思都是从“理”上讲，视有视之理，求视之明；听有听之理，求听之聪；言有言之理，求言之从；动有动之理，求动之恭；思有思之理，求思之睿。佛家则视“能视、能听、能言、能思、能动”的便是性。无论视明也罢，不明也罢；听聪也罢，不聪也罢；言从也罢，不从也罢；思睿也罢，不睿也罢，它都一概不管。这正是告子所谓“生之谓性”之说，不论道理，一任气质情欲作用。第二三段是冯从吾辨析儒佛所言“性”之不同，可以说与朱熹是英雄所见略同。冯从吾认为佛氏“以所以能知觉能运动的这个言性”，只说目自然能视，不管论理是否可视，视是否明；只说耳自然能听，不管论理是否可听，听是否聪；只说饥来自能吃饭，倦来自能眠，更不说论理是否可吃，是否可眠，吃是否知味，眠是否知节。可见佛氏说的是气质之性、嗜欲之性、生之谓性。而儒家是“以所以能中节能合礼的这个言性”，是以理言性。两人的分析可说是高度的一致，甚至分析的思路、辨析的方法和用语方式都如出一辙。冯从吾敏锐地认识到，朱子正是由“理”之一字将儒佛对性的界定从根本上区分出来，有了“理”的统御与贞定，人的视听言动才能中节、能合礼，否则一任气质作用、意气承当，必然会走向浮荡恣肆，流入佛禅，这正是阳明后学弊病之所在。所以冯从吾要努力地援引朱子学的“主敬”思想，一再强调后天工夫的重要性，就是为了纠治王门后学的虚浮、猖狂之病。对儒佛之辨不遗余力地坚持，其目的也是针对王门后学谈空说玄，流入佛禅的倾向，从根源上辨析清楚儒佛的根本区别，对王门后学就有如釜底抽薪，堵塞其滑向佛禅的后路。

四、师承甘泉学派

黄宗羲的《明儒学案》把冯从吾和其师许孚远归入《甘泉学案》。湛若水(1466—1560)，字符明，广东增城人，因家居增城之甘泉都，世称“甘泉先生”。湛若水是白沙陈献章的弟子，为陈献章所赏识，但他认为陈献章强调“静坐”的修养方法有似于禅宗，对其师的学说也有一定的修正。湛学与王学虽同属心学，但思想来源、为学宗旨都有所不同。对王阳明的学说，湛甘泉更有不少批评。王阳明的宗旨是“致良知”，良知是人心所固有的道德意识和道德情感，“致良知”就是依良知而实行，将良知之所知落实到日常的道德践履中。湛若水则主张“随处体认天理”，认为“天理”虽为人心所固有，但需通过“主一”“求中正之心”的体认工夫，实现心与理、心与事的“合一”，体现出与阳明互为反向的心学路线。可贵的是，甘泉以“合一”之道贯通内外，本体上融合心性、心理，以“心和内外”“心体万物而不遗”，改善朱子理气、心理二分的不足；工夫上无分动静、知行，“试图以心事合一的‘不二’逻辑来统一朱陆之争”，以“随处体认天理”调和朱陆“尊德性”与“道问学”的偏失，“表现了一种在心学基础上统一理学的尝试”。[①] 这种贯穿本体与工夫的“合一”之道体现了甘泉学派的一个重要特点——统一理学的会通精神。甘泉力图将本学派与孔孟、宋代理学诸派联系在一起。如湛甘泉认为：“白沙(陈献章)先生之学，追濂、洛、关、闽之轨，以入孔、孟、禹、汤、文、武、舜、尧之大道”(《庐陵黄氏总谱序》)，“孔门所谓‘中庸’，即吾之所谓‘天理’”(《庐陵章》)。把自己的“心学”学说从陈献章一直上追至孔子、孟子。湛甘泉弟子洪垣认为：“尧、舜开心学之源，曰‘人心’‘道心’。夫子曰：‘其心三月不违仁。’谓仁与良知、天理，非心不可。然心者，实天理良知之管摄也。”(《答徐存斋阁老》)他把“天理”和“良知”收归于“心”，并且同视为孔子的“仁学”。湛甘泉二传

---

① 郭齐勇：《中国哲学史》，北京：高等教育出版社，2006 年版，第 309 页。

弟子,冯从吾的老师许孚远则说:"孔子之学,自虞廷'精一执中'而来,其大旨在为仁",为仁在"克己","非礼勿视、听、言、动,此孔门学脉也"(《原学》),这里的"克己为仁",也就是湛甘泉弟子、许孚远师唐枢所谓的"讨真心"。冯从吾从义理之性与气质之性、"理"等方面不懈地进行儒佛之辨,也是执着于归宗孔孟之道。

许孚远是湛若水的再传弟子,他对王阳明的"致良知"说笃信不疑,但是对王门后学的"无善无恶""四无"说极力辩难,在这点上冯从吾与其师高度一致。许孚远之学又以克己为宗,他的克己贯穿了朱子学严肃居敬的精神,并且是以端本澄静为要领的。作为湛门儒者,许孚远、冯从吾都强调朱子学中严正的"性理"和心的静定,以纠正良知现成派的流弊。如冯从吾在《辨学录》中说:"盖性者心之生理,吾儒所谓性亦不由积累,不由闻见。但吾儒以理言,非专以能知觉运动的这个言",(《冯恭定全书》,卷一)强调义理之性才是人的本性,批判现成派一任气质情欲作用。

冯从吾以阳明心学为根底构建自己的哲学大厦,然而由于师承的关系,他身上还是留存有湛学的印记,所以黄宗羲说:"名湛氏学者,至今不绝,即未必仍其宗旨,而渊源不可没也。"(黄宗羲:《明儒学案》卷三七,《甘泉学案一》,北京:中华书局,1985 年版)

五、继承关学宗风

冯从吾生在关中,一生大部分时间生活在关中,作为关学后人,耳濡目染,他自然受到关学传统的深刻影响,关学也因为先生而在明末宗风大振。关学在北宋时有较大影响,可谓"关学之盛,不下洛学"(黄宗羲:《宋元学案》卷三一,北京:中华书局,1985 年版),《宋元学案》中记载有不少关学弟子。但张载之后,关学分化而衰微,后又因洛学以及程朱理学兴起,迄南宋及金元日趋消沉。至明代中叶,以吕柟为代表,关学进入勃兴时期,晚明则由冯从吾总其成。清代关中学者李颙说:"关学一脉,张子开先,泾野接式,至先生(冯从吾)而几其成,宗风赖以大振。"(《二曲集》卷一七,《答董郡伯》)清人柏景伟(字子俊,号澧西)说:"盖统程朱陆王而一之,集关学之大成者,则冯恭定也。"(王心敬:《关学续编 · 柏景伟小识》,北京:中华书局,1987 年版)刘宗周在《都门语录》序中也说"冯先生,今之大儒也,倡道关西,有横渠之风。"(《冯恭定全书》续集卷一)冯从吾对关学的传承不能只笼统地讲关学学风特征,而应具体分析冯从吾的“善性”“善心”与张载关学在“学承”上的内在关系。冯从吾发展丰富了张载的太虚本体、二重人性论和“以礼为教”的关学思想,同时继承发扬了躬行礼教、崇尚气节的关学学风。

首先,冯从吾讲“善字就是太虚”。张载的“太虚”是包容了精神性和物质性实在的最高本体,“太虚”本体的提出是回应佛道挑战、高扬本体的需要,是为了恢复和重建早期儒家的超越源头和本体意识,作为世界和道德理想的价值本原。太虚不仅是万物生成的始原和归宿,同时又是道德价值的总根源,从价值本体角度看,张载所言太虚即是“诚”“仁”“善”等实理,如言“诚者,虚中求出实。”“虚则生仁,仁在理以成之”,“天地以虚为德,至善者虚也”,(《张载集》,《张子语录中》)至善的太虚在人身上就体现为纯然的“善性”“善心”。所以,冯从吾明确指出“吾儒所谓善就指太虚本体而言”,“善字就是太虚”。(《冯恭定全书》卷一,《辨学录》),他将“太虚”与具有价值意义的“善”统一起来,是为了寻求道德价值的本体论根源。他努力将天道与人道贯通,将伦理之善超越至天道,实现伦理的本体化,从而为“性与天道”的圣人境界奠定理论基础。张载在批判佛老的同时,重新建构儒家的本体论(“立大本”),并解决了天与人、体与用,亦即形上本体与现实人生之间的关系问题。张载反对佛教“溺其志于虚空之大”(《正蒙·大心》),将本体空无化和非道德化;肯定太虚本体是“至实”的“天德”,是“仁”的终极根源和体现者,是终极的也是真实的存在。冯从吾也在同样的意义上辨佛,坚持本体是有,性体至善,心之本体有善无恶,坚持儒家天人合一的思想,努力为人性论确立形上根基。

其次,二重人性论。张载提出“天地之性”与“气质之性”的双重性论,天地之性是至善的,先天的,内在于万物之中,与超越的天道本体相通,是人的普遍本质和人之为人的根据,也是宇宙的全体之性;气质之性是指人、物所具有的现实、自然的一面,是后天的,因为气禀的不同,所以有善、有不善,具体到人,就指人的自然属性。他说:“形而后有气质之性,善反之,则天地之性存焉。故气质之性,君子有弗性者焉。”(《正蒙·诚明》)二者是本与末的关系。二分的目的是强调,气质之性并非是人的本性,必须通过“变化气质”的道德修养实践,最终返归于人之本性——天地之性。他的二重人性论被其后的理学家普遍接受。冯从吾继承了张载气质之性与义理之性的思想,认为圣贤学问全在知性,有义理之性(天地之性),有气质之性,应当以义理之性为主。与张载相同,冯从吾也认为天地之性(义理之性)是至善的,因为作为天地之性根源的太虚是“至善”的。天地之性在价值论上也是指向至善的。天地之性说的是义理之天,它是超越的,是至善的,这里的天与地都不是自然之天、自然之地,自然的天地是属气的,因而天亦有旱涝,地亦有肥硗。此天地之性显现于人,便是天性在我之性,便是至善的超越之性。变化气质之说,冯从吾在继承张载的基础上,论述更加深入、细密。张载认为学者要“立人之性”,“学所以为人”,使人性真正确立起来,就必须在为学过程中自觉变化气质,最终反归人的天地之性。变化气质是外在的工夫,应与内在的“虚心”工夫结合起来。冯从吾则指出了如何变化气质、涵养德性的具体方法,而且对义理之性、气质之性的特殊性进行了更细致地分析。他说:

> 德性人人都是有的,只是被气质埋没了,所以德性不能用事,须是要变化气质,气质变化后德性才现,方才说得涵养,然则如何去变化?如何去涵养?曰在讲学。(《冯恭定全书》卷九,《太华书院会语》)

冯从吾强调对气节的涵养,认为“气节从涵养中来”,不能一任气质承当,涵养的具体方法就是讲学。不但不能听任气质之性的作用,即使是义理之性也不能一味听任它作用。

再次,以礼为教。张载十分注重“以礼为教”,这使得“学礼”成为张载乃至后代关学所标举的重要特色。张载强调“礼者理也”(《张载集·张子语录下》),对张载而言,“礼”不只是礼仪,不是人为的规定,而是天地自然秩序的体现。因而,从礼之根源而言,礼就是天地之德,具有不可移易的真理性和规范性,人只能顺应天地之秩序而为。而且,因为人性中禀赋着天地之性,天地之礼不仅彰显于自然,也内在于人心,张载说:“礼之原在心。”(《经学理窟》)所以,礼教不仅可以改变学者的习气,更能滋养人的德性,学礼也是变化气质的心性工夫所不可或缺的。张载关学“以礼教为本”,崇尚气学,其学脉在张载卒后几经变化,但由张载所开创的躬行礼教、崇尚气节的关学宗风却不断发扬。张载胸怀复“三代”的理想,崇周礼且身体力行,推行井田,正疆界,严格按照古礼举行丧祭之礼,乡人开始时取笑他,后纷纷效仿,在躬行礼教中体现出关中人刚劲敢为的气节。这种刚劲敢为也体现在冯从吾对庸俗世风的抗争中,他初入朝堂就勇于冲破潜规则,拒绝巴结逢迎当权宦官。

晚明时阳明后学强调良知现成,以自然顺应良知为为学之最高原则,削弱了外在礼法规范的重要性和有效性，这将可能使整个社会陷入人人自是、颠倒是非的失序状态。针对于此，冯从吾等许多学者一再重申“礼”在圣学中的重要地位，坚持礼法规范的有效性。针对时人逾越礼教，冯从吾尖锐地指出：“近世学者多驰骛于虚见，而概以规矩准绳为循迹，其弊使人猖狂自恣，流于小人而无忌惮，此关系于人心世道。”(《冯恭定全书》卷一五，《答逮确斋给事》)继承张载“礼者理也”的观点，冯从吾同样认为礼是“天地间实在道理”，所以他强调礼的内在性，认为礼仪是“心自有之节文，非外假也。”(《冯恭定全书》卷三，《疑思录》)追求礼文背后的道德价值基础，以为礼仪不单纯是一套外在的规范，而礼文制度只是吾心自然不容已的表现而已。

六、彰显个性特征

受关中风土人情、关学传统影响，冯从吾具有鲜明的关中人性格：崇真尚简、尚实，不迷信，不慕虚荣；为人耿直，不阿上，不阿俗，不畏权贵；崇正辟邪，勇于担当。

冯从吾平日一心讲学，生活尚实尚简，洁身自好，入朝携饼，家居无妾。据《行实》载：“先生不营产业，不蓄妾媵，不赴宴会，不博弈饮酒，自读书讲学外勿论。无池台亭榭之娱，即名琴古画文器清供，一切无所玩好。而书法钟(钟繇)王(王羲之)，文宗韩苏，诗追《击壤》[①]，片楮只字，人争宝之。然皆先生之绪余，不足为先生重也。”(《冯恭定全书》续集卷五，《行实》)先生给自己的定位是读书人，所以一生认认真真讲学，踏踏实实做人。视产业、妾媵、宴会这些世俗享乐如浮云，甚至池台亭榭、名琴古画、文器清供，在他看来也会玩物丧志。先生的书法、诗文都为人称道，然而他自己却视为虚名，从不放在心上。冯从吾不但重视自身的人格修养，而且将自己立身做人的追求与原则推而广之，贯彻到学会中去。他在《学会约》中明确规定：“毋拣择衣服、饮食及致餙车马等物；毋见人贫贱姗笑凌辱，见人富贵叹羡诋毁。”“毋彼此约分饮酒游乐；毋唱词作戏博弈清谭；毋出入酒馆纵情声妓，及更深夜静方才到家。”(《冯恭定全书》卷六)尚实的个性也决定了他不会迷信，他在《学会约》中明确规定“毋结交星相术士”。(《冯恭定全书》卷六)他对人生命运有着客观洞彻的认识，在《命解》他谈到了对生辰八字、毁誉荣辱的理解：“曰者以支干八

① 《击壤》：传说是中国最早的诗之一，为尧帝时人所作。

字概人生平，人皆信之。余以为人生平毁誉得失、死生荣辱，非支干八字所能概也……尝观此八字误了古今多少英雄豪杰，真是可恨可怜。命乎！命乎！岂日者所能测识哉？”（《冯恭定全书》卷一四）崇真尚简也是冯从吾的著述风格，他的语录通俗易懂，析理却是精微深刻。《善利图说》以图的方式直观明白地示人“善利一念分舜跖两途”，中间无路。《谕俗》就更是很直白的语言，要求农工商贾都能一看就懂。

尚实的个性决定了冯从吾追求心性之学的内在义理，而不顾及学派门户的虚名，不追逐学术风潮。始终保持理性的头脑，不立门户，会通诸家，兼采旁收，且有自己的为学头脑。他在《宝庆语录》中说：“且论道体则千古之门户无二，论工夫则从入之门户不一，第求不诡于孔氏之道，各择其门户以用功，不自护其门户以立异可耳。”（《冯恭定全书》卷七）冯从吾不是如一般的理学家蔽于门户之见，邹元标就推崇他广采博收的雅量，赞他“虚而公，明而溥”，（《冯恭定全书》首卷，《少墟冯先生集序》）出于学术公心，虚心向其他学派学习。唯其如此，故能有所创获，独树一帜。他自己讲“人心至虚，众理咸备”，人心只有一片虚明，除去世俗的名利，才能使道心行之，义理之性呈现，只有如此，人才能博大胸怀，不存门户私见，其他学派的思想精华才能被吸收进来。

清代关学家李颙说：“先生（冯从吾）与曹真予、邹南皋、焦弱侯、高景逸、杨复所同时开堂会讲，领袖斯文。然诸老醇厚者乏通慧，颖悟者杂佛氏，惟先生严毅中正，一遵程朱家法。”（《二曲集》卷七）冯从吾是否“一遵程朱家法”，这个问题需要讨论，我们暂且放下。但李二曲的确指出了冯从吾的独特之处，他既不同于所谓“醇厚者”，又不同于所谓“颖悟者”，而是能会通诸家、独标一格，形成了自己的自得之学。董其昌在《序少墟先生集》中也讲：“仲好无几微牢骚不平之气，而益湛思于学脉，盖寤寐洙泗，折衷濂洛，虽一秉承于先觉，而独证独创，自为一家之书。”（《冯恭定全书》首卷）例如，他既发扬关学躬行礼教的传统，始终强调做道德践履的工夫，又推崇王阳明的“致良知”之学，将重礼的传统和对内在心性的追求结合起来，使外在的礼有了内在的精神支撑，使关学的礼教贯彻内外，内容更丰富、更深刻。

冯从吾为人耿直，不阿上，不阿俗，不畏权贵。初入翰林院，冯从吾独立刚正的个性就显现出来，于一切浮华翰苑风气尽数驱除。其他进士纷纷去宦官那里谒拜巴结，迎来送往，只有他清拔不屈，“独携茶饼往”。冯从吾对宦官不但不逢迎巴结,而且可以说是横眉冷对。在他任御史期间,有许多宦官主动递上名帖示好,想拉拢他,冯从吾却拒不买帐,“却必峻”,给对方一个下不来台。在《论劾险佞科臣疏》中,他直揭胡汝宁的有恃无恐:“汝宁恃皇上之优容,而再肆倾危之巧计”,对神宗皇帝无原则的偏袒,冯从吾也是明确点出,不留一点情面。《请修朝政疏》更是直揭神宗皇帝酗酒欢宴,荒废朝政,此疏使先生险遭廷杖之辱,声震朝野。七十寿辰,门生商议祝贺,本在情理之中,他却说:“国家多事,岂臣子欢娱称寿之日?”也不管别人是否扫兴,面子上过得去过不去。

耿直的性格决定了冯从吾对儒家原典有疑必问,有疑必思,对先贤的疑问他能直言不讳地提出,并著有《疑思录》。王阳明可说是冯从吾从小就崇敬的先贤,但对王阳明的失误,他也毫不遮掩,功过得失区分得清楚明白。虽然他讲阳明的三点失误并非完全正确,但这是另外的问题,他的治学态度是真诚勇敢的。管仲、王安石在世人眼里无疑都是成就了一番功业的,他却不以为然。认为管仲功业虽然显赫一时,但“以力假仁”,仁爱不是发自内心的真爱,纵然轰轰烈烈,终究逃不出纳交要誉。直率地说管仲功业大而器量小,居功自傲,“功烈本高而自高之则卑”。(《冯恭定全书》卷二,《疑思录》)而王安石“把孝弟仁义看作迂阔主意,专要富国强兵”,“到底国也不能富,兵也不能强”,“自误以误人国”。(《冯恭定全书》卷三,《疑思录》)李白是青史留名的诗仙,《读史六则》载,唐明皇召太真妃(杨玉环),命李白进《清平调词》三章,李白“援笔立就,极尽媚谀”。冯从吾慨叹:“呜呼,太真何人?翰林何官?作词曲以付梨园,且欣承诏旨,可羞甚矣。”(《冯恭定全书》续集卷二,《山中稿》)冯从吾非常看重文人独立的人格尊严,所以对李白的媚上不留情面,直羞其无文人的骨气,耿直的性格也可见一斑。

冯从吾一生为官为学都勇于担当,责任心极强。为人子,谨守孝道,童年父母俱故去,“居两丧,哀毁如礼”。为人父,严肃中透出慈爱,《王氏女墓志铭》是他为爱女所作,铭曰“女生而癯甚,然言动不凡”,“精女红,针绣纴刺多所妙创,家人竟日不闻笑语声,余甚怜爱之。”“女既适王,与绍经相对如宾,相谈必以道义,尤拳拳孝弟二字,绍经时为余诵之。”(《冯恭定全书》卷一六)这里我们看到的是一个慈爱的父亲,他怜爱女儿,欣赏女儿,用心去理解女儿。女儿生来身体孱弱,冯从吾对女儿疼爱有加,他眼中的女儿非同寻常,精于女红,一言一行都不同于一般女子。安静勤劳,针线刺绣样样精通。女儿出嫁后，与丈夫王绍经相敬如宾，言谈之中常常以道义、孝悌为话题，这让他的丈夫也常常赞叹。女儿的优秀自然与冯从吾平日里的悉心教诲密不可分。爱之愈深，失之愈痛。女儿病逝，冯从吾悲痛不已，挥泪作铭。为人夫，冯从吾对妻子忠贞如一、体贴关心，尤其令人感动。一个受封建纲常伦理教育熏陶的夫子，却有对妻子的一腔柔情。妻子病逝，他挥泪作祭，在《祭内子赵淑人文》中充满了对妻子的感念和哀思。他说："余之家事累汝，功名累汝，养德累汝，养身累汝，教子育孙累汝，千累万累，千苦万苦，余尚不能酬汝于万一，而今若此，呜呼！痛哉！""汝自万历乙亥，十六岁归余，至今天启甲子，整五十年。余素无妾媵，而汝与余琴瑟静好者亦五十年。今若此，呜呼！痛哉！"冯从吾与妻子伉俪情深，金婚之年妻子逝去，他痛哭流涕，惟愿"修身以俟之，异日与汝千秋万祀，琴瑟静好于九原之下"。他用自己的身体力行为父慈子孝，也为自己主张的"善心""善性"说作了生动而实在的注解。

冯从吾为官忧国奉公，恪尽职守。御史任内，对违法乱纪的司城者"疏斥之"；对仗势妄为的胡汝宁"先生列其状，得旨摘调"；对贪污好粮，用霉粮掉包的赈灾官员，他细心调查，检举揭发；神宗沉湎酒色，荒于朝政，他冒死直谏；出任河南道监察御史，清理国税，整顿河务，洁己惠商，堵塞权奸贪赃舞弊之路；最后一次赴京，明朝已是内忧外患，风雨飘摇，士大夫只顾结党营私，钩心斗角，他却"挺身而出，冀以直道大义挽回其间"，"确乎不为人言摇夺，坐是与要人左，群党齿击矣……于是遇可言处，则明目张胆，纠弹不避，以一身彰宇宙之公道"。

勇于担当的个性决定了冯从吾具有极强的学术责任心。《工部题覆》高度肯定了冯从吾的学术责任感，云："本官生平所学，惟毋自欺，实践妙悟，卓有深诣，诚不忍人心世道之江河，慨然以兴起挽回为己任。"（《冯恭定全书》续集卷五，《行实》）赞扬他在实践中用心体悟圣贤之学，看到晚明在心学末流的影响下，人心流于猖狂无忌惮，世风如江河日下，于是以纠心学之偏为己任。赵南星对冯从吾也有类似的评价："少墟先生之言是真能学圣人者也，是真能为君子者也，是真能使天下人为君子者也。先生进则直谏以匡时，退则修身以正人，是谓知行合一，天下之真知也；言行相顾，天下之至言也。余反复先生之集，想见其心极虚，其量极广，其救世之念极切。"（《冯恭定全书》首卷，《行实》，《冯少墟先生集序》）冯从吾道统、学统意识很强，他重视讲学，其中一个重要原因，就是认为讲学可以"衍道脉而维道运"。同时注意编撰史志，整理族谱，编著有《关学编》《元儒考略》《宋儒考略》《明儒小传》，编有《陕西通志》《长安志》，还整理了《冯氏族谱》《冯氏家乘》。面对异端邪说他能针锋相对，正面进攻，展开论辩，著有《辨学录》。而且，他与异端辨学，不避难题，认定问题的关键就是本体论，他就强调要从"本源处透彻"，正本清源，从最硬的骨头啃起。面对王学末流的偏失，他不是避讳、回护，而是以纠偏为己任，坚决批评。邹德泳在《冯少墟集》序中说冯从吾对"近世谈空说无，荧惑人耳目者扫之不遗余力。"（《冯恭定全书》首卷）姜士昌在《冯少墟先生集》序中也说他"痛惩末世废修言悟，课虚妨实之病"。（《冯恭定全书》首卷）

第三节　著述情况

冯从吾一生为官时短，主要致力于讲学、著述。据《行实》记载，他的著述"甚富"，但是许多著作今天已佚失，今存的主要著作是《冯恭定全书》。

一、著作的著录情况

（一）（清）雍正《陕西通志·经籍志》

著录有：史类有《关学编》四卷、《宋元明儒考略》《冯氏族谱》《冯史家乘》《陕西通志》；子类有《关中四先生要语》四卷、《学翼》；集类有《冯恭定公集》二十二卷，《续集》四卷；子类有《秦关全书》

（二）（清）《长安县志》（嘉庆）/《经籍志》

著录有：《关学编》四卷，《元儒考略》四卷，《冯氏族谱》一卷，《冯氏家乘》一卷，《陕西通志》三十五卷，《关中四先生要语》四卷，《学翼》二卷，《疑思录》二卷，《冯恭定公集》二十二卷，《续集》四卷。

（三）《四库全书总目》

卷一百七十二·集部二十五（别集类）著录《冯少墟集》二十二卷，江苏巡抚采进本。"此本乃其次子嘉年益以癸丑以后至天启辛酉作，类序重刻……盖生平著作，汇于此集。其中讲学之作，主于明理；论事之作，主于达意，不复以辞采为工。然有物之言，笃实切明。虽字句间涉俚俗，固不以弇陋讥也。"（永瑢，纪昀：《四库全书总目》，北京：中华书局，1965年版，第1513页）

卷五十七·史部十三（传记类）著录《元儒考略》四卷。"是编乃集元代诸儒事实，各为小传。大抵以《元史·儒学传》为主，而旁采志乘附益之。"

《元儒考略》的体例杂乱,校对粗略,中间存在疏漏之处。然而,因为元代的儒学家不求声名,学风笃实,所以著作传世的较少。综合各家各派的学术编著也非常少见,所以《元儒考略》属补白之作,史料价值颇高。

卷九十六·子部六(儒家类存目二)著录《冯子节要》十四卷。是编辑其各地会讲之讲语,今未见传世版本。

卷一百九十三·集部四十六(总集类存目三)著录《古文辑选》六卷(内府藏本)是编收录自春秋、秦、汉以迄宋、元精华古文百余篇,供学子备用。

另外,据卷一百七十二·集部二十五(别集类二十五)明曹于汴撰《仰节堂集》记载:冯从吾为是集作《序》,于汴亦尝为从吾作《理学文鹄序》曰:"关中少墟冯先生,辑诸大家举子艺百数十首,以式多士,命曰《理学文鹄》。"

(四)《明史》

卷九十八,志第七十四,艺文三著录:《元儒考略》四卷,《语录》六卷;卷九十九,志第七十五,艺文四著录:《少墟文集》二十二卷、《冯从吾疏草》一卷。

(五)清《华阴县志》

著录有《太华书院会语》。

(六)《长安县志》(民国二十五年重印嘉庆十七年)

记载:"明冯恭定《长安志》,世无传本。康熙时旧志既简略,复为后人窜乱,辗转乖剌,今为订正。"①

(七)《陕西省志·出版志》(陕西省地方志编撰委员会)第七十卷,三秦出版社1998年版著录:《关学编》四卷、首卷一卷,《冯子节要》十四卷,《冯少墟集》二十二卷。

(八)《陕西省志·著述志》第七十一卷(上册),三秦出版社2000年版著录:

《元儒考略》四卷,除《四库总目》外,《千顷堂书目》《文渊阁书目》也有著录,是书为元代理学家传记,辑录学者82人,各为一传。此书体例丛杂,校勘欠精,但史料价值很高。

《关学编》四卷。此书是一部关学史,发凡起例,探隐索迹,按时代先后次序编排,汇辑了历代陕西理学家37人,分别立传,每传内容主要介绍其人理

---

① 参见林平,张纪亮:《明代方志考》,成都:四川大学出版社,2001年版,第431页。

学事略、学术思想及理学著作。亦可以说它是一部关学史,因其客观上为关中理学建立了一个学统。今天它仍不失为一部探索宋明理学在关中地区流变的重要参考书,对后来形成的各类"学案""宗传"体例的理学史论著,产生过一定的影响。至清,王心敬、李元春、贺瑞麟对此书不断续补,增订刊刻,广为流传,可见其在理学家眼里的重要地位。

《冯子节要》十四卷。

《关中四先生语录》四卷。是明代陕西地方名士的语录汇编,包括《泾野先生语录》《苑洛先生语录》《溪田先生语录》《槲山先生语录》,卷首有自序一篇,是书《关中道脉四种书》中亦有收编。

《冯少墟集》二十二卷。

《陕西通志》三十五卷,此志有明万历三十九年(1611)刻本,《中国地方志联合目录》《千顷堂书目》也有著录。这部通志,体例完备,内容详细,涉及建置沿革、天文、疆域、山川、风俗、田赋、城池、兵防、方技、艺文等多篇,为后世陕西编修志书的楷模。

《陕西省志·著述志》中的《陕西古代著述表》(附录)还列有:《疑思录》两卷,《冯氏族谱》一卷,《冯氏家乘》一卷,《学翼》二卷,《关中四先生要语录》四卷,《太华书院会语》,《孝经义疏》,《少墟语录》六卷,《古文辑选》六卷。

另据《冯恭定全书》卷十六所载,有《理学诗选》《古文辑选》。《冯恭定全书》续集卷五《行实》载"先生著述甚富,诸会语、疑思录、宋元诸儒考略、明儒小传、关学编皆传世。"《宋儒考略》《明儒小传》今未见传世版本。

综合以上著录情况,冯从吾的大部分著述集中于《冯少墟集》。是集(光绪本)与《续集》合编,名《冯恭定全书》。卷一至卷十二皆语录,卷十三至卷十八皆诗文,卷十九《族谱》,卷二十《家乘》,卷二十一、二十二《关学编》。另外,《续集》五卷。详见下表:

《冯恭定全书》目录(光绪本)

卷次	名称
首卷	新序、小像、像赞、传、旧序、目录
卷一	辨学录
卷二	疑思录

续表

卷次	名称
卷三	疑思录
卷四	订士编
卷五	关中士夫会约、关中会语
卷六	学会约、士戒、谕俗
卷七	宝庆语录
卷八	善利图说
卷九	太华书院会语
卷十	太华书院会语
卷十一	池阳语录(包括河北西寺讲语、庆善寺讲语)
卷十二	关中书院语录
卷十三	序(濂洛文抄序等31篇)
卷十四	说(做人说上下、讲学说、梦说、天道说、名实说、勤俭说等11篇)、箴(座右箴)、赞(秦关王先生赞)、解(命解)、论(论荀卿非十二子、圣之时论)
卷十五	记(关中书院记、复性堂记、关中书院科第题名记3篇)、书(与友人论文书等52篇)
卷十六	杂著(百二别言、释褐后书壁自警二则等10篇)、题辞(关中四先生要语题辞等5篇)、跋(孟云浦教言跋等6篇)、墓表(明诰赠奉直大夫冀州知州东泉杨公配赠宜人陆氏合葬墓表)、墓志铭(王氏女墓志铭)
卷十七	传(萧沈二先生传等10篇)、祭文(祭孟云浦先生文等7篇)、诗(关中四先生咏等50余首)
卷十八	奏疏(论劾险佞科臣疏、请修朝政疏、请告疏)、公移(14篇)
卷十九	族谱
卷二十	家乘
卷二十一	关学编
卷二十二	关学编
续集卷一	都门语录
续集卷二	语录(闻斯录)、杂著(川上会纪、策问等10篇)

续表

卷次	名称
续集卷三	序(存古约言序等7篇)、题辞(兰台法鉴题辞4篇)、跋(西台讲义跋)、记(首善书院愿学祠记)、书(答姬华台封君等8篇)、传(孝子祝公传、四川乐至县知县西塘赵先生传)、墓志铭(先兄斗墟冯长公墓志铭)、祭文(祭内子赵淑人文)、诗(22首)
续集卷四	奏疏(方辅臣议等9疏)
续集卷五	诰命、谥号、谕祭文、谕祭品、题覆、公移、祝文、行实、公示、书院记

《冯少墟集》未录:《元儒考略》四卷,《陕西通志》三十五卷,《关中四先生要语》四卷,《冯子节要》十四卷,《古文辑选》六卷,《学翼》二卷,《孝经义疏》《长安志》《理学文鹄》《理学诗选》《宋儒考略》《明儒小传》《秦关先生全书》《静观堂语录》《华阴县志序》《廷试进士策问》、两篇伊斯兰碑文(《拓建敕赐清修寺记》《敕赐清真寺碑记》)。

二、著作的版本情况

冯从吾的总集明清刻本、现代影印本都有,各个版本之间都存在一定差异,各版几乎都有其他版本没有的内容。所以阅读时需要相互补充、相互比勘。另外,《关学编》《元儒考略》也有不同的版本。

(一)《冯少墟集》

1. 万历四十年(1612)陕西巡按毕懋康刻本,称万历壬子陕西本。今不可见。

2. 万历四十五(1617)刻本,为张维任刻本,称万历丁巳浙江本。

3. 万历癸丑(1613)至天启辛酉由冯从吾次子嘉年作类序重刻。

4. 万历四十七年(1619)刘必逵刻本,二十卷。

5. 康熙癸丑(1673)陕西巡按洪琮组织冯氏世孙重校重刻,二十二卷。(《冯少墟集》二十二卷与《续集》四卷合编,名《冯恭定全书》。陈俊民在《关学编》点校说明中称"其讹脱最少,较为精良")

6. 乾隆丙子(1756)中卫刘得炯、赵蒲重刻本(刘得炯本)。

7.《四库全书》本。(名为《少墟集》。提要著录《少墟集》二十二卷,实际内容少两卷。四库本没有《续集》)

8. 光绪十六年(1890)刻本,即《冯恭定全书》二版。(《冯少墟集》二十二

卷,《续集》五卷)

9. 1979 年台湾商务印书馆影印文渊阁《四库全书》本。

10. 1987 年上海古籍出版社影印文渊阁《四库全书》本。

11. 1990 年兰州古籍书店影印光绪本,名《冯恭定公全书》。(《中国西北文献丛书》)

12. 四库明人文集丛刊本(石隐园藏稿),上海古籍出版社 1993 年版。

13. 1997 年台湾新文丰出版公司丛书集成本。(名《冯少墟文集》,其中《冯少墟语录》十二卷,序、说、杂著等六卷,冯少墟续集不分卷。)

(二)《关学编》

除以上总集的版本外,《关学编》还有以下版本:

1. 明万历三十六年(1608)朝邑世德堂刻本;

2. 康熙十一年(1672)重校刊本;

3. 乾隆丙子王氏家刻嘉庆七年周元鼎增刻本;

4. 道光庚寅(1830)朝邑蒙天庥重刻、李元春重订的《增订关学编》本(蒙天庥荫堂本);

5. 道光庚寅(1830)三原刘氏传经堂重刻蒙、李的《增订关学编》本(刘传经堂本);

6. 光绪辛卯(1891)长安沣西草堂柏子俊刻的《关学编续编》本(沣西草堂本),陈俊民在《关学编》点校说明中称其"可谓关学之全编也。"

7. 1987 年中华书局出版陈俊民、徐兴海点校本。

(三)《元儒考略》

《冯恭定全书》没有收录《元儒考略》。可见的版本见下:

1. 明万历刊本。

2. 清道光十七年(1837)毛岳生抄本。

3.《四库全书》本。

4.《知不足斋丛书》本。

第三章　冯从吾的“善心”与“善性”本体论

心性论是中国哲学中成就极高的哲学领域。那么,什么是心性论?不同的哲学家对“心”和“性”有不同的规定,一般说来,所谓“性”乃是就人生本体、依据言,而所谓“心”则是指人生主体的主宰性、能动性或自觉性言。心性问题即人生的主体与本体的关系问题。在本体论的意义上,心与性的内涵是一致的、相通的,心之客观依据、向上挺立即是性;性之真实呈现、意义落实即是心,所以王阳明讲:“心也,性也,天也,一也”。(王守仁:《王阳明全集》卷二《传习录中·答聂文蔚》,上海:上海古籍出版社,1992 年版)道德心自我要求实践,所以心性论不能没有实践的一面。心性论关心的基本问题是人生道德超越实践的问题,即道德的价值根源,或道德得以成立的最终依据。目的是寻求人性之善的本体论依据,以及此依据如何贯通、主宰并发用于日用常行。

冯从吾曾明白表示儒学就是心性之学,他在《复性堂记》中讲到“圣贤之学,心性之学也”。(《冯恭定全书》卷一五)在《思庵野录序》中,他也说:“夫心学之传,肇自虞廷,而孔子一生学问,只在从心所欲不逾矩。至孟子发明心性,更无余蕴,此万世学者之准也。”(《冯恭定全书》卷一三)冯从吾总结先儒心性论,强调“以心性为本体”,心之本体有善无恶,“始终以性善为头脑”。(王心敬:《关学续编》卷一《少墟冯先生》,北京:中华书局,1987 年版)提出自己的“善性”“善心”学说。

第一节　关于心性论的历史回顾

心、性的概念在中国哲学史上产生较早,自先秦起哲学家们就开始探讨心性问题,孔孟有“仁义之心”、性善论,荀子主“性恶论”,王弼讲“以无为心”,慧能说“识心见性”,二程首倡“心即性”,王阳明直揭“心外无物”,前人关于心性的体悟与发明构成了冯从吾“善性”“善心”学说的思想源泉。

一、先秦时期对心性的初步探讨

心性哲学亦发端于先秦时期。在《论语》中,孔子说:“回也,其心三月不违仁”(《论语·雍也》),“性相近,习相远”(《论语·阳货》)。“心”在这里指人的主体意识,它与内在的“仁”可以相合也可以相离,所以孔子认为,除了颜回之外的普通人,其心背离仁的情况是很普遍的。而性的概念无疑是指人之先验的本性,人的习性会有气质之偏,会受社会的习染熏陶而百人百性。而人之为人的本性,即“仁”,个体之间并不存在差异。缘于后天的社会影响而产生的人性偏差恰恰是“失仁”的体现。孔子的心性概念已具有哲学思辨的意义,但他还未将心与性统一起来使用,到了孟子才对心性作了更为自觉的探索。

1993 年郭店楚墓竹简出土,有力促进了我们认识孔孟之间的儒家心性论。《性自命出》全篇几乎都在讨论心、性、情等概念。首先,简书以情气为性,在内涵上非常独特,与《中庸》中超越的“天命之性”不同。如“喜怒哀悲之气,性也”,“好恶,性也”。它虽也说“性自命出,命自天降”,但从其渊源所自而讲,只指出性的来源为天命,而对其自身的本质内涵则没有显明。而《中庸》“天命之谓性”则通过一种定义性的陈述,界定了性的内涵:天命即性。“天命之谓性”,朱熹注曰:“命,犹令也。性,即理也。天以阴阳五行化生万物,气以成形,而理亦赋焉,犹命令也。于是人物之生,因各得其所赋之理,以为健顺五常之德,所谓性也。”(朱熹:《四书章句集注》,北京:中华书局,1983 年版)这表明,人之性,原其所自,无一不本于天而备于我,性即理也。子思已经在寻求人性的本原、本体依据。其次,简书强调,在由性显为情的过程中,心之作用颇为重要。简书曰:“虽有性,心弗取不出”,对于性而言,心之已取与未取是有很大分别的。心之未取之性,当是喜怒哀乐未发时之性,情隐没于性之中,没有简别;而心之已取之性,则是喜怒哀乐已发时之性,性与情已有简别,此性已外显为情。再次,《性自命出》开篇就讲:“凡人虽有性,心亡奠志,待物而后作,待悦而后行,待习而后奠。”说明心性不是不受物、情、习影响的纯超越之物,而正是在受物、情、习的作用中而成就真实的人心、人性的。在简书中,性偏情气,心偏经验,强调真情和诚心,可以说是“孟子以前儒家心性论的雏形形态”,[①]尚未成熟。

孟子开中国心性哲学之源,他提出“尽心知性知天”,然后才能由“知天”进入到“事天”,所谓“存其心,养其性,所以事天也”(《孟子·尽心上》),即通过存心养性的道德践履使自身的行动自觉符合天的要求。孟子的“心”有两个基本含义:其一,心是主体意识。“心之官则思,思则得之,不思则不得也。此天之所与我者”(《孟子·告子上》)。孟子认为心这个器官是用来思考的。不过,孟子心之所思的对象不是向外认识万物,而是向内体验本性,即思内而非思外;其二,心为“仁义之心”,孟子说:“仁,人心也;义,人路也”(《孟子·告子上》)。孟子无疑是将仁与人心等同看待的,孟子主张“性善”,他所说的人心实为人的“良知”或道德“本心”。道德本心便是孟子的性,性与本心在他是同一范畴,这个规定影响了后来整个儒家的心性哲学。本心尽管是“我固有之”,却存在思则得之、不思则不得的情形,所以孟子要讲“求放心”。孟子之思是思内而非思外,是体认之思,而不仅仅是思考,所以,孟子的学问之道便强调工夫实践中道德本心的呈现,都落在了“求放心”上,他认为“学问之道无它,求其放心而已矣”。孟子的心性哲学显然已具有一定的本体论的意义,同时,孟子将人与天地万物本性的合一表述为人的最高理想境界,使心性论具有了价值意义。使心性本体与价值体验相联系,这是心性本体论最为显著的特征。

荀子的“心”指主体的主宰性,他说:“心也者,道之工宰也。”(《荀子·正名》)“心者,形之君也,而神明之主也,出令而无所受令。自禁也,自使也,自夺也,自取也,自行也,自止也。”王先谦注曰:“心出令以使百体,不为百体所使也。此六者皆由心使之然,所以为形之君也。”(《荀子·解蔽》)[②]与孟子相反,荀子主张“性恶”论,提出:“人之性恶,其善者伪也。今人之性,生而有好利焉,顺是,故争夺生而辞让亡焉;生而有疾恶焉,顺是,故残贼生而忠信亡焉;生而有耳目之欲,有好声色焉,顺是,故淫乱生而礼义文理亡焉。”(《荀子·性恶》)[③]荀子将人性规定为先天的自然性,即气质之性。但认为通过人

---

① 东方朔:《〈性自命出〉篇的心性观念初探》,摘自武汉大学中国文化研究院:《郭店楚简国际学术研讨会论文集》,武汉:湖北人民出版社,2000年版,第322—329页。

② 王先谦:《荀子集解》,国学整理社:《诸子集成》第二册,北京:中华书局,1954年版,第265页。

③ 王先谦:《荀子集解》,第289页。

为努力可以“化性起伪”，因为人有自我主宰之心。

二、魏晋隋唐对心性问题的思考

心性哲学在孟子以后实际上处于停滞的状态，魏晋玄学虽然对此问题也进行了思考，但不是他们思考的主题。王弼首先提出了天地“以本（无）为心”，王弼的“心”虽然是本体，但他以“无”为本，追求道家的无心境界，主张主体无为而任自然，使天地本性自然呈现。心作为自然无为的范畴，与王弼对“性”的规定相吻合。他认为：“道不违自然，乃得其性。法自然者，在方而法方，在圆而法圆，于自然无所违也。”（《老子·二十五章》）道作为万物的本体，其性就在于顺应自然，效法自然。王弼的心性与他“以无为本”的本体论哲学相呼应，心性如同天和自然一样是属于客观性的本体范畴，人人必须依从自然而不能有意作为。这与儒家的主体本体说是不同的，恰恰是要排斥主体的能动性与自觉性，反对主体的主宰性。裴頠作《崇有论》，从认识主体主宰认识和实践活动出发，说明心不是无而是有。郭象继续王弼“无”心的脉络，要求无心而任化，并且发挥《庄子》“道通为一”的思想，提出了形殊而性同的观点。

隋唐佛学是心性哲学的一个高峰，心性是佛学的核心范畴，如禅宗六世祖惠能以“识心见性”为治学治教的宗旨。他的“得法偈”称：“菩提本无树，明镜亦非台，佛性常清净，何处有尘埃！”（惠能：《坛经》卷八）肯定了佛性本体的常在和清净是自在自清净。惠能还认为，清净的佛性本内在于人性，所以惠能将他们都收归于心内。“故知一切万法，尽在自身中，何不从于自心顿现真如本性？”（惠能：《坛经》卷三〇）他认为自己便是“顿见真如本性”（惠能：《坛经》卷三一）而成佛的。所谓“顿见真如本性”，意谓求取佛教的本体（本性）是不需要通过外在的现象作用和工夫实践的，本体是在顿悟中直接显现。但性不是独立自存，而是在心之中，心是性之寓所，性则是心之主宰。惠能对心性范畴进行了进一步的发掘，他把空宗的“性空”改造成为“性”之空，空不是要空性，而是性因其空而能含藏万物，包容万有，心空与性空是同一个概念，心与性之间相互发明。惠能之外，禅宗的其他思想代表，都是在心本论的基础上，主要沿着佛性即人性，烦恼即菩提的方向发展。

三、宋明理学创造心性哲学的高峰

宋明理学吸收了佛、道对心性论的发展成果，将心性哲学发展到了登峰造极。邵雍以他的先天学为“心法”，认为“万化万事生乎心也”（邵雍《观物外篇》下）。心所以能“生”，在于心是太极，而“太极不动，性也，发则神，神则数”（同上），按照一分为二、二分为四……的顺序生成宇宙，所以，心性是宇宙的本体。邵雍揭示了心之创造义，但这只是一个方面，就是这个“创造”的方面也不完整，心之灵是宇宙创造之源，亦是道德创造之本原，但邵雍的心性范畴主要是用于建构他的宇宙生成论，在形上存在意义方面的论述则较为缺乏。

张载说：“合虚与气，有性之名。合性与知觉，有心之名”。他提出“天地之性”与“气质之性”的双重性论，但此二分只是生成论的现实，并非道德观的理想，二分的目的是强调，气质之性并非是人的本性，必须通过“变化气质”的道德修养实践，最终返归于人之本性——天地之性。张载的“心”有见闻知觉的能动性，但是应当以天地之性为依据而不能束缚于知觉。他又提出了“大心”的观点，他说：“大其心则能体天下之物，物有未体，则心为有外。世人之心，止于闻见之狭。圣人尽兴，不以见闻梏其心，其视天下无一物非我，孟子谓尽心则知性知天以此。天大无外，故有外之心不足以合天心。”（《正蒙·大心》）张载在相隔了千年之后，重新将孟子的心性理论与自己接续了起来。他认为“大心” 就是“尽心”，不过，孟子的尽心是向内体验仁义本性的工夫，而张载的大心却要求“体天下之物”，终至“知天”。圣人能突破见闻的桎梏，他不仅以体认外物来扩充本性，而且体验到天下万物与我一体，外向扩充与内向体验一时并到，在此意义上，张载与孟子是一致的。虽然他们的工夫理路一为“尽心”，一为“大心”，表面上似乎有内外的不同，其实“人同此心，心同此理”，都达到了万物一体的境界。

二程对孟子的“尽心知性知天”给予了强化，大程说：“只心便是天，尽之便知性，知性便知天，当处便认取，更不可外求。”（程颐，程颢：《二程集》第一册《河南程氏遗书》卷二上，北京：中华书局，1981 年版）认为尽心、知性、知天，三者实际上是一个工夫，一尽俱尽，天、性、心所表述的实际上是一个道理。程颐说：“孟子曰：‘尽其心，知其性。’心即性也。在天为命，在人为性，论其所主为心，其实只是一个道。”（同上）“心即性”命题的提出是中国心性哲学研究迈出的一大步，虽然这可从孟子的“尽其心者知其性也”中合乎逻辑地推出，但毕竟前人未做到这一点。“心即性”的意义在于指出，真正的心性之学是即主体即本体，即本体即主体的，是心性不二，体用不二的。同时又不抹杀心与性各自的特性和侧重。二程心性论对后人的另一重大影响，莫过于关于心与理关系的论述。程颢以“心是理，理是心”表明了心与理同一的思想，但是，“心与理一”不是一种客观的现实，而要依赖主体的工夫，主体在尽心、知性的过程中使本心之理发明、呈现出来。

胡宏从体用、已发未发分析心性，他强调心与性“义各不同”而不能相互混淆，进一步精确了心性概念。胡宏提出“未发只可言性，已发乃可言心”（胡宏：《胡宏集》中与僧吉甫书三首，北京：中华书局，1987 年版），认为“未发”是指宇宙本体，即性；而《易传》所谓“无思无为，寂然不动”和“感而遂通天下之故”均是指已发而言，即心。心之“不动”、感通都是性体的活动和作用过程，没有心之用，也就没有性之体，双方是一个由体达用的统一过程。可见，胡宏是从体用分析心性，认为性体心用，性动为心。不过，心不是性本体的消极被动的表现者，而是它的积极主动的实现者，并进而提出了“心以成性”的重要思想。性是宇宙的本体，此性之本体既是客观原则，又是自性原则，它只能在“尽心”的内心体验和扩充中才能彰显而得以实现。

朱熹不同意二程的“心即性”之说，他反对将心性直接等同，而认为心分体用而统性情，心之体即性，属于“寂然不动”以前（未发）；心之用即情，属于“感而遂通”以后（已发）。朱熹发挥了张载“心统性情”的观点，建立起自己心性理论的总体构架模式。① 朱熹说他自己是经过胡宏而返回到张载的，他说：“旧看五峰（胡宏）说，只将心对性说，一个情字都无下落。后来看横渠‘心统性情’之说，乃知此话有大功，始寻得个‘情’字着落，与孟子说一般。孟子言：‘恻隐之心，仁之端也。’仁，性也；恻隐，情也，此是情上见得心。又曰：‘仁义理智根于心。’此是性上见得心。盖心便是包得那性情，性是体，情是用。‘心’字只是一个字母，故‘性’‘情’字皆从‘心’。”（《朱子语类》卷五）性情皆从心，由心之体（性）发而为心之用（情），所以是“心统性情”。这里其实表达了“心兼性情”的意思，朱熹的“心统性情”还有“心主性情”的意思，这是吸收了胡宏心主导性的实现的意义。同时，朱熹主张“性即理”而非“心即理”。他以性为本，性理是其学术的根底所在。他所谓的“心与理一”并非是说心与理是毫无差别、同一的，而只是在“理便在心之中”“本来贯通”的意义

---

① 张载的“心统性情”与朱熹的“心统性情”之间存在差异，朱熹借用张载的“心统性情”，阐发了自己的心性理论。参见林乐昌：《张载“心统性情”说的基本意涵和历史地位》，《哲学研究》，2003 年 12 期，第 37—38 页。

上说“心与理一”的。他的观点实践上是“心具理”而非彻底的“心即理”，据《朱子语类》载：“心之所以具是理者，以有性故也。”（《朱子语类》卷一），那么，心如何与理贯通为一？他说：“不须去着贯通，本来贯通”，“理无心，则无着处。”（《朱子语类》卷五）他又说：“心与理一，不是理在前面为一物。理便在心之中，心包蓄不住，随事而发。”（同上）此理在人便为人之性，此理、此性必然从心而显发为情，正是在这个意义上，孟子讲“仁义理智根于心”。

陆九渊的哲学是以心为标识的，他提出“心即理”。他说“宇宙便是吾心，吾心即是宇宙”（《陆九渊集》卷二二，《杂说》），即宇宙之理不外于本心之理。陆九渊不喜言性，他认为心、性、天既然说到底都是同一个实体，则区分与否就没有太大的意义。陆九渊的“心即理”与朱熹的“心即理”之间有根本的差别，陆九渊的心和理是同一的实体，称理或称心其实只是形式，在实质上并没有什么不同，“至当归一，精义无二，此心此理，实不容有二”。（《陆九渊集》卷一，《与曾宅之》）

王阳明也主张“心即理”，但是王阳明经历了与朱子学说的长期对话和自己不断的探索，所以他对“心即理”命题的内涵的揭示更为具体、深入。朱熹的心理为一在他看来正是启其分二之端，他认为朱熹“心即理”的实质是心主管理，这种“主管”的模式本身就是分心理为二。王阳明在主张“心即理”的同时，又十分看重性范畴的地位，这是与陆九渊所不同的。他继承了宋儒主流派关于心、性、天等范畴同一互通的基本规定，他说“心也，性也，天也，一也”，（《王阳明全集》卷二，《传习录中》）同时也沿袭了从不同侧重面区分不同范畴的做法，如称：“性一而已。自其形体也谓之天，主宰也谓之帝，流行也谓之命，赋予人也谓之性，主于身也谓之心。”（《王阳明全集》卷一，《传习录上》）但是，王阳明的最终归宿仍是落在心上，心的本体地位不会动摇。他强调说：“夫在物为理，处物为义，在性为善，因所指而异其名，实皆吾之心也。”（《王阳明全集》卷四，《与王纯甫》）“异名”的指称并不会动摇心的最终本体地位，物、理、义、性、善等等，其实均不在心外。在王阳明那里，理在心中的存在主要有两种形式：一是以“本体”即人的本质的形式存在，所谓“心之体，性也。性即理也”（《王阳明全集》卷二，《传习录中》）；二是以“条理”即内在规范的形式存在，他称：“理也者，心之条理也。是理也，发之于亲则为孝，发之于君则为忠，发之于朋友则为信。”（《王阳明全集》卷八，《书诸阳卷（甲申）》）前者言本心的浑然全体，后者言本心之发用，言其发明条理的森然毕存，所谓“天命之性具于吾心，其浑然全体之中，而条理节目森然毕具，是故谓之天理”。（《王阳明全集》卷八，《博约说（乙酉）》）王阳明强调，作为朱陆对峙的首要理论表现形式，即“心即理”和“性即理”实际上都是心之“体”即性，即理。他宣称：“心之体，性也，性即理也。天下宁有心外之性、宁有性外之理乎？宁有理外之心乎？”（《王阳明全集》卷八，《书诸阳卷（甲申）》）王阳明所坚守的，始终是心、性、理不二的观点，这种通过“性”而发明的心理同一的理论，是王阳明心学最为重要的内容。王阳明对心、性、理的许多理解与阐述，如“心外无性”“心外无理”，都构成了冯从吾心性之学直接的理论来源。

冯从吾之师许孚远以灯与江河为喻，说明心与性的关系。他说：“譬诸灯然，心犹火也，性则是火之光明。又譬诸江河然，心犹水也，性则是水之湿润。然火有体，而光明无体；水有质，而湿润无质。火有体，故火有柔猛；水有质，故有清浊，而湿润无清浊。”（《明儒学案》卷四一，《甘泉学案五》）他认为性只是一个天命之本体，帝则、明命、明德、至善、中、仁等等都是性的别名。他的比喻说明性无“体”（方所）而心有体，心至虚而灵，天性存焉。以心着性，说明性并不在心外。然而心不免有形气之杂，他认为心中有性，若顺性而动，即是本心的呈现，此时的心乃是道心、真心、公心，心即性也；若杂乎形气，则是人心、妄心、私心，心不可谓之性也。许孚远吸收了《尚书》的思想，析心为道心、人心，主张讲心即性时，心是道心。他又引入了“气”，认为心不免会有形气之杂，杂乎形气之心就是人心。他对心性之难言深深感叹说：“夫心性之难言久矣。混而一之，则其义不明；离而二之，则其体难析。”（《明儒学案》卷四一，《甘泉学案五》）但他对心性还是有自得之见的，他说：“经传之中，或言性而不言心，或言心而不言性，或心与性并举而言，究其指归，各有攸当。混之则两字不立，析之则本体不二，要在学者善自反求，知所用力，能存其心，能复其性而已矣。”（《明儒学案》卷四一，《甘泉学案五》）他认为经传之中，各家对心性的论说各有千秋，或“混之”，或“析之”，都是针对具体的问题。所以，学者在论说心性时，一味强调“混之”，或一味强调“析之”都失之偏，关键在于自己能反求于心，剔除形气之杂，善存本心，复归天命之性。许孚远广采博收的雅量、重“自反”的心之工夫以及贵自得的为学之道，都对冯从吾产生了直接而深刻的影响。

第二节　冯从吾的“心体”与“性体”

冯从吾的哲学虽然具有会通的特点，但综合起来看，他还是偏于王阳明的“心性之学”。冯从吾总结儒学的宗旨：“自昔大儒讲学宗旨虽多端，总之以心性为本体，以学问为工夫。”(《冯恭定全书》卷一一，《庆善寺讲语》)那么，冯从吾对“心”“性”概念是如何界定的呢？冯从吾是以心性来解释人性的，在冯从吾著作中，其言性离不了心，“心外无性”，因而其性善还原便为心善，而心善只是对事实的一种描述，不是唯一描述，这就预示着心“善”之外还有心“不善”的状态，这种不确定性使心具有游离性，而不能成为定体，不能作为道德价值的最后根源。而冯从吾言心往往不离理，其所言心是义理之心，是具有道德自觉的本然之善心，因而，性善又由心善进一步可归结为善心。

一、冯从吾对心性的界定

应该说他基本上继承了孟子对心的规定：

(一)心为“仁义之心”

孟子说：“仁，人心也；义，人路也。”(《孟子·告子上》)孟子还指出了仁义的具体内容：“仁之实，事亲是也；义之实，从兄是也。智之实，知斯二者弗去是也；礼之实，节文斯二者是也；乐之实，乐斯二者，乐则生矣；生则恶可已也，恶可已，则不知足之蹈之、手之舞之。”朱熹在此处注曰：“此章言事亲从兄，良心真切，天下之道，皆原于此。然必知之明而守之固，然后节之密而乐之深也。”(朱熹：《四书章句集注》，北京：中华书局，1983年版)孟子认为事亲从兄是人良心的真切发见，是情不自禁，是其乐融融。冯从吾也说：“手舞足蹈不是分外讨这个乐，只是复还那孩提稍长本来之爱敬耳。想孩提稍长之时，其爱亲敬兄真是不知足之蹈之、手之舞之，何曾有丝毫情识安排在内？乐而复还乎此，才是真乐。故曰：大人者，不失其赤子之心。”(《冯恭定全书》卷三，《疑思录》)赤子之心就是指纯一无伪之心、道德“本心”、仁义之心。足之蹈之、手之舞之不是表演，不是作秀，是内心爱亲敬兄的真情流露。

孟子无疑是将仁与人心等同看待的，孟子主张“性善”，他所说的人心实为人的“良知”或道德“本心”。道德本心便是孟子的性，性与本心在他是同一范畴。冯从吾视“心”为“仁义之心”，他在《疑思录》中说：

> 仁，人心也。仁者以天地万物为一体，此真心也。古圣贤千言万语，吾辈千讲万讲，总只是要涵养此一念，扩充此一念，更无多术，圣学真传原在于此。彼摩顶放踵从井救人者，乃有此心而不能善用其心之过……故学者必涵养扩充此一念到满腔皆恻隐之心处，然后信仁者以天地万物为一体之说。(《冯恭定全书》卷二)

又：

> 圣人心同天地，圣人学问真是与天地万物为一体……曾子亦曰：‘堂堂乎张也，难与并为仁矣。’此亦夫子未可与之意。学者且无论有可与不可与之人，当先论有与人不与人之心，若无此与人公共之心，纵自家十分用功，终是自私自利之人，其于圣学不啻千里。(《冯恭定全书》卷二)

冯从吾也是将仁与心等同，此心就是孟子的本心，就是孟子的性，是乍见孺子入井时的恻隐之心，是“仁者以天地万物为一体”之“真心”，也是圣人之心。学者有此心，才会像圣人那样体会到什么是仁。否则，即使是读书破万卷，精确地检索到了《论语》中所有“仁”的出处，也无法真正认识到仁在心中，因为这种为学之法是与圣贤之学南辕北辙的。

再如，当有人问及《论语·乡党》中“伤人乎？不问马”一句时，冯从吾回答：“此圣心自然不容已处。盖闻厩焚仓卒之际，正真心发见之时。只一问人，不问马，则圣人一生老安少怀多少大的志愿，皆从此一念中来。故孟子验人皆有不忍人之心，验之乍见孺子入井之一念，其意正本于此。战国时，厩有肥马，野有饿殍，天下日趋于危乱，只是为人上者，少此一念耳，这道理尽大，不可看小了。”(《冯恭定全书》卷二，《疑思录》)圣人之心是仁怀天下，一听说厩焚，此心当下的反映自然是关心是否伤到了人，而不是关心自己的财产(马)是否有损失，这是真心的自然流露。这种在细节上的第一反映恰恰是其内心真实想法的流露，其实这与老安少怀的宏大志向是完全相通、一致的。所以，冯从吾认为，善存此不忍之一念，依本心而为，足以王天下，实现老安少怀的理想。

冯从吾接着说：“不忍觳觫之一念，乃途人所共有者。孟子以为是心足以王，何也？盖桓文之事虽是煊赫一时，原不从此不忍一念中流出。故曰以力假仁。夫不忍之心乃途人所共有者，岂以桓文而独无？自有而自假之，亦足悲矣。阳明先生曰：抛却自家无尽藏，沿门持钵效贫儿。”(《冯恭定全书》卷三,《疑思录》)冯从吾认为道德本心是人所共有的,而贪图煊赫一时的霸功之人,却不知向内追问自己的本心,而是相反,外向地假借仁义,利用所谓的"仁义"成就自己的霸业。他还说:"王恰似有许多新奇异样处,及说到底只讨得老者衣帛食肉,黎民不饥不寒,更莫有新奇异样功业。及至推原所以使老者衣帛食肉,黎民不饥不寒,又只是从不忍觳觫一念来,更莫有新奇异样方法。夫这一念人人都有,可见这功业人人都做得,王道有何难为?"(《冯恭定全书》卷三,《疑思录》)可见,王道与霸业相对比,其外在的功业并没有什么新奇之处,都是追求老者衣帛食肉,黎民不饥不寒。关键的区别在于,王道之所以追求老者衣帛食肉,黎民不饥不寒,是道德本心不由自主的发用;而霸者却将此作为称霸天下的手段,以向世人表现自己的"仁义",是假之也,说到底是欺世盗名。其实,不忍之一念人人都有,霸者也不例外,如果人人都能够常存此念、善养此念,则人人可成就王道功业。

(二)心是主体意识

冯从吾的"心"也从总体、浑沦的意义上指主体的精神结构及其能力。孟子说"心之官则思,思则得之,不思则不得也。"(《孟子·告子上》)孟子认为,心这个器官是用来思考的,心是主体意识。冯从吾认同此点,他还吸收了朱熹心分体用而统性情的观点,在论述心性关系的时候引入了"情"。他在《答涂镜源中丞》中说:

> 盖得其体,则其用自然得力,但不言用则其体又不可见。其或谆谆言用者,盖欲人由用以识体耳。孟子谓恻隐为仁之端,而以乍见明恻隐只皆有,盖举乍见知恻隐为用,为率性之道。欲人由端识体,知仁为体,为天命之性也,指点出萌蘖,正欲人从此好觅根本。既觅得根本,则不惟萌蘖是,即枝枝叶叶皆是矣。故孟子前说恻隐之心,仁之端也,而后直说恻隐之心,仁也。盖既由用以见体,又何用之非体,此所以直说恻隐为仁,而不必更言其端耳。且此性体原不睹不闻,然必不睹不闻之时乃见性体?如见孺子入井,见觳觫之牛,此时固有怵惕恻隐之心矣,然未见之前岂遂无是心乎?未见之前之心,不睹不闻,正以体言,正以天命之性言。既见之后之心,有睹有闻,便以用言,便以率性之道言矣。(《冯恭定全书》卷一五)

冯从吾提出"未见之前之心,不睹不闻,正以体言,正以天命之性言",这是讲心体,天命之性;"既见之后之心,有睹有闻,便以用言,便以率性之道言矣”。这是讲心用，率性之道。心作为主体的精神能力，有体有用。本心之仁是体，是根本，是天命之性；怵惕恻隐之心是本心的发用，是仁之端倪、萌蘖，是率性之道。心体虽然是根本，但是若不借助于心用，心体不睹不闻，它是无法显现自身的。所以，我们为了认识心体，似乎只有不厌其烦、不断地去叙说心体之用。孟子为了证明本心之仁，性体本善，不得已举见孺子入井之时，人所共有之恻隐之心；见觳觫之牛，人所共有之怵惕之心，孟子就是让人由用以识体，由心以觉性也。他希望人们能借助于这些端倪，觉识到性体，认识到仁。只有真正于心、切己地认识到了性体，就会明白无论是端倪、萌蘖，甚至是枝枝叶叶，所有的发用都是性体的呈现。正是在这个意义上，冯从吾向深层又发问一句：“且此性体原不睹不闻，然必不睹不闻之时乃见性体？”的确，性体是不睹不闻的，然而我们却不能讲：只有在不睹不闻之时，才能真正体悟到性体。怵惕恻隐之心正是仁（性体）的生动、鲜活地展现，“由用以见体，又何用之非体”？所以孟子“而后直说恻隐之心，仁也”。心学即是在此意义上直说心即性也。

在《复性堂记》中，冯从吾进一步明确了心、性、情之间关系。他认为心所具之理为性，但性不可见而见之于情，性情本一物。他说“人之一身止有此心，性在何处不知。心所具之生理为性，非心外别有性可对言也。性不可见而见之于情，如孩提知爱，稍长知敬，情也。而必有所以能知爱能知敬者，性也。然其所以能知爱能知敬者，又孰为之，天也。故曰天命之谓性，天命之以能爱之性，而后能知爱。天命之以能敬之性，而后能知敬。惟其性善，故其情善，亦惟其情善，故知其性之善耳。不然性不可见又安所据而曰善邪？性情本一物，特因寂感而异其名。而先儒有情其性，性其情说。”（《冯恭定全书》卷一五，《庆善寺讲语》）冯从吾认为，性乃是心中之理，心外无性。这与王阳明对心性关系的论说是一致的，王阳明说：“心之体，性也，性即理也。天下宁有心外之性、宁有性外之理乎？宁有理外之心乎？”（《王阳明全集》卷八，《书诸阳卷（甲申）》）为了阐明心与性的关系，冯从吾也引入了“情”。他认为性体原是未发之中，因而是无其迹，目无可睹、耳无可闻、心无可知觉。而已发之情是可睹、可闻、可知觉的。当有喜怒哀乐之时就是已发，孩提知爱，稍长知敬，这都是已发之情。虽然情可见而性不可见，但是我们从可见的“知爱”“知敬”之情，必然可以推知到“所以能知爱能知敬”的性体依据。体用一元，所以性情本一物。

在《关中书院语录》中,冯从吾进一步论述了心性的统一。当有人问"虞廷言心,而孔孟又言性,何也?"冯从吾回答:"性者,心之生理,非心之外别有性也。如心是心,心之仁义礼智是性。故曰君子所性,仁义礼智根于心,如丢过仁义礼智之心言心,是人心非道心矣。"他认为,若是将性具体化,即为心中的仁义礼智。正如王阳明所说:"性一而已。自其形体也谓之天,主宰也谓之帝,流行也谓之命,赋予人也谓之性,主于身也谓之心。"(《王阳明全集》卷一,《传习录上》)天理赋予人后,即谓之性,具体化就是心中的礼义仁智。所以,礼义仁智就是心中的理,心中有理就是道心。正因为如此,一个人若是没有礼义仁智,就会被斥为没有人性,因为这正是人与禽兽区别的几希之处。

冯从吾的心性本体论既讲到心体,也讲到性体,心体有我而不显我相,性体无我而遍在。如:

> 一夕坐宝庆月下,见皓月当空,自觉此心湛然无物。因顾谓诸生曰:"此时正好自识心体"。(《冯恭定全书》卷七,《宝庆语录》)
>
> 时时察识,时时体认,造到心体澄澈,本原得力处。(《冯恭定全书》卷一二,《关中书院语录》)
>
> 子徒知心体本空空洞洞,一物不容,而不知心体虽空空洞洞,实万物咸备。(《冯恭定全书》卷一二,《关中书院语录》)
>
> 问:淡而不厌?曰:淡之一字,原是性体。吾性中一物不忍,何其淡也。无物而万物皆备,又何厌之有?(《冯恭定全书》卷七,《宝庆语录》)
>
> 大学称至善,此性体也。(《冯恭定全书》卷一五,《答涂镜源中丞》)
>
> 且此性体原不睹不闻,然必不睹不闻之时乃见性体?(《冯恭定全书》卷一五,《答涂镜源中丞》)

以上第一、二、三条是讲心体,第四、五、六条是讲性体。冯从吾认为本体是源头,他还特别强调要"在本源处透彻",那么,对他的心体与性体如何正确理解?心体与性体的相互关系又如何把握?

二、本源处透彻

冯从吾论学强调"在本源处透彻",强调明"本体"的重要性。他认为本体是源头,源头不明,一切皆错,纲常伦理、道德规范之下的实践根本无从谈起，更莫论探究践履的方法和途径。因为本体不明，所有的行为都是冥行妄作，不具备道德意义，所以也无“工夫”可言。冯从吾对体与用的关系论述得很清楚，他说：“圣贤论学，虽有自用言者，有自体言者，而要之以体为主，盖得其体，则其用自然得力，但不言用则其体又不可见。其或谆谆言用者，盖欲人由用以识体耳。”（《冯恭定全书》卷一五，《答涂镜源中丞》）可见，冯从吾主张体用统一，主张“以体为主”基础上的体用统一。他认为做学问的具体进路可以从本体处直接入手，然后自体达用，向下讲；也可以从发用处入手，由用超越至本体，向上讲。但是，不同的进路却都必须强调体与用的统一。因为，一方面本体具有绝对的决定作用，抓住了本体，其发用自然是得力；但是另一方面，本体的抽象性决定了它只能在发用流行中才能显现自身。有些学者看似偏爱发用，语之甚详，不厌其烦，其实正是希望人们在世间万物的发用中体悟到本体的遍在。

冯从吾指出心学不明的根本原因就在于本源不清，“源头处一差，所以后来流弊无穷”。（《冯恭定全书》卷一，《辨学录》）因此，冯从吾强调要在本源处透彻，未发处得力。他说：“学问之道，全在本源处透彻，未发处得力。本源处一透，未发处得力，则发皆中节，取之左右自逢其原。诸凡事为自是停当。不然纵事事点检，终有不凑泊处。”（《冯恭定全书》卷一二，《关中书院语录》）为学、为人都必须首先明确本体，只有这样，凡事才能时时反观内省，体察是否与本心相合，与本性不违，如此作为，结果必定会左右逢源，事事自然停当。而如果只是就事论事，即使是时时小心，处处谨慎，终归会有不周全之处。

冯从吾确定自己的思想核心是“以心性为本体”（《冯恭定全书》续集卷一，《都门语录》），冯从吾既讲心体，也讲性体，那么，二者之间的不同是什么？关系是什么？冯从吾对心与性之间的关系已经讲得很充分。在本体论的意义上，二者的内涵是一致的、相通的。当然，细微的区分还是有的，心体偏重于主体性、主宰性、具体性，性体偏重于客观性、形式性、遍在性。牟宗三先生在《心体与性体》一书中对心体、性体之义有详细的疏解，有助于我们对冯从吾“心体”“性体”的理解。牟先生指出：“性体之全副具体内容（真实意义）即是心，性体之全体呈现谓心。心体之全副客观内容（形式意义）即是性，心体之全体挺立谓性。”[①]牟先生具体分析了性之五义，分别从性体、性

① 牟宗三：《心体与性体》，上海：上海古籍出版社，2000 年版，第 455 页。

能、性理、性分、性觉五方面对性体进行了分疏；分析了心之五义，分别从心体、心能、心理、心宰、心存有五方面对心体进行了分疏。他指出："性具五义：

1. 性体义：体万物而谓之性，性即是体。

2. 性能义：性体能起宇宙之生化、道德之创造（即道德行为之纯亦不已），故曰性能。性即是能。

3. 性理义：性体自具普遍法则，性即是理。

4. 性分义：普遍法则之所命所定皆是必然之本分。自宇宙论方面言，凡性体之所生化，皆是天命之不容已。自道德创造言，凡道德行为皆是吾人之本分，亦当然而不容已，必然而不可移。宇宙分内事即是己分内事。反之亦然。性所定之大分即曰性分。

5. 性觉义：太虚寂感之神之虚明照鉴，即是心。依此而言性觉义。性之全体即是灵知明觉。

凡此五义，任一义皆尽性体之全体。任一义皆通其它诸义。任一义皆是具体的普遍，非抽象的普遍。

性体有此五义，是客观地、形式地言之。自心能尽性，主观地、实践而亦是实际地言之，则超越的、形而上的、普遍的本心（天心）亦具此五义：

1. 心体义：心体物而不遗，心即是体。

2. 心能义：心以动用为性（动而无动之动），心之灵能起宇宙之创造，或道德之创造，心即是能。

3. 心理义：心之悦理义即起理义，即活动即存有，心即是理。此是心之自律义。

4. 心宰义：心之自律即主宰而贞定吾人之行为，凡道德行为皆是心律之所命，当然而不容已、必然而不可移，此即吾人之大分。此由心之主宰而成，非由以限之也。依成语习惯，无心分之语，故不曰心分，而曰心宰。心宰即性分也。

5. 心存有义：心亦动亦有，即动即有。心即是存有（实有），即是存在之存在性，存在原则：使一道德行为存在者，即是使天地万物存在者。心即存有，心而性矣。

凡此五义，任一义皆尽心体之全体。任一义皆通其它诸义。任一义皆是具体的普遍，非抽象的普遍。”①

冯从吾的“心体”与“性体”在讲语中多次出现，也在多种含义上使用，借用牟宗三先生的说法，有时从“心体义”讲，有时从“心能义”“心理义”“心宰义”“心存有义”讲；有时从“性体义”讲，有时从“性能义”“性理义”“性分义”“性觉义”讲。当然，冯从吾没有像牟宗三那样仔细分析、阐明“心体”与“性体”更具体、更深层次的不同含义，他是心到意到，自然而然地都用“心体”“性体”表达了自己对心性本体的不同体悟。

冯从吾的心性本体论坚持儒家的本体之有，反对佛氏的本体之无；主张作用之“无”，指本体的作用是“无思无为”的，是一种境界意义上的“无”；认为本体不涉见闻，而又不离见闻；坚持性体至善。

（一）本体之有

儒家主张实践的存有论。牟宗三先生对儒家的存有论分析、论说得很详细深刻，对笔者的启示很多，这里摘引牟宗三在《中国哲学十九讲》中的有关论述。牟先生说：“儒家有个天来负责存在，孔子的仁和孟子的性是一定和天相通的，一定通而为一，这个仁和性是封不住的，因此儒家的 metaphysics of morals 一定涵着一个 moral metaphysics。”②metaphysics of morals（道德底形上学），这是牟先生借用了康德的说法，而且牟先生认为，康德的 metaphysics 并不是我们一般人所讲的形上学。我们一般讲形上学都是把形上学当作一个独立的学问来看，讲 cosmology（宇宙论）和 ontology（本体论），这是形上学之本义。可是康德这个 metaphysics（形上学），他是专就着道德的纯粹那一部分讲的，这个“形上学”只是借用的说，它并不是一般所说的形上学。康德说道德底形上学，他只是借用“形上学”这个名词，他的重点并不是落在形上学而是在道德。可以说，康德所谓的“道德底形上学”讲的是道德的先验而纯粹的那一部分，它主要是讲道德，对“存在界”一点都没有讲。但是，儒家有个天来负责存在，孔子的仁、孟子的性和天一定是相通的。

中国的天这个观念是负责万物的存在，所谓“天道生化”，天的创造、主宰作用类似西方的上帝。天这个观念是从夏、商、周三代以来就有的，传到孔子的时候，固然孔子重视讲仁，但是孔子并没有否定天，他说：“获罪于天，无所

---

① 牟宗三：《心体与性体》，第483—484页。

② 牟宗三：《中国哲学十九讲》，第60页。

祷也”,“天下之无道也久矣,天将以夫子为木铎”,“天生德于予,桓魋其如予何?”孟子重视讲性,但是孟子也说:“尽心知性知天”,“仰不愧于天,俯不怍于人”,孟子重视心性工夫、实践体验,但他最终是为了追求“知天”,天人合一。而且,儒家有《中庸》《易传》,它可以向“存在”那里伸展。当然,儒家的存有论是道德的形上学(moral metaphysics),这个形上学是基于道德的。① 这个形上学之所以强调道德基础,是为了强调道德的自觉,道德的自觉心当然是主体,道德意识必须通过讲主体才会首先透露出来。“有人以为讲主体就没有客体了,其实客体照样有,问题是在如何讲法。中国文化、东方文化都从主体这里起点,开主体并不是不要天,你不能把天割掉。主体和天可以通在一起,这是东方文化的一个最特殊、最特别的地方,东方文化和西方文化不同最重要的关键就是在这个地方。”②

儒家的存有论是基于道德的,道德的观念,就是实有层上的观念。儒家对圣、智、仁、义都有正面的分析,从正面肯定、原则上肯定,这就是属于实有层上的。圣人立教,最高的概念是仁,仁是生道,扩大到最高峰,仁是生生不息之道。因而,以仁做本体,这个本体是实有层上本体的意义。③ 儒家之“有”是对“善”“爱”的执着,强调“有”是为了说明儒家讲“仁爱”“性善”是有先天的根柢或善端的,而不是说天地万物、礼仪规范之“有”,因为这些节目次第可有也可不有(表现),可这样表现也可那样表现,而善、爱的先天出发点却一定是有的。

站在儒家存有论的立场上,冯从吾的心性论自然会反对佛禅的本体之无,主张本体之有。他在《辨学录》中说:“父子有亲,君臣有义,夫妇有别,长幼有序,朋友有信,五个有字都是天生来自然有的。在《易》为太极,在《书》为恒性,在《诗》为物则,天命之性命此者也,率性之道率此者也,修道之教修此者也,惟其都是天生来自然有的,何假思为,故曰无思无为;何假学虑,故曰不学不虑。曰无思无为,不学不虑,恰似精微奥妙;曰有亲有义,有别有序,有信有义,又何等平易明显。即平即奇,即显即微,不离日用常行内,直造先天未画前,此吾儒之所谓有无,非异端之所谓无也。”(《冯恭定全书》卷一,《辨学录》)儒家主张本体之有,认为亲、义、别、序、信这些都是天命于此也,是天

① 牟宗三:《中国哲学十九讲》,第60—61页。
② 牟宗三:《中国哲学十九讲》,第62页。
③ 参见牟宗三:《中国哲学十九讲》,第107页。

生来自然有的。《易经》中的“太极”、《尚书》中的“恒性”,《诗经》中的“物则”,它们都是本体层次上实有的道理。

《易经》中说:“易有太极,是生两仪,两仪生四象,四象生八卦,八卦定吉凶,吉凶生大业。”王弼注曰:“太极者,无称之称,不可得而名,取有之所极,况之太极者也。”孔颖达疏曰:“太极谓天地未分之前,元气混而为一,即是太初、太一也。故《老子》云:‘道生一。’即此太极是也。”(《易·系辞上》)可见,“太极”是指最初的创造者本身,它是终极之有。《尚书·汤诰》中说:“惟皇上帝,降衷于下民。若有恒性,克绥厥猷惟后。”“降衷于下民”,孔颖达疏曰:“天生烝民,与之五常之性,使有仁义礼智信,是天降善于下民也。”“若有恒性,克绥厥猷惟后”,孔安国传曰:“顺人有常之性,能安立其道教,则是为君之道。”所谓“恒性”即是天命之于人的善性,它具体体现为五常之性,即仁义礼智信。因而,为君之道就要顺从这个有常之性。《诗经·大雅·荡之什》中说:“天生烝民,有物有则。民之秉彝,好是懿德。”郑玄笺曰:“秉,执也。天之生众民,其性有物象,谓五行仁、义、礼、智、信也。其情有所法,谓喜、怒、哀、乐、好、恶也,然而民所执持有常道,莫不好有美德之人。”“物则”其实也是指人天生的本性,此天性是实有的,它具体化为物象,称为仁、义、礼、智、信。它发用为情,称为喜怒哀乐、好恶。然而人性莫不是遵循常道,莫不喜好有美德之人。

父子有亲,君臣有义,夫妇有别,长幼有序,朋友有信,这都是天命之性使然。“天命之性如一阳来复,造化生意虽未宣泄,而凡宇宙间形形色色、万紫千红无一不胚胎完具于其内”(《冯恭定全书》卷一,《辨学录》),所以冯从吾说天命之性,此自是实在道理,原不落空。父子有亲、朋友有信都是率性而为,是无思无为、不学不虑的。因而,儒家讲“无”是在作用层、工夫层上讲,是说有亲有义,有别有序,有信有义都是不假思虑的,不着安排的。而异端之“无”是本体之无,无其性。王学亚流正是因为不明本体,才会主张本体之无,才会废弃工夫,流入佛禅,以至提出三教合一的主张。冯从吾坚决反对异端本体之无,坚持儒家的本体之有,他对儒家的本体,如天、太极、道等都有深刻、透彻的论述。他说:

> 吾儒之所谓太极,盖指生生之实理而言,故曰:生生之谓易。维天之命,于穆不已。(《冯恭定全书》卷一五,《答杨原忠运长》)
>
> 吾儒之言曰:易有太极,是生两仪。而异端之言曰:有物浑成,

先天地生。恰似一样,不知吾儒所谓太极指实理而言,异端所谓有物指谷神元牝而言,不可不辨。(《冯恭定全书》卷一,《辨学录》)

儒家的天、太极是创造性自身,是生生之实理,是有,是本体。道家也称"有物"创生天地,本体似乎也是有,其实不然,道家的有物指的是谷(虚空)神元牝(溪谷),是以无为本体。冯从吾认为两者之间存在本质的差别,必须辨别清楚。又如:

《易》曰:易有太极。又曰:无思无为。若曰:这个太极乃天地间自然的道理。故曰:无思无为。若不说出个易有太极,而第曰无思无为,不知无思无为的是个何物。《诗》曰:天生烝民,有物有则。又曰:上天之载,无声无臭。若曰:这个物则乃天地间自然的道理。故曰:无声无臭。若不说出个有物有则,而第曰无声无臭,不知无声无臭的又是个何物。夫有太极而无思为,有物则而无声臭,乃吾儒正大道理,正大议论,与佛氏不同。若丢过太极专讲无思无为,丢过物则专讲无声无臭,是无思为而并无太极,无声臭而并无物则也,有是理乎?(《冯恭定全书》卷一,《辨学录》)

"太极""物则"讲的都是天道本体,太极之生生化化,生民之有物有则,这是天地间实在、自然、恒常的道理。因而太极的生化是无思无为的,天生烝民之物则是无声无臭的。这里的无都是指本体(天、太极)的作用之无,指天道对万物无形而自然的主宰作用。这种作用无思为、无声臭却周流无遗,父慈子孝,兄友弟恭,这些原都是天命之于人的,这些已发之情都是未发之性的自然流露。世人若能自觉地喻义为善,存心养性,复归天命之性,就进入了工夫与本体合一的圣人境界,此时,无声臭却能真切地体认到这个天地间实在的道理,无思为却能真切地体认到这个天地间自然的道理。

冯从吾对道有其独到的认识,他在《订士编》中说:

古今谈道者多矣,莫精于费而隐一言。若曰:君子之道费而隐,非隐而隐也。子思有感于当时昏昧渺冥、虚无寂灭之说行,故为是言以觉之,然亦非自子思始也。夫子曰:"二三子以我为隐乎?吾无隐乎尔,吾无行而不与二三子者,是丘也。"又曰:"予欲无言。天何言哉!四时行焉,百物生焉。天何言哉?"知此则昏昧渺冥、虚无寂灭之说不攻自破矣。知此则知道知中知学。(《冯恭定全书》卷四,《订士编》)

冯从吾认为古往今来谈论“道”的人很多,然而对道论说得最精彩的莫过于《中庸》中的“君子之道费而隐。”[①]道体之隐微并非是君子有意隐之,是道体自显其隐微。道体虽隐而微,但是道体的发用却是无处不在。道体的存在方式就是隐,它实有而自在,却是无声无息;它创造而主宰,却是无意为之。有些人惑于道体的隐微,便以“昏昧渺冥、虚无寂灭”为体,所以子思有感于此,提出“君子之道费而隐”以正视听。

其实,在子思之前,孔子对道体已有类似认识,他认为,天不言而四时行,百物生。道无言而无隐,圣人体道无隐,故率性而为,一言一行莫非修道,一举一动莫非至教,常以此示人,而人们不察,反以为圣人有隐。所以,孔子说:“予欲无言。”又说:“二三子以我为隐乎?吾无隐乎尔,吾无行而不与二三子者,是丘也。”夫子之道高深莫测,不可企及。常人便疑心是圣人有意隐之,岂不知圣人之教是融会贯通,“作、止、语、默无非教也”,[②]所以,冯从吾说:“道因言而明,不因不言而晦。道因言而明,人人晓得,不因不言而晦,人人晓不得。”“‘予欲无言’正是圣人深言明道处。若曰:道以言明,亦以言晦,故曰予欲无言,便非圣人本旨。”(《冯恭定全书》卷三,《疑思录》)天道不言而自在作为,圣人不言而明道、修道。有些人误解了圣人之义,以为“道”因客观正确的阐释、言说而清楚明白,也因主观不切的阐释、言说而愈加晦涩,所以圣人说“予欲无言”。其实这是没有理解圣人不言之教的真意。冯从吾认为若能明白这一点,则佛道“昏昧渺冥、虚无寂灭之说不攻自破矣”。

(二)作用之“无”

正统的儒学家都视佛道为异端,但在理论思维上,对佛道却采取既批判又吸收的态度。冯从吾反对佛道的本体之无,但是对于佛道两家在心灵境界向度上“无”的智慧是积极吸收的。他主张本体实有,创生、主宰万物,但同时又主张作用层的“无”、工夫境界的无,认为本体实有,本体的作用却是润物无声,所以讲“无声无臭”“不睹不闻”。本体的创生、主宰都是无思无为、不学不虑的。冯从吾在《答涂镜源中丞》的书信中,指出性体不涉见闻,不离见闻。他说:

> 此性体原不睹不闻,然必不睹不闻之时乃见性体?如见孺子入

---

① 君子之道费而隐:费,用之广也。隐,体之微也。参见朱熹:《四书章句集注》北京:中华书局,1983 年版,第 22 页。

② 朱熹撰:《四书章句集注》,北京:中华书局,1983 年版,第 98—99 页。

> 井，见觳觫之牛，此时固有怵惕恻隐之心矣，然未见之前岂遂无是心乎？未见之前之心，不睹不闻，正以体言，正以天命之性言。既见之后之心，有睹有闻，便以用言，便以率性之道言矣。故于不睹不闻之时，然后识性体，果不落于睹闻也。若谓共睹共闻之时而不睹不闻者自在，虽以发，而根柢者固未发也，又何必论时？不知不睹不闻之时而共睹共闻者亦自在，虽未发而活泼者故常发也，又何为专以不睹不闻为性体乎？未见入井而胸中已涵一孺子，未见觳觫而胞内已具一全牛。先天脉理，房皇周浃。（《冯恭定全书》卷一五，《答涂镜源中丞》）

说“性体原不睹不闻”，为了强调性体是形而上的，超越睹闻的，“故于不睹不闻之时，然后识性体，果不落于睹闻也”。性体是形而上的，只有将本体高高扬起，才能撑开天人，使人心怀戒慎恐惧，产生苍天在上的意识，避免自大狂妄而生僭越之心。所以，“不睹不闻，正以体言，正以天命之性言”。而且，性体虽不睹不闻却自在完满，未见入井而胸中已涵一孺子，未见觳觫而胞内已具一全牛，所以讲性体是未发之中。那么，既见之后之心，有睹有闻，便以用言。见孺子入井自然而生恻隐之心，见觳觫之牛自然而有怵惕之心。所以说虽未发而活泼者故常发也，虽以发，而根柢者固未发也。若明白性体不涉见闻，不离见闻，体用一源，进而直从本体作工夫，止于至善，身心意知天下国家一以贯之，则工夫自然合于本体。

冯从吾在《答杨原忠运长》的书信中对道体的不睹不闻也进行了论述，他说：

> 不睹不闻原是至静无感时，莫见莫显原是一念方动时，岂可混而为一。不睹不闻原就至静之时论，而道体岂落于睹闻，即不睹不闻而道在也，不然是道专属于动，而至静之时无道矣。莫见莫显原是就方动之时论，而道体岂沦于隐微，即莫见莫显而道在也，不然是道又专属之静，而方动之时无道矣。即此才见道体本不分动静，不可须臾离于此。倘一时不加戒惧工夫，则是道不离我，而我自离道矣。（《冯恭定全书》卷一五，《答杨原忠运长》）

> 不睹不闻，莫见莫显原就时言，而道即在其中，故曰：无时。不然，彼丢过时而专以不睹不闻为道体，则可睹可闻，鸢飞鱼跃独非道体也耶？是道偏于静而遗乎动，如前所云云矣。又何为称动静无

端，显微无间也哉？道体原是圆满，不分动静，静时乃道之根本，方动时乃道之机括，动时乃道之发明。（《冯恭定全书》卷一五，《答杨原忠运长》）

冯从吾认为道体原是圆满实在的，道体不分动静，显微无间。道体实有而遍在，因而，当至静无感时，我们对道体无睹无闻，道体在我们的知觉范围之外，然而道体就在不睹不闻中存在，它恰恰是超越知觉的，不能误认为无知无觉时，道体就不存在。康德正是在这个意义上，限制人的知性，认为物自体超出了人的认识范围，是不可知的，是不睹不闻的；当一念刚刚发动时，道体开始显山露水，透出端倪，道体就在发用流行中呈现自身，道就在万事万物中存在，不能误认为道只在不睹不闻、至静无感时才真实存在。这是一种“智的直觉”，即程明道所说的“万物静观皆自得”。这一点与康德不同，康德不承认人有智的直觉，他认为只有上帝才有这种直觉。牟宗三先生认为，是否承认人有智的直觉是康德哲学与中国哲学的根本差别，其他差别几乎都由此而来。

佛教的般若智、道家的玄智、儒家的良知，均是康德所谓的智的直觉。智的直觉在上帝处就是创造的直觉，不只是认知地直觉一物，而是直觉它就创造它。康德不承认人有智的直觉，他一再强调人只有感触的直觉，感触的直觉只能给予对象而不能创造对象。佛教中，当达到“圆教”时，智的直觉一定呈现；“般若”就是智的直觉，智的直觉一定要扣紧无限心讲，般若是无限心，道心也是无限心。般若由智的直觉之呈现来保住法的存在，般若“一体呈现”而无一法可去。正如《楞严经》中所讲的“郁郁黄花，无非般若；青青翠竹，本是真如”。道家的无限心的玄览、观照也是一种智的直觉，但这种智的直觉并不创造，而是不生之生，与物一体呈现。上帝以智的直觉来创造也可说是一体呈现。儒家由孟子到陆王讲心、讲良知，从“明觉之感应”说物，创生的意义和一体呈现的意义完全顿时融在一起。儒家虽也有一体呈现的意义，但却不同于佛教或道家式的一体呈现，而仍保有创生的意义，因为儒家说“明觉之感应为物”，感应是存有论的。儒家的道体是创造性自身，是天地间实在的道理，它无时不在，无处不在，不睹不闻，莫见莫显只是表明道体存在的不同方式。无论何种方式，动也好，静也好，都表明了道体的实有，都是道体存在的方式，不睹不闻是道体，鸢飞鱼跃当然也是道体，正所谓“动静无端，显微无间”。只有心怀戒惧，在自身的戒惧中体认到道体的实有，道体的常在，才能达至道心、无限心,使道不离我。

冯从吾的心性本体论强调本体之有,是为了说明心体是“有善”、性体至善,是善根,努力彰显心性本体的道德价值,确立基于道德的形上学,类似牟宗三先生“道德的形上学”;或者换句话说,是在努力寻求人性之善的本体论依据。这是两个相对的努力方向,却也是两个相反相成的努力方向,前者可视为本体的伦理化,后者可视为伦理的本体化。

第三节 “善心”:心体原来有善

冯从吾认为心之本体即性也,性无不善,心之本体原是有善无恶的。无论是把“善心”作为根源性的存在,还是从性善的角度对心作“善”的规定,都是要确立“善心”作为心性本体的地位,这在冯从吾生活的时代有着特殊的意义,这是针对王学末流以“无善无恶”作为心之体,从而使“善”的道德原则松懈、伦理纲常混乱的社会现实而发的。

一、人心不可无主

人心需要有主宰,这个主宰就是“善心”,就是《尚书》中的“道心”,王阳明所说的“本心”“本体之心”、纯乎天理之心,即良知。朱熹在《中庸章句序》中说:“必使道心常为一身之主,而人心每听命焉,则危者安,微者着,而动静云为自无过不及之差矣。”有了道心的主宰,人心则动静皆宜,自然不会有“过”与“不及”的偏失,人心才能转危为安。《孟子·告子上》载:“孔子曰:‘操则存,舍则亡;出入无时,莫知其乡。’惟心之谓与?”孔子讲,操之则在此,舍之则失去,就是在强调心之操存工夫。因为常人之心出入无定时,亦无定处,所以操存工夫非常重要,稍有疏忽,“本心”就会因“舍”而“亡”,使常人迷失本性。王阳明说:“‘出入无时,莫知其乡’。此虽就常人心说。学者亦须是知得心之本体,亦元是如此。则操存工夫,始没病痛。”(《王阳明全集》,卷一,《传习录上》)王阳明强调学者必须明知“心之本体”,知体则自然理解操存工夫之切要,即人心一定要有心之本体的主宰,才能“虽终日应酬,而不出天理,即是在腔子里”(《王阳明全集》,卷一,《传习录上》)。

人心具有主观性和能动性,现实中,此心究竟向何处发动却是不定的。所以冯从吾讲“人心原是活的”,“人心不可无主”。他从本体与工夫的关系角度,深入分析了之所以强调“心之本体原是有善无恶”的必要性。指出必有喻义为善之心,而后工夫才能合于本体。人心易放而难收,尽去喻义,犹恐喻利;尽去为善,犹恐为恶。如果再将心之本体归于无,他担心现实中很可能是义无而利未必无,善无而恶未必无,反为本体所累,根本不可能合于本体。他的担心一点都不多余,泰州学派之纵欲正是此病。而且义利对立,非此即彼,没有中间道路可走,不存在一个无义无利、无善无恶、一切总归于无心之理。

人心游移不定,冯从吾认为人心需要有“理”之贞定、主宰,否则便会本心蒙蔽,“善心”无而“恶心”存,“公心”无而“私心”存存。冯从吾言心往往不离理,是以“理”作为“善”之根究的。以理言心,心就不是感性的存在,而具有了理性的意义和价值,成为人的道德本心,这个道德本心即是道心,就是具有道德自觉的本然之“善心”,因其超越了感性存在而具有了永恒性、至上性,成为道德理性本体。

冯从吾运用了太阳、主翁两个比喻,说明了心之本体不可是无,人心不能没有理的贞定与主宰。他在《辨学录》中说:

> 人心最不可有物,人心又最不可无主,以公为主则私之物自无矣,以理为主则欲之物自无矣。譬如太阳当空则魍魉自息,主翁在室则仆隶自驯。若惩魍魉而并掩太阳,惩仆隶而并逐主翁,吾惧其魍魉愈炽而仆隶愈纵横也,是谁之过与?孔子曰:苟志于仁矣,无恶也。孟子曰:先立乎其大者,则小者不能夺也。此人心不可无主之说也。(《冯恭定全书》卷一,《辨学录》)

青天白日,烈日当空的时候,魑魅魍魉自然消失得无影无踪。主人当家的日子,家仆家隶自然各守本分,各负其责。因而惩治魍魉不能累及太阳,惩治恶仆不能连带将主人一并逐去,那样只能适得其反,会使魑魅魍魉和刁奴恶仆越来越猖狂。王阳明也曾有这样的比喻:“良知犹主人翁,私欲犹豪奴悍婢。主人翁沉疴在床,奴婢便敢擅作威福,家不可言齐矣。若主人翁服药治病,渐渐痊可,略知检束,奴婢亦自渐听指挥。及沉疴脱体,起来摆布,谁敢有不受约束者哉?良知昏迷,众欲乱行;良知精明,众欲消化,亦犹是也。”(王阳明:《传习录》,《传习录补遗》)心无主犹如家中无主,家中无主则奴婢擅作威福,家不可言齐;心无主则众欲乱行,良知昏迷。《论语·里仁》载:“苟志于仁矣,无恶也。”孔子以为,一个人如果能诚心诚意,满腔仁义,就一定不会肆意为恶。所谓“志于仁”就是强调以“仁”主宰人心。《孟子·告子上》曰:“先立乎其大,则其小者弗能夺也。”孟子所谓“大体”是指本心。所谓“小体”是指耳目口腹之类。他的“先立乎其大”就是要确立心之本体。人心确立了“大体”(心之本体),则是自有主宰之心,就不会心为形役,受耳目口腹等感性欲望的摇夺。

人心必须有主,但有的是理、是仁、是善,而不能是物、是欲、是利。冯从吾认为“有诗文者以诗文自高,有功名者以功名自高,有气节者以气节自高”,以及“有其善、有意为善”,有的是欲、是物,而不是理、不是仁。所以,“有”的弊病不能用倡导“无心”、本体之无的办法来解决,而必须以本心出理,使人心有主。“有意为善”,这些有之病都是人心有物的具体表现,而人心有物的原因却恰恰是因为人心无主。在本体层次上,人心必须有“公”“理”“仁”“善”的主宰与统摄,人心才不会被私欲所控制和蒙蔽。所以,冯从吾说“吾儒论天命之性,说一物不容而万物咸备。佛氏论真空之性,亦说本来无物而实不碍诸物。但吾儒上物字指欲,下物字指理。佛氏上物字指理,下物字指欲耳。”(《冯恭定全书》卷一,《辨学录》)冯从吾所谓心之本体就是性,是天命之于人的至善之性。此本体不容许搀杂一丝一毫的物欲,但却是“万物咸备”,它涵容了天下的物理,前一“物”字指物欲,后一“物”字指物理。人心必须有理、善的主宰,才能避免利欲熏心。

我们从“有善”与“无善”的争辩中,就可看出冯从吾强调此“善”来规定心体的良苦用心。争辩中他指出了近世学者弊病之根源:“近世学者病支离者什一,病猖狂者什九,皆起于无善无恶之说所误,良为浩叹!”(《冯恭定全书》卷一五,《答杨原忠运长第六书》)因而他治学着力于对“无善无恶”说的批判和修正。始终坚持“吾儒之旨只在善之一字”(《冯恭定全书》卷一,《辨学录》),追根溯源,他对王阳明“无善无恶心之体”提出批评,认为王阳明的失误:“在以无善无恶为心之体,翻孟子性善之案,堕告子无善无不善,佛氏无净无垢之病,令按佛者至今借为口实。”(《冯恭定全书》卷一五,《答张居白大行》)

二、辨析“无善无恶心之体”

阳明有“无善无恶心之体,有善有恶意之动,知善知恶是良知,为善去恶是格物”的说法,对于阳明这“四句教”,冯从吾认为“有善有恶二句,与致良知三字互相发明，最为痛快，为善去恶一句，虽非《大学》本旨，然亦不至误人，惟无善无恶一句，关系学术不小，此不可不辨。”（《冯恭定全书》卷一六，《别李子高言》）

首先，冯从吾就阳明“知善知恶是良知”一句辨“无善无恶”之误。他认为“良知知字即就心体之灵明处言，若云无善无恶，则心体安得灵明，又安能知善知恶邪？其灵明处就是善，其所以能知善知恶处就是善，则心体之有善无恶可知也。”（《冯恭定全书》卷一五，《答黄武皋侍御》）由此，“无善无恶之说之误”可证。在冯从吾看来，“心一耳，自心之发动处谓之意，自心之灵明处谓之知”，而“一念发动，有善有恶，而自家就知，孰是善念，孰是恶念，一毫不爽”，可见，“意有善恶，而知纯是善”（《冯恭定全书》卷九，《太华书院会语》）这就是说，念未起时，心体本身自明，因而是善念起后，虽有了善恶，但自家良知无时不在审视着，自家能够进行善恶的判断，能知善知恶，更能在纷纷扰扰、变动不居的现象界体现本体之灵明性、恒常性，更不失本体之“善”的特质，当然，此一“善”字就具有了超越形下而具有形上的意味了。总之，无论就静处，还是就动处，无论就未发，还是已发，作为心之灵明的“善”都是存在的，岂能无善无恶。

其次，就阳明“为善去恶是格物”一句辨“无善无恶”之误。冯从吾从本体工夫合一的角度认为，“必曰有善无恶心之体，则为善者，为其心体所本有去恶者，去其心体所本无。上知可以本体为工夫，而下学亦可以工夫合本体，庶得致良知之本旨。今曰无善无恶，是去恶固去其心体所本无，而为善非为其心体所本有，则工夫不合本体，不几以人性为仁义，坐告子义外之病邪。”（《冯恭定全书》卷一五，《答黄武皋侍御》）由此，“无善无恶”说之误可证。这里冯从吾深刻揭示了“四句教”自相矛盾的三点：第一，既然说“无善无恶心之体”，又说“为善去恶是格物”，心体上本无善，而工夫上又要为善，这就不可能率性而为，这就不免将本体与工夫分离为二，使工夫无处可落，往往就形成了重点在前者而抛弃了后者，最终走上以本体代替工夫的错误之路；第二，既然说“无善无恶”，但又要“为善去恶”，那么这“善”从何而来？这“恶”又从何来？既然要“为善去恶”，但又说“无善无恶”，那么这“善”字又何往？实际上这“善”字落到了空处；第三，既然“心”已“无善”，那么“知安能良”？所谓“良知”也落到了空处。

正因为善根人人都有，性体至善，所以他认定心体是有善无恶，对王阳明

"无善无恶心之体"一句提出批评，他在《答黄武皋侍御》的信中说："阳明先生致良知三字真得圣学真脉，有功于吾道不小，知善知恶一语尤为的确痛快，第无善无恶心之体一句，即告子无善无不善，佛氏无净无垢之旨，不容不辨。"（《冯恭定全书》卷一五）

有关"无善无恶心之体"，历来争辩最多，前人对此一般有两种处理方法：一是认为阳明的意思是，心之体即性，心有善有恶，心之体——性无善无恶，无善无恶方为至善。所谓性无善无恶，意思是说性是形而上者，心是形而下者，形而上的东西超越善恶之评价，无法以善恶归之。故"无善无恶心之体"为阳明教人定本。二是认为通观阳明一贯思想，其言"良知即性""至善是心之本体"，而当为阳明改一字，成为"有善无恶心之体"。冯从吾显然属于第二种。

冯从吾不认同阳明"无善无恶心之体"之说，还有二证：其一是，前辈有解未发之中者说"未发不可以善名，不可以恶名，止可名之曰中。"（《冯恭定全书》卷一五，《答黄武皋侍御》）对此，冯从吾指出："不知中就是善，安得谓不可以善名，未发纯然是善，故曰：中，此句正是子思直指心体处。若曰无善无恶心之体，亦可曰无中无不中者心之体矣，有是理哉？"（《冯恭定全书》卷一五，《答黄武皋侍御》）这是用子思未发之中一句证之，冯从吾关键是抓住了"善即中也"这一点。其二，有人以镜作比喻说"照妍照媸者镜之明，无妍无媸者镜之体。若以有善无恶为心之体，亦可以有妍无媸为镜之体邪。"对此，冯从吾指正曰"不知知善知恶之善恶字，即妍媸之说也，有善无恶之善字即明之说也，镜之能照妍媸处，就是明镜之明处，就是善，非专以妍为善也，是无善无恶之说之误，又就以镜喻之说证之也。"（《冯恭定全书》卷一五，《答黄武皋侍御》）

显然，心体之有善无恶之"善"字，同现实中与恶对应层次的善是不同的，"此善字即未发之中，即天命之性，即心之本体"。（《冯恭定全书》卷一五，《答黄武皋侍御》）所谓中，所谓"明"，都不是在形下层面说的，因而以此规定的善也就具有了形上意义。在冯从吾看来，此"善"取具体之善恶之"善"字，又以天命的形式赋予它超越性、至上性，既能明了它向善的一面，又能代替"无善无恶"来说明它的超脱性。无善无恶诚然具有超脱境界的一面，但在现实中，往往会产生对"无善无恶"境界的误解，境界不到反而使本体坠落，以至于善恶不分引起价值认识的混乱，助长恶习，这些都是"无善无恶"说本身所不能了结的。因而,冯从吾精察善恶,而归正于一“善”字。

为了判断冯从吾对王阳明的批评是否中肯,我们有必要首先进一步辨清“无善无恶心之体”一句的含义。“无善无恶”是王阳明在“四句教”中对“心之体”所作的一个最重要也最难把握的规定。王阳明同时以“至善”来规定“心之体”,如何理解其“至善”与“无善无恶”的关系?他在《传习录》下卷中说:“至善者,心之本体,本体上才过当些子,便是恶了,不是有一个善,却又有一个恶来相对也”。之所以将“心之体”叫做“至善”,主要是因其超越具体的善恶对峙,是不着善恶相的未发之中,是众善的源头。他说:“至善者,心之本体也,心之本体那有不善?如今要正心,本体上何处用得功?必就心之所发动处才可着力也”。这里对“心之体”的“至善”规定,仍然是说“心之体”超越具体的善恶对峙,而且认为本体处无法用功,而只能“就心之所发动处才可着力”。若从工夫上说本体,必须是“无心”,即“无有作好,无有作恶”,“无心”便是“至善”本体在工夫发动中的“无善无恶”表现。可以说,就本体的自在规定而言,只能是“至善”,就其发动而为工夫来说,就是“至善而无善无恶”。丁为祥教授认为,“如果孤立地就首句来看,自然是直言心之体的自在规定,但如果和下三句连起来看,那么,‘意’‘知’‘物’显然是属于形而下层面的工夫概念,而“无善无恶”也正好是以形而下层面善恶对峙的语言来界说形而上层面的‘心之体’。”①

冯从吾之师许孚远就看到了这一点,他指出:“‘无善无恶心之体’一语,盖指其(性)未发廓然寂然者言之,则形容得一静字。合下三句始为无病。”(《明儒学案》卷四一,《甘泉学案五》)“无善无恶”强调的核心是,让至善的道德本体自然流行发用,不要有意去为善,否则就丧失了为善本身为所当为的自在价值,使善行异化为获取善名,别有所图的工具与手段。冯从吾同样反对有意为善,他在《辨学录》中说:“性原是善,特自有其善之心不可有,而为善之心必不可无。纵是喻之又喻以至于化,为之又为以至于忘,造到上天之载,无声无臭处。”(《冯恭定全书》卷一,《辨学录》)他强调为善之心“为之又为以至于忘”,无善迹,无善相,直至上天之载,无声无臭。追求工夫之化境,无思无为,无迹无相,自然合于至善本体。如此看来,冯从吾与王阳明的思想应是一致的,冯从吾对王阳明的初衷也应该是基本了解的。

① 丁为祥:《王阳明“无善无恶”辨》,《孔子研究》,1993年第2期,第117页。

那么,为什么冯从吾会将"无善无恶心之体"与告子无善无不善、佛氏无净无垢相提并论?冯从吾真正的用心在于批评王学末流废修言悟,在实践中产生的流弊。为了纠正王学末流的虚浮、废工夫,他必须从工夫进路说话,强调有善无恶。王阳明"无善无恶心之体"是从工夫说本体,说明心体至善而不着善相,在工夫发动中"无有作好,无有作恶"的无心表现。王阳明的用心冯从吾是理解的,他是反对将一切归于无心,反对本体之无。冯从吾也讲喻义之心可以喻之又喻以至于化,为善之心可以为之又为以至于忘,无善迹,无善相,直至上天之载,无声无臭。这是讲工夫发动中的无心境界,是指工夫达至化境,无思无为,无迹无相,自然合于本体,但不能将一切归于本体之无,因为性体原不落空,心之本体原是有善无恶的。王学末流由"四句教"首句发展到"无善无恶"说,尤其是泰州学派提出"自然之性",在实践中以生之欲为性之真,走向纵欲猖狂。然而,法无病,所以他对王阳明的批评,是因批评后学之流弊而累及到阳明。

第四节 "善性":性体至善

冯从吾主张人性皆善,坚持孟子的性善论,彰显心性本体的价值意义。孟子讲性善并不是单纯地讲价值,单纯地讲道德问题,孟子的性和天是相通的。孟子的性善是直接就着道德讲的,有人以此认为,孟子的性可以不牵涉存在。他们认为孟子讲性善就是为了说明道德,等于是道德概念的分析讲法,性这个概念是分析出来的,为的是成就道德,和存在没有关系。孟子讲性善固然直接是说明道德,他根据孔子的仁来讲性善,但是儒家讲性善这个性并不拘限于道德,并不是只讲应当而不涉及存在的问题。儒家有个天来负责存在,孔子的仁、孟子的性,都是和天相通的。

一、至善性体

冯从吾认为至善是性体的本质规定,是人格修养追求的最高境界。

大学称至善,此性体也。知止者,知止于至善也。知止则见不落空,心不涉妄。此所以定静安虑得,取之左右逢其原耳。(《冯恭定全书》卷一五,《答涂镜源中丞》)

至善者性体也,在《易》谓之太极,在曾子谓之至善,在子思谓之未发之中。知止则戒慎不睹，恐惧不闻，合下便见性体，合下便得未发之中。如是则身心意知天下国家，一以贯之，岂有不发而皆中节哉？此大学知止二字所以兼体用而言，所以为妙也。（《冯恭定全书》卷一五，《答涂镜源中丞》）

大学中的“至善”就是指性体，曾子称它为“至善”，在《易》中称之为“太极”，子思称之为“未发之中”。明此至善性体，心才能不虚妄，才能戒慎恐惧，才好做知止的工夫，工夫才能不落空，才能左右逢源。才能做到正心诚意，真正实现修身齐家、治国、平天下的理想。《大学》的知止是直从本体做工夫。

冯从吾还认为，至善之性体是人所以能知爱知敬的根源。如：

夫性学难言久矣，如知爱知敬此良知也，然必有所以能知爱知敬者，此性体也。至善之性体，盖自父母初生时天已命之，岂待孩提稍长而后有知爱知敬，此感而遂通境界，然不惟爱敬，未感之前而所以能知爱知敬者，寂然不动。虽知爱知敬之时，而所以能知爱知敬者亦不动也。此所谓未发之中，此所谓天命之性，戒慎恐惧正戒慎恐惧乎此耳。大学至善盖直指性体言，此曾氏之学所以独得其宗也。承教知止二字，此圣人为后学开宗立教，至精至要之言。非实体诸身，未见其妙旨哉。（《冯恭定全书》卷一五，《答涂镜源中丞》）

人性皆善、知爱知敬这是天性如此，是人的良知良能。而人之所以有此良知良能，是因为人性本善，此至善性体是上天赋予的。人生来就知爱父母、敬兄长，这是天然自然而不容人力安排的，这是儒家区别于诸子的宗旨。此性体寂然不动，未发用为知爱知敬的良知时，它自己存在；已发用为知爱知敬的良知时，它仍然自己存在。理解了它是天命之性，就应心存戒慎恐惧，更加重视未发时的工夫。

性体至善，此善超越经验的善与恶、善与利的对峙。所以，冯从吾坚持孟子的性善论，主张孳孳为善，反对异端所谓“无善之善”。当然，佛家所讲“无善之善”是指不着善相之根本善，就是至善。而冯从吾批“无善之善”主要是针对王学末流的课虚妨实，在实践中废弃工夫，终至猖狂纵欲。他提出：

吾儒论学，只在一个善字。直从源头说到究竟，更无两样。故《易》曰：继善。颜曰：一善。思曰：明善。孟曰：性善，又曰：孳孳为善。善总是一个善，为总是一个为，非善与利之间，复有个无善之善

> 也。工夫虽有生熟,道理却无两样,故孔子曰:道二:仁与不仁而已矣。今曰:有善之善对恶而言,有无善之善不对恶而言,则是孳孳为善之善,为其对利而言之善也,而善与利之间复有个无善之善在矣,有是理哉?(《冯恭定全书》卷一,《辨学录》)

冯从吾回顾了《易》《中庸》《孟子》等儒家经典对"善"的论述,指出吾儒一个"善"字直从源头说到究竟,从本体贯通至工夫。《易》讲:"一阴一阳之谓道,继之者善也,成之者性也。"孔颖达疏解:"继之者善也"者,道是生物开通,善是顺物养物,故继道之功者,唯善行也。"成之者性也"者,故能成就此道者,是人之本性。(《易·系辞上》)《易》明确指出唯有善行才能成就继道之功,而成就此道的善行乃是人之为人的本性。

《中庸》载,孔子曾评价颜回:"回之为人也,择乎中庸,得一善,则拳拳服膺弗失之矣。"朱熹注解:"奉持而着之心胸之间,言能守也。颜子盖真知之,故能择能守如此,此心之所以无过不及,而道之所以明也。"(朱熹《四书章句集注》,《中庸》)颜回的工夫已达至中庸,进入无过无不及,性与天道合一的境界。他体悟到"此心之所以无过不及"是因为此心有主,有本性之善的主宰。孔子十分形象地描述了颜回守持"一善"、守持此心之本体的敬畏与不懈。

子思在《中庸》中论及在下位而获上之道:"获乎上有道,不信乎朋友,不获乎上矣;信乎朋友有道,不顺乎亲,不信乎朋友矣;顺乎亲有道,反诸身不诚,不顺乎亲矣;诚身有道,不明乎善,不诚乎身矣。"朱熹注解:"不明乎善,谓未能察于人心天命之本然,而真知至善之所在也。"(朱熹《四书章句集注》,《中庸》)可见,子思"明善"明的就是:人心的本然是天命之于人的至善之性。

孟子有成熟的"性善"论,主张孳孳为善。《孟子·尽心上》曰:"鸡鸣而起,孳孳为善者,舜之徒也。鸡鸣而起,孳孳为利者,跖之徒也。欲知舜与跖之分,无他,利与善之间也。"孟子认为,要么为善则成舜,要么为利则成跖,中间无路。而且,为善合乎人情,为恶有违人情,而此情是本善之性的自然流露。他与告子关于人性问题展开激烈的论辩。告子曰:"性犹湍水也,决诸东方则东流,决诸西方则西流。人性之无分于善不善也,犹水之无分于东西也。"孟子曰:"水信无分于东西,无分于上下乎?人性之善也,犹水之就下也。人无有不善,水无有不下。今夫水,博而跃之,可使过颡,激而行之,可使在山。是岂水之性哉?其势则然也。人之可使为不善,其性亦犹是也。"孟子认为人性之善就像水往低处流一样,是本性原来如此。人当然也有恶行,但那都是具体情势作用的结果。他接着说:“乃若其情,则可以为善矣,乃所谓善也。若夫为不善,非才之罪也。恻隐之心,人皆有之;羞恶之心,人皆有之;恭敬之心,人皆有之;是非之心,人皆有之。恻隐之心仁也;羞恶之心义也;恭敬之心礼也;是非之心知也。仁义礼知,非由外铄我也,我固有之也,弗思耳矣。”(《孟子·告子上》)

好善恶恶是人的本性,为善是合乎人情的,为恶是有违人情的。因而为善正是本善之性的自然发用。仁义礼智都是性善的具体表现,它们源于内在固有的心性本体,决非外在的约束形式,当然是无思无虑的。在《公孙丑上》一章,孟子对性善论作了进一步的发挥:“人皆有不忍人之心。先王有不忍人之心,斯有不忍人之政矣。以不忍人之心,行不忍人之政,治天下可运之掌上。所以谓人皆有不忍人之心者,今人乍见孺子将入于井,皆有怵惕恻隐之心,非所以内交于孺子之父母也,非所以要誉于乡党朋友也,非恶其声而然也。由是观之,无恻隐之心,非人也;无羞恶之心,非人也;无辞让之心;非人也;无是非之心,非人也。恻隐之心,仁之端也;羞恶之心,义之端也;辞让之心,礼之端也;是非之心,智之端也。”孟子举出人人都有的“不忍人之心”“不容自已”之情,在君王即体现为“不忍人之政”。这充分说明为善是出于本性、本心,不是为了纳交要誉,不是因为厌恶其声。为善之心是人之为人的根本,一个人,如果没有起码的恻隐之心、羞恶之心、辞让之心、是非之心,孟子认为他不够做人的资格,“非人也”。冯从吾对此章分析得很精彩:

> 人皆有不忍人之心一章(《孟子·公孙丑上》),正是孟子道性善。盖当时管晏功利浸淫人心已久,故人人都去假仁假义,所以认做性恶,所以有杞柳湍水之议。孟子只说仁义原是大家性中生来的,何必去假?如不信是性中生来有的,何不于乍见孺子入井之时去验一验,既验得怵惕恻隐之心是人人有的,则仁是人人生来有的,不必去假可知。知仁则知仁义礼知都是性中生来有的,不必去假,则性之为善也,自不待辨矣。是孟子道性善正所以提醒世之假者,而还之于真也,其功岂云小哉?故曰:救得人心千古在,勋名真与泰山高。(《冯恭定全书》卷三,《疑思录》)

冯从吾分析了孟子提出性善论的思想背景。战国末期,功利主义盛行,世风日下,许多人以外表的仁义为工具,实现自己的功利目的,因而告子提出

"生之谓性",将人性比喻为柳枝,认为仁义的形成就好比将这柳枝加工成杯盘,又将人性比喻为水流,认为水既可东流,又可西流,认为性无善无不善;荀子则提出性恶论。孟子却提醒世人,仁义原是大家性中生来就有的,不必假借。扪心自问,怵惕恻隐之心人皆有之,不必"抛却自家无尽藏,沿门持钵效贫儿"。所以,冯从吾说"义原非外,性原是善,心之本体原是有善无恶的。可见必有喻义为善之心,而后为合本体也。"(《冯恭定全书》卷一,《辨学录》)

冯从吾以根柢喻性体,说明仁义理智是人的本性,是天命之性。以此说明人的道德性是本体层次的,本然的,是与生俱来扎根在人心深处的。他在《订士编》中说:

> 君子所性,仁义理智根于心;惟根于心,所以能生色,可见根之一字最要紧。世间诸凡作用,如事功节义之类,都只是枝叶;枝叶有遇有不遇,而惟此根,乃是人人有的,故曰人性皆善。有此根时而大行,如树木遇春夏,其枝叶自然发生,于此根实无所加;时而穷居,如树木遇秋冬,其枝叶自然收藏,于此根实无所损。(《冯恭定全书》卷四,《订士编》)

冯从吾将性善本体比喻为人性中先天潜在的善根,认为此根最为要紧,善根自然会发见为善的枝枝叶叶,自然会产生世间事功节义之类的作用。外在的事功有遇有不遇,而善根是人人都有的。而且,外在的遇与不遇不会对此善根产生根本的影响,所谓"大行不加,穷居不损"。

冯从吾用情之善、才之善说明性善。有人问孟子"乃若其情"的"情"字与"非其才之罪"的"才"如何区别,他回答:

> 如齐王不忍觳觫之牛,此便是情之善处,既不忍其觳觫,又不可以废礼,思量一番遂生出个以羊易之之法,此便是才之善处。若夫为不善,如兴兵构怨之类,是欲心蹈溺之罪,非其才之罪也。不然,岂有不忍于觳觫之牛,而顾忍于无告之赤子?岂有有以羊易牛之才,而顾无以德保民之才乎?情是性之发见处,才是性之作用处,原都是善的,故曰孟子道性善。"(《冯恭定全书》卷三,《疑思录》)

性体至善,其发见、作用处必然也是善的,所以,齐王不忍觳觫之牛,是其真情的流露,正因为心中不忍,才会想方设法,思量一个既不伤牛,又不废礼的两全之策,这是性善表现在才能之善上。身为君王,他能怜惜身边的一草一木、阿猫阿狗,并想方设法顾全他们,他就一定会怜惜天下的鳏寡孤独,设身处地考虑百姓的生计安危,真正做到以德保民。冯从吾还用赤子之心说明性善,他说:“大人者,不失其赤子之心。此千古圣学宗旨,若外此言学,是籍寇兵而资盗粮也。”(《冯恭定全书》卷三,《疑思录》)“赤子之心”强调其“纯一无伪”,“大人”之心强调其“通达万变”。大人之所以是大人,因为其不失赤子之心,此心“纯一无伪”,满腔本然之善。而且,大人能将赤子之心扩而充之,“则无所不知,无所不能,而极其大也。”(朱熹:《四书章句集注》)所以,“观大人不失其赤子之心,可见人生来皆可为大人,只因失此赤子之心,所以小耳,非生来不可为大人也。故曰人性皆善。”(《冯恭定全书》卷三,《疑思录》)

二、性善是先天的

冯从吾认为性善是先天的。他认为性善是一种先天的禀赋,自然而然的,“且谓之至善,见人性皆善,吾德本明而吾明之,原是吾性自然不容已事,不是分外求明。仁者以天地万物为一体,明德自然不容不新民,不是分外求新,明德新民自有本末、始终、先后之序,这次序虽毫不可缺、毫不可紊,皆是天性自然不容缺、不容紊的,不是分外强生枝节,故谓之至善。至善者指其自然恰好不容人力安排增减者言之耳。”(《冯恭定全书》卷二,《疑思录》)人性的实质就在于道德性,人刻苦用功,努力地成就自己,其实就是要让人的道德性呈现出来,将人性本有的光辉散发出来。明德、新民都是“吾性自然不容已事”,明德新民遵循其自有的本末、始终、先后之序,也是“吾性自然不容已事”。因为是天性使然,所以不容人力安排,人为地增一分则多,减一分则少,只率性而为,便是自然恰好。冯从吾提出:

> 知爱知敬,此良知也,然必有所以能知爱知敬者,此性体也。至善之性体,盖自父母初生时天已命之,岂待孩提稍长而后有知爱知敬?此感而遂通境界。然不惟爱敬未感之前,而所以能知爱知敬者寂然不动,虽知爱知敬之时,而所以能知爱知敬者亦寂然不动也。此所谓未发之中,此所谓天命之性。(《冯恭定全书》卷一五,《答涂镜源中丞》)

至善之性体是未发之中,是天命之性,自父母初生时天已命之。性体寂然不动,不惟爱敬未感之前,即使是知爱知敬之时,而所以能知爱知敬者亦寂然不动。如此就引来了关于天命之性的进一步发问:为什么说至善是天命之性？冯从吾就反问："如孩提知爱，是谁命他爱？稍长知敬，是谁命他敬？"（《冯恭定全书》卷二，《疑思录》）显然，这都是自然而然的，孩提自然知爱，稍长自然知敬，所以说是天命之爱、天命之敬，是天命之至善之性。性善既是先天的禀赋，善体的发用、扩充也是自然而然，不容已的。他在《善利图说·附录》中说：

> 亲亲仁民爱物不是仁者分外事，亦不是仁者向外驰求，是良心自然不容已处，正所谓天地生生之心也。人得此心，遇亲自然知亲，故曰孩提之童无不知爱其亲，稍长无不知敬其兄。遇民自然知仁，故曰今人乍见孺子将入于井，莫不有怵惕恻隐之心。遇物自然知爱，故曰吾不忍其觳觫，这原都是自然的良心，必不待勉强，不容矫饰，正所谓天地生生之心也。只是后来物欲蹈溺，遂失了良心，所以不惟不知爱物，不知仁民，虽至亲亦不知亲矣。此后来蹈溺之过，非本来无此良心也。仁者以天地万物为一体，不过复还此良心耳，岂是分外事？岂是向外弛求乎？至亲亲仁民爱物间，亲疏厚薄亦都是自然的差等，岂止亲与民物有辨，虽亲亲之中亦自有辨。故曰：'亲亲之杀，尊贤之等，礼所生也'。岂仁者有心分别于其间哉？但学者不察仁者本来痛痒之心，而徒执仁者后来等杀之迹，于是妄分彼此，妄树藩篱，将仁者以天地万物为一体之心一切抹杀，毋怪乎逃墨而归杨，以便其自私自利之图也。（《冯恭定全书》卷八，《善利图说》）

既是天命之性，亲亲仁民爱物都是良心自然不容已处，此良心是天地生人时就赋予人的。孩提之童遇亲自然知亲，稍长自然知敬其兄，遇民自然知仁，遇物自然知爱，都是良心的自然发见，不待勉强，不容矫饰。知亲知敬之心、恻隐觳觫之心与仁民爱物的圣心，都是真心的发见。其间，礼所体现的亲亲之杀，尊贤之等，亦都是良心中自然的差等，不是妄分彼此，妄树藩篱。但是，后来的一些学者不去用心体察，只是执着于外在的等杀之迹，不能体悟仁者与天地万物一体的境界，却以为仁者有分别心，于是乎或逃墨，或归杨，或讲"兼爱"，或讲"为我"，反为自私自利之徒开了方便之门。却不知杨氏"为我"与后人所谓"为我"有所不同，他认为亲亲仁民爱物是驰骛于外物，而不是自家切己的工夫，杨朱是强调切己的工夫，这中间自有一段痛痒相关之心不曾泯灭。所以冯从吾说："不然何不以其道自私，而思以其道易天下也？观于思以其道易天下，可见一体之心即杨氏亦未尽泯。"（《冯恭定全书》卷八，

《善利图说》）而墨氏兼爱当然也不是不要亲亲，其亲亲之良知亦未尝泯。没有人怜惜孤儿，怜惜花草，却对自己的亲人视同陌路，这是违反人的天性的。

知爱知敬之心、恻隐觳觫之心都是良心自然不容已处，是不思而得，不勉而中的本然之性。有人问什么是不思而得，不勉而中，冯从吾回答：“孩提知爱，稍长知敬，见孺子而怵惕，睹亲骸而颡泚，不忍觳觫之牛，不屑呼蹴之食，此等去处不知由思而得，由勉而中否？尧舜其心至今在，个个人心有仲尼正在此处。”（《冯恭定全书》卷二，《疑思录》）幼儿爱其父母、敬其父母；不忍看见婴儿掉进井中，老牛面对屠刀时的颤抖；即使是乞丐也不屑于嗟来之食……这些都是人心深处自然生发的道德情感，选择善行是自然而然的，并没有经过深思熟虑，也没有丝毫的勉强成分，这是本然之性的自我展现，正是在这个意义上讲“人同此心”，“个个人心有仲尼”。在性善论的基础上，冯从吾统一了孔子的“性相近”与孟子的“性善”，认为正是因为人性皆善，所以才会性相近，相近的基础就是性善。冯从吾的确善于会通，看到孔孟都主张性善，都在寻求性善的先天说明。吴有能教授也认为，冯从吾对道德基础提供了一种先天的说明，吾人之价值不是后天社会所塑造的。他说这个看法很重要，德性是人之本性，道德是内在的绝对命令，不是后天教育的结果。教育的作用体现在，促使人性内在的光辉散发出来。

三、冯从吾从“善性”出发对“无善无恶”说的批评

冯从吾认为人性皆善，性体至善，此性体是人类独具的，只有确立这样的心性本体，工夫才具有道德实践意义，工夫才是当下直合性体的。他在《池阳语录》中说：

> 性者，心之生理。人性原来皆善，至善者，性体也，止于至善，则当下直合性体矣。五霸不知性体至善，故使仁使义；二氏不知性体至善，故绝仁弃义；告子不知性体至善，故有杞柳、湍水之议。若知性体至善，学问止于至善，则五霸自不消去假，二氏自不能绝弃，告子纷纷之议亦自悟其非矣。（《冯恭定全书》卷一一，《池阳语录》）

性体至善，因而必须有“知止”的工夫，即知止于“至善”，这样的工夫才会直合本体。五霸正是因为不理解性体至善，才会假借仁义作为争夺霸业的工具；佛老也是因为不理解性体至善，才会提出绝弃仁义；告子也是因为不理解性体至善，才会以杞柳、湍水为喻，提出性无所谓善恶。

冯从吾在《辨学录》中,针对“无善无恶”说进行了有力的驳斥。明后期,王门后学管志道、周汝登、陶望龄等人利用四无论、无善说,谈玄说空,流于猖狂、无忌惮,提出“无善无恶”说,主张三教合一。当时,除许孚远、冯从吾师徒外,还有顾宪成、高攀龙、钱一本等东林学人与他们展开了激烈的辩论。冯从吾针对“无善无恶”说,坚持“性善”论,提出“心之本体原是有善无恶的”,并对与此相关的“无善之善”“无无亦无”说都进行了仔细的辨析。辨析的内容主要集中在《辨学录》中。首先他对“无善无恶”说进行了深入的分析和批驳:

吾儒曰:喻利之心不可有。异端曰:喻义之心不可有。吾儒曰:为恶之心不可有。异端曰:为善之心不可有。或诘之曰:‘喻义之心不可有,喻利之心可有乎?’为善之心不可有,为恶之心可有乎?彼则曰:‘喻义之心且不可有,况喻利乎?为善之心且不可有,况为恶乎?’夫喻利之心、为恶之心故不可有,喻义之心、为善之心岂可无?而彼亦以为不可有。如此为言,虽中人亦知其非。彼又恐人之非之也,复倡为一切总归于无心之说,以为人之心体本空,无利、无义、无善、无恶者,其本体也。必也无喻利心,并无喻义心,并无无喻义心;无为恶心,并无为善心,并无无为善心。一切总归于无心,方合本体耳。说至此,虽高明亦莫知其非矣。不知说至此,正是发明喻义之心不可有,为善之心不可有处,奈何不察而误信之耶。且义原非外,性原是善,心之本体原是有善无恶的。可见必有喻义为善之心,而后为合本体也。今欲一切总归于无心,安在其为合本体耶?况人心易放而难收,尽去喻义,犹恐喻利;尽去为善,犹恐为恶。今欲一切总归于无心,窃恐义无而利未必无,善无而恶未必无,反为本体之累不小也,又安在其为合本体耶?又况义利只有两途,人心原无二用,出于义即入于利,出于善既入于恶,岂有无义无利,无善无恶,一切总归于无心之理乎?大抵义原非外,特自有其义之心不可有,而喻义之心必不可无。性原是善,特自有其善之心不可有,而为善之心必不可无。纵是喻之又喻以至于化,为之又为以至于忘,造到上天之载,无声无臭处,只好说有喻义之心而无声臭之拟,亦说不得喻义之心不可有,为善之心不可有。此孔子所谓小人而无忌惮者之言,不待辨而知其非者也。(《冯恭定全书》卷一,《辨学录》)

冯从吾认为性原是善，心之本体原是有善无恶的。心之本体即性也，性无不善，可谓至善。他认为必有喻义为善之心，而后工夫才能合于本体。他还进一步分析了之所以强调“心之本体原是有善无恶”的必要性。他认为人心易放而难收，尽去喻义，犹恐喻利；尽去为善，犹恐为恶。如果再将心之本体归于无，他担心现实中很可能是义无而利未必无，善无而恶未必无，反为本体所累，根本不可能合于本体。他的担心一点不多余，泰州学派之纵欲正是此病。而且义利对立，非此即彼，没有中间道路可走，不存在一个无义无利、无善无恶、一切总归于无心之理。冯从吾为了纠正王学末流的虚浮、废工夫，他必须从工夫进路说话，强调有善无恶。

当对方有人诘问：“天命之性，无声无臭，原着不得善字。”冯从吾回答：“天命之性就是命之以善，何消着？故曰性善。孟子道性善正直指天命之初而言耳。”对方又问：“无声无臭何也？”他反问：“善曾有声有臭耶？”冯从吾认识到了孟子的性善是就内在的道德性而言，此善既具超越性，又具普遍性，它不是落在实然层面来说，因而是无声无臭的。性体无声无臭却是实在道理，冯从吾以退为进，他说：“若曰：天命之性，渺渺冥冥，一切俱无，如此不知天命的是个什么，便于天命二字说不去矣”，（《冯恭定全书》卷一，《辨学录》）若说“一切俱无”，这是在本体层次上讲“无心”“无”。冯从吾引用孟子的“四心”，对“无心”说进行了有针对性的批驳。

问：人心一概说不得有无，此是论工夫，若论本体，则无善无恶全说不得有矣。异端无心之说，盖指本体也，似亦有理？曰：不然。论工夫，心原一概说不得有无，还有不可不有者，不可不无者。若论本体，则全说不得无矣，故孟子曰：无恻隐之心非人也，无羞恶之心非人也，无辞让之心非人也，无是非之心非人也，曰无曰非何等明白。又曰：恻隐之心人皆有之，羞恶之心人皆有之，辞让之心人皆有之，是非之心人皆有之。恻隐之心仁也，羞恶之心义也，辞让之心礼也，是非之心知也，仁义礼知非由外铄我也，我固有之也。曰皆有曰固有又何等明白。而曰本体无善无恶，异端无心之说专指本体而言，误矣。（《冯恭定全书》卷一，《辨学录》）

冯从吾析理很细，他指出人心之“有无”须从工夫、本体两层说：论工夫，不能一概而论，有“不可不有者”，如为善去恶之心。有“不可不无者”，如利欲之心、假仁义之心；论本体，则是道德本心，“全说不得无矣”，如孟子之四心,无此四心则非人也。

有必要指出,在批驳“无善无恶”的过程中,冯从吾对佛道无执不滞的境界有见不透之处,在义理上有不够圆融之处,存在粘滞之语,如完全否认“无善无恶”,将“无善无恶”等同于生之谓性,认为一讲“无善无恶”就会成全真小人,却没有认识到全盘否认“无善无恶”恰恰排斥了儒学一个纯净而超越的层面,因为人生中固然有“真小人”和“伪君子”,却不能否认有不着君子相的正直君子。不过,一定不能忘记冯从吾的现实关怀所在,王门后学之流弊使他耿耿于怀,这决定了他必然重工夫,从工夫层立论,始终坚持“有善无恶”“孳孳为善”。所以,冯从吾“无善无恶”辨的意义正是体现在现实关怀上。另外,冯从吾坚决批判“无善无恶”,还受到关学学风和个性的影响。关学崇尚“敦本尚实”“躬行礼教”,冯从吾又具有典型的关中人性格,他认真、耿直,方正严毅,不善通融,反感禅理。在翰林院时,他就经常与好禅理的陶周望辩论,对王学末流主张“无善无恶”,儒佛合流,走向蹈空凌虚,以至于纵欲猖狂必然会辨之不遗余力。

第五节　性者心之生理

儒佛都讲心性论,区别儒佛心性论的关键在于本体论。冯从吾认为:“孟子论心之本体,归之理义,故曰心之所同然者,何也?理也义也。”(《冯恭定全书》卷一,《辨学录》)他还认为,区别儒佛心性论的关键在“理”之一字,他在《辨学录》中说:

> 吾儒之学以理为宗,佛氏之学以了生死为宗……盖性者心之生理,吾儒所谓性亦不由积累,不由闻见。但吾儒以理言,非专以能知觉运动的这个言,佛氏惟以能知觉运动的这个言。虽说出离生死,其实全落在生死上说,不论道理,不论工夫,只是空空的任这一点灵明随它气质情欲作用耳。可见,彼所云性乃气质之性,生之谓性之性;吾所云性乃义理之性,性善之性。彼所云一点灵明指人心人欲说,与吾儒所云一点灵明,所云良知指道心天理说全然不同。(《冯恭定全书》卷一,《辨学录》)

冯从吾说得非常清楚,吾儒之学以理为宗。吾儒言性,佛氏亦言性,区别在哪里呢?吾儒以理言性,说的是义理之性、性善之性;佛氏以能知觉运动的这个言性，说的是气质之性。

一、理气不即不离

冯从吾是以理气的关系来说明天理人欲，进而说明儒佛心性之异的。“理气”是理学宇宙论的基本范畴，它有一个最基本最一般的涵义，即“理”代表原理、规律和法则，“气”代表一般的物质存在。前者是样式或模态范畴，后者是实体范畴。这是所有理学家共同使用理气这一范畴的基本前提。冯从吾对理气论述的不多，其基本论述有“谓理离于气不是，谓气即为理尤不是”。(《冯恭定全书》卷一，《辨学录》)根据冯从吾的双重否定，我们可以用正面的语言概括为理不离气，言气有理。就理一边而言，气是理的载体，或物质承担者，离了可承载的形而下之气，也就没有了形而上之理，“气质乃所以载此理，岂舍气质而别处讨义理哉?”(《冯恭定全书》卷一，《辨学录》)这就意味着言理时，“气”作为承载者是须臾不可离的，因而说“理兼气”也是可以成立的，只是在强调理之功用时，气往往存而不论。就气一边而言，气作为形而下者，本身就是物质存在，有人会认为气可以脱离理，言气时并不必然就有理存在。这就预示着从气禀出发，理气关系存在几种可能：第一种是舍理言气，将理完全排除在气之外，纯然是气，这就将理气关系紧张化。第二种是认气为理，将“理”泯灭在客体性存在的“气”中。实际上这两种是一样的，都要否定“理”之存在的价值与合法性，对此，冯从吾用“尤不是”三字表示强烈反对。第三种可能是不舍理言气，这样理气不即不离，即显即微，处于一定的张力作用下。而这正是冯从吾主张的。

基于以上理解，冯从吾在心、性方面与佛氏的区别就显而易见了。冯从吾谈到性时，认为“性者，心之生理”(《冯恭定全书》卷一，《辨学录》)，而佛氏认为知觉运动是性，冯从吾认为这是告子的“生之谓性”之说，因而认为“生”之一字不可不辨，“生之一字，乃吾儒论心论性之原，……吾儒之所谓生，指生理生字而言，论理不论气，告子之所谓生，指生死生字而言，论气不论理。……惟论气不论理，此‘生之谓性’之说，所以开异学之端也。(《冯恭定全书》卷一，《辨学录》)

冯从吾认为“知觉运动是气，是欲，而知觉运动之恰好处是理”，“视听言动是气，不是理，视听言动之自然恰好合礼处，是仁”。(《冯恭定全书》卷一，《辨学录》)他认为“知觉运动是性，直以在眼曰见，在耳曰闻，在鼻辨香，在口谈论，在手执捉，在足奔运者为性，而不以在见曰明，在闻曰聪，在执捉曰恭，在运奔曰重者为性，是明以生死之生为性，不以生理之生为性，是专以气质言而不以义理言矣，虽性载于形，义理即具于气质，第专以义理之性为主，则即视即明，即闻即听，即执捉即恭，即运奔即重，从心所欲自不踰矩，此吾儒之论性所以大有功于世教也。若专以气质之性为主，则任目之视而不论其明，任耳之闻而不论其聪，任手足之执捉运奔而不论其恭与重，则适己自便，何所不为，此异端论性所以大有祸于世教也。”（《冯恭定全书》卷一三，《正学书院志序》）总之，佛教所谓“知觉运动是性”，属气质之性，而“气质之性，人与禽兽同”，人与禽兽之“几希”在于义理之性。“人得天地之理以为生，此所谓义理之性也。”（《冯恭定全书》卷一，《辨学录》）这是以理来论性的，这是义理之性，也是性善之性，言于义理与气质之分，又一之于义理之性，与朱子是一致的，这是冯从吾吸收程朱之学的一面。

二、天理人欲不能并立

理欲与理气是密切相关的。在冯从吾看来，“知觉运动是气，是欲”，气与欲属于同一层次，它们都是一种客体的存在，本身无所谓好坏，因为所谓的好坏与人相联，有人的价值判断在其中才能进行评判。但是气与欲一旦被夸大，甚至否定了其对立面“理”的存在，便成为不好的字眼。因而在冯从吾看来，欲与人欲是有区别的，“目能视，而所以视能明之理即视；而在耳能听，而所以听能聪之理即听；而在口能饮食，而所以能知味之理即饮食。而在惟提出所以能明能聪能知味之理，则不离视听饮食，而视听饮食皆属天则，若丢过所以能明能聪能知味之理，而单言视听饮食，则视听饮食便属人欲。”（《冯恭定全书》卷九，《太华书院会语》）这里，视听饮食皆属天则，都是从气、欲角度说，但在处理理气或理欲关系时，舍理言欲，此欲便堕入人欲，成为不好字眼，因而冯从吾在理欲问题上依据“天理人欲”四字作为价值取向之标准，认为“‘天理人欲’四字辨道心、人心极明白”（《冯恭定全书》卷一二，《关中书院语录》），人心至虚，众理咸备，丢过理说心，便是人心惟危之心，即有知觉，是老子知觉运动之觉，佛氏圆觉大觉之觉，非吾儒先知先觉之觉也。觉之一字，亦不可不辨。知觉的是天理，便是道心；知觉的是人欲，便是人心。”（《冯恭定全书》卷一，《辨学录》）在冯从吾看来，人心、人欲、私心、私欲意思是相同的，都是不好字眼。因而冯从吾在指出“圣贤之学心学”的同时，随即指明“然心亦有不可不辨者”，“若不辨道心、人心而第曰只在心上用功，则遍周法界之说，当于精一执中并传矣”。（《冯恭定全书》卷一，《辨学录》）冯从吾对于言心便言矩、便言仁的孔夫子极为赞同，认为此为道心之说，以道心为主，则心有所用而不落于空。若舍矩言心，舍仁言心，只能为左袒人心者得以借口。这是因为，冯从吾已看到心是灵活的，若不依于理，就必纵于欲，天理人欲不能并立，所以不能有“一切无心”之事，也不能有“二用于心”之事。显而易见，佛禅以欲障为当然而以理障为无的无心说，最后不能不堕于纵欲的俗人陋习。这正是当时王门亚流弊病。与冯从吾同时代的东林学者顾宪成曾指出，由于阳明及其后学过分地凸现了心灵自觉的意义，导致了道德约束力的瓦解，因为“心是个极活的东西，不由人把捉得”（《小心斋杂记 》卷一），如以吾心为是非标准，即就成了无本之样，无寸之尺，将率天下一切于无所事事。所以，顾宪成试图重新引进程朱之学，调和陆王心学。冯从吾与东林学者处于同一时代，有着共同的问题意识，因此，冯从吾以理之有无区分道心、人心显然也有此用意，因为一旦过分淡化外在监督心灵的“理”，就有可能导致生活世界中充满了各种思虑和情欲的心灵无所底止地自我放任。因为“知”如果是内在心理所具有的道德与知识本原，而“理”是外在宇宙的道德与知识本原，那么是一是二，就成为儒学中两种思路的分水岭：如果是二，那么外在宇宙的“理”对于内在心灵的“知”是有约束力的，心灵不至于自己放纵而不可收拾；如果是一，那么心灵与宇宙都在一念中，自己是自己的审查者，一旦放纵就无所底止，而把“心”的自律能力无限放大，成为没有“理”的外在监督的绝对主体，这已经导致了明代后期思想世界的大问题。这正是“心即理”的王学面临的理论危机。冯从吾打破门户之见，摘述程子、朱晦翁、陆象山、薛文清、王阳明等先儒有关理与心的论述，指出“此理自是实，自来吾儒论心都不曾丢过理字，若丢过理字可以言心，则先儒之说皆诬”。（《冯恭定全书》卷一，《辨学录》）

在冯从吾看来，儒者的本旨是论心论性则必说理，他以“理”之有无区分天理与人欲、道心与人心、善与利、善与恶、义与利、公与私，认为“此外无道”，又以这个“理”作为辨别儒与佛、儒与俗的根本。那么这个理究竟指什么在他看来，这个理在天地是太极，在人是五伦，在物是则，是宇宙法则，又是社会伦理规范，还是“所谓怵惕恻隐之心”（《冯恭定全书》卷一，《辨学录》），即道德心。这就是说，冯从吾打破门户之见，以理言心时，既认可程朱理在心外的心与理的统一,强调社会规范对心的约束,又认可阳明"心即理"的理在心内的理与心的统一,重视社会规范背后的道德根源,这就可以看出面对"心即理"的危机,冯从吾试图调和心学与理学的倾向。

三、反对"丢过理字言心言性"

冯从吾认为丢过理字言心,那将是人心、人欲。他说:"若丢过所以能明能聪能知味之理,而单言视听饮食,则视听饮食便属人欲。"(《冯恭定全书》卷九,《太华书院会语》)"人心至虚,众理咸备,丢过理说心,便是人心惟危之心,即有知觉,是老子知觉运动之觉,佛氏圆觉大觉之觉,非吾儒先知先觉之觉也。觉之一字,亦不可不辨。知觉的是天理,便是道心;知觉的是人欲,便是人心。非概以知觉为天理,为道心也,若丢过理字说心说知觉,便是异端。"(《冯恭定全书》卷一,《辨学录》)心之本体若失去理义的主宰,便流向异端虚无之本体。他说:"言心不言理义,则本体涉于虚。"(《冯恭定全书》卷一,《辨学录》)

冯从吾认为佛氏"丢过理字言心、言性",因此说得是人心,是气质情欲。他在《关中书院语录》中说:

> 佛氏以所以能知觉能运动的这个言性,而不以所以能中节能合礼的这个言性,是言气质之性、嗜欲之性,而非言义理之性也。生之谓性,食色性也,皆是就气质嗜欲一边说,若生生之理,食色之理才是吾儒之所谓性。故曰性善,孟子道性善是就生生之理言,而非直以生死之生为性;是就食色之理言,而非直以食色为性也。若丢过理而专以生为性,专以食色为性,则人又何以异于禽兽哉?(《冯恭定全书》卷一二,《关中书院语录》)

"生之谓性,食色性也"之"性"都是气质情欲之性,而不是义理之性,只有义理之性才是人之为人的本性,只有生生之"理"、食色之"理"才是区别人与禽兽的本质特征,所以冯从吾说:"人之所以异于禽兽者几希,全在此理之一字。"(《冯恭定全书》卷一,《辨学录》)冯从吾认为儒佛都讲"无思无为",但佛氏讲"目自能视,耳自能听,饥来自能吃饭,倦来自能眠"(《冯恭定全书》卷一,《辨学录》),这都是无思无虑的。而吾儒认为"目自能视,视自能明。耳自能听,听自能聪,饥来自能吃饭,吃饭自能知味。倦来自能眠,眠自能知节"(《冯恭定全书》卷一,《辨学录》)。这中间可视不可视,有个明的道理;可听不可听,有个聪的道理;可吃不可吃、可眠不可眠,有个知味知节的道理,这些原都是天生来随耳目口体自然有的,中间并没有拣择心、分别心、取舍心,是不待思为的。两者虽差之毫厘,却是失之千里,佛家只说“目自能视,更不说论理之可视不可视,有这个明的道理;只说耳自能听,更不说论理之可听不可听,有这个聪的道理;只说饥来自能吃饭,倦来自能眠,更不说论理之可吃不可吃,可眠不可眠,有这个知味知节的道理。”(《冯恭定全书》卷一,《辨学录》)佛氏丢过理字空说目能视,耳能听,饥来能吃饭,倦来能眠,单在气质情欲上说,所以为异端。因为,若不论理,则禽兽目亦自能视,耳亦自能听,饥来亦自能食,倦来亦自能眠,亦无思无为,人与物何以辨别?而人又何以参三才而称灵于万物?

这里指出一点,冯从吾将佛氏之性完全归结为气质情欲之性,生之谓性之性是不恰当的,他对佛性本体的自在自清净是认识不透彻的。黄宗羲也认为冯从吾的儒佛之辨“有病”,他在《明儒学案》中说:“其(冯从吾)儒佛之辨,以为佛氏所见之性,在知觉运动之灵明处,是气质之性;吾儒之所谓性,在知觉运动灵明中之恰好处,方是义理之性。其论似是而有病。夫耳目口体质也,视听言动气也。视听言动流行,而不失其则者,性也。流行而不能无过不及,则气质之偏也,非但不可言性,并不可言气质也。盖气质之偏,大略从习来,非气质之本然矣。先生之意,以喜怒哀乐视听言动为虚位,以道心行之,则义理之性在其中,以人心行之,则气质之性在其中。若真有两性对峙者,反将孟子性善之论,堕于人为一边。先生救世苦心,太将气质说坏耳。”(《明儒学案》卷四一,《甘泉学案五》)不过,黄宗羲从他“盈天地间皆气”的观点出发,认为冯从吾“太将气质说坏耳”。黄宗羲认为喜怒哀乐视听言动不能中节,是因为受气质之偏的影响,性之发用流行有失其则,结果导致或过、或不及。而“气质之偏,大略从习来,非气质之本然矣。”冯从吾从心学立论,他强调道德主体的主宰性,强调切己的工夫,所以他一定要说“以道心行之”,强调本心在我,不能一任气质作用。

黄宗羲对冯从吾辨佛的良苦用心还是理解的。冯从吾对佛氏之性的批判与他对“无善无恶”的批驳一样,都是针对王学在现实中的理论偏失。晚明时,王学末流流入佛禅,将佛家的“性空”“无善” 拿来为我所用,认生之欲为性之真,如泰州左派的李贽不管是出于什么意图,认“吃饭穿衣”“私”为“真心”,他说:“穿衣吃饭,即是人伦物理”,(《李贽文集》卷一,《焚书 · 答邓石阳》)“如好货，如好色……凡世间一切治生产业等事，皆其所共好而共习，共知而共言者，是真迩言也。”(《李贽文集》卷一,《焚书·答邓明府》)必然会打破既成的性理框架，带来人欲的放纵奔逸的可能性。冯从吾认为纠偏必须正本清源，所以，他对佛性、“无善无恶”辨之不遗余力。

既然性是心本具之理，那么，从理的角度理解心与性的关系就更清楚。《闻斯录》记载：

> 萧生问：“《大学》言心不言性。《中庸》言性不言心，孟子合心性言之，厥义云何?”邹先生曰：“无极而太极，太极是心，无极是性。性者，人生而静，以上不容说，至于心则可得而名言之矣。”冯先生曰：“太极二字见于《易》，无极二字则周子创言之，盖谓太极之理无声无臭云尔，岂太极之前另有无极，判然两物哉? 愚谓性者，心所具之理也，未有心而无理者，故《大学》言心，而性即在是。未有理而不具于心者，故《中庸》言性，而心即在是。曾子、子思单言之，非遗也，孟子合言之，非赘也。(《冯恭定全书》续集卷二,《闻斯录》)

可见，只有以本心出理，以理贞定人心，才能表现人的本善之性，如此才能是心性一体。《大学》中讲的心就是理在其中的心，是具义理之性的心。而《中庸》中所讲的性就是心中呈现出的本有之理，所以心性是一致的。心中有理的统摄，只要率性为之，就自然会忠、会孝。冯从吾说：“心之理一也，在子谓之孝，在臣谓之忠，忠孝是天命之性。为子孝为臣忠是率性之道，圣人教子孝教臣忠是修道之教，讲心性正是讲忠孝之理处。”(《冯恭定全书》卷七,《宝庆语录》)

冯从吾以理作为善之根究，认为儒家爱亲敬长之理是性之也，是心中本具之理，不是外在的物理，不是强加的;是自然而然的，不是矫揉造作，不是勉然的。他将理与欲相对，认为异端以欲言性，是从人心一边说;吾儒以理言性，是从道心一边说。他说：

> 盖异端之所谓性，正指饥食渴饮之类，指欲而言，所以告子有三品之疑。吾儒之所谓性专指见孺子入井而恻隐之类，指理而言，所以孟子断然有性善之说。今以内交要誉极滋味恣口腹说人心极是，只是说道心、率性，兼理欲两项言不是耳。如曰孩提知爱、稍长知敬，此良知也，极是。若曰饥之知食、渴之知饮，亦良知也，便说不得矣。一边属理，一边属欲，今把良知朦胧说，此所以君子以循理为致

良知，而小人亦以纵欲为致良知耳。况以欲为良知，而以遏欲为致，则工夫又不合本体矣。本体源头处一不清楚，此所以后来流弊无穷。（《冯恭定全书》卷一二，《关中书院语录》）

儒家之性是说义理之性，所以孟子有性善之说。异端之性是说嗜欲之性、气质之性，所以告子有无善无不善之说。良知所知觉的只能是理，不可能是欲。可见，异端丢过理言心言性，所谓“无善无恶”“无善之善”“无无亦无”结果只能是理无而欲存，善无而恶存，公无而私存，道心无而人心存。

冯从吾以“理”作为区分天理与人欲、道心与人心、公与私、善与利，甚而是儒与佛的根本，确立了“公私、天人、理欲”的价值判断体系，认为“公私、天人、理欲之类，分别人心、道心极明白。故程子谓：‘吾学虽有所受，天理二字却是自家体贴出来’。天理人欲四字乃程子破天荒语，真得洙泗正脉，唐尧真传。”（《冯恭定全书》卷一二，《关中书院语录》）有人提出异议，认为天理人欲之分论极有病；或者认为天理人欲的提法本身就有问题；亦或提出，如果说天是理，人是欲，则是天人有分。冯从吾反驳说：“果如此说，是混天人、理欲、人心道心而一之也，岂有此理？人心道心其谬虽去千里，其差止在毫厘，尽去精一尚恐混淆，而今曰天理人欲之分论极有病，令人灭天理而纵人欲，关系岂小？”（《冯恭定全书》卷一二，《关中书院语录》）天理人欲泾渭分明，不容混淆。人心道心虽天壤之别，但心只是一个心，理在心中即是道心，欲在心中即是人心，所以二者极易混淆，若非全力辨别，没有精之、一之的工夫，混而一之的结果只能是天理减灭而物欲横流。

异端以理为障，提出“理障”之说：“人心至虚，不容一物，理在何处？安得不说理障？”冯从吾的批驳针锋相对：“人心至虚，不容一物处就是理，安得说‘理在何处？’而以理为障也？异端之所谓理，误指物而言；吾儒之所谓理，正指不容一物者而言耳。”（《冯恭定全书》卷一，《辨学录》）冯从吾认为人心之中恰恰是有物、有欲，才有障碍，异端却将“物障”“欲障”误认为是“理障”。他现身说法：“思索文字，忘其寝食，禅家谓之理障。余少年正坐此病，盖诗文翰墨虽与声色货利之欲不同，然溺志于此而迷其本原，是亦谓之欲也。既谓之欲，余方病其为理之障也，又安得复归咎于理哉？认欲为理而复归咎于理，误矣。余敢以此为理字雪千载不白之冤。”（《冯恭定全书》卷一，《辨学录》）冯从吾认为，“物障”“欲障”才真正是理之障，使人迷其本原，察理不精，悖理不通。

他在《池阳语录》中细致恰切地辨析了“理障”与“悖理之障”，他说：“不然，谓之曰理，自是无障。谓之曰障，还不是理，如非礼之礼，非义之义。或者以此为理障，不知此正是察理不精之障也，岂理之障哉？如人目中理上容不得砂石屑，理上亦容不得金玉屑，以理之所不能容者而强容之，此正悖理不通之障也。”（《冯恭定全书》卷一一，《池阳语录》）对方又深入一步说，如果有人在病中纵欲，这当然是欲障。但若是有人在病中读书，则无疑是理障。冯从吾反问，生病的时候，按理说该不该读书？对方回答不该读。先生说，生病的时候，既然按理不该读书，却要读书，此正是悖理不通之障，怎么能说是理障呢？这是将悖理之障强加于理。其实，“理”之一字乃天地间自然的道理，是挪移不得的，“正程伯子所谓不以尧存，不以桀亡者。佛氏要减也减不去，吾儒要添也添不来，只是吾儒指点出这个字，如呼寐者而使之寤耳，原非专为辟佛而创出此字也”。且谓之曰理，佛禅以欲障为当然而主张去“理障”，最终必将导致纵欲、无忌惮，王门后学也是坐此病。“理障”之辩，也反映出冯从吾对佛氏理解不当，佛家的“理障”指“执着于理而起障，是有执，是人为自是无障；谓之曰障，还不是理。”（《冯恭定全书》卷一，《辨学录》）没有达至无执不滞的化境。冯从吾认为既是理，便无障，起障都是因为悖理，有将“理”绝对化的倾向。

四、心与理的统一

冯从吾打破门户，指出儒门大家讲心性论都必讲“理”。他一一列举，程子曰“理与心一”；朱子曰“此心虚明，万理具足”；陆象山曰“人皆有是心，心皆具是理”，“此心同也，此理同也”；薛文清曰“心所具之理为太极”；王阳明曰“人心一刻纯乎天理便是一刻的圣人”。冯从吾指出：“此理自是实，自来吾儒论心都不曾丢过理字，若丢过理字可以言心，则先儒之说皆诬。而象山‘心皆具是理，此理同也’，二句皆剩语矣。”（《冯恭定全书》卷一，《辨学录》）其实，无论是心学，还是理学，都主张心与理的统一。但是，二者统一的基础不同，理学统一的基础是理，朱熹说：“心是包含该载、敷施发用底”，（《朱子语类》卷五，《性理二》）“理遍在天地万物之间，而心则管之；心既管之，则其用实不外乎此心矣。然则理之体在物，而其用在心也。”（《朱子语类》卷一八，《大学五》）这是心统一于外在之理；心学统一的基础是心，王阳明说：“心之体，性也。性即理也”，“理也者，心之条理也。是理也，发之于亲则为孝，发之于君则为忠,发之于朋友则为信。千变万化至不可穷竭,而莫非发于吾之一心。”这是内在之理统一于心,随心之发见而表现为忠信孝亲,心与理互为体用,相互渗透,超越了的主体与本体达到了合一。“心即理”说的“理”由朱熹到王阳明,便由外在之理转化为内在之理。理学的心理统一强调外在之理的客观性,但理学的心主要是知觉之心,这种统一是认识论的统一,难免会产生外求支离之偏;心学的心理统一突显了道德主体(心)的自觉性与能动性,强调道德自律,这是主体与本体的统一,是本体论的统一。但是,这种统一只有在道德实践(致良知)中才能真正实现,离开实践无法真正实现统一,而只能导致主体的僭越或是本体的坠落,王门后学就是因为废弃工夫,谈空说玄,提出良知现成,流于心性的无限放纵,导致了道德约束力的瓦解。冯从吾与顾宪成等东林学者都意识到了心学的这个弊病,所以他们都重视工夫修为,强调修悟并重,强调人“与天地参”的精神。

那么,冯从吾的理究竟指什么?他又是如何具体地统一心与理的?在他看来,这个理在天地是太极,在人是五伦,在物为物则。他在《辨学录》中说:“这个太极乃天地间自然的道理”,“这个物则乃天地间自然的道理”,“吾儒所谓太极指实理而言”,“父子有亲,君臣有义,夫妇有别,长幼有序,朋友有信,五个有字都是天生来自然有的。在《易》为太极,在《书》为恒性,在《诗》为物则,天命之性命此者也,率性之道率此者也,修道之教修此者也。”

他又说:

> 人心之初,惟有此理。故乍见孺子将入于井,有怵惕恻隐之心。此时故容不得一毫残忍刻薄之念,亦容不得一毫纳交要誉之念。残忍刻薄、纳交要誉虽不同,同谓之欲。故谓心之本体容不得一毫欲则可,谓容不得一毫理则不可。盖人心之初,惟有此理,岂可说容不得?或问:“如何是理?”曰:“即所谓怵惕恻隐之心是也”。(《冯恭定全书》卷一,《辨学录》)

可见,此理就是“怵惕恻隐之心”,就是道德本心的发见,就是“父子有亲,君臣有义,夫妇有别,长幼有序,朋友有信”这些道德伦理。人之五伦是社会道德规范,更是天命之性,它是天生来自然有的。人心之初,此理与之俱来,本容不得一毫欲,因而,乍见孺子入井,自有恻隐之心,而容不得一毫残忍刻薄、纳交要誉之欲念。此理既是天命之于人,是天命之性,它必然要求主体在“不容已”的心性工夫中不懈修为,即致之、尽之、极之、敦之、崇之,才能复天命之性。所以冯从吾主张的心与理的统一,是在工夫(道德实践)中切实的统一,它既强调社会规范对心的约束,又重视社会规范背后的人性依据,这种心与理的统一是内在的人性本原与外在宇宙之理的合一。

第六节 关于心性论的几个论题

冯从吾对道心与人心、未发与已发、气质之性与义理之性等儒家传统论题都有详尽而精到的论述,他提出"人心道心不容并立","未发已发浑然一理","以义理之性为主"等等,这使他的"善心""善性"学说内容更为深入、充实。

一、道心与人心

"道心人心"最早出现在《尚书·大禹谟》,原文如下:"人心惟危,道心惟微,惟精惟一,允执厥中。"孔安国传曰:"危则难安,微则难明,故戒以精一,信执其中。"道心与人心相对立,道心是指义理之心,人心是指物欲之心,道心微而难明,人心危而难安,只有下精于道心、一于道心的工夫,才能保持中而不偏。朱熹将这《尚书》中的十六字作为尧舜禹的真传密旨,称此为"十六字心传",他说:"如《书》云:'人心惟危,道心惟微,惟精惟一,允执厥中。'此便是尧舜相传之道"。(《朱子语类》卷五八,《孟子八》)王阳明主张"心之本体即是性,性即是理",所以认为率性而为,便是义理之心,便是道心。他说:"'率性之谓道',便是道心。但着些人的意思在,便是人心。道心本是无声无臭,故曰'微';依着人心行去,便有许多不安稳处,故曰'惟危'。"(《王阳明全集》卷三,《传习录下》)冯从吾也尊此十六字为学统思想,他的《冯少墟集》开篇便说:"心学之传,始自虞廷,而其言曰'人心惟危,道心惟微,惟精惟一,允执厥中'十六字,言本体辨析至精,言工夫条理极密。万世道学之宗统于是矣。"冯从吾道心、人心的基本思想与王阳明一致,他认为,心自人欲而言就是人心,这就是王阳明"着些人的意思在"之意。他与许孚远稍有区别,许孚远认为道心"若杂乎形气,则是人心",冯从吾则很少讲到气。

冯从吾关于人心、道心的论述主要集中在《关中书院语录》。冯从吾主张人心道心不容并立,他说:

圣贤之学,总只在此心,故虞廷人心道心之说,乃千古圣学之原,而解者多谓道心非人不丽,而人心非道不宰,不必屏去人心而别觅道心也,举吾之人心一禀于道,即云道矣。余向来亦为此说所误,不知人心道心不容并立,如纲常伦理能尽道便是道心,不能尽道便是人心;喜怒哀乐能中节便是道心,不能中节便是人心;视听言动能合礼便是道心,不能合礼便是人心。极容易辨,非以喜怒哀乐视听言动为人心,以中节合礼为道心也。今曰举吾之人心一禀于道即云道,是举吾之喜怒哀乐一禀于节,举吾之视听言动一禀于礼即云道,是明以喜怒哀乐视听言动为人心,而以中节合礼为道心矣。以中节合礼为道心不差,而以喜怒哀乐视听言动为人心,不知喜怒哀乐视听言动可以屏而去之乎?以必不能屏而去之者为人心,是明白左袒人心、回护人心也。”(《冯恭定全书》卷一二,《关中书院语录》)

什么是人心,什么是道心,冯从吾分辨得很明确。人的喜怒哀乐、视听言动这些生理体验、物质需求并非都属人心,而是不合礼、不中节的需求才属人心。冯从吾在关中书院的允执堂屏书,对人心道心论说得更是言简意赅:“纲常伦理要尽道,天地万物要一体,仕止久速要当可,喜怒哀乐要中节,辞受取与要不苟,视听言动要合礼,存此谓之道心,悖此谓之人心。惟精精此者也,惟一一此者也。此之谓允执厥中,此之谓尽性至命之实学。”(《冯恭定全书》卷一二,《关中书院语录》)

冯从吾除了用“公私、天人、理欲之类,分别人心、道心”,说明人心道心的不容并立,本自判然。他还用善恶、知与不知分别道心人心。他说:

道心为善,为君子;人心为恶,为小人。左袒人心者又倡为有善之善、有无善之善之说,如周程张朱说他不好不得,心欲退之而无其辞,曰:此有善之善。如操莽温懿说他好不得,心欲进之而无其辞,曰此无善之善。主意愈奇,立论愈妙,关系愈不小,此人心道心辨之不容不严也。(《冯恭定全书》卷一二,《关中书院语录》)

心中有欲,即是人心,可是,异端为了谋取私利而袒护人心,提出“无善之善”为私欲、人心辩护。在与“无善无恶”说的辩论中,冯从吾对“无善之善”说因何而发、理论根源都分析得很清楚,明确指出:“以无善为善,则善者为有善之善,恶者为无善之善,君子绌而小人肆矣。”(《冯恭定全书》卷一,《辨学录》)目的就是将君子皆归为伪善、伪君子,反以小人为洒脱、真性情。

他还以自觉与否来分别人心、道心,并引用《易》来论述:

>《易》曰:“百姓日用而不知”,不知便是人心,一知便是道心,一知则日用的便是。故曰:人莫不饮食也,鲜能知味也,饮食只是一个饮食,人心道心之分只在知味不知味耳。纲常伦理、视听言动,众人与圣人都是一样,只是尽道不尽道,合礼不合礼便分人心道心,便分圣人众人矣。天下岂有两样纲常伦理?两样视听言动耶?或称为圣,或流为狂,只在一念操舍存亡。饮食知味,立跻虞唐。(《冯恭定全书》卷一二,《关中书院语录》)

道在伦常日用中,但是众人是无知无觉的。纲常伦理、视听言动,甚至于饮食男女,众人与圣人都是一样,关键的区别在于是否尽道,是否合礼,是否知味。自觉于此便是道心,盲然无知便是人心。

冯从吾认为人心道心不易辨别,不能简单地归结“人心为人欲,道心为天理”,因为人只有一个心。他在《辨学录》中说:“心只是一个心,那有两个?操则存,便是道心;舍则亡,便是人心。舍而复操,便是道心;操而复舍,便是人心。玩二则字真是出入无时,莫知其乡。故曰:人心惟危,道心惟微,仅仅十四字,解人心道心惟危惟微,曲尽其妙,真所谓圣人之言也。”(《冯恭定全书》卷一,《辨学录》)麻烦就麻烦在只是一个心,所以难于辨别。勤勉操存,即是道心;稍有不慎,一撒手便是人心。道心无声无臭,无形无体,因而说它“惟微”,微则难明,所以强调要下精一之功。冯从吾说:“使人有两个心,一个是人心,一个是道心,有何难精?惟其只是一个心,所以难于辨别,难于分析。所以异说得易于误人,所以学者多易为异说所误。”(《冯恭定全书》卷一二,《关中书院语录》)异说的表现很多,比如,有人将“人心惟危,道心惟微”理解为“人心为人欲,道心为天理”。冯从吾辩驳说:

>心一也,人安有二心?自人而言则曰惟危,自道而言则曰惟微,罔念作狂,克念做圣,非危乎?无声无臭,无形无体,非微乎云云?夫以人心为人欲,道心为天理,说得极是,而以为不是,何也?既曰:心一也,人安有二心?自人而言则曰惟危,自道而言则曰惟微,自当云心一也。自人欲而言则曰人心惟危,自天理而言则曰道心惟微,何等明妥,而必于辟天理人欲之说,何也?惟危惟微,都就本体说;惟精惟一,才就工夫说。(《冯恭定全书》卷一二,《关中书院语录》)

心只是一个心,自人欲而言就是人心,心有欲念,一念而罔就会走向狂妄一路,念念克制就会跻身圣贤,所以说人心惟危。自天理而言就是道心,道心无声无臭，无形无体，所以说道心惟微。微则难明，所以说“惟精惟一，允执厥中”。而“以人心为人欲，道心为天理”，是将心分为两个心，若果真如此，取舍之间当工夫简易，何必要“惟精惟一”？显然是将问题简单化了。心当然只有一个，惟危惟微，是从本体层次说；惟精惟一，是从工夫层次说。只有下一番精之一之的工夫，才能使惟微的道心“明”起来，得以显现；心中才能欲念屏去，转危为安，踏上希圣希贤之路。

人心道心不易辨别还有一个原因，就是圣贤论学下字眼各有不同，使异说得以为我所用。如孟子说：“仁，人心也”。有人提出，这说明人心即道，人心不离道。冯从吾首先揭露了此说偏袒人心的用意，他说：

> 此其说愈精，而其左袒人心愈甚。不知虞廷之所谓人心，人字对道字言，是不好字眼，如公私、天理人欲之类。孟子之所谓人心，人字不对道字言，是浑沦字眼，犹云仁即我之心云耳。虞廷之所谓道心，道字对人字言，是好字眼。孟子之所谓道二：仁与不仁而已矣，道字不对人字言，是浑沦字眼，犹云世间只有此两条路云耳。圣贤论学下字眼各有不同，安得借孟子“仁，人心也”之说，而证人心之即道也？（《冯恭定全书》卷一二，《关中书院语录》）

需要指出的一点是，《尚书》中的“人”“道”与孟子的“人”“道”，具体含义是有差异的。《尚书》“十六字心传”中的“人心”是相对于“道心”而讲的，因而人特指人欲，是贬义词；而孟子“仁，人心也”中的“人心”不是相对于“道心”而讲，心是指道德本心，人是指主体，是中性的，不含贬义。而且，孟子主张“性善”，他无疑以仁规定人心，他所说的人心实为人的“良知”或道德“本心”。“道”字也是如此，“十六字心传”中的“道心”是相对于“人心”而讲的，因而道是指天理，是褒义词；而孟子“道二：仁与不仁而已矣”中的“道”不是相对于人而言，道只是泛指道路而已，也是中性的，不含褒义。冯从吾认为，对于经典的解释不能断章取义，裁裁剪剪为我作注，要联系上下文。有时需要从其义理出发，去解释字词。

既然人心道心不易辨别，那么，究竟如何辨别人心道心？冯从吾也讲到了如何精之、一之，具体辨别的一些方法。当有人问：“虞廷说人心道心，而上蔡谓心本一，支离而去者乃意尔，何也？”冯从吾指出，人心道心虽本自判然，但在精一的工夫中，人们却往往不得法，“无处觅心”，所以有必要引入“意”字，意乃心之发动，一念发动处才好分辨人心道心。他说：

> 心本一，自念起而后有人与道之分，故曰：欲正其心者，先诚其意。上蔡之言从《大学》来，盖心为意之主宰，意为心之发动，本只是一个心，只因一念发动处遂名为意耳。上蔡之所谓心与《大学》之所谓心，对意而言也。虞廷之所谓心兼意而言，虽不言意，而意与知自在其中也。《大学》因虞廷言人心道心，恐人无处觅心，故说出个意字，见此心一念发动，才有人与道之异，不然，一念未起，鬼神莫知，从何分辨？欲正其心者，先诚其意，正欲人在此心一念发动处分辨人心道心，即下精一之功耳。惟精者，精察人与道之分，不使之支离而去也；惟一者，心本一而一之乎道，不至于支离而去也。上蔡与《大学》之言，正是人心道心惟精惟一的注解，解得何等痛快！（《冯恭定全书》卷一二，《关中书院语录》）

冯从吾还指出，人心道心的本质区别不在其大小、虚实。有人问，《诗》云：小心翼翼，昭事上帝。张子云：大其心以体天下之物。程子又谓：心有主则实，无主则虚。他们为什么此说“小心”，彼说“大其心”，又说心实、心虚，为何莫衷一是？冯从吾回答：“不当在大小、虚实上论，只当分别人心道心。如是道心，则小也是，大也是，有主也是，无主也是；如是人心，则小也不是，大也不是，有主也不是，无主也不是。《诗》与程张之言皆是在道心一边说，所以无所不可。”（《冯恭定全书》卷一二，《关中书院语录》）以理义言心，便是道心。只要是道心，“小心”“大其心”都是精于道、一于道的工夫，“小心翼翼，昭事上帝”，表现出精一工夫中的戒惧慎独，“大其心以体天下之物”表现出精一工夫中天地万物一体的境界。

二、未发与已发

冯从吾主张为学要在本源处透彻，未发处得力。“喜怒哀乐未发之中，此千古圣学之源，学者须在此处得力，然后能发皆中节。故罗豫章教李延平静中看喜怒哀乐未发气象，而陈白沙亦云：‘吾儒自有中和在，谁会求之未发前？’”（《冯恭定全书》卷二，《疑思录》）未发与已发相对，这对范畴源自《中庸》：“喜怒哀乐之未发谓之中，发而皆中节谓之和。中也者，天下之大本也，和也者，天下之达道也。致中和，天地位焉，万物育焉。”朱熹注曰：“喜、怒、哀、乐，情也。其未发，则性也，无所偏倚，故谓之中。发皆中节，情之正也，无所乖戾，故谓之和。大本者，天命之性，天下之理皆由此出，道之体也。达道者，循性之谓，天下古今之所共由，道之用也。此言性情之德，以明道不可离之意。”(《四书章句集注》)朱熹主张心分体用而统性情，心之体即性，属于“寂然不动”以前(未发)；心之用即情，属于“感而遂通”以后(已发)。所以他以性体情用解释未发与已发。未发言体，言天命之性，性体无所偏倚，故谓之中。天命之性，天下之理皆由此出，故谓之大本。已发言用，已发之情无所乖戾，发皆中节，故谓之和。喜怒哀乐循性而发，天下古今之所共由，故谓之达道。未发已发一体一用，虽然有动静之分，然未发不为无，已发不为有，体用一源，未发已发其实并非两事。所以，心存戒惧、谨独，下约之、精之的工夫，以至于至静之中，无少偏倚，应物之处，无不适然。于是极其中而天地各得其所，极其和而万物各得其养。

冯从吾的未发也是对性体的描述。他说：

> 未发原是指性体言，第不可抹杀时字，何也？本文明白说喜怒哀乐，正见得人有喜怒哀乐之时，亦有无喜怒哀乐之时耳。当无喜怒哀乐之时就是未发，当有喜怒哀乐之时就是已发。(《冯恭定全书》卷九，《太华书院会语》)

> 喜怒哀乐之未发谓之中，是直指天命之性言也，曰：未发是无其迹，而非无其理。(《冯恭定全书》卷一，《辨学录》)

冯从吾又认为，“君子所性，仁义理智根于心”，性即是扎根于人心的仁义理智，因而他的未发又是理之根。他说：

> 自虞廷言中，而学者多以发而皆中节之和当之，不知道理有个所以中节处，不在发时，当喜怒哀乐之未发，而此理已具矣，此时说个不偏不倚，真是不偏不倚；说个无过不及，真是无过不及。虞廷之所谓中，正指此耳。虽不睹不闻而天下事却件件离不得，无其迹而有其理，故曰：天下之大本。孔子知天命，知此者也。孟子道性善，道此者也。善哉乎！朱子之推言之也曰：问渠哪得清如许？为有源头活水来。又曰：等闲识得东风面，万紫千红总是春。学问透悟乎此，是从先天未画处立根，故曰：立天下之大本，此是无声无臭的道理，不是子思点破，令人何处寻讨？(《冯恭定全书》卷九，《太华书院会语》)

未发之中乃天下之大本，它如源头活水，事事物物的道理皆由此出，天下事却件件离不得它。它虽无声无臭，却是创造性自身，是生生之实理，是有，是本体。学者悟得此，直从本体作工夫，在未发处得力，不偏不倚，无过不及，才能发皆中节。之所以发皆中节，自然有个所以中节处，即是理之根。此理自天命之初已具，吾儒所谓未发全在理上说，一切作用都是在理字上作用去。

冯从吾还区分了吾儒之"未发"与佛氏所谓"真空"的不同。先来看他的立论，他认为儒家主张未发之中乃天下之大本，"所谓一理浑然，万化从此出焉者，此吾儒之说也"。(《冯恭定全书》卷一，《辨学录》)佛氏主张这一点灵明作用的性，原是空的，"目惟无睹，故能睹；耳惟无闻，故能闻；心惟无知觉，故能知觉。目虽无睹，而所以能睹的真空之性，原不可得而睹；耳虽能闻，而所以能闻的真空之性，原不可得而闻；心虽能知觉，而所以能知觉的真空之性，原不可得而知，原不可得而觉。故曰：觉性本空，不生不灭。"(《冯恭定全书》卷一，《辨学录》)佛家认为直接说空、说无容易给人留下攻击的话柄，于是又主张："空而不无，即成妙有；用而不有，即是真空。若一着空便是顽空，非真空矣。"(《冯恭定全书》卷一，《辨学录》)"觉性本空""真空"之说似乎与吾儒之未发相似，其实二者存在本质的不同。

儒家主张，"未发则目虽无睹，而天命真睹之理已具，无睹故能睹，以无睹而有睹之理也；耳虽无闻，而天命真闻之理已具，无闻故能闻，以无闻而有闻之理也；心虽无知觉，而天命真知真觉之理已具，无知觉故能知觉，以无知觉而有知觉之理也；即发而皆中节，睹以天下而无不明，而所以能明的真睹之理，亦不可得而睹；闻以天下而无不聪，而所以能聪的真闻之理，亦不可得而闻；知觉以天下而无不睿知，而所以能睿能知的真知真觉之理，亦不可得而知，不可得而觉。故曰：上天之载，无声无臭。冲漠无朕，即万象森罗。万象森罗亦冲漠无朕。未发之中不为无，已发之和不为有，未发已发浑然一理。故中为大本，和为达道，中和致而天地万物可位育也。"(《冯恭定全书》卷一，《辨学录》)种种道理自天命之初已具，后来的工夫、事业都只是率性之道耳。儒家讲无是无其迹而非无其理，"未发"全是相应于理而言，所以一切作用也是在理字上的作用。而佛家讲无是无其理，所谓"真空"空的是本然之天理，妙有有的却是人欲，"所以着不得一毫工夫，做不得一毫事业，喜怒哀乐全不中节，天地万物全不相干。"(《冯恭定全书》卷一，《辨学录》)佛家的真空指的是欲之根，儒家的未发指的是理之根，在本根处失之毫厘，在作用上则差之千里。

从上面冯从吾的批驳可以看出，由于儒佛对心之本体的规定存在本质差异，导致了心性价值论的不同。儒家以实有之“理”，以“至善”规定心体；佛家以“真空”规定心体。所以儒家主张未发之中乃天下之大本，“所谓一理浑然，万化从此出焉者”是创造性自身，是生生之实理，是有；佛氏主张这一点灵明作用的性，原是空的，“觉性本空，不生不灭。”所以冯从吾自本体论讲儒佛之别是对的，然而从作用、境界上讲儒佛之别却属不类。儒家讲“上天之载，无声无臭”，本体之作用遍在却是“无其迹”；佛家讲“空而不无，即成妙有；用而不有，即是真空”，亦是说作用、境界之无，是有实义的。

冯从吾在《太华书院会语》中还进一步论述了未发与已发的关系。他认为未发、已发是源与流，根本与枝叶的关系。二者“脉络各自分明”，不能“混而为一”，否则会陷入“虚无之学”；体用一源，未发已发其实并非有两事，二者不可“判然分而为二者”，否则是“支离口耳之学”。他说：

> 方其未发，虽是未发而真机何尝一息不流行，寂然不动之中而感而遂通者自在，是未发者未发，而所以能发者不以未发而遂不发也；及其已发，虽是已发，而真体何尝一息不凝固，感而遂通之时而寂然不动自在，是发者发矣，而所以发发者不与之俱发也。未发是已发之源，已发是未发之流；未发是已发之根本，已发是未发之枝叶。本体虽是一贯，然源自是流之源，流自是源之流；根本自是枝叶之根本，枝叶自是根本之枝叶，脉络犹自分明，虽有寂有感而实无寂无感，虽无寂无感而实有寂有感，彼判然分而为二者，是支离口耳之学，故不是；若茫然混而为一者，是影响虚无之学，尤不是。（《冯恭定全书》卷九，《太华书院会语》）

佛氏不能正确理解儒家的“未发”，自然也不能正确理解未发已发的关系。不理解未发是无其迹，而非无其理。自然也无法理解未发不为无，已发不为有，体用一源，未发已发其实并非有两事。所以冯从吾说“喜怒哀乐未发之中，此千古圣学之源，故罗豫章教李延平静中看喜怒哀乐未发气象”，（《冯恭定全书》卷九，《太华书院会语》）有佞佛之人讥讽说，未发是讲一念不起之时，一旦说“一念不起之中忽起一看气象之念”，便是起念，便是发。而且，既然说未发，那何来气象？既然有气象，又怎么能说是未发？冯从吾回应道：

> 不知如可喜可怒可哀可乐之事，一时未感，我安得无故起念？就此一时喜怒哀乐之念未起，故谓之未发耳，非一概无念，一毫工夫无所用而后谓之未发也。试看此未发时气象，何等湛然虚明，是湛

然虚明正此未发之气象也,安得说“未发矣,而气象在何处?”以一念不起之中,纵忽起一看气象之念,不谓之发,何也?谓所起者戒慎恐惧之念,而非喜怒哀乐之念也,安得说“既有气象矣,又何云未发?”未发工夫不是面壁绝念,求之虚无寂灭之域,只凡事在平常无事时,豫先将性命道理讲究体认,戒慎不睹,恐惧不闻,只在性体上做工夫,使心常惺惺,念常亹亹,时时讨得湛然虚明气象,便是未发用力处,亦便是未发得力处,如此有不发,发皆中节矣。非以一概无念为未发,以静中看未发气象为起念,为发也。(《冯恭定全书》卷九,《太华书院会语》)

冯从吾辨析得仔细而精辟,他抓住了对“念”字的不同理解,儒家之念是指喜怒哀乐之念,一念不起之中忽起一看气象之念,所起者是戒慎恐惧之念,是用功之念,而非喜怒哀乐之念,所以不谓之发。他对“念”的理解与心体至善紧密相关,戒慎恐惧之念合于本体,是本体工夫,故而不谓之发。而且,未发工夫不是面壁绝念,求之虚无寂灭之域,而是直从性体做工夫,正是在未发处用力。他以退为进,认为如果真像佞佛者所说的那样,未发是一念不起之时,若起一用功之念,便是发,便说不得未发,那么,未发时则一毫工夫作不得。如此,未发时无处用功,已发时又来不及用功,岂不是要将工夫一概抹杀,任凭气质用事?如此喜怒哀乐如何中节?冯从吾又反守为攻,反诘道:“佞佛者曰:以一念不起之中,忽起一看气象之念,便是起念,便是发,以此抹杀吾儒之说。不知以活泼泼地之中,忽起一虚无寂灭之念,独不谓发乎?且有念,念也;有无念之念,亦念也,念必不能无而必于无,即此必于无念之念,其病尤甚于有念也。”(《冯恭定全书》卷九,《太华书院会语》)如果忽起一看气象之念,便是起念,便是发。那么,佛氏忽起一虚无寂灭之念,为何独不谓发呢?冯从吾敏锐地指出,佛氏割裂未发已发的关系,目的在于要抹杀吾儒未发已发之说,从而提出一切俱无,无无亦无。他指出:“吾儒曰喜怒哀乐之未发谓之中,异端欲抹杀未发之说,则曰人一生都是发的,那有未发之时?吾儒曰发而皆中节谓之和,异端欲抹杀已发之说,则又曰人一生都是未发的,那有已发之时?吾儒曰不睹不闻,异端又欲抹杀不睹不闻之说,则又曰有睹睹明,无睹睹暗,有闻闻喧,无闻闻寂,那有不睹不闻之时?未发也,无未发之时;已发也,无已发之时;不睹不闻也,无不睹不闻之时,一切俱无,无无亦无,将吾儒之言一切抹杀,此正异端巧于害道处”。(《冯恭定全书》卷九,《太华

书院会语》)

在《池阳语录》中,冯从吾还以圣人的有知无知、洪钟的有声无声为喻,论述了未发已发的统一。他说:“圣人胸中如太虚然,一无所有而又无所不有。鄙夫未问之前,安得无故起念,此正所谓未发之中也。故曰‘吾有知乎哉?无知也’。及鄙夫一问于我,则因彼之问遂发动起我之知,安得不竭两端,两端既竭矣,圣心尚有知乎哉?依旧是无知。故曰‘吾有知乎哉?无知也’。此圣人之无知,正圣人之所以有知也。”(《冯恭定全书》卷一一,《池阳语录》)圣人当然是有知的,但是圣人心如太虚,无一丝夸耀的机心,未问之前,寂然不动,正所谓未发之中,所以自称无知。既问之后,所知遂被发动,且竭力倾其所有,没有一丝保留,正所谓发皆中节。他又以洪钟、废钟做比喻,说明儒家的未发之性体,犹如未叩之洪钟,虽无声却有声声之理;佛氏之所谓性空、“真空”犹如一口废钟,无声而并无声声之理。他这样论述:“洪钟无声,由叩乃有声,虽由叩乃有声,不知当未叩时,虽无声而实有声声之理。惟无声而实有声声之理,所以大叩则大鸣,小叩则小鸣,若无声而并无声声之理,是废钟也。未叩时,若与洪钟同,既叩后便与洪钟异,其实原是未叩时与洪钟不同。知未叩时之不同,则知佛氏之言性与吾儒之言性,佛氏之无知与吾儒之无知毫厘而千里也。”(《冯恭定全书》卷一一,《池阳语录》)

三、气质之性与义理之性

“气质之性”与“天地之性”之分始于张载,“天地之性”指天地化育所以然之超越而普遍的性能,后来程、朱亦名为“义理之性”,此后学者大多沿用“义理之性”的说法,而“天地之性”之名遂不被常用。张载用“气质之性”与“天地之性”说明人性存在超越的与现实的两层意义,主张透过“善反之”的工夫而得以“成性”。他的二重人性论被其后的理学家普遍接受,张载提出:“形而后有气质之性,善反之,则天地之性存焉。故气质之性,君子有弗性者焉。”(《正蒙·诚明篇》)天地之性是至善的,先天的,内在于万物之中,与超越的天道本体相通,是人的普遍本质和人之为人的根据,也是宇宙的全体之性;气质之性是指人、物所具有的现实、自然的一面,是后天的,因为气禀的不同,所以有善、有不善,具体到人,就指人的自然属性。二者是本与末的关系,他说:“知德者属厌而已,不以嗜欲累其心,不以小害大、本丧末焉尔”(《正蒙·诚明篇》),与天地之性相比,气质之性是末。气质之性是来自于身体的生理需求，表现为“口腹于饮食，鼻舌于臭味”，或是“刚柔缓急”“才与不才”。张载认为，气质之性作为人的自然属性是合理的，但他不认为气质之性是人的本性，所谓“故气质之性，君子有弗性者焉”。所以他强调变化气质的修养工夫，“人之刚柔、缓急、有才与不才，气之偏也。天本参和不偏，养其气，反之本而不偏，则尽性而天矣”。（《正蒙·诚明篇》）“善反之”，才能复归天地之性。

冯从吾继承了张载气质之性与义理之性的思想，认为圣贤学问全在知性，有义理之性（天地之性），有气质之性，应当以义理之性为主。他说：

> 如以义理之性为主，则源头一是，无所不是，情也是好的，故曰乃若其情，则可以为善矣；才也是好的，故曰若夫为不善，非其才之罪也。若以气质之性为主，则源头一差，无所不差，情也是不好的，为恣情纵欲之情；才也是不好的，为恃才妄作之才。今不在性体源头上辨别，而或曰：性是善的，情是不善的。或又曰：情是善的，才是不善的。只在末流上辨别，纷拿盈庭，何有了期？（《冯恭定全书》卷九，《太华书院会语》）

与张载相同，冯从吾也认为天地之性（义理之性）是至善的，他说：“乾以大生，坤以广生；天无不覆，地无不载，此天地之性善也。若论气质，则天一属气，便不免有旱涝；地一属质，便不免有肥硗，则天地亦有性善有性不善哉？惟不言气质而言义理，则为物不贰，生物不测，天地之德，孰大于此，又何旱涝肥硗之足言也。观天地则知人矣。”（《冯恭定全书》卷九，《太华书院会语》）天地之性说的是义理之天，它是超越的，是至善的，这里的天与地都不是自然之天、自然之地，自然的天地是属气的，因而天亦有旱涝，地亦有肥硗。此天地之性显现于人，便是天性在我之性，便是至善的超越之性。

冯从吾还认为，气质之性作为人的自然属性，是人与禽兽所共有的，所以“若教他忍，教他不谓，则禽兽便不能矣，禽兽不能，而人能之，正谓人有此一点义理之性耳，故曰：‘人之所以异于禽兽者几希。’”（《冯恭定全书》卷九，《太华书院会语》）可见，义理之性才是人之为人的本性。心中有理，所以人可以克制自己的情欲，而不是任凭气质作用，这是人与禽兽的本质区别。据《辨学录》记载，有人对二重人性论提出异议，认为性只是一个性，哪里分两个？为什么以义理之性、气质之性区别儒与佛？冯从吾回答说：

> 人得天地之理以为生，此所谓义理之性也。而气质乃所以载此

理，岂舍气质而于别处讨义理哉？性原只是一个性，但言义理则该气质，言气质则遗理，故曰：气质之性，君子有弗性焉。此辟佛之说也，且子既知性只是一个性，何不一之于性善之性，而独欲一之于生之谓性之性耶？今欲一之于生之谓性，而不一之于性善，此三品之说所由起也，是子自二之、三之以至于倍蓰而无筭（算）也，性岂有二焉？孟子道性善，故曰：夫道一而已矣，此吾儒之旨也。（《冯恭定全书》卷一，《辨学录》）

冯从吾辨析得很清楚，性的确只是一个性，人性的二重性只是为了表达的方便分而言之，或者可说是逻辑上的分而析之。实际上，气质之性与义理之性是统一的，说义理之性则必是存在于气质中的义理之性，独立自在、抽象的义理之性是不存在的，是无法显现自身的。但是单言气质之性，则是丢过理言性，只能陷入虚空之性、嗜欲之性。所以二者只能统一于义理之性，义理之性才是人的本性。性只是一个性，这没错呀！可为什么不说这一个是性善之性，偏偏就是生之谓性之性？生之谓性之性是以自然属性规定人的本性，正是从自然属性的角度讲，才会有董仲舒在人性论上的性三品说。其实人的自然属性（气质之性）千差万别，何止二分？大可以二分、三分、数倍分以至于无数，而天地之性却是至善唯一的。有必要指出，冯从吾以二重人性论批判佛氏丢过理字言性，将佛氏之性归结为“生之谓性、食色性也”之性，即气质情欲之性，这种对佛性的归结是有问题的。客观地讲，佛氏之性不是义理之性，也不是气质之性，只能说般若性是一种空性、智性，它没有善的、价值的规定。

另外，冯从吾主张以义理之性为主，但并不否认气质之性。在《太华书院会语》中，有人提出疑问：张载的气质之性与孟子的性善论之间是否矛盾？只有宋儒才讲气质之性，孟子主张性善论，何曾提到气质？冯从吾反驳说孟子怎么不讲气质，他说：“孟子何曾不言气质？如动心忍性之性，性也有命焉之性，都是就气质说，第学者只当以义理之性为主，气质之性存而不论可也。曰忍曰不谓，何等词严义正？”（《冯恭定全书》卷九，《太华书院会语》）孟子显然意识到了气质之性的存在，才会强调克制（忍）气质之性，不以（不谓）气质之性为人之本性。同时，宋儒提出气质之性，不但不与孟子的性善论相冲突，而且使性善论的主旨更加严密和清晰。因为就气质之性而言，人的清浊厚薄差异很大，岂止三品？可以说是十百千万乃至无数的。可就天地之性而言，人人相同，人人都有先天的善性，即“个个人心有仲尼”。所以，冯从吾提出要变化气质，涵养德性。

变化气质之说，冯从吾在继承张载的基础上，论述更加深入、细密。张载认为学者要"立人之性"，"学所以为人"，就必须变化气质。他说："为学大益，在自求变化气质，不尔皆为人之弊，卒无所发明，不得见圣人之奥。故学者先须变化气质，变化气质与虚心相表里。"（《经学理窟·义理》）张载认为要使人性真正确立起来，必须在为学过程中，通过自觉变化气质，最终反归人的天地之性。变化气质是外在的工夫，应与内在的"虚心"工夫结合起来。张载指出了变化气质过程中，外在的变化与内在虚心相结合的总体原则。冯从吾则指出了如何变化气质、涵养德性的具体方法，而且对义理之性、气质之性的特殊性进行了更细致地分析。冯从吾说："德性人人都是有的，只是被气质埋没了，所以德性不能用事，须是要变化气质，气质变化后德性才现，方才说得涵养，然则如何去变化？如何去涵养？曰在讲学。"（《冯恭定全书》卷九，《太华书院会语》）冯从吾强调对气节的涵养，认为"气节从涵养中来"，不能一任气质承当，涵养的具体方法就是讲学。不但不能听任气质之性的作用，即使是义理之性也不能一味听任它作用。他说："不惟气质之性凭他不得，即义理之性亦凭他不得，如不忍觳觫，不屑呼蹴，岂不是义理之性？若不于此时加学问工夫，则自起自伏，旋生旋灭，如何算得？故孔子开口先拈一学字，其旨深矣。"（《冯恭定全书》卷九，《太华书院会语》）

有必要指出，冯从吾是将"不忍觳觫，不屑呼蹴"视为义理之性的。不忍之心、不屑之心显然都是感性经验的，而义理之性应是超越经验层面的，如何理解冯从吾将"不忍觳觫，不屑呼蹴"视为义理之性？既视为义理之性，应是纯然之善，为何又说"凭他不得"，要"加学问工夫"？这里，彭国翔在《良知学的展开》中对孟子"四端之心"的分析可以帮助我们理解冯从吾，彭国翔在分析"见在良知"时说到："事实上，《孟子》的'四端之心'，显然都是在感性经验或是知觉运动中的表现，但作为四端之心的'恻隐''是非''礼让'与'羞恶'，至少在理学传统内部又历来不被儒者们视为一般意义上的感性经验，而是'人同此心，心同此理'的本然善性的流露，本身具有先验的本体地位。"[①]"不忍觳觫，不屑呼蹴"与《孟子》的"四端之心"一样，虽然是感性经验的，但它是本然善性的流露，本身具有先验的本体地位，是超越的本心，所以冯从吾

① 彭国翔：《良知学的展开》，北京：三联书店，2005年版，第72页。

说“不忍觳觫，不屑呼蹴”是义理之性。然而，不忍之心、不屑之心毕竟是已发之念，可以说是已发“最初无欲的一念”，既为已发，就是处于感应状态下的活动与呈现，随着活动与呈现的展开，自然难免受气质之偏的影响，难免受物欲的习染，所以，学问工夫都是必要的，不能任凭它自己作用，自起自伏，自生自灭。因为虽善念亦不能声闻过情，“最初无欲的一念”虽是义理之性的表现，然而气质有偏，“亦凭他不得”，要戒慎恐惧，加以学问工夫。

冯从吾对气质的性质也有进一步的分析，有人问“变化气质”的“气质”与“气质之用小，学问之功大”中的“气质”是否相同，冯从吾回答：“不同。变化气质之气质就不好一边说，所以要变化。气质之用小之气质就好一边说，只是不可恃它好，所以要学问。”（《冯恭定全书》卷九，《太华书院会语》）对方进一步反问，如果说气质之用小之气质是就好一边说，那就已经是义理之性了，为什么还称它为气质之性呢？冯从吾赞许问题问得好，认为微妙之处就在这里。他说：“如见孺子而怵惕，此义理之性也，若不识其端而扩充之，则怵惕亦气质耳；息夜气而几希，此义理之性也，若不识其机而培养之，则几希亦气质耳；孩提知爱，稍长知敬，此义理之性也，若不乘此未雕未琢之天，而加以入孝出弟之功，则知爱知敬亦气质耳。然则如何以义理之性亦谓之气质？曰：谓义理之性乘气质以发露，而不由学问之功也，谓靠天而不靠人，恐在人之功既疎，并在天之端倪亦不可保也，故曰气质之用小，学问之功大。学者若加学问之功，无论几希之夜气不为知诱，即旦昼之仁义亦可永存，无论孩提之知能不至物化，即终身之孝弟亦可参天，岂不并气质而亦为义理也哉？气质之用小，学问之功大，真圣人不易之言也。”（《冯恭定全书》卷九，《太华书院会语》）和上面所讲的不忍觳觫，不屑呼蹴一样，见孺子而怵惕，息夜气而几希，孩提知爱，稍长知敬，都可以称之为义理之性。但是，这中间仁义孝弟的学问工夫不可少，因为任何义理都只能通过气质表现出来，不能因为义理的内在而“任性”“使气”，必须时时戒慎恐惧，真正做到“勿忘勿助”。如果说义理之性只是乘气质而发见显露自身，这是天然而自在地作用，不需要人为的学问工夫，此即王阳明所谓的滞于善念而沦于不善矣，那结果恐怕是不但学问工夫荒疏，仁义孝弟的天理也难保。正如好心也可能办坏事。义理之性乘气质以发露，故气质的作用不可忽视，但同时，学问工夫的作用更为重要，戒慎恐惧的工夫不可少，所谓“气质之用小，学问之功大。”

第四章　冯从吾的心性修养与圣人境界

冯从吾主张本体工夫并重，他认为“识得本体，然后可做工夫”，所以在他看来，识得本体就是做工夫的前提。他同时又说：“做得工夫，然后可复本体”，（《冯恭定全书》卷一三，《越中述传序》）对识得本体而言，工夫又是绝对不可少的。针对当时王学末流讲良知现成，废修言悟，废弃工夫，他说：“知本体之难诿，自知工夫之当尽。”（《冯恭定全书》卷一五，《关中书院记》）本体就存在于工夫中，所以冯从吾在本体工夫统一的前提下，强调工夫。他融合朱王，既重视内在的心性修养，强调工夫要落在自家身上，又极重“敬”“静”之功，勉励儒者在切己的心性工夫中达至“仁者以天地万物为一体”的圣人境界。

第一节　内向的心性修养论

冯从吾对工夫论有细致的阐述。有内外之分、动静之分，而且强调内外一致、动静统一，最终“工夫要落在自家身上”。内指内圣工夫，指内在的心性修养；外指外王，冯从吾的外王非指外在的事功、霸业，而是主张以学问为事功。与其师许孚远一样，冯从吾十分推崇王阳明的致良知，认为致良知真正体现了儒家心性修养之功的实质。他在《学会约》中说：“古今理学明儒标宗立旨不翅详矣，阳明先生揭以致良知一言，真大有功于圣学……个人心上一点良知明明白白，一毫不可得而昧也。吾辈今日为学不在远求，只要个人默默点检自家心事，默默克制自家病痛，则识得本体，自然好做工夫。由是亲师取友，其益自尔无穷耳。不然，瞒昧此心，支吾外面，即严师胜友朝夕从游，曷益乎？此先生致良知三字所以大有功于圣学也。若夫着实用功，各求其所以致之之道，则在吾辈大家勉之耳。”（《冯恭定全书》卷六，《学会约》）与致良知的内在精神一致，冯从吾的工夫论非常强调内在的心性修养。

一、重视内向克己之功

冯从吾主张做得工夫然后可复本体。他在《疑思录》中曾论及尊德性与道问学的关系："德性对气质说，今人皆气质用事，所以喜怒哀乐不能中节。尊德性者使德性用事，而不为气质胜也，故曰变化气质，涵养德性。尊德性由于道问学，道问学乃所以尊德性，广大精微，高明中庸，故新。厚礼是德性本体，致之、尽之、极之、道之、温之、知之、敦之、崇之是学问工夫，识得本体然后可做工夫，做得工夫然后可复本体，此圣学所以为妙。"（《冯恭定全书》卷二，《疑思录》）道问学是变化气质，涵养德性的具体用功方法，尊德性是道问学的最终目的。厚礼是德性本体，致之、尽之、极之、道之、温之、知之、敦之、崇之都是学问工夫，所以冯从吾强调学问工夫，强调本体工夫的统一。

冯从吾指出，孔子就重工夫，由工夫以悟本体。冯从吾分析了《论语》与《中庸》之间论"道德" 的细微差别：

> 《论语》一书论工夫不论本体，论见在不论源头，盖欲学者由工夫以悟本体、由见在以觅源头耳，此其为虑甚远，非故秘之而不言也。……如《论语》论夫子之道，曰：'忠恕而已矣'，而《中庸》则曰：'忠恕违道不远'，盖《论语》之论道指其见在可道者言，《中庸》之论道直指天命率性之初而言也，不然忠恕即一贯之道，而曰违道不远，何哉？……《论语》论德曰：'据于德'，《中庸》则曰：'不显惟德，百辟其刑之'，盖《论语》之论德指见在可据者言，《中庸》之论德直合于上天之载，无声无臭之初而言也，不然为已知几即君子之德，而曰可与入德，何哉？……如水一也，《论语》指其见在如江河、如池沼，皆水也，即如饮酒、如啜茶，亦皆水也。而《中庸》则直指山下出泉，原泉混混而言矣，言工夫并言本体，言见在并言源头，必如此而后可以泄孔子之秘，破异端之非耳。"（《冯恭定全书》卷二，《疑思录》）

《论语》讲道德重工夫，重道德实践，这不是孔子不讲本体，而是圣人远虑，希望学者由工夫以悟本体，由见在以觅源头；《中庸》讲道德是工夫合于本体，工夫本体一并讲，子思是为了剖析异端（道家）隐微之病，所以不得已，直指本体源头以宣孔子之秘。冯从吾指出，从本体层的天命之性讲，无论天子、庶人，无论圣人、凡人都是相同的，然而，要复此天命之性，修养工夫必不可少。而且工夫是本体义内的工夫，是自然而当尽的工夫。

冯从吾在《答朱平涵同年》的书信中讲到："满街皆是圣人，其言甚是警策。第此言是论本体，非论工夫，是论大家，非论自己。若不下工夫，而自家便认做圣人，则病狂甚矣。"（《冯恭定全书》卷一五）在这里有人提出："本体原自现成,用功即落意说。”此话的本义很清楚,天地本自在其位,万物本自然得育,并不需要我使天地在位、万物得育,所以我不必多此一举,无意义地用功卖力。冯从吾认为此话是弃天、亵天,弃天命之性于不顾。他说:“天命之谓性,非命之甘食悦色,如告子所称,正命之使我位天地,命之使我育万物也。我能位育则性尽而能复天之命,我不能位育则性失而无以复天之命”。而且,“位天地育万物,圣人此天命,凡人亦此天命,上而天子此天命,下而庶人亦此天命,无圣凡贵贱无弗同者。今吾辈自天生以来,俱各命之以位育之性,俱不容不讲危微精一之学,即汲汲皇皇异日,犹未知能复天之命否也,而尚敢暇逸为哉?”(《冯恭定全书》卷一五,《关中书院记》)体现了儒家修与悟并重,由修而悟的主张,重视工夫修为,从“我”的工夫上显发、呈露天命。这就是儒家为什么讲“人能弘道,非道弘人”,强调人“与天地参”的精神。儒家强调人在天命面前不应是消极无为的,天命之性是先天潜在的善根,要使它萌蘖,并能枝繁叶茂,就必须充分发挥主体的自觉能动性,积极进取,修身养性,经世济民,才能复天命之性。

冯从吾强调内向克己之功。与致良知的内在精神一致,冯从吾的工夫论强调内向克己,他重视内在的心性修养,并且强调工夫要落在自家身上。

冯从吾在《答杨原忠运长》一书说到:

> 道学之传肇自虞廷十六字,而孔子括以学之一言,此正先师吃紧为人处,此其功真贤于尧舜远甚。故子思解之曰:君子尊德性而道问学。孟子解之曰:学问之道无他,求其放心而已矣。可见圣门之学全在心性上用功,非泛泛然向外驰求也。世儒不知有心性者,多炫闻见以为博,其究也,失之泛滥,故不是。至于知有心性者,又绌闻见以为高,其究也,失之空寂,尤不是。此圣学所以不光,而世道人心所以不若古也。故以心性为本体,以学问为工夫,元元本本,归根复命,此圣门一贯之学,非深造自得不及此。(《冯恭定全书》卷一五,《答杨原忠运长》)

冯从吾强调学问工夫的内在依据,主张心性修养与闻见学问的内外统一,认为割裂二者,要么失之泛滥,要么失之空寂。他指出先贤无不重视内在的心性修养,子思将尊德性与道问学一起讲,孟子认为学问之道的实质内容就是“求放心”的内在工夫。冯从吾重视着实向内用功,对于具体如何用功他也有详细的论述,对先贤的“求心”“养心”“正心”“存心养性”等工夫都有其自得之见。

二、论“求心”

冯从吾在《疑思录》里将四书融会贯通，论述了“求心”的具体内容，阐明了究竟从哪里入手，如何“求心”等等问题。《大学》曰：“康诰曰：‘如保赤子’，心诚求之，虽不中不远矣。”冯从吾说：

天下事只是人不肯心诚求之，若是肯心诚求之，真未有不中者，纵不中亦不远矣，诚字求字最当体认。

求字不是在外边纲纪法度上求，只是在自家心上痛痒相关、一体不容已处求，于此处求则纪纲法度一一皆从一体不容已处流出，自然与粉饰太平者不同，自然深入于民心。中字是直中民心痛痒处，非徒以法度强民于外，而使之感也。只看那慈母向尝在外面强爱赤子？赤子亦何尝在外面强从慈母？都是自然而然，莫知其所以然而然，一团天性不容已处。故曰：诚后世君臣未尝不诚，只是在事上求，不在心上求，纪纲法度非不粲然可观，多是伪，多不是诚，所以百姓不能实受其惠，纵然求多，不能中，此世道所以不如古也。（《冯恭定全书》卷二，《疑思录》）

可见，冯从吾认为天下事应该首先从心上求，而不能只在外在的事项上求，他将内在的“心诚”动机与外面的事功效果统一起来。强调“求心”过程中的诚，求是在吾心不容已处求，是自然而然的，不是强求，正如慈母自然爱其子，赤子自然恋其母。孟子说“大人者，不失其赤子之心也”，大人之所以为大人，正在其能保全赤子之心，如赤子般纯一无伪。所以，冯从吾说：“观大人不失其赤子之心，可见人生来皆可为大人。只因失此赤子之心，所以小耳，非生来不可为大人也。故曰人性皆善。”有人问：“赤子之心如何失？”冯从吾回答：“在不学。”再问：“如何学？”再答：“在不失赤子之心？”（《冯恭定全书》卷三，《疑思录》）初看之下，冯从吾的回答像循环论证，其实，他正是要用这种方式来说明，学问之道的根本就在于求放心。他说：“学问之道无他，求其放心而已矣。求放心者，求不失此赤子之心也。”（《冯恭定全书》卷三，《疑思录》）

冯从吾将《孟子》的义理前后贯通，进一步发挥了孟子的“求心”说。赤子之心纯然无伪，它自然发露，就全然是道德本心，所以冯从吾认为，求心就是求不失赤子之心,也是求不失道德本心。他说:"《孟子》上章(《告子上》上段)说失其本心,次章(《告子上》次段)即说求其放心,求放心者,求不失此本心也。"他还驳斥了"孟不及孔,只为求心"的说法,进一步详细论述了"求心"的工夫:

> 孔子曰:学而时习之。不曾说出所学何事。孟子曰:学问之道无他,求其放心而已矣,此其解也。孟子愿学孔子,故特拈出圣学之原以示人,见得孔子之学只在求心,原非泛然用功耳。舜之授禹曰:人心惟危,道心惟微,惟精惟一,允执厥中。夫惟人心危而道心微,所以不得不用精一之功,精而一之,所以求心也。(《冯恭定全书》卷三,《疑思录》)

冯从吾认为作学问不能只注重增加外在的见闻,他以孟子解孔子,认为孔孟的思想是有逻辑一贯性的,他们的学问之道都只在求心,向内作精之一之的工夫,使人心去而道心存。有人说:心本来就在那里,还谈什么"求"?冯从吾反问,不知在此的是人心还是道心?难道心能如死灰一堆,槁木一段,不动不变?如果真是心本在此,无须再求,那"惟精惟一,允执厥中"不就成了废话了吗?那岂不是舜也不及孔子了吗?他接着说:

> 孔子曰:言忠信,行笃敬,忠信笃敬所以求心也,非驰逐于言行也。居处恭,执事敬,与人忠,恭敬忠所以求心也,非驰逐于居处、执事、与人也。出门如见大宾,使民如乘大祭,如见如乘所以求心也,非驰逐于出门、使民也。非礼勿视,非礼勿听,非礼勿言,非礼勿动,勿视、勿听、勿言、勿动,所以求心也,非驰逐于视听言动也。人心匪精,言行匪粗;人心非内,视听匪外,随时随处无非学问,无非求心。此孔子之学所以上接虞廷之统,而下开孟氏之传也。今曰孟不及孔,只为求心,不惟不知孟,亦不知孔。(《冯恭定全书》卷三,《疑思录》)

冯从吾列举了大量孔子的工夫论,认为孔子在讲言行、居处、执事、与人、出门、使民诸工夫时,都强调以内在的求心工夫为依归。讲忠讲信都是在心上讲,讲恭讲敬都要用心去恭敬。"出门如见大宾,使民如乘大祭",这是讲心存敬畏,勿视、勿听、勿言、勿动,这是讲要做到心不为所动,而不仅仅是眼耳手足不动。所以求心的工夫就在日用常行,随时随处可作。如果以为孟子比不上孔子,没有什么工夫论,就说了个"求心",那不但是不了解孟子,而且也不了解孔子。

说到这里，有人对“求心”的工夫仍然存有疑问：心只是一个心，以心求心，难道心之外还有个心不成？两物相对就自然有比较之心，两念横生就自然有不同意见，讲“求心”，岂不是心中往来忙碌，心神始终无法安宁？冯从吾回答：

> 心非物也，以心求心，非两念也，能求之心即是存，不能求之心即是放，求之云者，不过自有而自照之耳，非心之外复有心也。故易曰洗心，曾子曰正心，孟子又曰存心、曰养心，皆是此意。若以求心为两念，则心谁去洗？谁去正？又谁去存且养？亦不几于两念邪？如此必舍置其心，任其憧憧往来而后为，何思何虑矣，有是理哉？此异端所以异于吾儒而流于无忌惮也。（《冯恭定全书》卷二，《疑思录》）

心不同于外物，所以以心求心，不会横生两念。能求则心存，不能求则心放纵。“求心”是内向澄彻，是一种角度转换，是以小心即大心。“求”的意思是心自有而反观内省，并不是说心之外还有个心。这种内省就是牟宗三讲的“逆觉”，王阳明讲的良知萌念，知是知非，正是心之自我照察。这类似西方哲学讲的自我意识，人可以将自身、自己的意识作为认识对象，就会有认识主体的我与认识客体的我之分，这是逻辑的分，不是事实的分，意识本身是一个整体。[1]

正是在反观内省的意义上，先贤们讲洗心、正心、养心、存心。《易传》曰：“圣人以此洗心”，《周易正义》中王弼注曰：“洗涤万物之心。”孔颖达疏曰：“圣人以此易之卜筮，洗荡万物之心。万物有疑则卜之，是荡其疑心；行善得吉，行恶遇凶，是荡其恶心也。”万物以人为心，因而，卜筮的目的是为了涤荡人由万物产生的疑心、涤荡人之恶心。《大学》曰：“欲修其身者，先正其心；欲正其心者，先诚其意”。心是身内在的主宰，意是心的发露，因而必须有内在的正心诚意工夫，首先能做到扪心自问而无愧，没有自欺，才谈得上真正的修身。养心、存心都是孟子的心性修养论，《孟子·尽心下》曰：“养心莫善于寡欲。其为人也寡欲，虽有不存焉者，寡矣；其为人也多欲，虽有存焉者，寡

---

① 这只是类似，因为“自我意识”是从认识论的角度讲，是对自我的横向把握；而“求心”是从工夫实践的角度讲，此反省澄彻则是纵向的深究与提升。

矣。”源自耳目口鼻等的生理欲望是人的自然需求,是正常的,但是若纵欲无度,便会迷失人的本心。学者更是应在此处心存警戒,对物质欲望要有自我节制能力,孟子认为寡欲是养心志、存本心的最好方法。《孟子·离娄下》曰:“君子所以异于人者,以其存心也。君子以仁存心,以礼存心”。孟子认为君子之所以与众不同,便在于君子心中时时有仁、有礼,能善存仁心。

冯从吾重视求心过程中内在依据与外在形迹的统一,反对将二者割裂开来。他在《关中书院语录》中讲到,世人遇事多点检于形迹,而不知求之于此心。他说:

> 世之点检于纲常伦理、喜怒哀乐、视听言动者,故多点检于形迹,而不知求之于此心。求心者又多求之于虚无寂灭,而不知求之于纲常伦理、喜怒哀乐、视听言动之际,此心学所以愈晦。若反观内照,以心为主,直从念头初起处提醒此心,精之一之,纲常伦理一一要尽道,喜怒哀乐一一中节,视听言动一一要合礼,时时察识,时时体认,造到心体澄澈,本原得力处,则随其所遇,不必一一推勘而纲常伦理自然尽道,喜怒哀乐自然中节,视听言动自然合礼,故曰:“从心所欲不踰矩”。从心所欲不踰矩是论成功,非论用功也。余所云云是论用功,非论成功也。孔子十五志学,不惟志不踰矩,即志此从心所欲不踰矩。第从心所欲不踰矩不能径造,故孜孜一生惟知有此志此学,纵学到从心所欲不踰矩地位,而志学一念犹然,十五之心一息尚存,志此不容少懈,此孔子之心学所以上接虞廷之传也。若心之不存,而望视听言动之检,故无是理。若视听言动之不检,而曰我能存心,亦岂有是理哉?言心而不言矩,言成功不言用功,此心学所以愈晦,而成功所以终不可几也。(《冯恭定全书》卷一二,《关中书院语录》)

世人进行道德判断、道德评价时,往往会着眼于外在的行为表现,而忽略掉内在的思想动机,即不知“求心”。而一些所谓“求心”的人又大多空泛地谈论心性,片面、抽象地谈思想动机,不是与实践行为结合起来谈,这就使“求心”成为空洞、无意义的不作为,造成心学的真精神难以彰明。冯从吾强调内在的道德本心与工夫实践的合一,既要时时点检于纲常伦理、喜怒哀乐、视听言动,在实践中作到“不踰矩”,更要求内在道德本心的明澈。他指出,只有真正能反观内省,在日常的纲常伦理、喜怒哀乐、视听言动之中时时察识,时时体认,求与本心合,才能终至心体一片澄澈,实现从心所欲而不踰矩。如果道德本心不存,却只从表面上追求"不踰矩",就会使道德外化,成为他律的行为,道德的意义就丧失了。结果在实践中也只能是顾此失彼,处处踰矩。如果不能点检自己的日常言行,不讲"不踰矩",只讲随心所欲,一味口唱高调"我能存心",就会陷入佛氏虚无寂灭之心,而走向肆无忌惮。因此,必须强调"求心"工夫的内外统一。

孔子的"从心所欲不踰矩"讲的是结果、是境界,而冯从吾强调的是过程、是用功,所以他强调要坚持不懈地"志学,不惟志不踰矩,即志此从心所欲不踰矩"。孔子十五志于学,当然不仅仅志于不踰矩,而是志在从心所欲不踰矩的境界,如果仅仅志在不踰矩,那"矩"就是他律的,康德认为"意志他律"是否定意志自由的,会使道德成为没有任何意义的东西。而从心所欲不踰矩则是"意志自律"的结果,康德认为"意志自律"是"摆脱感性世界而依理性世界法则决定自己意志",[①]如果人能根据道德原理自己立法,自己遵守,摆脱一切经验欲望、感性因素的影响,就可以达到自由。从心所欲不踰矩是既摆脱了外在的、他律的"矩"的影响与束缚,又体现出"随其所遇,不必一一推勘而纲常伦理自然尽道,喜怒哀乐自然中节,视听言动自然合礼",这正是道在伦常日用中的境界。而这层境界是康德所没有的,康德提出道德的最高目标是实现"至善",而人既是理性的,又是感性的,所以一方面,道德不能以利益和幸福为原则;另一方面,在现实世界中,却又必须考虑感性方面的利益和幸福,使道德原则难以实现,这样一来,便难免产生道德与幸福的"二律背反"。

三、论"养心"

冯从吾还具体探讨了如何养心、正心和存心。对孟子的"养心"之说也有自己的见解,他说:

> "养心莫善于寡欲"一句,乃吾儒养德养身之秘诀。大人者,不失其赤子之心,只是个寡欲,寡字是用功,如"欲寡其过而未能",寡不是在分数多寡上说,寡之又寡,以至于无。故周子曰无欲,无欲之说正是解孟子寡字之意。(《冯恭定全书》卷三,《疑思录》)

冯从吾用周敦颐的"无欲"解释孟子的"寡欲",认为寡字是动词,是讲工

① 康德:《实践理性批判》,北京:商务印书馆,1960 年版,第 135 页。

夫,只有将心中的物欲不断剥去,直至剥落干净,才能不失大人之心,存本心,这才是孟子养心工夫的本义。“寡欲”可说是从否定方面讲“养心”工夫,冯从吾从正面也讲到要涵养本心,他说:

仁,人心也,仁者以天地万物为一体,此真心也。古圣贤千言万语,吾辈千讲万讲,总只是要涵养此一念,扩充此一念,更无多术,圣学真传原在于此。彼摩顶放踵,从井救人者乃有此心,而不能善用其心之过,正所谓好仁不好学,其弊也愚者。若惩其愚,不病其不好学,而反病仁之不当好,则其愚抑又甚矣。故学者必涵养扩充此一念,到满腔皆恻隐之心处,然后信仁者以天地万物为一体之说。(《冯恭定全书》卷二,《疑思录》)

冯从吾认为,古圣贤讲的是涵养本心,今天的学者讲的也是涵养本心,善于涵养且善于扩而充之,直至天地万物一体之仁,这是圣学之真传。有好仁之人,却不善于涵养,于是遇见溺水者,正该救人之时却犹豫徘徊,这是由好仁而不好学造成的,这种人的愚钝有如叶公好龙。此类人错在不好学,而不是其好仁有错,更不是仁不当好。所以,学者必好仁,且善于涵养扩充此仁,才能达到仁者以天地万物为一体的圣人境界。

冯从吾在《宝庆语录》中讲到了“正心”之法,其实质也是要反观内省,涵养本心。他说:

《大学》言正心无他法,只是要此心常在腔子里,盖此心一不在,所以视听遂失其职。以此应事未有不差错者,此身所以不修也。薛文清公每寝必有问曰:主人翁在室否?可谓精于心学者。(《冯恭定全书》卷七,《宝庆语录》)

冯从吾说得很形象,“正心无他法,只是要此心常在腔子里”。前面我们分析过,冯从吾的心有两层含义,一指仁义之心、道德本心;二是从总体、浑沦的意义指主体的意识。具体到这里,“正心”之心应指主体的意识,因为待正之心就存在不正的可能性,显然不可能是仁义之心、道德本心。而“此心”指的是仁义之心、道德本心,或者说是道心、义理之心。只有道心存,义理之心存,道德本心存,腔子里才是一颗仁义之心。如此,内心一片道德天地,视听言动自然合礼,接人待物自然得体,应事自然无差错,此身自然得修。薛文清公每寝必问的“主人翁在室否?”“主人翁”就是指道德本心,冯从吾一向主张“人心不可无主”,此心之主在孔子为仁,在孟子为理义、善,在王阳明为良知,在冯从吾是理、是公,而且冯从吾、王阳明也都曾以主人翁喻心之本体。[1]

冯从吾在《关中书院语录》中还论及"存心养性"。他对"存心养性"评价很高:

> 存心养性辞平而意串(申),存是收放心,养是养德性,存如择种下地,养是有了此种,方可涵养。盖心有道心、人心之别,能存则人心去而道心现矣。养也者,即勿忘勿助,养此道心之谓也。夭寿不贰即知之尽,即知性也。修身以俟,只是存养无间,立命合知天事,天言之即易所谓先天而天弗违,后天而奉天时。至此则天人合一而造化在我矣。(《冯恭定全书》卷一二,《关中书院语录》)

冯从吾认为存心养性言辞平平而意义深远,存要存道心,养也是养此道心,养德性。通过存之、养之的工夫,达至夭寿不贰的境界,也就达到了尽心而知性的境界,孟子曰:"尽其心者,知其性也,知其性,则知天矣。存其心,养其性,所以事天也。夭寿不贰,修身以俟之,所以立命也。"(《孟子·尽心下》)尽心、知性则知天,至此境界则可知天事,与天合一。这样,存心养性的工夫就有了本体论的依据,或者说体现了心性论的本体论意义。

四、强调"仁"的内在性

冯从吾继承了关学重礼的传统,并且十分强调礼的内在依据。当有人问及"克己复礼为仁"之义,冯从吾这样解释:"礼仪三百,威仪三千,皆吾心自有之节文,非外假也,故曰复。世儒不知其所自有也,务华绝根,欲袭而取之。老子见世儒之袭取,而亦不知其所自有也,乃曰:'礼者,忠信之薄而乱之首也',欲掊而去之。斯二者就是己而欲掊而去之者,其己为尤甚,故夫子曰:'克己复礼为仁'。此正所以救世儒之弊,辟异端之失。"(《冯恭定全书》卷三,《疑思录》)冯从吾对"复"字解得很妙,正因为礼仪之节文是发自本心的,不是外在的约束,更不是表面形式,做做样子给别人看的,所以必须克己、自律,使礼以内在的仁作为依据,回归礼的真精神,因而说"复礼"。世儒不知礼是发自内心的,只是追求表面的浮华,丢掉了仁之根。而老子也不明白礼原是发自内心的,看到世儒追求礼的表面文章,便认定礼是虚文,伪而不实,礼使人开始不忠不信,礼是变乱的祸根,因此对礼极力抨击。所以冯从吾强调

[1] 冯从吾、王阳明都曾以主人翁喻心之本体,见本文98、99页。

礼的内在性,这恰恰是对治世儒袭取之弊的关键,也是力辟老子认识之误的关键。

礼的内在依据就是仁,仁就是内在的仁心,仁更不能用来作表面的装饰,或是获利的工具。仁是道德本心,是绝对命令。《论语》中多处提及仁,弟子们多次问及仁,不过,孔子的回答大多是说在实践中如何去实现仁,如"能行五者于天下者仁"(《论语·阳货》),"仁者爱人"(《论语·颜渊》),"仁者其言也讱"(《论语·颜渊》)孔子的回答指出了践仁的方法,孔子更强调仁是内在的道德意识。孔子讲"为仁由己,而由人乎哉?"(《论语·颜渊》)冯从吾接着这句话说:"爱人由己,而由人乎哉? 夫子爱人之说,盖彻内彻外,彻始彻终而言也。孟子不云乎,'恻隐之心仁之端也,苟能充之,足以保四海'。夫恻隐为仁之端也,是爱之根也,充之保四海是爱之用也,扩充到此则满腔皆恻隐之心,便是彻内彻外,彻始彻终道理。"(《冯恭定全书》卷三,《疑思录》)为仁由己,说明为仁的关键在我自身,不是他人所能干预的。仁若是贯彻于外,必有"爱人"之用、"恭宽敏信惠"之用、"其言也讱"之用,这是由仁内在的本心全德决定的。所以,冯从吾说爱人由己,不受他人干扰、摆布,爱人是自己本心的发用,是自己本有的恻隐之心的扩充。他强调为仁首先要向内用功,善存恻隐之心,育此爱之根并扩而充之,直至满腔皆恻隐之心,则自然得以保四海,功到自然事成,由彻内而彻外。

冯从吾在《疑思录》里比较了管仲的"假仁"与颜回的"不违仁",提出"论仁者当先识心,论心者当先自念头初动不容自已处求之",指出仁的内在性。有人问:"仁者爱人固矣,颜子在陋巷,不改其乐,视天下理乱,真如孟子所谓闭户乡邻之鬪者。夫子乃曰:'回也,其心三月不违仁'。管仲相桓公,一匡天下,民到于今受其赐,而夫子第曰:'如其仁,如其仁',岂民到于今受其赐者,反不如一陋巷匹夫,泯泯无所建明者为真与?"(《冯恭定全书》卷三,《疑思录》)冯从吾回答:

> 不知仁主于爱,而爱从何处起? 见孺子而怵惕,睹亲骸而颡泚,不忍觳觫之牛,不屑呼蹴之食,真是不容自已无所为而为者。吾儒不从此处识取,纵功业掀揭天地,总之从纳交恶声处出来,终不是本来真爱,终不谓之为仁。故《易》曰:'复见天地之心',夫当一阳来复之时,造化生意尚未宣泄,而圣人从此处见天地之心,微乎微乎!知此可以论仁矣。昔友人问余,颜子问为邦,夫子告以四代礼乐因

革损益，居然王天下气象。颜子但一陋巷匹夫，何处见得有王佐才，而夫子告之以此？因以臆答曰：回也，其心三月不违仁，便是有王佐才。夫管仲假仁便称霸佐，颜子不违仁，岂不称王佐？即管仲可知颜子矣。然则孟子谓'禹稷颜回同道'，真知仁哉，真知仁哉！或又疑事功作用非仁与，曰不然。管仲倘不遇桓公，则一匡之业安所见于天下后世？故君子不言遇而言心，夫己立立人，己达达人，斯心也，固浑然天地万物一体之心也，斯心也，真不容自己无所为而为之心也。故论仁者当先识心，论心者当先自念头初动不容自己处求之。不然，若落第二层，便是有所为而为，即掀揭功业，皆假矣。仁者爱人，谈何容易。（《冯恭定全书》卷三，《疑思录》）

管仲称霸佐，其功业也称得上是掀天揭地，然而管仲是假仁义以成就功业，其仁爱不是发自内心的真爱，纵然他是轰轰烈烈，但终究与纳交恶声是一个性质，所以孔子不以为然。其实，即便是齐桓公、晋文公，冯从吾也同样认为，他们的功业虽然显赫一时，但"不知发端处从此不忍觳觫一念起"，（《冯恭定全书》卷三，《疑思录》）是以力假仁，他们都是自有不忍之心却要假之，是很可悲的。颜回是一介草民，身处陋巷，却是仁在心中，满腔皆恻隐之心，此心即天地万物一体之心，所以孔子对颜回赞誉有加，认为颜子有王天下气象。孔子是论心不论遇，因为若论机遇，管仲若是遇不上齐桓公，那他一匡天下的伟业也是无从谈起。可见，所谓君子、仁人都是不言遇而言心，自念头初动不容已处扩充至四海，便是己立立人、己达达人之心，便是禹稷颜回同道之心，便是天地万物一体之仁。这充分体现出冯从吾的心学路向。

可以明显看出，冯从吾对待外在事功的态度与世俗不同，他不赞赏一味追求外在的事功、霸业，这从他对管仲、王安石的评价就能看出。冯从吾认为，功业大小系于所遇，器量大小系于所学。管仲功业大而器量小，内在的涵养欠缺，"惟其功业大，所以敢于奢侈，惟其奢侈，所以见得他器小。若是器大，将此功业不知容在何处，岂肯奢侈至此。"（《冯恭定全书》卷二，《疑思录》）"功烈如彼，其卑也。功烈本高，而自高之则卑。"（《冯恭定全书》卷二，《疑思录》）管仲虽然功业大，但是他居功自傲，自恃功高而奢侈无度，显出他器量狭小，涵养不够。冯从吾也为王安石叹息："王安石行新法，原是为国的心，只是把孝弟仁义看作迂阔主意，专要富国强兵，做个国家有用的豪杰。不知一丢过孝弟仁义，便做不出有用的好事业来。此所以到底国也不能富，兵也不能强，不惟不能富强，且贻靖康无穷之祸，自误以误人国，岂不深可惜哉？可见尧舜之孝弟正是尧舜之所以为事功，特安石自以为是，不肯细讲耳。”（《冯恭定全书》卷三，《疑思录》）冯从吾认为要建立丰功伟业，内在的孝弟仁义才是根据，王安石却把孝弟仁义看作迂阔主意，专要富国强兵，到头来落得自误以误人国。王安石不明白，“外面的事业都是从乍见孺子将入于井，皆有怵惕恻隐的这一念来。故曰：以不忍人之心，行不忍人之政，扩而充之，足以保四海。”（《冯恭定全书》卷三，《疑思录》）曾经有人问冯从吾：“孔子摄相三月而鲁国大治，即受乐不朝，亦当少留须臾以俟功业成，何为遽去？不几为山九仞，功亏一篑邪？”问者以为孔子的“遽去”很可惜，冯从吾却回答：“自古圣贤宁可无功业之成，不可无自守之义，不然便是为山九仞，功亏一篑矣。”（《冯恭定全书》卷三，《疑思录》）外在的功业与心中的道义相比较，圣贤都会毅然放弃功业，成就道义，因为在儒家圣贤的心中，道义才是巍然屹立的高山。

冯从吾提出“心乃政事之源”。在《关中书院语录》中他设问：“唐虞之际，洪水艰食天下，正是多事，而虞廷独揭人心道心，更不及事功一语，恰似迂阔，而尧舜事功独卓越千古，何也？”他指出：“心者，政事之源，而精一执中正修政立事之根也。源洁流清，根深末茂，此尧舜之事功所以独卓越千古耳。三代以后，讲心学者多见谓迂，而君臣上下争驰骛于事功，又何怪乎事功之反不及古人也。”（《冯恭定全书》卷一二，《关中书院语录》）

冯从吾认为学术与事功并不矛盾，他说：“《大学》至治国平天下，《中庸》至赞化育参天地，皆是言学术，不是言事功，事功乃学术中之作用，非与学术对言也。后世迂视讲学而专讲事功，此所以并事功亦不及古人。”（《冯恭定全书》卷一一，《池阳语录》）冯从吾以《大学》《中庸》为例，说明事功乃学术中之作用。《大学》讲到了大学之八条目：“古之欲明明德于天下者，先治其国，欲治其国者，先齐其家；欲齐其家者，先修其身；欲修其身者，先正其心；欲正其心者，先诚其意；欲诚其意者，先致其知，致知在格物。物格而后知至，知至而后意诚，意诚而后心正，心正而后身修，身修而后家齐，家齐而后国治，国治而后天下平。”朱熹说“此八者，大学之条目也”，（《四书章句集注》）治国平天下是事功业绩，也是大人之学，曾子将其归于大学的八条目之中，认为格物致知，正心诚意是修身齐家，治国平天下的前提。所以冯从吾认为，《大学》至治国平天下皆是言学术，不是言事功。

《中庸》曰："唯天下之至诚，为能尽其性，能尽其性，则能尽人之性，能尽人之性，则能尽物之性，能尽物之性，则可以赞天地之化育，可以赞天地之化育，则可以与天地参矣。"朱熹注曰："天下至诚，谓圣人之德之实，天下莫能加也。尽其性者德无不实，故无人欲之私，而天命之在我者，察之由之，巨细精粗，无毫发之不尽也。人物之性，亦我之性，但以所赋形气不同而有异耳。能尽之者，谓知之无不明而处之无不当也。赞，犹助也。与天地参，谓与天地并立为三也。此自诚而明者之事也。"(《四书章句集注》)赞化育参天地自然是掀天揭地的丰功伟业，但此事功也是来自于至诚、尽性的学问工夫。圣人正是因为能尽性，故"德无不实"，自诚而明，"知之无不明而处之无不当也"，故能赞助化育，与天地并立为三。所以冯从吾说，《中庸》至赞化育参天地，皆是言学术，不是言事功。圣人之学若真能彰明天下，学术的作用自能显现出来，圣人自然能齐家、治国、平天下，终至赞化育参天地。

冯从吾主张儒者以学问为事功。他在《订士编》中这样评价孔子、曾子和孟子的事功：

> 老者安之，朋友信之，少者怀之，是孔子一生的学术，一生的事功；孝者所以事君，弟者所以事长，慈者所以使众，是曾子一生的学术，一生的事功；老吾老以及人之老，幼吾幼以及人之幼，是孟子一生的学术，一生的事功。(《冯恭定全书》卷四，《订士编》)

笔者对此点很能认同，对一个儒者，或者学者来说，圣人之学就是他的本分，更是他的专长。如果以世俗的事功标准去衡量儒者，即使是圣人的孔孟亦是无所成就。研究学术、讲学授徒，使圣人之学发扬广大，教化社会，振拔人心，这就是一个学者的最大事功，最大成就，就是他对社会作贡献的最佳方式，这样才真正作到了人尽其才。学者的才能只有在作学问中才能最大限度地发挥出来，勉强学者去从政、去经商，都是对人才的浪费。例如唐君毅先生办新亚书院就影响到他学问的深入，牟宗三先生对此很惋惜。[1]

第二节　工夫要落在自家身上

冯从吾强调工夫的内向性，强调工夫要落在自家身上。冯从吾认为曾子

① 参见牟宗三：《中国哲学十九讲》，第318页。

讲的都是切己的工夫,曾子曰:“吾日三省乎吾身。为人谋而不忠乎?与朋友交而不信乎?传不习乎?”(《论语·学而》)为人谋事应该忠诚,与朋友相处要讲信义,拜师学艺应该勤学钻研。曾子都是站在自家的立场,反省如何为人师,为人友以及为人弟子。曾子强调与人相处,忠信为本,尽心尽力,有则改之,无则加勉。所以冯从吾说:“为人谋而不忠乎?是就自家为师说;与朋友交而不信乎?是就自家与朋友说;传不习乎?是就自家为弟子说。”(《冯恭定全书》卷二,《疑思录》)重视自我反省是儒家的传统,冯从吾也非常重视内省、反省、自反的工夫,他对“博我约我”“自反而缩”“犯而不校”都进行了细致而透彻的的诠释,尤其是对“犯而不校”有独到的分析。

一、内省与自反

冯从吾提出,向内反省,问心无愧,才称得上真君子;一味在人前讨巧卖乖,追求外在的好名声,到底只做成乡愿。他在《疑思录》中说:“内省内字极重,内字对外字言。外省不疚,不过无恶于人;内省不疚,才能无恶于志。外省不疚,无恶于人,到底只做成个乡愿,内省不疚,无恶于志,才是个真君子。”(《冯恭定全书》卷二,《疑思录》)冯从吾在分析“仁者其言也讱”时,详细论述了内省的工夫:

> 仁者其言也讱,讱之云者,非徒不言也,盖太极之理,动而生阳,静而生阴,不静专则不动直,不静翕则不动辟。故子思曰:小德川流,大德敦化。讱之云者,亦敦化意也。圣贤道理原自精细,圣贤学问原自深湛,故《易》曰:‘洗心,退藏于密’,《诗》曰:‘夙夜基命宥密’,讱之云者亦藏密意也。大抵人之精神,最忌外露,人之力量最怕轻泄,士君子果能收敛这一段精神,弢固这一段力量,如猫之捕鼠,如鸡之抱卵,不识不知,勿忘勿助,到此地位才是真为之难,才是仁者其言也讱。这等去处别人识不得,须是要自家内省,内省者收视返听,自家默默湛思,默默点检耳。后世学者岂不毅然要做好人,但终日外省处多,内省处少,如何算得?故次章即云内省不疚,夫何忧何惧?而子思亦曰内省不疚,无恶于志。君子之所以不可及者,其惟人之所不见乎,正得夫子告司马牛之意。吾辈为学须是要在人所不见处用功。(《冯恭定全书》卷四,《订士编》)

“仁者其言也讱”,讱即忍也,仁者应该是讷言敏行的。“仁者心存而不放,故其言若有所忍而不易发,盖其德之一端也。夫子以牛多言而躁,故告之以此。使其于此而谨之,则所以为仁之方,不外是矣。”(《四书章句集注》)儒家忌外露、怕轻泄,重内敛、静专、藏密的工夫,这些工夫的实质在于善内省,向内收敛精神,将目光返回自我之心,在心中默默反思,默默点检。司马牛多言而急躁,恰恰欠缺内敛、静专、藏密这些内向性工夫,所以孔夫子可说是因材施教,对治以讱。讱决非单单是表面的忍而不发,如果离开清醒、自觉的内省之心,那所谓内敛是空洞的,所谓静专是枯守的,所谓藏密也是无秘可藏的,果真如此,人比不上一棵静静的树。君子之所以是君子,就在于他是在不睹不闻处用功,他能作到内省不疚,问心无愧,所以才能不忧不惧,宠辱不惊。

冯从吾在《宝庆寺语录》中谈到了君子如何善于内省,他说:

> 己所不欲,勿施于人,此仁者强恕而行之事,然天下不皆强恕而行之人,我奈何?因不欲之加而辄动其愤懑不平之念,如此则必生身于羲皇之世而后可也,但不知羲皇之世又有此愤懑不平之士否?
>
> 君子遵道而行,其志何尝不锐然,不免废于半途者怕人责备也,不知别人责备我正是指点我处,有人指点我,方喜其前途之不迷也,而又何怕之有?(《冯恭定全书》卷七,《宝庆语录》)

仁者能做到推己及人,宽于待人,不会强加于人。然而天下人不都是仁人君子,我们又该如何呢?冯从吾说,当别人强我所难时,不要动辄愤世嫉俗,满腹牢骚,总是求全责备于人。试想,如果要求人人都是推己及人的仁人君子,那除非我们都生在尧舜之世,可话说回来,尧舜之世又怎么会有动辄满腹牢骚之人呢?所以,作为君子应在自家头上反省,即内省,不要听不得批评,害怕反面意见。而应认真反问自己:别人的批评、指责是否说明我的确有不足之处?内省的结果,若果真认识到了自己的不足,岂不是还应该感谢批评者,感谢他的指点之功,而不是一味怨恨别人的批评。“己所不欲,勿施于人”本是站在施者的角度讲,冯从吾的确是善于反省,他转换视角,站在被施者的角度进行反省:别人责备我,也许正是在指点我。同样的观点也反映在冯从吾对“患不知人”的解释,孔子曰:“不患人之不己知,患不知人也。”有人由此而问:“患不知人,是患人难知否?”冯从吾说,人难知这是不用讲的,患的只是我自己没有知人的能力,“不患妍媸难辨而患鉴之不明,不能照人之妍媸;不患轻重难定而患衡之不平,不能称人之轻重,此患不知人,正君子近里着己之学也。”(《冯恭定全书》卷二,《疑思录》)知人难既然是客观事实,所以空发感叹不能解决知人难的问题,问题的关键在于自己鉴之不明,衡之不平。只有提高自己的鉴别力,统一自己的评价标准,才是解决问题的关键,儒家的工夫要求都是针对自家的、向内的,是近里着己之学。

与内省相类,冯从吾还提出了"自反"的工夫。冯从吾论述"自反"的工夫时,自觉以舜为法,他说:"舜虽遭父顽弟傲,自舜视之,不知其为顽为傲,只知道自家要孝要弟。所以为古今大圣,此所以孟子论三自反必引舜为法。"(《冯恭定全书》卷三,《疑思录》)舜为自反树立了古今的典范,父顽弟傲都是人生遭际,人生遭际各有不同,但圣人不轻言遭际,而是善于自反。舜不论父之顽、弟之傲,只知道自己应该孝父、爱弟,处处反思自己还有什么不孝不弟之处,这正是舜所以成圣之处,也是孟子论及"三自反"时引舜为法的原因。"三自反"是指孟子在《孟子·离娄下》中对自反的阐述,孟子曰:"有人于此,其待我以横逆,则君子必自反也:我必不仁也,必无礼也,此物奚宜至哉?其自反而仁矣,自反而有礼矣,其横逆由是也,君子必自反也:我必不忠。自反而忠矣,其横逆由是也,君子曰:'此亦妄人也已矣。如此,则与禽兽奚择哉?于禽兽又何难焉?'是故君子有终身之忧,无一朝之患也,乃若所忧则有之:舜,人也;我,亦人也。舜为法于天下,可传于后世,我由未免为乡人也,是则可忧也。忧之如何?如舜而已矣。若夫君子所患则亡矣。"冯从吾不但重视自反的工夫,而且身体力行。他为了时时提醒自己注意自反,书壁以自警曰:

> 自己不能寡过而望人容我,惑也。望人容我而我不能容人,惑之惑也。必随事自反,不与人较量,方能拔此病根。(《冯恭定全书》卷一六,《释褐后书壁自警二则》)

不要过于计较别人的态度,总是埋怨别人不够宽容,应有推己及人之心,遇事多作自我检讨、自我反省。冯从吾的自警语体现出一个儒者严于律己,宽于待人的宽大胸怀。冯从吾在《宝庆语录》中还论及"自悔",自悔是自反工夫的具体表现。有学者问到:"人生尘寰,举足就差,开口便错,寻自悔之差错,过的都收拾不来,似这终身痼辙,如何解脱?"冯从吾回答说:"学者终身痼辙不能解脱,只是不知自悔,若能自悔,举足自然不差,开口自然不错,纵不然,亦不至大差大错矣,又何痼辙之足患?"(《冯恭定全书》卷七,《宝庆语录》)悔过都是悔己之过,"忄"偏旁恰恰说明是自己在心中悔过,悔过都是发自内心的,只能是自悔。若能真正作到自觉自悔,那接人待物,举手投足间自然不会出现大差错。

二、“博我约我”“自反而缩”与“犯而不校”

冯从吾对“博我约我”“自反而缩”“犯而不校”这些切己的工夫都有仔细的诠释和独到的见解。冯从吾在山东临清讲学时，有后学问到：“夫子博文约礼之训，不颛为一颜子发，而颜子一旦慨然认到自家身上，曰博我约我，何也？”冯从吾回答：

彼诚信得道理原在自家身上，夫子不过一指点之耳。向也迷而今也悟，方才觉得有趣，方才欲罢不能，若是自家信不到，但假人口吻曰博文约礼云云，终是无趣味，终是不得欲罢不能。（《冯恭定全书》卷四，《订士编》）

颜回认识到博文约礼的道理要落实到自家身上，博文约礼的实质在于，使我博之于文，使我约之于礼。只有自己切实体验到此，才能随事而学习，随学而反己，终至“学而时习之，不亦说乎？”解悟到学问中的趣味，乐而忘返。

冯从吾提倡随学而反己，在诠释《孟子》“行有不慊于心”一句时，他认为这正是讲“自反而缩”的工夫。《孟子·公孙丑上》中有曾子对“大勇”的描述：“自反而不缩，虽褐宽博，吾不惴焉；自反而缩，虽千万人，吾往矣。”朱熹注曰：“此言曾子之勇也。缩，直也。檀弓曰：‘古者冠缩缝，今也衡缝。’又曰：‘棺束缩二衡三。’惴，恐惧之也。往，往而敌之也。”（《四书章句集注》）曾子认为真正勇敢的人，应该是当问心无愧时，虽面对千军万马，亦勇往直前，敢于坚持自己的立场；而当自问有愧时，即使面对愚夫愚妇，也应坦诚、谦恭，勇于承认自己的错误。冯从吾十分赞赏曾子的勇敢，他说：

行有不慊于心一句是浩然一章大旨，人心虚灵，是非可否，一毫瞒昧不过，凡该行该止，此中自有权衡，若是肯凭着本心行去，使件件慊于心，便是集义，便是自反而缩，此正孟子得统于曾子处。（《冯恭定全书》卷三，《疑思录》）

冯从吾认为人心虚灵，是非可否，问问自己的本心，一丝一毫也欺瞒不过去。行为举止只有自问而无愧于心，行事真能“件件慊于心”时，才是自反而缩。冯从吾还将孟子的“三自反”与曾子的“犯而不校”相联系，通过对“犯而不校”的细致分析，使自反的工夫论更加深入。曾子的“犯而不校”出现在《论语·泰伯》篇，曾子曰：“以能问于不能，以多问于寡；有若无，实若虚，犯而不校，昔者吾友尝从事于斯矣！”犯即反，校即较，“犯而不校”指随时反省，不要与人计较。这里的“友”当指颜回,曾子认为颜回心存义理,物我无间,无计较之心,所以能作到虚怀若谷,不耻下问。冯从吾认为孟子“三自反”的工夫就是颜子的“犯而不校”,他说:

> 曾子说犯而不校,孟子又恐学者泥其词,不得其意,徒知不校,不知自反。故又有三自反之说,若是果能自反,则横逆之来,方且自反不暇,安有暇工夫校量别人?故三自反正是不校处。昔人谓孟子“三自反”不如颜子之“犯而不校”,误矣。(《冯恭定全书》卷三,《疑思录》)

冯从吾认为,犯(反)而不校(较),其核心在“反”,孟子就是抓住犯而不校的核心,强调反己之功。当别人待我于横逆,面对不公平的待遇,君子的第一反映不是勃然而起,而是认真自我反思:一定是我有什么不仁不礼之处,别人才会如此对待我。经过一番自我检讨,并没有害仁违礼,而对方的恶劣态度一如既往,君子则会再次反思,一定是我还有什么未尽心竭忠之处,别人才会这样对待我。经过一番更为彻底的自我检讨,仍未发现有不忠之处,对方依然是横眉冷对。此时君子仍会返回自身,对自己说:这是无知妄为之人,这样的人与禽兽无异,难道我能和禽兽去计较吗?试想,如果遇事真能像孟子所说的君子那样,眼光向内,一而再、再而三,不懈地进行自我反思,哪里有闲工夫与别人斤斤计较?所以冯从吾说孟子的“三自反”就是颜子的“犯而不校”,批评了那种认为孟子的“三自反”不如颜子之“犯而不校”的观点。

说到横逆之人是妄人,与禽兽无异,有人感觉孟子的话语不免锋芒外露,“问:与禽兽奚择哉?于禽兽又何难焉?不免太露英气。”冯从吾回答:“不然,在君子,存心固一味自反,不与横逆校。在孟子,立言若只一味责备君子,更不言横逆一字之非,是益助横逆之恶也,岂是圣贤之心?故不得已说此二句,正是提醒他、成就他处。有此二句,彼其人即甚横逆,闻此亦未有不知警戒惭愧者,或可以少折雄心于万一耳。禹泣罪人,孟子泣横逆,既成君子之美而又不成小人之恶,真所谓大造无弃物也。”(《冯恭定全书》卷三,《疑思录》)从君子的角度讲,自然是存一味自反之心,不会与横逆计较。可从孟子的角度讲,他立论若只是一味对君子求全责备,对横逆之非没有明确的否定态度,避而不谈,那岂不是对横逆的默许?甚至是助纣为虐。这当然有违孟子的初衷,所以妄人、禽兽的说法也是迫不得已,是为了提醒横逆之人,促使他也能作自我反省,幡然悔悟,心生羞惭。这正说明圣人既能成君子之美,又不成小人之恶。

冯从吾还指出了妄人禽兽之说的另一层用意，即促使君子自反工夫的进一步完善。他说："妄人禽兽云云，君子到三自反后才好如此说，此是究竟尽头的话，不是轻易说。此所以下文紧接君子有终身之忧，而又引舜以为证。若谓必自反如舜而后可以言自反，而后可以言不校耳。舜不是容易如的，妄人禽兽不是轻易说的。"（《冯恭定全书》卷三，《疑思录》）冯从吾这段话警示世人，不能动辄自以为是，高高在上，以禽兽斥责别人。妄人、禽兽的结论是不能轻易下的，不是人人都可以随意下的。必须真正经过一而再、再而三的自我反思、自我检讨，能像舜那样无视父之顽、弟之傲，而且并不以为是顽、是傲，只知自己应该一味孝弟，只知将切实的工夫落实在自家身上，这才能称得上自反，才有资格讲不与人较量。正像常人很难达到舜那样的修养境界一样，妄人禽兽的话头也不是能轻易讲的。

紧接着，冯从吾对犯而不校中存在的三种情形进行了鞭辟入里的分析：

> 世之犯而必校者无论，即犯而不校者，亦有三样：有自反而不校者；有不自反而不校者；有不自反而又以不校为校者。自反而不校者，颜子是也。若不自反而不校，但遇横逆即曰此妄人也，此禽兽也，何足与之校，如此若与颜子不校一样，不知这样不校是自以为是，目中无人，把人都当作禽兽待了，是何道理？是又傲妄之尤者也，益失颜子不校之意矣。至于老子欲上故下，欲先故后之说，是又以不校为校，乃深于校者也，其奸深又甚于傲妄。故孟子存心自反之说，正在精微处辨毫厘千里之异耳。犯而不校，谈何容易？
>
> 校故不是，不自反而不校又不是，如何为是？曰：又要不校，又要自反。横逆既一毫不介于怀，修省又一毫不懈于己，方是真正犯而不校，此圣学所以为难，此颜子所以为不可及。（《冯恭定全书》卷三，《疑思录》）

犯而必校，睚眦必报的人，这个世界上当然是有的，暂且不论。即使是犯而不校，如何不校？这中间还需仔细思量。有只知一味自我反思，无心、无暇与他人较量的君子；也有既不知自我反思，并且口称不屑于与他人计较的狂人；还有一些奸诈之人，表面总是宣称"我不计较，我不计较"，内里却是以退为进，达到以不校而屈人之兵的目的，以不校为手段、工具，以校为目的。冯从吾认为，颜子是第一种人的代表；第二种人没有内向的自我反思，但凡遭遇横逆,便连连说:“这是无知妄为的人,猪狗不如,我不去计较!”表面上看,第二种人的不校与颜子的不校似乎一样,实质上却抽掉了内里自我反思的工夫,是狂妄自大,目中无人,将别人都鄙视为禽兽,世上没有这样的道理,这种狂妄之徒的所谓不校,与颜子的不校可以说是毫厘千里之别;老子的道家是第三种人的代表,道家无为而无不为,无用而成大用的思想,被一些奸诈小人拿去施法术、耍手段,以不校为校,最终必定要较量,且较量必定要占上风。这种人比狂妄自大的人又阴险一层,隐蔽一层。可见,犯而不校的实质核心在于犯,所以孟子讲存心,强调内在的心性修养;讲自反,强调自家工夫的落实,都是在学问精微处辨明义理。话说至此,有人提出疑问:这就成为计较也不是,(不自反)不计较也不是,究竟怎样才是呢?提问的人其实还是没有抓住“犯”这个核心,冯从吾回答:既要不校,又要自反。不校,要达到对所遭遇的一切横逆,心中毫无芥蒂;自反,同时又能自我反省,毫不松懈,这才是犯而不校的本义。这也是颜子的境界难以企及的原因。

“犯而不校”之说自然是针对君子的自我修养而言的,但为了避免横逆之人以此作为苛求君子的口实,冯从吾又说:“君子三自反是就君子自家说,在他人不可以此责备君子。若因君子自反,随责备君子自取,是左袒横逆之说也。新法之行,吾党亦激成之,是伯淳自反之言。伯淳道大德弘,自家合当如此说,而论者不察,遂真以为激成,何也?如此则章惇蔡京辈反为不激矣。”(《冯恭定全书》卷三,《疑思录》)

总之,冯从吾的自反指自我反省,反向自身,通过自我点检,自我克制,不断地自我完善、自我提升、自我超越,以跻圣域。张载也讲“反”,张载的“反”是指人性由气质之性返归天地之性,二者的“反”有共通之处,冯从吾自反的目的最终也是返归人自身的天地之性。当然,二者的侧重点有区别,张载的反,重在讲成性,要求复归人之为人的本性——天地之性,强调的是反的最终指向;冯从吾的反,重在讲自反,要求“默默点检自家心事”,强调的是反的具体方式。

三、自得与自慊

冯从吾重视做学问中的“自得”“自慊”,学者只有体会到了学问中的这种真乐趣,学问才能不断长进。他说:“曾子言自慊,子思言自得,此正是学问实受用处。学者讨不得此趣味,纵十分修持,终是外面工夫。”(《冯恭定全书》续集卷一,《都门语录》)主张学问要以“自得”为头脑,工夫要在自家身上见分晓。

> 孟子曰:“君子深造之以道,欲其自得之也。自得之则居之安,居之安则资之深,资之深则取之左右逢其原,故君子欲其自得之也。”又曰:“博学而详说之,将以反说约也。”(《孟子·离娄下》)可见,学不到自得终是支离,终不能取之左右逢其原。若不深造以道,而曰:“我能自得”,又无是理。世之学者喜谈左右逢原自得之妙,而厌深造以道,博学详说之功是未尝有之,而欲其似之也,恐终无似之之日矣。
>
> 学问工夫全要晓得头脑主意,深造以道,主意全为自得,博学详说,主意全为反约。博学详说正是解深造以道,反约正是解自得,以自得为主意,以深造以道为工夫,以左右逢原为自得之妙,此孟子生平学问大得力处。
>
> 学问晓得主意才好用工夫,用了工夫才得到妙处,若只谈妙处而不用工夫,则妙处终不能到,若泛用工夫而不晓得主意,则工夫亦徒用矣。此空虚之学与支离之学皆圣道所不载也。(《冯恭定全书》卷一二,《关中书院语录》)

《中庸》曰:“君子无入而不自得焉。”孟子进一步提出“自得”“博学详说”之说,朱熹对《孟子·离娄下》这两段注曰:“造,诣也。深造之者,进而不已之意。道,则其进为之方也。资,犹藉也。左右,身之两旁,言至近而非一处也。逢,犹值也。原,本也,水之来处也。言君子务于深造而必以其道者,欲其有所持循,以俟夫默识心通,自然而得之于己也。自得于己,则所以处之者安固而不摇;处之安固,则所藉者深远而无尽;所藉者深,则日用之间取之至近,无所往而不值其所资之本也。”“言所以博学于文,而详说其理者,非欲以夸多而斗靡也;欲其融会贯通,有以反而说到至约之地耳。盖承上章之意而言,学非欲其徒博,而亦不可以径约也。”(《四书章句集注》)冯从吾将孟子的“自得”与“博学详说”融会贯通,指出博学详说正是讲如何深造,是学问深造的具体方法;反约正是讲自得境界,有自得必能深入浅出,言词简约。他提出深造以道,博学于文的工夫是很重要的,但是只有扎实、深厚的学问工夫还不够,做学问贵在有自己的头脑与主见,能做到心中默识,体会到自得之妙,自得之妙在于能融会贯通,左右逢源。此时开口,往往是言简意赅,一语中的,而非口若悬河。深造以道、博学详说的目的不是为了在人前夸夸其谈,炫耀夸饰。冯从吾强调学问工夫与自得主意的统一,认为只知埋头用功而没有自得之为学见识,就会淹没于经史子集,徒劳无功,陷入支离之学;只谈自得之妙而没有扎实的学问工夫,终究是妙处不可得,反而陷入空虚之学。

在杂著《别河津宁董五生》中冯从吾论及效先觉与自得的统一关系。他说:

> 晦翁云人性皆善,而觉有先后,后觉者必效先觉之所为,乃可以明善而复其初。夫复其初则复性矣,而必自效先觉之所为得之……虽然,性为何物?复用何功于此?参之又参,又究之又究,以至于无可参究处,一旦豁然有悟,才是深造自得。如此则居安资深,左右逢原,才谓之真能效先觉之所为。不然,纵依样画葫芦,窃恐其转效转远,又何性之能复哉?故不效先觉不可以言学,而不自得亦不可以言效。(《冯恭定全书》卷一六,《别河津宁董五生》

无论是为人、为学,后觉者效先觉是十分必要的,但是,效法先觉不是盲从,不是依样画葫芦,而应参之又参,究之又究,领悟其内在的真精神,与先觉的心灵进行对话,能痛其所痛,乐其所乐,在心与心的碰撞中真正提升自己,达到明善而复其初的目的。如此则进入自得之境,居安资深,左右逢原,这才是真正的效先觉,因为效的最终目的是明善而复性。不效先觉无法做学问,更谈不到学有自得;不到自得之境便不是真正的效先觉。在《庆善寺讲语》中冯从吾还区别了儒家的自得与庄子的“自得自适”:“庄子言自得自适,是言尧舜以天下劳心,以天下为桎梏,不过要得人之得,适人之适,使别人得所而非自得自适也。自得自适与吾儒之说不同,只是要自家讨便益,讨受用,不管别人死活,此庄子之逍遥所以坏心术而得罪于名教也。”(《冯恭定全书》卷一一,《池阳语录》)

冯从吾认为自慊只能自己默默体验而自得,君子只有不自欺,心中充满诚意,在慎独的工夫修养中才能讨得自家心上慊意。他在《疑思录》中说:

> 所谓诚其意者,毋自欺也,只毋自欺便是自慊,自字最妙,欺曰自欺,则其苦真有不可对人言者,慊曰自慊,则其趣亦有不可对人言者,吾辈默默体验自得。月挂梧桐上,风来杨柳边,院深人复静,此景共谁言?
>
> “自慊”二字甚有味,见君子而厌然,正是小人自家不慊意处,安

> 得心广体胖。故曰："行有不慊于心，则馁矣。"君子慎独只是讨得自家心上慊意，自慊便是意诚，便是浩然之气塞于天地之间。（《冯恭定全书》卷二，《疑思录》）

"自慊"最早出现在《大学》中，原文曰："所谓诚其意者，毋自欺也。如恶恶臭，如好好色，此之谓自慊。故君子必慎其独也。小人闲居为不善，无所不至，见君子而后厌然，揜其不善，而著其善。人之视己，如见其肝肺然，则何益矣。此谓诚于中形于外。故君子必慎其独也。"在心性修养的过程中，诚意是首要的因素，怎样才是有诚意？就是不要自欺欺人。朱子说："欲自修者，知为善以去其恶，则当实用其力，而禁止其自欺。使其恶恶则如恶恶臭，好善则如好好色，皆务决去，而求必得之，以自快足于己，不可徒苟且以殉外而为人也。然其实与不实，盖有他人所不及知而己独知之者，故必谨之于此以审其几焉。闲居，独处也。厌然，消沮闭藏之貌。此言小人阴为不善，而阳欲掩之，则是非不知善之当为与恶之当去也；但不能实用其力以至此耳。然欲掩其恶而卒不可掩，欲诈为善而卒不可诈，则亦何益之有哉！此君子所以重以为戒，而必谨其独也。"（《四书章句集注》）

自慊只有自己在心中默默体验，细细品味，其中的自足与惬意无法、也不必一一与人诉说，有知音更好，无知音也不必去迁就别人而勉强自己。所以，冯从吾说"自慊二字甚有味"，必须作到心有诚意，诚心对人，诚心对己，尤其是面对自己的心，自欺欺人是很难的，由此可知自欺的人"则其苦真有不可对人言者"。小人闲居，为所欲为，肆无忌惮，并非是小人不知道做人应该抑恶扬善，而是没有依本心切实用功。见君子之后，小人心中不再坦然，见君子而厌然就说明小人知善知恶，知道恶不该为，而企图遮掩自己的恶。可见，当人独处之时，才是真心的自然发露，所以儒家讲自慊，重慎独，这种自慊的心境、慎独的工夫正是对心性修养的最高要求。孟子曰："行有不慊于心，则馁矣。"（《孟子·公孙丑上》）孟子认为问心无愧时，浩然之气自然充溢于胸中，心中自适自足，自然理直气壮。

同时，冯从吾又提醒学者戒自傲，认为自慊不是自傲。有人问："人不知而不愠，是知我者希则我贵之意否？"冯从吾回答："不然，人不知而不愠，圣人之心如太虚然，原不贵知亦不贱知。朋来则乐，人不知则亦不愠，人知之则嚣嚣，人不知之则亦嚣嚣，何等平心易气，曷尝有丝毫愤世不平之意芥蒂于中？总之，以无心自处，亦以无心处天下耳。若知我者希则我贵，我贵二字便觉傲气,便觉愤世不平,此是借此二字以自宽慰之意,此又愠之甚者也,安得与夫子之言并论?”(《冯恭定全书》卷二,《疑思录》)圣人之心如太虚,一物不容而万物皆备,一物不容指心无一丝物欲杂念,万物皆备指圣人心同天地万物,自我圆满。所以圣人自得自慊,自然是不贵知亦不贱知,人不知而不愠,能作到平心易气,既不会愤世嫉俗,怨天尤人;也不会自大自傲,孤芳自赏。

四、工夫在平时

冯从吾重视内在的心性修养,提出工夫要在自家身上见分晓,而且认为心性得力不在临时,全在日用常行中。他说:

> 圣贤之学总在心性,而心性得力不得力,又全在日用行事见得。若行事纵恣,而曰我能了悟心性,其孰信之?此孔子讲学惓惓于孝弟忠信,博约知行有以也。且欲求孝弟忠信之理,尽知行博约之功,使日用行事件件恰当,又不专在行事上用功,须是在心性一念上用功,庶工夫不落口耳而行事始得恰当。(《冯恭定全书》卷一五,《答杨原忠郡守》)

> 见利思义,见危授命,得力不在临时。必平日讲一介不苟之学,而后能见利思义;必平日讲朝闻夕死之学,而后能见危授命。不然,利至然后斟酌道义,危至然后商量生死,则不及矣。(《冯恭定全书》卷三,《疑思录》)

冯从吾指出,圣贤之学必须在平日里着实用功,必须平日求孝弟忠信之理,尽知行博约之功,讲一介不苟、朝闻夕死之学,而后能见利思义、见危授命。因为圣贤之学本来不在玄远,道在日用常行中。心体的发用正在纲常伦理、日用常行间,不能悬空求心。他说:

> 吾儒论心正在纲常伦理、日用常行间精之一之,未感寂然,既感豁然,无事廓然,有事沛然,此心之所以为妙。若丢过纲常伦理、日用常行而悬空求心,未感无事之时似觉寂然,似觉俗心已化,而一有所感便觉茫然,便觉俗态复生。观于既感之茫然,而知未感之寂然非真寂然也;观于既感之俗态复生,而知未感之俗心已化原非已化也,不过悬空想象,暂暇片时而已。欲根未拔而欲欲之不纵,理根未培而欲理之不消,其可得乎?(《冯恭定全书》卷一二,《关中书院语录》)

如果没有日用常行间精之一之的工夫，只是悬空求心，未感之时倒也能做到我心寂然，俗心无存。然而，一遇事便俗态毕现，心乱如麻。可见，未感之时的心之寂然不是真寂然，此时的寂然是因为未遇到诱惑，而不是真正具有抗拒诱惑的能力。所以，必须在纲常伦理、日用常行间一一尽道，事事用功，拔去欲根，培育理根，才能“未感寂然，既感豁然，无事廓然，有事沛然”。讲学至此，听者有人心生疑惑，问到：“先立乎其大，则小者不能夺也。若只在喜怒哀乐上一一要中节，视听言动上一一要合礼，不几于舍本而务末乎？”（《冯恭定全书》卷一二，《关中书院语录》）冯从吾回答，当然不是舍本求末。所谓“先立乎其大”，不是要悬空去“先立乎其大”，悬空在心上求。正是要在喜怒哀乐、视听言动间辨别道心、人心，着实下一番精之一之的工夫，最终使此心“湛然虚明，如云之定、如水之止、如镜之空、如横之平”，这才真正称得上是“先立乎其大”，而后，喜怒哀乐自然中节，视听言动自然合礼，目耳口体小者自不能夺也。如果不在喜怒哀乐、视听言动间用精一之功，而悬空去求所谓“先立乎其大”，这是异端悬空之学，结果恐怕是大者终不能立，却为小者而摇夺也。（《冯恭定全书》卷一二，《关中书院语录》）

冯从吾还指出，圣人与常人的区别其实就在于日常的工夫，他在《做人说》中讲到，做圣人不难，关键是人们不肯在日用常行间切实下工夫。他说：

难易之间是在自悟，非可以胜诸口说也无已。试以舜孔观之，古今论大圣必曰舜孔，舜之德业详载处，书中若不可几及，而夫子乃曰：“舜好问而好察迩言，隐恶而扬善，执其两端，用其中于民，其斯以为舜乎。”玩其斯二字，可见《虞书》所载多少德业，都不是舜之所以为舜处，而惟此乃其所以为舜。然则好问好察难耶？隐恶而扬善难耶？孔子天纵圣人，不知有何样高远之为，而其自道第曰：“其为人也，发愤忘食，乐以忘忧，不知老之将至云尔。”夫发愤忘食难耶？乐以忘忧难耶？由此观之，吾侪特不肯去把做诗文之心为做圣贤之心耳。若是肯去好问好察，肯去隐恶扬善，肯去发愤忘食，乐以忘忧，则舜孔有何难为？颜渊曰：舜何人也，予何人也。有为者亦若是，阳明先生曰个个人心有仲尼，岂欺我哉？吾侪只说尧舜孔孟难为，试观一日十二时中，曾去好问好察否？曾去隐恶扬善否？曾去发愤忘食，曾得乐以忘忧否？途患不行，不患不至，不用工夫而曰尧舜孔孟难为，真难之难也。（《冯恭定全书》卷一四，《做人说》）

舜之所以为舜，关键并不在《虞书》所载的宏大德业，而在他平日里肯好问好察浅近之言，肯去隐恶扬善；孔子之所以为圣，也没有什么高妙玄远之处，只是平日里肯去发愤忘食，乐以忘忧。

《孟子·告子下》曰："徐行后长者谓之弟，疾行先长者谓之不弟。"冯从吾对孟子的孝弟思想进行了发挥。他说："皋夔稷契之揖让，只是个徐行后长；操莽温懿之争篡，只是个疾行先长。"（《冯恭定全书》卷一一，《池阳语录》）"兄弟之间只凡事让一步，便是尧舜道理，故曰徐行后长者谓之弟。"（《冯恭定全书》卷三，《疑思录》）冯从吾说，夫徐行者，岂人所不能哉？所不为也。子服尧之服，诵尧之言，行尧之行，是尧而已矣。子服桀之服，诵桀之言，行桀之行，是桀而已矣。尧舜之道，孝弟而已矣，夫子之道，忠恕而已矣，可见，圣人并不难为。孝弟忠恕这些工夫都是很切实具体的，不过是要求平日里去践行纲常伦理、道德规范。因此，冯从吾认为，能不能进行道德践履至关重要，有无平日的工夫是区别圣人和普通人的标志。道德决不仅仅是个认识问题，道德更是个实践问题，只有切实去做工夫，终至与心体合一，才符合理学的精神，才能逐渐接近圣人的道德境界。

第三节　居敬与主静

王门后学泰州一系"多能赤手以搏龙蛇"（《明儒学案》卷三二，《泰州学案》），脱离名教，狂荡而肆。对症下药，冯从吾吸收湛学中的朱子学内容，即严正的性理、内心的恭敬与静定，提倡以工夫为本的本体工夫合一论，以救正王学现成派流弊。

一、敬者圣学之要

冯从吾针对泰州学派一任气质情欲，纷纷仿效魏晋士人，以放达为高，不知"敬"字，强调儒家的居敬之功。他在《庆善寺讲语》中指出儒学宗旨，其中便讲到"敬者，圣学之要"。他说：

> 自昔大儒讲学，宗旨虽多端，总之以心性为本体，以学问为工夫，而学问工夫又总之归于一敬。君子小人之分只在敬肆之间，敬者，众善之根；肆者，众恶之门。敬者，众福之根；肆者，众祸之门。敬则父子有亲，君臣有义，夫妇有别，长幼有序，朋友有信；肆则父子

无亲，君臣无义，夫妇无别，长幼无序，朋友无信。人人敬则天下治；人人肆则天下乱。（《冯恭定全书》卷一一，《池阳语录》）

这一段敬肆之辨来自长安后学关于儒学宗旨的提问，冯从吾的回答通晓明白，他认为敬肆之间可以区分君子与小人、善与恶、福与祸、治与乱、尧舜与桀纣，敬肆甚至是区分人与禽兽的关键。冯从吾设问引出话题："禽兽见大宾、承大祭能敬否？人之所以异于禽兽者几希，正指此一点能敬之性体耳。不然，人之目能视，禽兽之目亦能视；人之耳能听，禽兽之耳亦能听；人之口能饮，身能动；禽兽之口亦能饮，身亦能动，人又何异于禽兽哉？孟子曰：'无辞让之心，非人也'。余亦曰：无恭敬之心，非人也。昔人有欲打破敬字者，有谓：目自能视，耳自能听，更说什么存诚持敬者？盖未知人之所以异于禽兽者几希，只在敬肆之间耳。"（《冯恭定全书》卷一一，《池阳语录》）冯从吾不但认为敬为圣学之要，而且说"敬者，圣学所以成始而成终"，认为敬是贯穿圣学始终的原则。他指出：

初学之士多以安详恭敬为主，多知收敛。及至既学之后，多自以为有所得，便宽一步，自谓悟后全无碍，不知悟处就是误处，卒之放纵决裂，坏人不小。不知以文王之圣，且缉熙敬止，曰缉熙者，无已时也，故曰："纯亦不已"。以孔子之圣，纵学到从心所欲不逾矩地位，而志学一念必不敢少已，若少已便逾矩矣。成始成终，成终二字尤当玩味。（《冯恭定全书》卷一一，《池阳语录》）

初学者大多能心怀恭敬，自知收敛。当学问稍有长进之时，许多人自以为悟到了学问之妙，自负骄傲，逐渐放纵自己，岂不知离修之"悟"即"误"，自以为"悟处"正是"误处"。学者只有始终如一，坚持不懈地心怀恭敬，真行实修，才能真正如文王、孔子般跻身圣域。冯从吾认为敬字不但能帮助初学者入学问之门，而且能帮助学者坚持到底，最终成就学者成圣成贤。然而只明确敬肆之辨的道理，并不足以解决实际问题，有人就此提问："夫子告子路，明白说修己以敬，而后世学者多流于肆，何也？"冯从吾指出，这里还存在一个更深层的问题，即真伪之辨。他说：

学莫先于敬肆之辨，尤莫先于真伪之辨，此盖真伪之辨不明误之耳，何也？君子修己以敬，敬则为君子，肆则为小人，此故不待辨者。但后世小人知敬为君子，肆为小人也，又伪为敬，以自附于君子，于是乎有真伪之辨。是真伪之辨盖就敬之中辨也，世儒不察，遂

> 一概以敬为伪，以肆为真，不知敬或有伪，伪则为伪君子，肆虽皆真，真却为真小人。惩其为伪，君子不于敬中求真，进而为真君子，乃于肆中求真，退而为真小人，是果何心哉？盖欲敬不欲肆者，人之心；欲真不欲伪者，又人之心。今既以敬为伪，以肆为真，则人又安得不趋于肆也。是人之趋于肆，非其人之不知自爱，原是求真之心，而不知其误为真小人耳。使早知其误，则人非至愚，又孰肯居己于肆而甘心于小人耶？（《冯恭定全书》卷三，《疑思录》）

> 先生曰：今人以敬为伪，以肆为真，即有好修者见道不明，欲敬恐人说伪，欲肆于心又不安，此所以耽阁一生，良为可惜。不知恐人说伪，只当在敬中求真，不当在肆中求真，敬中求真是真君子，肆中求真是真小人，真之一字亦不可不辨也。且于心不安处就是真心欲为真君子者，正当于此处识取。（《冯恭定全书》卷一一，《池阳语录》）

冯从吾深入分析了敬肆、真伪两个层次之间的关系，首先，敬肆之间可以区分君子、小人，这个道理是明白的，正因为人人都认同此点，所以世俗小人便迎合世人的心理，用敬来伪装自己，以赢得君子的虚名。这就产生了第二个问题：真伪之辨。本来真伪之辨只存在于敬中，即只是要辨明敬的真伪，然而，世儒不可能个个明察秋毫，便形成了敬一概是伪，肆一概是真的世俗观点。却不知敬中的确有人伪敬，是伪君子；然而肆虽然是真，却堕于真正的放肆小人。人们都愿意求敬，但人们更愿意求真，所以，当面对敬一概是伪，肆一概是真的世俗观点时，人们自然宁肯为肆也要求真。因而，冯从吾告诫世人应在求敬的基础上，进一步再来谈求真的问题，“敬中求真，进而为真君子”；若不讲敬肆之辨，单纯求真，往往会走向真小人的误区，“肆中求真，退而为真小人”。最后还要注意一个问题，“伪君子”与“真小人”虽然都应批判，但他们之间还有差别，“伪君子”说明还是有所畏惧，知道遮掩；而“真小人”则是肆无忌惮，明目张胆。冯从吾还敏锐地指出，以放达著称的晋人中就有玩弄光景的人，“先生（冯从吾）曰：晋人做出放达气象，若与世相忘，与人无竞，不知如王戎钻核，王衍三窟，郗超入幕，不知果相忘无竞否？可见，他放纵恣肆处正是机械变诈处，故作无心处正是诡秘有心处。”（《冯恭定全书》卷一一，《池阳语录》）他们表面上无心处世，洒脱不羁，好像一任真性情，实际上或贪财、或贪权，诡秘狡诈，存有机心。更无论世人中还大有东施效颦者，根本不解魏晋人物的真风流。

冯从吾提出,儒家强调的居敬之功,是心体义内的工夫,不是外在的约束与强制。“先生曰:敬者,心之本体。如见大宾、承大祭,此心不觉收敛,岂纳交要誉恶声哉?一自然而然,莫知其所以然而然耳。可见,敬者心之本体,原如是,主敬云者,不过以工夫合本体,非便将一物强置之胸中,曰敬曰敬也。”(《冯恭定全书》卷一一,《池阳语录》)敬是工夫,是心体的自然发用,本心原自然知敬,主敬是以工夫合本体。但是,敬是情,不是性,不能认情为性。所以当有人问:“见大宾能敬,承大祭能敬,是性体否?”冯从吾回答:

> 是情也,非性也,是率性之道,非天命之性也。见宾承祭能敬,必有所以能敬者,在此,天命之性也,此天命之性特因见宾承祭而后形,非因见宾承祭而始有。惟未见大宾而吾心先已有主,未承大祭而吾心先已有神,此之谓性体,此之谓未发之中。惟吾心先已有主,所以一见大宾便能敬;惟吾心先已有神,所以一承大祭便能敬,此之谓率性,此之谓中节之和。能敬者情,所以能敬者性,知其所以能敬而主敬者,君子尽性至命之学。(《冯恭定全书》卷一一,《池阳语录》)

冯从吾论述得很清楚,能敬者情,所以能敬者天命之性,有此性体,有此未发之中,所以见宾承祭而能敬,有中节之和。君子知其所以能敬而主敬,是尽性至命之学问工夫。冯从吾在《答杨原忠运长》的书信中提及的“戒惧”工夫也是居敬工夫的表现,因心中有敬,才会戒惧,这是心中油然而生的戒惧,并非是对外在之物的恐惧。他说:“道本不分动静,不可须臾离于此,倘一时不加戒惧工夫,则是道不离我而我自离道矣,可乎?此所以君子戒慎恐惧而不敢须臾离也。言不睹不闻,则无睹无不睹,无闻无不闻,无动无静,无寂无感,无时不戒慎恐惧可知。可见君子之心浑然全是一团虚明境界,慎独云者,不过就中点出一点机括,令人警省耳。”(《冯恭定全书》卷十五,《答杨原忠运长》)因为道体不分动静,所以,无论动静、寂感,戒惧、居敬工夫须臾不可少,才能与道不离。所以,君子重慎独。

二、静乃养心要诀

作为甘泉学派的弟子,冯从吾受陈白沙的影响,推崇静坐的工夫。冯从吾在晚明强调静坐还有现实的关怀。当时,王学中的泰州学派学风浮荡,流于动，于是江右学派邹守益主静，以“归寂”说补偏，冯从吾的主静工夫具有同样的用心。他说：“静坐原是吾儒养心要诀，故程子每见人静坐，便叹其善学。”（《冯恭定全书》卷十五，《答杨原忠运长》）冯从吾指出吾儒“静坐”工夫与异端“坐禅放光”之说的不同：“若必欲静坐数十日，彻夜不眠，而后心目中有真见，此异端坐禅放光之说，非吾儒之旨也。且人之精神有限，向晦入晏息自是当然，只不如宰予昼寝可耳。若无故十数日彻夜不寐，即强壮人亦生病矣，且无论圣学，恐亦非养生之道也。”（《冯恭定全书》卷十五，《答杨原忠运长》）儒家的静坐并非是让人不眠不休，连着坐个十天八天，这是佛家所谓“坐禅放光”之说。人的精力是有限的，到了晚上自然应该休息，无缘无故十多天彻夜不眠，就是身强体壮的人也要累垮了，不要说做学问，就是对身体也是有害无益的。

冯从吾吸收了孟子的“夜气”思想，认为“静坐二字便是息之之一法”，静坐二字可以“补夜息一段工夫”。《孟子·告子上》讲到了“夜气”说，原文曰：“虽存乎人者，岂无仁义之心哉。其所以放其良心者，亦犹斧斤之于木也。旦旦而伐之，可以为美乎？其日夜之所息，平旦之气，其好恶与人相近也者几希，则其旦昼之所为，有梏亡之矣。梏之反复，则其夜气不足以存，夜气不足以存，则其违禽兽不远矣。”孟子所谓“良心”，是指人本然之善心，即仁义之心。“平旦之气”是指没有沾染物欲纷扰的清明之气。人之本心，原是一片清明之气，好善恶恶，此本然之善心，人之所同然也。然而日间事物繁杂，诱惑不断，在纷纷扰扰中人们不知不觉放失良心，迷失本性。然而“个个人心有仲尼”，良心虽已放失，静夜独处之时，其气一片清明，没有沾染物欲纷扰，良心必定有所发现。可是，这是良心的自在呈现，它有如黎明的第一缕晨曦，隐约至微。如果不能善存此本然之善心，一旦投身日间的滚滚红尘，便依旧是随波逐流，争名夺利。这几希的良心“微光”很快就又消失了。孟子比喻说：“其所以放其良心者，亦犹斧斤之于木也”，“斧斤伐之，可以为美乎？是其日夜之所息，雨露之所润，非无萌蘖之生焉，牛羊又从而牧之，是以若彼濯濯也。”（《孟子·告子上》）日间的纷扰污染了平旦的清明之气，虽然夜间良知有所萌蘖，但是不敌日间的戕伐，所以，仁义之良心难存。

孟子“夜气”思想的核心内容在于强调善存夜气，因为旦昼之时，人们惶忙奔驰，无暇点检自我，良心便易蒙蔽；平旦之时未与物接，其气清明，心静如水，良心犹可发见。如何判断“夜气”的存与不存呢？冯从吾认为不难判断，他说:“其日夜之所息,平旦之气,其好恶与人相近也者,几希可见。好恶与人相近便是喜怒哀乐中节,便是夜气存,好恶与人相远便是喜怒哀乐不中节,便是夜气不存,极容易验。”(《冯恭定全书》卷一,《辨学录》)究竟如何才是善存夜气呢?冯从吾认为“息”字是关键。他说:

孟子夜气之说,全重一息字,若数十日彻夜不寐,是数十日无夜息矣,其何以养平旦之气而存仁义之良耶?(《冯恭定全书》卷十五,《答杨原忠运长》)

几希萌蘖从“息”字来,梏之反复从“为”字来,故万思默先生谓莫善于息,莫不善于为,诚笃论也。盖下愚之人乞哀昏夜,併夜间亦不谓之息也;上智之人潜修静养,即昼间亦不谓之为。下愚之人无论奔走营为谓之为,即梦寐间恍惚不宁亦谓之为,而不谓之息;上智之人无论向晦晏息谓之息,即夜以继日,坐以待旦亦谓之息,而不谓之为。大约上智有数而中人最多,夜则息,昼则为,此人之常情。孟子指点出一息字,可谓发前圣所未发,学者能常存息之之心,能常用息之之功,不专靠夜之所息,庶乎二六时中尽是平旦时之气象矣,到此便是浩然之气塞乎天地之间。若旦昼不常用息之之功,只专靠夜息,则冬夜长夏夜短,所息能得几何?又安望其夜气之存耶?此孳孳为善者,正是孳孳焉常用其息之之功处。(《冯恭定全书》卷八,《善利图说》)

学者若是能常用息之之功,则一天当中时时都可以有平旦之气象,良心发见,浩然之气塞乎天地之间。冯从吾认为息之之功的内在依据在于息之之心,若能常存息之之心,潜修静养,则旦昼亦可用息之之功。可见,“息”的关键在于“收敛身心”,实际是一段静心的工夫,所以“息”的具体方式是多样的,或杜门静坐,或读书作文,或谈道论学,不一而足。“杜门静坐息也,读书作文、歌诗写字亦息也,与严师胜友讲道谈学,用以收敛身心,扶持世教尤息之息也。如此常常用功,一息尚存,此志不容少懈,此之谓通乎昼夜之道而知,才谓之孳孳为善,才谓之舜之徒。”(《冯恭定全书》卷八,《善利图说》)

有人就是不理解“息”的实质,所以才会问:“昼间息之之功如何用?”冯从吾说:“昔日伊川每见人静坐,便叹其善学,可见静坐二字便是息之之一法。故陈白沙曰:为学须静中养出端倪,方有商量处。”他接着说:“昔人谓静坐二字补小学一段工夫,余谓静坐二字补夜息一段工夫。”(《冯恭定全书》卷八,

《善利图说》)对方难解静坐之妙,继续问:"静坐二字固息之之一法矣,然士君子一身多少责任,安得日日静坐?"冯从吾申明静坐不是枯坐,不是参禅打坐,静坐的目的在于养心、正心。冯从吾在《疑思录》中讲到,朱熹在《大学章句》里以"心不妄动"解释"静",就很好地说明,主静工夫的实质在于强调静心、养心,并非是要心如死灰。他说:"心不妄动四字解静字,真发古人所未发,盖身不妄动易,心不妄动难,人心原是神明不测,活泼泼地的,岂能不动,只是不妄动便是静,非块然如槁木死灰,然后为静也,此吾儒异端之辨。"(《冯恭定全书》卷二,《疑思录》)而且,冯从吾在主静工夫的基础上,主张静养与动察的一致。静时收敛身心,一经发动才有中节之和。他说:

> 须从静坐做起,不翕聚则不能发散,不专一则不能直遂,天地且然,况于人乎?(《冯恭定全书》卷八,《善利图说》)

> 道体原是圆满不分动静,静时乃道之根本,方动时乃道之机括,动时乃道之发用。学者必静时根本处得力,方动机括处点检,动时发用处停当,一切合道然后谓之不离。然必在静时根本处预先得力,方动机括处再一点检,然后动时发用处才得停当。故特举不睹不闻与独处言之,此先天之学而后天自不待言,非谓道体专属之静,而工夫专在于寂,动处、感处可以任意,纵有差错无妨也。此处稍偏则放纵恣肆者得以借口,喜怒哀乐之不节而曰:我能实合性体,不必一一在事为上点检,此小人所以托之乎中庸而行无所忌惮也。(《冯恭定全书》卷十五,《答杨原忠运长》)

道体原不分动静,儒家主静是因为必在静时根本处得力,动时发用处才得停当,并非只注重静养而忽视动察,只注重寂时之功而忽略感处之功。若不重视静养与动察的一致,静养就会流于虚,成为无意义的枯坐;世人会误认为动处、感处可以不拘小节,不加检点,恣意纵欲,为放纵者留下日常行事间放纵恣肆的口实。所以,冯从吾强调工夫在日用常行中。

第四节　工夫与本体合一

冯从吾为了避免"空虚之学"与"支离之学"的弊病,他在会通诸家的基础上,走出自己独特的"本体"与"工夫"并重的学术道路。他主张本体与工夫并重,本体与工夫合一。

一、本体不离工夫

他勉励后生学者，笃信赤子之心，笃信良知，诚心致良知，人人可为圣人。他说："识得本体自然可做工夫，做得工夫自然可复本体，当下便是圣人。"（《冯恭定全书》卷四，《订士编》）若将本体与工夫截然分开，要么失之支离缠绕，要么失之捷径猖狂。他说：

> 若论工夫而不合本体，则泛然用功，必失之支离缠绕；论本体而不用工夫，则悬空谈体，必失之捷径猖狂。其于圣学终隔燕赵矣。（《冯恭定全书》卷十五，《答杨原忠运长》）

冯从吾论述本体与工夫的合一时，有两个角度：一是以本体统摄工夫，率性而为，一切事为自然一一中节；二是在尽性中由工夫以合本体。他以孺子入井、孩提知爱、不忍觳觫之牛为例，仔细分析了率性与尽性、圣人与众人之间的不同。

> 至善之性体，率之则为道，尽之则为圣人，率性是本体，尽性是工夫。率性众人与圣人同，尽性圣人与众人异，不可不辨也。如见孺子入井而怵惕恻隐，此率性也，众人与圣人同。至于知扩而充之，以至于保四海，此尽性也，圣人便与众人异矣。孩提知爱，稍长知敬，此率性也，众人与圣人同，至于扩知能之良，满孝弟之量，通乎神明，溥乎四海，此尽性也，圣人便与众人异矣。不忍觳觫之牛，不屑呼蹴之食，此率性也，众人与圣人同，至于推不忍之心以爱百姓，推不屑之心以不受万锺，此尽性也，圣人便与众人异矣。率性无工夫，尽性有工夫，尽性者即尽其所率之性，由工夫以合本体者也。（《冯恭定全书》卷十五，《答涂镜源中丞》）

冯从吾认为本体并不玄远、离奇，本体不离工夫，是"即平即奇，即显即微，不离日用常行内，直造先天未画前"。（《冯恭定全书》卷一，《辨学录》）这实际是用程颐"体用一源，显微无间"的思想来解释"本体"与"工夫"的关系。他的阐述引来进一步的疑问，既然本体不离日用常行，圣贤道理在人伦日用间，只为子孝，为臣忠可矣，何必要强调心性本体，何必讲心性之学？冯从吾回答："圣贤道理原在人伦日用间，但不知以心性不端之人，为子能孝，为臣能忠否？此必不能，而曰不必讲心性可乎？借忠孝大题目以杜讲学之口，此正以不忠不孝误天下者也。"（《冯恭定全书》卷七，《宝庆语录》）可见，之所以在人伦日用间,为子能孝,为臣能忠,就是因为有心性本体的贞定。试想无孝心、忠心,又如何能孝、能忠?徒有外表空虚的孝行、忠行,岂不成了装门面、做样子。

冯从吾说:“吾儒之学以至善为本体,以知止为工夫。”(《冯恭定全书》卷十五,《答杨原忠运长》)他在《疑思录》里对至善本体、知止工夫以及二者的统一进行了详细的论述:

> 问至善,曰:明德而不知新民是异端虚无寂灭之学,是世儒自私自利之学,不谓之明德止至善。新民而不本于明德,是五霸权谋功利之学,是世儒舍己芸人之学,不谓之新民止至善。明德新民而不知本末始终先后之序,是异端悬空顿悟之学,是世儒卤莽灭裂之学,不谓之明德新民止至善。必明德而又知新民,新民而本于明德,明德新民而又知本末、始终、先后之序,方谓之止于至善。且谓之至善,见人性皆善,吾德本明而吾明之,原是吾性自然不容已事,不是分外求明。仁者以天地万物为一体,明德自然不容不新民,不是分外求新。明德新民自有本末、始终、先后之序,这次序虽毫不可缺,毫不可紊,皆是天性自然不容缺,不容紊的,不是分外强生枝节,故谓之至善,至善者,指其自然恰好不容人力安排增减者言之耳。此善字即《易》继善之善,孟子性善之善,止于至善是直从本体做工夫,直以工夫合者,此吾儒之学所以异于诸子百家也。(《冯恭定全书》卷二,《疑思录》)

“明德新民自有本末、始终、先后之序”,说的是工夫次第,也是明德新民间的统一。无论是二者间的统一,还是先后之序,都是至善本体统摄之下的,所以是自然恰好,天性自然不容缺,不容紊,不容人力安排增减。也就是说,明德又新民,才是实在工夫,不会涉于二氏之玄虚;新民必本于明德,才有心同天地的大志量,不会涉于五霸之功利,明德新民而又知本末、始终、先后之序,才是真正合于至善本体,“方谓之止于至善”。

在《疑思录》里,冯从吾对“仁”的诠释也表达了本体、工夫的合一。《论语·宪问》曰:“(原宪问)‘克、伐、怨、欲不行焉,可以为仁矣?’子曰:‘可以为难矣,仁则吾不知也。’”克,即好胜。伐,即自矜。怨,即忿恨。欲,即贪欲。原宪问,若能作到不争强好胜,不自矜自夸,不怨天尤人,不贪得无厌,可以算是“仁”吗?孔子回答,自我克制能达到这四点,我知道是很难的。至于是否算得上达到“仁”了,我不敢说。为什么孔子这样说?因为如果达到了“仁”,是天理浑然,自在完满,自然就是“克、伐、怨、欲不行焉”。可是反过来讲,就不一定了,仅仅做到“克、伐、怨、欲不行”尚不够,关键还要看此克制的工夫,是否以内在的“仁”为依据。所以,冯从吾说:“‘仁则吾不知也’,圣人口气原自浑融,若曰以此为即仁,则制私非忘私之境,固不得谓之即仁;若以此为非仁,则制私亦忘私之渐,亦不得谓之非仁,故曰‘仁则吾不知也’。近世学者所说坏不行,直以为不行,误矣。苟志于仁矣,无恶也,自无克伐怨欲,何待不行?此直以本体为工夫,上也;不幸有过,即当力改,故克伐怨欲一切不行,此乃以工夫合本体,亦其次也。”(《冯恭定全书》卷三,《疑思录》)冯从吾认为圣人口气原自浑融,即仁体与“自无克伐怨欲”是自然合一的,心中有仁体的贞定,率性而为,“克伐怨欲一切自无”,这是直以本体为工夫,是上乘之功;退而求其次,偶有过失,努力改过,制私以求渐入忘私之境,求合于仁体,此制私工夫也是仁体义内的工夫,不能不说这也是仁,这是以工夫合本体。

可见,冯从吾主张“本体”与“工夫”并重,不是将本体、工夫对立起来,而是从二者的统一性上入手,认为工夫即包含在本体之中。他指出,许多人不肯用功恰恰是因为本体不明。他在《关中书院记》中感叹地说:“人多不肯用戒慎之功者何?盖亦未知本体责任不容诿耳。且天命之谓性,非命之甘食悦色,如告子所称,正命之使我位天地,命之使我育万物也。我能位育则性尽而能复天之命,我不能位育则性失而无以复天之命,可不畏哉?……天之命我者,如此其重而又无声臭之可即,念及于此,喜怒哀乐虽欲不中节不敢也;子臣弟友虽欲不尽道不敢也;独虽欲不慎,不睹不闻虽欲不戒慎恐惧不敢也。孔子曰‘畏天命’,又曰‘小人不知天命而不畏也’。彼不畏者,原不知耳,若知之,岂敢不畏哉?知本体之难诿,自知工夫之当尽。”(《冯恭定全书》卷十五,《关中书院记》)冯从吾认为,做工夫是要复天之命、复本体,并不仅仅是在做工夫的过程中实现本体。这与黄宗羲所说的“心无本体,工夫所至,即是本体”(《明儒学案》,《原序》)有细微的差别,在黄宗羲看来,纯粹的本体是不存在的,存在的只是工夫中的本体。他以工夫为本体之实现与彰显,所以是以境界为本体。冯从吾则是在工夫中复本体、明本体,从而成为自觉工夫,这是达到“勿忘勿助”境界的前提。

二、本体工夫二而为一

在强调本体不离工夫的同时,冯从吾的本体工夫是二而一的,不能以工夫为本体;也不能认为本体原自现成,而舍弃工夫。他在《关中书院记》中批评了本体原自现成,不必用功的错误倾向:“或又谓本体原自现成,用功即落意说。是谓天地本位,万物本育,而我不必位育之也,弃天亵天甚矣,其如天命何?……今吾辈自天生以来,俱各命之以位育之性,俱不容不讲危微精一之学,即汲汲皇皇异日,犹未知能复天之命否也,而尚敢暇逸为哉?”(《冯恭定全书》卷十五,《关中书院记》)即使整日汲汲皇皇,努力用功,尚且未必能复天之命,更何谈本体原自现成,我不必位育之?冯从吾认为这是弃天亵天之说。

在《疑思录》中冯从吾也阐发了同样的观点。他说:“孔门以博约立教是论工夫,非论本体”,批评了“以闻见择识为知”的错误。他说:“孔门以博约立教是论工夫,非论本体,学者不达,遂以闻见择识为知,故夫子不得已又曰:‘知之为知之,不知为不知,是知也。’直就人心一点灵明处点破知字,此千古圣学之原,若闻见择识不过致知工夫,非便以闻见择识为知也。故曰:知之次,知其知,知其不知,是本体;多闻择其善者而从之,多见而识之,是工夫。譬之镜本明而拂拭所以求明,非便以拂拭为明也。以拂拭为明固不是,谓镜本明不必拂拭亦不是,故圣人说出本体正见得工夫原非义外耳。”(《冯恭定全书》卷二,《疑思录》)本体统摄工夫,工夫自然都是本体义内的工夫,不能将工夫等同本体,而否弃本体。闻见择识,博文约礼都是致知工夫,未达真正的智识,只有能做到“知其知,知其不知”,才是合于本体。冯从吾形象地说,以拂拭为明(以工夫为本体)固不是,谓镜本明不必拂拭(不必用功)亦不是,主张本体与工夫并重。

宋明理学发展至明代,学派林立,但总体而言,或重“本体”,或重“工夫”,“一是探寻儒家所主张的纲常伦理、道德规范的最后根源,从而证明它们的合理性、永恒性;一是探究践履和完成儒家所主张的纲常伦理、道德规范的方法和途径”。[①] 一般来说,明代理学家的思想都或多或少地倾向于一面。程朱理学流于支离,阳明心学,尤其是后学谈本体而略工夫,流于浮荡。冯从吾提出“本体”与“工夫”并重的思想,其中就有纠正当时学术流弊的良苦用心。李颙曾从学术史的角度谈到这点,他说:“先觉倡道,皆随时补救。正如人之患病,受症不同,投药亦异。孟氏之后,学术堕于支离葛藤,故阳明出而

① 崔大华:《二程与宋明理学》,《中州学刊》,1984年第5期,第51页。

救之以致良知,令人当下有得。及其久也易,至于谈本体而略工夫,于是东林顾、高诸公及关中冯少墟出而救之以敬修止善。"(《二曲集》卷三,《南行述》)冯从吾力斥朱子、阳明后学之偏,尤其是严厉批评阳明后学谈无课虚,弃儒入禅,废修言悟,疏于工夫,对世事漠不关心的学术倾向。同时,他指出之所以疏于工夫,根本原因在于本体不明,所以冯从吾强调要"本源处透彻",要明心性本体。正是从本体与工夫统一的观点出发,冯从吾能够把当时似乎是冰炭不相容的对立学派,看做是一个大家庭里的成员,可以和衷共济。他说:"诸凡先儒所云无欲、主静、居敬、穷理、复性、体认天理等语,皆是致字里面工夫,非谓居敬穷理与致良知并举而对言之也。"(《冯恭定全书》续集卷一,《都门语录》)无论周敦颐的无欲、主敬,二程的居敬,朱熹的穷理,薛瑄的复性,湛若水的体认天理,都与王阳明的"致良知"一样,是在强调工夫。他通过这一点,既揭示出工夫的重要性,说明大凡自成一家,尽管其或倾向于重"本体",或倾向于重"工夫",都有他做工夫的得力处;同时又指出,理学的终极目标之一,是造就圣人式的理想人格,若舍弃工夫,没有道德实践,理想的圣人境界永远无法实现。

第五节　圣人境界

冯从吾认为工夫有熟勉,修养有次第,而一切工夫修为都是为了达至人生的最高境界,即圣人境界,这是理学的终极目标之一,也是每个儒者终生追求的理想。《论语·述而》曰:"子曰:'圣人,吾不得而见之矣,得见君子者斯可矣。'子曰:'善人,吾不得而见之矣,得见有恒者,斯可矣。'"朱熹也认为圣人境界固然高妙,但是工夫要有入手处,他说:"张敬夫(张栻,字敬夫)曰:'圣人、君子以学言,善人、有恒者以质言'。愚谓有恒者与圣人,高下固悬殊矣,然未有不自有恒而能至于圣者也。故章末申言有恒之义,其示人入德之门,可谓深切而着明矣。"(《四书章句集注》)孔子指出了圣人境界,也指出了工夫、修养的门径。冯从吾说:"中行者,资学兼到者也,狂狷者具美资而可进于中行者也。狂狷一加学问便是中行矣,正与'圣人吾不得而见之矣',思君子,思善人又思有恒语意同。思有恒正所以思圣人,思狂狷正所以思中行也。岂专为狂狷有恒而已哉!"(《冯恭定全书》卷十一,《池阳语录》)中行,是对资学兼到的圣人境界的描述,思狂狷、思有恒,正是思通过学问工夫,逐步达到圣人之境。可见,人格修养的具体过程应该循序渐进,有工夫入手处,有修养的阶段、层次,但是修养的理想境界却是每一个儒者应该不懈追求的。冯从吾对儒家的理想境界有非常美好的描述。

一、仁者以天地万物为一体

《孟子·尽心上》曰:"万物皆备于我矣。反身而诚,乐莫大焉。强恕而行,求仁莫近焉。"宋儒继承了孟子"万物皆备于我矣"的思想,张载在《西铭》中提出乾父坤母,民胞物与,程颢提出"仁者以天地万物为一体"。(《河南程氏遗书》卷二)冯从吾将天地万物一体作为儒者追求的最高境界,进入此境界亦是学者最大的乐趣。他说:

> 求志者,求此天地万物一体之志;达道者,达此天地万物一体之道。若不求此志,即幸成一匡九合之功,亦枉道也,岂得谓之达道哉?(《冯恭定全书》卷十一,《池阳语录》)

有学者不知如何达到"万物皆备于我",冯从吾回答:"仁者原来与天地万物为一体,但世之学者看做万物是万物,我是我,万物与我无相干,所以不肯反身,所以不肯强恕而行耳。知万物皆备于我,可见我之为我,非区区形骸之我,乃万物皆备之我。万物既皆备于我,则责任在我,自然推不得别人,自不容不反身,反身而诚,则自然是快乐的,故曰:'乐莫大焉。'反身不诚,则自然是不肯丢过,故曰:'强恕而行,求仁莫近焉。'今吾辈一日十二时中也有反身而诚之时也,有乐时不专是圣人能之,但只是有反身不诚处,便丢过了,或怨天或尤人,不肯强恕而行耳。然所以不肯强恕而行者,原只是不知万物皆备于我。故孟子不得已直指其本体曰:'万物皆备于我'。真是令人警省,令人痛快,此孔子论仁宗旨,非孟子不能泄其秘也。"(《冯恭定全书》卷三,《疑思录》)可见,万物一体的境界并非神秘莫测,遥不可及,关键是要在日用常行间切实用功,有自反的工夫,诚的工夫,自反有不诚处,不能放过自己,不给自己找借口、找台阶,要跟自己过不去,应强恕而行,进而推己及人,力求与仁体合一。冯从吾认为今不如古,今人好高骛远,却于日用间姑息自我。子路与朋友共车马、轻裘,而今人与父母兄弟间尚分彼此。他在《订士编》中说:

> 世道不如古,全系于士君子好高之心盛,不在日用间着实用功。孔门言志,亡论夫子与颜子何如,只看子路愿车马、衣轻裘与朋友共敝之而无憾,居然三代时大道为公景象可见。古人为学,何等着实,

吾侪试自揣车马、轻裘与朋友共敝之也，果能无爱惜心否？即不然，果能无纳交要誉心否？但只有纤毫未化，便是有愧于此心，便是有愧于子路，纵高谈性命，何益此世道？（《冯恭定全书》卷四，《订士编》）

人心不古，今人难以达到天地万物一体的境界，就是私心过重，计较心过重，彼此泾渭分明，冯从吾说："仁者以天地万物为一体，今人一膜之外便分彼此，即父母兄弟间尚且不能一体，又何论天地万物哉？"（《冯恭定全书》卷十一，《池阳语录》）他认为，万物一体的境界不是高不可攀、不切实际的幻想，是世人私己之心、功利之心过重，以至麻木不仁了。他在《宝庆语录》中说："人心所以与万物隔者，只是不能舍己，若能舍己，自然眼界大，心地宽，自然看得我与人俱从一善生来，有何不可从处？有何不可乐取处？"（《冯恭定全书》卷七，《宝庆语录》）有人疑惑程子"一体之说"为驰骛者，冯从吾警醒对方不要怀疑，他说："学者尽以天地万物为一体，尚恐不能以父母兄弟为一体，若疑其驰骛，而不以天地万物为一体，则一膜之外便分彼此，其痿痹不仁之病殆有不可言者矣。程子一体之说，乃对症之良药。彼驰骛之疑，是亦痿痹不仁之病将发而不自觉者也。请速以程子之良药药之。"认为程子"一体之说"实为医治世人麻木不仁的对症之良药。又以张载的《西铭》进一步解读"一体之说"，他说："张子《西铭》，正是解'仁者以天地万物为一体'一句，开口说乾称父，坤称母，民吾同胞，物吾与也，何等痛快。学者果能知乾坤原是我的父母，自然知万物原是我的同胞，虽欲痛痒不相关，不可得也。"（《冯恭定全书》卷七，《宝庆语录》）张载说天地是我的父母，天下人都是我的同胞，万物都是我的朋友。如此说，天地万物都与我息息相关，想无关痛痒都不可能。

墨子主张兼爱，无我，表面似乎也是与万物一体，然而却是大体、小体混而无别，冯从吾指出了"仁者以天地万物为一体"与墨氏兼爱之间的不同，他在《善利图说·附录》中说：

且先看这体字，孟子曰：'人之与身也，兼所爱。兼所爱，则兼所养也。无尺寸之肤不爱焉，则无尺寸之肤不养也。所以考其善不善者，岂有他哉，于己取之而已矣。体有贵贱，有小大，无以小害大，无以贱害贵。养其小者为小人，养其大者为大人。'（《孟子·告子上》）可见一体之中自有等差，善养体者自当有辨，岂可概曰兼所爱兼所养哉？杨氏为我，唯知有我，举亲与民物而置之度外，是不知养

> 身之说也，故不得谓之仁也。墨氏兼爱，爱无等差，举亲与民物而混之无别，是徒知养身而不知考其善不善之说也，亦不得谓之仁也。'体'之一字不明，又何论以天地万物为一体哉？吾儒之于天地万物，痛痒原自相关，等杀又自有辨，固不忍置亲与民物于度外，亦不忍混亲与民物于无别，故曰：'亲亲而仁民，仁民而爱物。'何等恻怛！何等斟酌！是知养身而又知善养其身之说也，如此才与孟子论体之意合，故曰：'仁者以天地万物为一体。'知体之一字之意，则知仁矣，知仁则知所以孳孳为善矣。(《冯恭定全书》卷八，《善利图说》)

墨氏兼爱，本来也无可厚非，只是不明白爱有等杀，将亲亲与仁民爱物混同，否定了由此及彼，向外扩充的客观逻辑，这恰如无源之水，无根之木，"根源处既薄了，更说甚别处厚不厚"，(《冯恭定全书》卷八，《善利图说》)其失在"无父"。然墨氏虽薄待其亲，而闻颡泚之说即怃然动心，可见亲亲之良心(一体之心)亦未尽泯；杨朱为我也不是后人所理解的一味自私自利，而是为了强调近里着己的工夫，防止工夫驰骛于外。其实杨朱也是思以其道易天下，可见一体之心亦未尽泯，只是杨朱以亲亲仁民爱物为驰骛，只为我，视天下国家事全与我不相干，其失在"无君"。只有儒家"固不忍置亲与民物于度外，亦不忍混亲与民物于无别"，以天地万物为一体，又自有等杀，才是真正与仁体合。冯从吾还指出，仁者以天地万物为一体，不过是复还亲亲仁民爱物本有之良心，即天地生生之心，不是仁者向外驰求。他说：

> 亲亲仁民爱物，不是仁者分外事，亦不是仁者向外驰求，是良心自然不容已处，正所谓天地生生之心也。人得此心，遇亲自然知亲，故曰：孩提之童无不爱其亲，稍长无不知敬其兄；遇民自然知仁，故曰：今人乍见孺子将入于井，莫不有怵惕恻隐之心；遇物自然知爱，故曰：吾不忍其觳觫。这原都是自然的良心，不待勉强，不容矫饰，正所谓天地生生之心也。只是后来物欲陷溺，遂失了良心，所以不惟不知爱物，不知仁民，虽至亲亦不知亲矣，此后来陷溺之过，非本来无此良心也。仁者以天地万物为一体，不过复还此良心耳，岂是分外事？岂是向外驰求乎？至亲亲仁民爱物间，亲疏厚薄亦都是自然的等差，岂止亲与民物有辨，虽亲亲之中亦自有辨，故曰：'亲亲之杀，尊贤之等，礼所生也。'岂仁者有心分外于其间哉？但学者不察仁者本来痛痒之心，而徒执仁者后来等杀之迹，于是妄分彼此，妄树

藩篱，将仁者以天地万物为一体之心，一切抹杀，毋怪乎逃墨而归杨，以便其自私自利之图也，故学者不明乎天地万物一体之说，虽尧舜与居，亦不得使之逃杨而归儒矣。（《冯恭定全书》卷八，《善利图说》）

冯从吾认为“仁者以天地万物为一体”，是论境界，只能向内、在心上求，不能从具体的责任上求。在《池阳语录》里有人问他：“仁者以天地万物为一体，倘责任不在，得无于一体之仁有碍乎?”冯从吾回答：“不然。有此一体之心，时乎大行，虽披缨而于此心无所加；时乎穷居，虽闭户而于此心无所损，非谓一概披缨，而后谓之一体也。虽闭户之时，而披缨之心未尝不在，只是责任不在我，不得不闭户耳，非谓一闭户而遂于一体之心有碍也。禹稷颜回同道，正同此一体之心，同此犹己之心，只是禹稷有责任，说得由己，颜子无责任，说不得由己，惟犹己之心同，所以能易地皆然。犹己之心，天地万物一体之心也。”“仁者以天地万物为一体，只在心上论，不在责任上论。责任所在，无论山林，不得侵庙堂之权；即庙堂之上，钱谷亦不得侵甲兵之权。一体之心虽同，而所居之位不一。‘素位而行，不愿乎其外’，此之谓君子而时中，此之谓以天地万物为一体之学。”（《冯恭定全书》卷十一，《池阳语录》）

有人难解此“天地万物一体”境界之妙，问：“万物皆备于我，何处见得?”冯从吾认为妙处可从乐处见得，乐处自是妙处：“就在‘乐’字见得，不然万物自万物，我自我，痛痒既不相干，则反身而诚，有何乐处？观其乐而万物皆备于我可知。至于强恕而行，不过要讨得此乐耳。‘尧舜其心至今在，个个人心有仲尼’，正在此。”（《冯恭定全书》卷三，《疑思录》）当然，这种境界是工夫熟至一定程度后才会有的独特体验，只有经过一番艰苦的心志磨砺才能有的心灵升华与超越。因而，它只能在自家的工夫中去体认，不能企图从别人的言传中谋得捷径，所以此境界是不可通约的，是可遇而不可求的。正因为这样，体验到的一刻才会“乐莫大焉”。孔颜乐处正是乐在此处。

二、孔颜乐处

魏晋时在名教与自然之辨中，提出了“名教中自有乐地”，宋明理学家把从名教中寻求乐地作为自己研究的一项重要内容。冯从吾十分看重乐之所寄，也很推崇孔颜之乐，他说：“人之所乐未有无所寄者，只是要寄得好。即如声色货利，人皆以为可乐，故敝精耗神以殉之，至老死而不寤。所乐一差，匪独人品攸关,而身家亦系之,良可悲痛,故二程初见茂叔,即教之寻仲尼颜子乐处,诚恐劈头所乐一差,则终身不能出此坑堑耳。”(《冯恭定全书》卷七,《宝庆语录》)

程颢曾回忆说:“昔受学于周茂叔,每令寻仲尼、颜子乐处,所乐何事?”(《河南程氏遗书》卷二)可是,孔颜之乐究竟所乐何事,是否乐道?一直是令理学家们费解的一个难题。《朱子语类》记载,问:“昔邹道卿论伊川所见极高处,以为鲜于侁问于伊川曰:‘颜子“不改其乐”,不知所乐者何事。’伊川曰:‘寻常道颜子所乐者何事?’曰:‘不过说颜子所乐者道。’伊川曰:‘若有道可乐,便不是颜子。’岂非颜子工夫至到,道体浑然,与之为一;颜子之至乐自默存于心,人见颜子之不改其乐,而颜子不自知也?”曰:“正谓世之谈经者,往往有前所说之病:本卑,而抗之使高;本浅,而凿之使深;本近,而推之使远;本明,而必使之至于晦。且如‘伊尹耕于有莘之野,由是以乐尧舜之道’,未尝以乐道为浅也。直谓颜子为乐道,有何不可。”程子为什么说颜子不是乐道而是自乐?南宋真德秀在《问颜乐》中做了比较中肯的说明:“盖道只是当然之理而已,非有一物可以玩弄而娱悦也。若云‘所乐者道’,则吾身与道各为一物,未到浑融无间之地,岂足以语圣贤之乐哉?”(《宋元学案》卷八一,《西山真氏学案》)可见,程子是为了强调圣人之乐的内向性,说明乐的依据不能向外寻,强调工夫至到,与道浑融无间。而朱子认为道体自足圆满,乐道自然是与道浑融无间,本体工夫合一。其实两人的目的一致,都强调本体工夫的统一,不过程子的本体工夫合一偏向个体的体认,朱子的本体工夫合一偏向普遍之理,这与两人的为学指归不同有关。

《论语》中对孔颜之乐的记载主要在《述而》《雍也》篇中。《论语·述而》载:“子曰:饭疏食饮水,曲肱而枕之,乐亦在其中矣。不义而富且贵,于我如浮云!”《论语·雍也》载:“子曰:贤哉!回也。一箪食,一瓢饮,在陋巷,人不堪其忧,回也不改其乐。贤哉!回也。”孔颜乐处具有鲜明的个体性,可以说是自得其乐。此中的乐趣不依附于外物,与贫富贵贱无关。陈俊民先生认为孔颜乐处实质是进行人自身的认同,不是乐于外物,而是乐于自我,是自我意识到自身与万物浑然一体,达到了“与天地合其德,日月合其明,四时合其序，鬼神合其吉凶”的理想精神境界。① 可以说，孔颜之乐是儒者在自身的修养中不断提升自我，最终工夫合于本体，体会到至善性体，达至天道天德的一刻所拥有的乐趣。

程子不主张明确说“乐道”，是为了强调圣人与道浑融无间，强调道的内在性。冯从吾因处于玄虚学风盛行的晚明，针对禅学悬空求乐，他坚持乐道之说。而冯从吾的“乐道”同样强调乐“道”之内在敬畏、洒落自然。在《疑思录》里，有人问冯从吾：“回也不改其乐，孔子乐在其中，不知是乐道否？”他回答说：

天地间惟有此道，吾儒之学亦惟有此道，故孔子曰志于道，又曰吾道一以贯之，其言道者不一而足。至于曾子言大学之道，子思言率性之道，孟子七篇尤拳拳于道字，可见自古圣贤学问全在此道，故仲尼颜子之乐乃所以乐道，非悬空去别有个乐也。孔孟而后，禅学盛行，将此一道字扫而去之，只悬空以求此乐，故其弊至于猖狂自恣而不可救。后世溺于禅学者无论，即号称大儒，挺然以崇正辟邪为任者，亦群然谓孔颜自有乐处，不是乐道，一倡百和，莫可究诘。盖其心虽专主于吾儒，而其学则浸淫于佛氏而不自知矣。故谓乐道有浅深安勉之分则可，谓非以道为可乐而乐之则不可。彼舍道而悬空以求此乐，是异端之乐，非吾儒之乐也。千言万语讳此道字，千思万想解此乐字，此正见禅学入人之深，而人亦不自知处。孔孟而后，此道不明盖千有余年矣，吾儒异端关系学术不小，故不可不辨。

孔子曰：“君子忧道不忧贫。”惟其忧道，则所乐在道可知；惟其不忧贫，则不改其乐，乐在其中可知。可见，孔颜之乐全在此道字，奈何后儒必欲讳言之也，不知虽乐到浑然相忘无适不然处，亦总只是个乐道。

孟子曰：“理义之悦我心，犹刍豢之悦我口。”分明说破道之可乐，如此后儒必欲谓颜子非以道为可乐，而乐之何也？既非以道为可乐，又将以何者为可乐乎？禅学移人，虽吾儒不能自解如此。（《冯恭定全书》卷二，《疑思录》）

---

① 参见陈俊民：《张载哲学思想及关学学派》，北京：人民出版社，1986 年版，第 167—168 页。

一个冬天的雪夜,冯从吾与学友萧辉之围炉畅谈,其间谈及孔颜乐处,冯从吾说:"孔颜之乐,谈何容易。古之圣贤,见得道理分明,胸中自有一段乐处,无等待,无起灭,故曰不改其乐,曰乐亦在其中。味'不改'与'亦'字。可见此心常是乐的,虽到如此贫时,犹然不改,犹然在其中耳,且真乐原不在外,乃性体也。人不堪处,正是回不改处,只不忧便是乐,非不忧之外别求个乐也,此克己复礼之说也。"

萧辉之说:"真了乃吾性体,固也。'夫子发愤忘食,乐以忘忧,不知老之将至。'岂发愤时复有忧乎?一忧一乐,循环无端,是圣心之乐,又有间歇时矣?"

冯曰:"圣心只有此乐,不乐必不肯发愤,发愤忘食,圣心必有所乐而为之者,岂至乐以忘忧,而后知其乐哉?孔子发愤忘食,颜子欲罢不能;孔子乐以忘忧,颜子不改其乐,故曰:发圣人之蕴,教万世无穷者,颜子也。"

萧曰:"孔颜之乐固不因处贫改矣,不知于富贵又何以处之?"冯曰:"圣人非恶富贵而逃之,但视其义不义何如耳?'不义而富且贵,于我如浮云',浮云为太虚之障,不义之富贵为心体之障,圣心如太虚然,故曰于我如浮云。扫浮云而还太虚,此孔子所以乐在其中也。"

萧曰:"仲尼不为已甚,举世皆忧我独乐,无乃为甚乎?"

冯曰:"圣心如太虚,断不肯自视太高,视人太低,故曰从吾所好。观一'吾'字,若曰各人所好不同,他从他所好,我从我所好,吾之乐在其中,亦各从其所好耳,敢谓天下皆忧我独乐哉?'吾'之一字,何等平易?何等含蓄?若后世学者便不免自视太高,视人太低,分彼此而露锋芒矣。孔颜之乐,谈何容易?嗟乎,富贵贫贱,正学问大关键处哉!欲寻仲尼颜子乐处,正当在此处寻。不然则堕于佛氏空虚间矣。"

萧辉之闻冯从吾之言,喟然叹曰:"妙哉,道盖至此乎?孔颜之乐不必远寻,即此时吾辈座谈间烧烛啜茶,四壁萧然,神怡心旷,当下便是孔颜乐处,又何必远寻耶?"(《冯恭定全书》卷一六,《雪夜纪谈》)两人这一番雪夜围炉,谈笑风生,尽兴而别。雪夜谈学既是有朋自远方来,又是学而共习之,朋友相知相遇,其乐融融,可以说是孔颜之乐具体、生动的写照。

追求孔颜乐处就要懂得处贫之道,要能勘破富贵。冯从吾认为许多人就是不能甘贫,过不了贫富关,所以认为圣贤地位难以希求,孔颜乐处难以体会,他在《示泰安学诸生》中也讲到这一点:

> 大约学者只是在富贵贫贱上打不破，徒自缠扰一生，安能到圣贤地位？所以然者只是看得大行能加，所以不能审富贵；看得穷居能损，所以不能安贫贱。若是能看破大行原不能加，富贵自然能审；看破穷居原不能损，贫贱自然能安。一切世味都摆脱得开，潇洒快乐，自然睟面盎背，所见自然大，所处自然高。当下便是登东山而小鲁，登泰山而小天下的境界……或曰：富贵贫贱勘得破，便到圣贤地位，抑何其言之易也？曰：饭疏食饮水，曲肱而枕之，乐亦在其中矣。不义而富且贵，于我如浮云。又曰：贤哉！回也。一箪食，一瓢饮，在陋巷，人不堪其忧，回也不改其乐。贤哉！回也。由此观之，言何容易？虽然，孔颜乐地非难造。好读诚明定静书，愿与诸生共懋勉之。（《冯恭定全书》卷四，《订士编》）

冯从吾认为孔颜乐处不难求，但必须向内求，是自得其乐，心体自足，相信自家生来原与圣人同怀。正如孟子曰“大人者，不失其赤子之心”，阳明先生云“各各人心有仲尼”，只要笃信圣人，学以致其道，自然是入闻圣道而悦，出见纷华而悦，鸢飞鱼跃孰不可悦？达到此境界，工夫合于本体，当下便是圣人，“岂非千古之一快哉”？朱子认为：“乐亦在其中，此乐与贫富自不相干，是别有乐处。如气壮之人，遇热不畏，遇寒亦不畏，若气虚者则必为所动矣。”（《朱子语类》卷三四，《论语十六》）可见，孔颜之乐超越于世间的富贵贫贱，也是超越事功的，无论穷达都加损不得，“登高科，跻膴仕，于此心此知无所加”；“不登高科，不跻膴仕，于此心此知无所损”，（《冯恭定全书》卷四，《订士编》）即大行不加，穷居不损。

三、“淡而不厌”

冯从吾认为要寻孔颜乐处，不仅要能处贫，过得了贫富关，而且要做到淡而不厌。淡而不厌语出《中庸》，其第三十二章云：“《诗》曰：‘衣锦尚絅’，恶其文之著也。君子之道，暗然而日章；小人之道，的然而日亡。君子之道：淡而不厌，简而文，温而理，知远之近，知风之自，知微之显，可与入德矣。”朱熹注曰：“古之学者为己，故其立心如此。尚絅故暗然，衣锦故有日章之实。淡、简、温，絅之袭于外也；不厌而文且理焉，锦之美在中也。小人反是，则暴于外而无实以继之，是以的然而日亡也。远之近，见于彼者由于此也。风之自，著乎外者本乎内也。微之显，有诸内者形诸外也。有为己之心，而又知此三者，则知所谨而可入德矣。"(《四书章句集注》)在《订士编》里,冯从吾说:"《诗》云:'衣锦尚絅,恶其文之著也。'只是个淡,故下文即曰淡而不厌。学者只凡事淡得下,其识见自别,其品格自高,不患不到圣贤地位。""自古热闹人多喜动喜事,恬淡人又多厌动厌事,惟淡而不厌,才谓之君子之道,才谓之中庸。"(《冯恭定全书》卷四,《订士编》)

冯从吾认为淡而不厌就是无过无不及的中庸境界,它是君子自身修养的理想境界、最高目标。《论语·雍也》云:"子曰:'中庸之为德也,其至矣乎!民鲜久矣。'"中庸之"中"是指无过无不及。中庸之"庸"是平常、庸常的意思。至指极至。鲜是很少的意思。孔子认为中庸的境界已达到了极至,一般人很少能跻身此境界。《中庸》云:"仲尼曰:'君子中庸,小人反中庸。君子之中庸也,君子而时中;小人之中庸也,小人而无忌惮也。'"中庸的境界是一种极致,同时又非常精微,难以言传,它不偏不倚、无过无不及,表现出来都是极平常、极普通的道理,却又处处体现出天命之当然。所以,只有君子才能在实地的工夫中体悟得到,小人永远体会不到。君子之所以可以达到中庸境界,因为君子有高尚的品德,而又能随时以处中也。小人之所以反中庸,是因为其存小人之心,使气任性,无所忌惮。君子心怀天命在我的责任感,故能戒谨不睹、恐惧不闻,所以能无过无不及,无时不中。小人恰是不知天命,没有天高地厚的敬畏,于是肆欲妄行,而无所忌惮。

冯从吾认为淡而不厌正体现了君子之道、中庸境界。他在《订士编》里说:

> 论君子之道,说到笃恭天下平,道理可谓至大,不知有何样奇特工夫方才得到此,顾先之以淡而不厌一句可见。淡之一字,乃吾侪安身立命所在,若是能悟破淡字,则精神收敛在内,觉得世间种种可艳之物自与自家身上不相干涉,就是在爵禄名位中,必不为爵禄名位所用,何等安闲,何等潇洒,须有此等胸襟,方才做得出笃恭而天下平的事业。不然,把自家一段精神终日驰骛于外,只在荣身肥家纷华靡丽上做,营营逐逐,徒自苦累一生,有何好处?又何论事业?故舜禹有天下而不与,不是有心去把天下不放在心上,只是把天下看得淡,所以能不与也。虽然人情好甘,而君子曰淡,非迂也。尝得出淡中滋味。自是能甘得淡,自是能不厌。若尝不出淡中滋味,纵曰我能淡,我能淡,其如不甘何?故不以淡为甘,而轻言淡者,非深

于淡者也。(《冯恭定全书》卷四,《订士编》)

冯从吾指出,淡而不厌的境界体现了性体、心体一物不容而又万物皆备的特征。他说:“淡之一字原是性体,吾性中一物不容,何其淡也?无物而万物皆备,又何厌之有?即如滚水淡极矣,故人人皆可用,且如眼前饮茶,就有多用不得的,推而至于羹汁酒醴之类,则人人断难如一矣。可见淡中之味,人人当知能知此味,则天下无事不可做矣。”(《冯恭定全书》卷七,《宝庆语录》)当有人问:“心体本空空洞洞,本一物不容。而今纲常伦理又要尽道,天地万物又要一体,仕止久速又要当可,喜怒哀乐又要中节,辞受取与又要不苟,视听言动又要合礼,其工夫不及于支离繁难,与一物不容之本体相左乎?”冯从吾说:“心体虽空空洞洞,实万物咸备,故曰万物皆备于我矣。万物皆备于我,可见我必如此一一尽道,一一中节,一一合礼才谓之反身而诚,才得乐……反身不诚原是有物焉以间隔之,原是有物焉以疑贰之。以一物不容之本体而杂之以物,所以反身不诚,所以不能一一尽道,一一中节,一一合礼,非本体之不能皆备也。”

他接着说,如果认为“心体本来无物,以此为易简直截可乎?且心体如何见得万物皆备?曰孩提知爱,稍长知敬,此便是纲常伦理本体原来尽道处。如睹天清地宁而色喜,睹山崩川竭而色忧,此便是天地万物本体原来一体处。……可见,心之本体虽一物不容,实万物皆备也。但以一物不容之体而间之以物,贰之以物,所以不能万物皆备耳。精之一之,不过辨别人心道心,去此一物不容之物,以复此万物皆备之物,岂于本体上有所增加?此正是工夫要合本体处,安得谓之支离繁难也哉?世之学者止知本体之一物不容,而不知本体之万物皆备,此所以多堕于虚无之病,而无实地之可据,令人猖狂而自恣也。冲漠无朕,万象森然;万象森然复冲漠无朕,此精一执中之学所以得统于天,而万世学者之所不能违也。”(《冯恭定全书》卷一二,《关中书院语录》)冯从吾在《辨学录》《宝庆语录》中都说得很明确,“一物不容”之“物”字指欲,“万物皆备”之“物”字指理。心体本一物不容,以一物不容之体而间之以物,贰之以物,是心上不能将事事物物看得淡,不能甘得淡,所以堕于世俗“有”之病;心体本来无物,以此为易简直截,这又是不能不厌,不知本体之万理皆备,此所以多堕于虚无之病。二者都不是精一执中之学,未至淡而不厌的中庸境界。

冯从吾还用形象的比喻说明了“一物不容,万物皆备”的景象,“一夕坐宝庆月下，见皓月当空，自觉此心湛然无物。因顾谓诸生曰：此时正好自识心体，盖人性上不容添一物，就如皓月当空，纤尘不染，可见吾辈心体必一物不容，而后能万物皆备。彼反身不诚，万物不能皆备者，还是自家心上有物，还是自家心体不干净。”(《冯恭定全书》卷七，《宝庆语录》)“时书院新辟，阶除洒扫，花树森阴，令人可爱。因顾诸生谓之曰：阶除洒扫，此便是一物不容景象；花树森阴，此便是万物皆备景象。若异端之一切俱无，是无芜秽并无花树，而一切俱无也；世俗之无所不有，是有花树并有芜秽，而无所不有也，于理通乎？”(《冯恭定全书》卷一二，《关中书院语录》)皓月之喻、书院新辟之喻，信手拈来，生动而恰切地指点了“一物不容，万物皆备”景象，使后学体会到中庸境界之妙，“诸生闻之跃然”。

四、曾点暮春之乐

春风沂水之乐当是儒者的潇洒气象，它一扫读书人寒窗苦读、迂腐酸楚的形象，也可以说它是对孔颜之乐的浪漫描述。《论语·先进》载：“子路、曾皙、冉有、公西华侍坐。子曰：‘以吾一日长乎尔，毋吾以也。居则曰‘不吾知也！’如或知尔，则何以哉？’子路率尔而对曰：‘千乘之国，摄乎大国之间，加之以师旅，因之以饥谨；由也为之，比及三年，可使有勇，且知方也。’夫子哂之。‘求！尔何如？’对曰：‘非曰能之，愿学焉。宗庙之事，如会同，端章甫，愿为小相焉。’‘点！尔何如？’鼓瑟希，铿尔，舌瑟而作。对曰：‘异乎三子者之撰。’子曰：‘何伤乎？亦各言其志也。’曰：‘莫(暮的古字)春者，春服既成。冠者五六人，童子六七人，浴乎沂，风乎舞雩，咏而归。’夫子喟然叹曰：‘吾与点也！’”曾点气象正体现了孔子对学问境界的超越指向，即天理周流遍在，随处充满，却又润物无声。安其所居之位，乐其所操之业，并不一定是经天纬地，并不一定是舍己为人，另有一番悠然和从容，却是直与天地万物上下同流，各得其所之妙。曾点具体乐之所在，也许今天已难以体究，但是孔子所赞赏的曾点之乐，一定是赤子之心的自然流露，体会到道体遍在，所以“动静从容”，潇洒自在，乐在其中。此时心中并非空无一物，反而是有丰富的体验，与道合一的体验。

冯从吾深味到曾点之乐，乐在感悟到道无处不在，鸢飞鱼跃莫非道体。他在《疑思录》中说：“二程见茂叔后，吟风弄月以归，有吾与点也之意。即此便是得仲尼颜子乐处，又何必更往别处寻？鸢飞鱼跃，时行物生，斯道原在目前，只是人丢过道字往别处寻，所以孔颜乐处终不能到耳。”（《冯恭定全书》卷二，《疑思录》）冯从吾说读子路、曾皙、冉有、公西华侍坐章，则当时圣门都俞吁咈气象宛然如见。“故曰要识唐虞垂拱意，春风原在仲尼居。”“曾点之志不可着迹看，当得其趣于言外，得其趣虽在师旅饥谨之时，宗庙会同之际，亦自有春风沂水之妙，必然从容暇豫，必不至张皇失措，可见春风沂水这等趣味，学者诚一时不可少。””（《冯恭定全书》卷三，《疑思录》）冯从吾指出，曾点暮春之乐又是一种少长咸集、欣然有得的怡然心境，遇暮春能乐，遇秋冬亦能乐。他说：“遇莫春能乐，遇秋冬不能乐，点与三子何异？只有了这个乐，无时无处无不是此物矣。譬之善画者写出春景固好，写出秋景冬景亦好。即如此时，天气虽寒，然少长咸集，欣然有得就是春风舞雩气象，何必远求？”（《冯恭定全书》卷一一，《池阳语录》）可见，心存怡然自得的境界，则四季无时不是暮春。

曾点气象透露出儒家境界的浪漫、洒脱，但是，冯从吾指出，曾点气象不同于庄子的逍遥，魏晋之风流，儒家不是悬空求乐，春风沂水气象就在子臣弟友、庸言庸德之间。他认为曾点之咏而归是泰，庄周之逍遥游是骄。他说：“学者必有戒慎恐惧之心，然后有春风沂水之乐。若无此心而徒谈此乐，是晋室之风流，非曾点之真乐矣。”（《冯恭定全书》卷一一，《池阳语录》）《闻斯录》记载，冯从吾与学者讨论今人与古人所以忙处不同，他说：“古人忙处原无奇事，只子臣弟友、庸言庸德之间，此间能尽其道，是谓尽心。今日吾侪群居于此，自揣无不诚敬，无不尽心者，便是春风沂水气象。”（《冯恭定全书》续集卷二）

可以说，“孔颜之乐”不仅超越贫富等物质享受，超越事功，同时还是超越于社会道德伦理。这里所谓“超越”并不是不要物质财富，不要功业，也不是不要伦理道德，更不是否定事迹与功业，破坏社会道德伦理规范，而是“有之却又高于之”。由上可见，“孔颜之乐”实际上主要是在人与社会的和谐、人与自然的和谐、个体身心的和谐之中所体会到的自由、自然与安畅，是对人生进行深刻反思之后所达到的一种至高的精神境界。“孔颜之乐”立足于人生的终极意义，是对主体与他人、社会、宇宙间关系的自觉理解与自觉体会，已经融入儒家最高层次的精神境界。

冯从吾对儒家的理想境界从不同方面、不同角度进行了描述，这些描述其实是相互贯通的。儒者通过自身切实的工夫，若能达致工夫与本体合一，就能无私、无我,勘破世间的富贵生死,胸怀天地,此心与天地万物浑然一体。此时无论做什么自然都是从心所欲不逾矩,无过而无不及的中庸境界。此心自足自适,乐在其中,“大行不加,穷居不损”,看鸢飞鱼跃莫非天理,即使身处陋巷,茅屋寒食,同样不亦乐乎。此中的愉悦自然是遇暮春能乐,遇秋冬亦能乐,“等闲识得东风面,万紫千红总是春”。这当然就是每个儒者都梦寐以求的圣人境界。

第五章　冯从吾的讲学思想

冯从吾一生为官的时间短暂，大部分时间与精力用于讲学、著述，他对讲学推崇备至，一生以讲学为职志。他说人生天地间，惟有讲学一事固矣，“开天辟地，在此讲学；旋乾转坤，在此讲学；致君泽民，在此讲学；拨乱返治，在此讲学；用正变邪，在此讲学，学者不可作屑小事看。”（《冯恭定全书》续集卷一，《都门语录》）冯从吾在关中书院亲任主讲，从学者多达5000余人，听者常常是座不能容，盛况空前。晚年和邹元标在京师共建首善书院，继续邀集诸同志倡明理学，时人推为“南邹北冯”。他一生讲学无数，可以说是走一处，讲一处，为讲学付出了大量的心力，他的许多著述如《宝庆语录》《太华书院会语》《池阳语录》《关中书院语录》《都门语录》《闻斯录》《川上会纪》等都是当时讲学的讲语记录。冯从吾的讲学思想非常丰富，主要反映在《宝庆语录》《都门语录》《疑思录》中，他详细论述了讲学的重要性，分析了学之不讲的后果与原因，对非议讲学的言论进行了坚决地驳斥。面对晚明的专制统治，冯从吾在宋儒“以学明道”的基础上，进一步“以学行其道”，在讲学过程中践行自己的心性之学。他为士人指出了一条独立于政治、独立于科举之外的新型的安身立命之道。可以说，讲学促成了士人内在的独立人格，对社会的清醒反思和自由批判，是士人独立于政治，立身于社会的现实方式。此种意义的独立才能使士人真正站起来，才能使知识分子社会批判的公共理性得以存养。

第一节　冯从吾与关中书院

在陕西历史上，最著名的书院是关中书院。关中书院是明、清两代陕西的最高学府，也是西北四大书院之冠。万历三十七年（1609）关中书院建成，其后短短几年时间，在冯从吾的主持下很快便成为与无锡顾宪成、高攀龙主讲的东林书院，江西吉水邹元标主讲的江右书院，南直余懋衡主讲的徽州书院相齐名的著名书院。据《徽州府志》记载，明清“海内书院最盛者四，东林、江右、关中、徽州，南北主盟，互相雄长”，关中书院当年的盛况可见一斑。

一、书院讲学传统

书院在中国大地上存在了1000余年,成为中国文化史和教育史上引人注目的一大奇观。书院是中国古代特有的一种教育组织和学术机构,实质上已成为培育经世治国人才的摇篮,在思想史、文化史、教育史上都拥有崇高的地位,是中国传统文化中的瑰宝。在中国古代历史上享有盛名的白鹿洞、岳麓、睢阳、嵩阳等书院,是很多国人心目中的自豪和骄傲。

私人讲学可以说是儒家的优良传统,孔孟都非常重视讲学。无论是官办的或民办的书院,都有一套教学行政组织,主持人称山长、山主、洞主、洞正或堂正等,还有副山长、助教、书讲等教学人员。书院有学田作为经费来源,经济独立,供给学生膳食。书院的师生多以醉心学术、潜心修炼心性为目标,因此多数书院反对科举,反对追逐名利,师生多数厌恶科举、淡泊仕途,隐居山林胜地,超然观世事,冷言论朝政,以清高脱俗、持志守节相标榜。经常与当权执政者的现行政策和直接利益发生矛盾。如南宋的朱熹在书院讲授程朱理学,曾被列为“伪学”“禁党”,明中叶王阳明在书院传授陆王心学,也被视为“异端邪说”。古代书院与大学相似而又不同。它的特点在于学术研究与教学相结合。大多数书院是由名师大儒聚徒讲学发展而成的。主办者或主持人以书院为基地,研究或传布自己学术研究的心得和成果。书院也以著名学者的学术成果为主要教育内容。书院生徒多是慕名师来学,并将从师学习与个人学术志趣紧密结合,边读书、边学习、边研究。这就形成学术研究与读书讲学融为一体、相互结合、相互促进的独特教学方式和教育组织形式。因此,讲学和学术研究是书院主要的活动内容。通常由书院主持者主讲,每讲立一主题,称为明立宗旨,讲授其研究心得和研究成果,生徒边听讲,边质疑问难,形成讨论式教学。书院通过“会讲”的形式在学者们之间开展学术交流,“会讲”类似今天的学术“论坛”,是书院交流不同学术观点的主要形式。书院非常重视对后学的传、帮、带,并奖励学有所成的学子。搜集、收藏图书也是书院的一项重要活动内容。书院顾名思义,以藏书丰富著称于世,每个书院都成为当地藏书最丰富齐备的场所,许多书院专建藏书楼、藏书阁或书库,成为书院建筑的一个重要构成部分。书院的藏书活动既为书院教学和研究准备了充足的资料,又为当地士民、乡绅查阅、咨询提供了方便。这种将图书馆、学校教育、研究机构集于一体的独特组织形式,对后世颇有启迪之效。

“书院”的名称最早见于唐代文献。当时的官方书院，如玄宗时的丽正书院（后改名集贤殿书院）是朝廷用于修书和侍读的地方，类似宫廷图书馆。[①]而民间的书院，则是私人读书室或私人学馆。书院起源于唐末五代干戈纷扰之际，由于当时的战争频繁，官学衰废，士子失学，一些士大夫“往往择胜地立精舍，以为群居讲习之所”（朱熹：《重修石鼓书院记》），研究学问，聚徒讲学，这便是书院的前身，后逐步演化为一种教育组织形式。宋代书院讲学之风大为盛行，北宋时期的书院已经蓬勃发展，历史上有名的北宋六大书院白鹿洞书院、嵩阳书院、石鼓书院、应天府书院、岳麓书院、茅山书院即形成于此时。南宋时期吸收、借鉴佛教禅林讲学的制度，书院得到进一步发展和完善，各地书院共计有五十余所。元代的书院有元太宗十年（1238）于燕京设立的太极书院，这是官立书院的开端。此后，书院讲学的传统经元、明而不衰，至清末，随着整个封建教育制度的衰败，近代新式学堂的诞生，古代书院才逐步改为学堂。

明代的书院波动较大。明初，朱元璋鉴于元末教育的腐败，大力兴办学校，吸引书院的师生相继转入学校。当时安徽的书院尚寥若晨星，到了嘉靖年间，江苏的书院已增加十八所，而安徽的书院已有二十九所了。阳明心学占据统治地位后，书院讲学形成高潮，参与修建书院、组织讲学的除了学者以外，还有一些是朝廷、地方的官员，参与讲学的人数、地区范围也空前扩大。至泰州学派出现，其“异端”思想的深入宣传和对社会底层百姓的吸引，致使当时出现了“以化俗为任，随机指点，农工商贾从之游者千余。秋成农隙则聚徒谈学，一村既毕，又至一村，前歌后答，弦诵之声洋洋然也。”（黄宗羲：《明儒学案 》卷三二，《泰州学案一》）而程朱学派的学者也四处开堂讲学，形成与王学对抗的局面，然终因哲理深奥，与百姓日用不切而声势远不及王学。明代关学之盛也与此时的关学前辈重视讲学有密切关系。在《疑思录》里，冯从吾说：“昔三原王康僖公讲学，其父端毅公督之；朝邑韩苑洛讲学，其父莲峰老人督之。康僖公门人为马溪田，苑洛之门人为杨斛山。当其时，家庭之间蔼若洙泗，师弟之际，不愧伊洛，吾乡前辈所以为盛。今父师之教，子弟之学，自举业外无复有此风味矣。识者不能不为之三叹。”（《冯恭定全书》卷二，《疑思录》）明代会讲式书院盛行，这类书院与明代中后期流行的讲会活动相联

① 参见王炳照：《中国古代书院》，北京：商务印书馆，1998 年版，第 2 页。

系,而讲会,用钱穆先生的定义来说,“乃是当时一种社会活动”。

明代专制统治加强,书院被视为旁门左道而屡遭禁止,专制的政策使明代的许多学者都产生了强烈的归隐意识,无心做官,而是用心于研究学问,聚徒讲学,而且强调讲学之于政治的独立性。如王阳明从弘治年间入仕到嘉靖初年归越讲学,几乎在不间断地表达其归隐的愿望。在正德十三年《与黄宗明》的信中,他便说“仕途如烂泥坑,勿入其中”,正德十五年的《思归轩赋》全面集中地表述了他的归隐意识。清初,统治者担心书院有传播反清复明思想的危险,诏令严禁。直到康熙六十一年(1722),在统治秩序得到巩固的情况下,才对几所较著名的书院,如白鹿洞书院、岳麓书院、苏州紫阳书院等颁赐御书,实行开放。雍正十一年(1733),又诏谕督抚于各省省会设一书院,并赐帑金作为师生膏火之资,当作样板。当时在书院讲学比较著名的,北有孙奇逢,南有黄宗羲,西有李二曲等。李二曲是陕西盩厔县(今简化为周至)人,曾主讲关中书院。

二、明代的讲学与禁学

值得注意的是,明代讲学与宋代讲学有明显不同的时代特点。宋代学者的讲学尚未表现出与政治的明显疏离,而且宋朝书院出现了官学化的倾向。宋统一后,文风日起,而当时政府尚无暇顾及教育,书院的出现既满足了读书人的要求,又可为统治者培养大批治世人才,因而得到统治者的认可。在此较为宽松的政治背景下,一些学者,如胡瑗、孙复就在官学任教;一些学者因仕途不顺,才转而在私人书院讲学,如程颢、程颐在嵩阳书院著书讲学,就是因为王安石变法维新,二程与之政见分歧,不为朝廷重用,为避祸端,他们只好退居嵩阳书院。

有明一代,书院讲学曾经盛极一时,但是,书院与政治在摩擦冲突中不断受到政治的胁迫、朝廷的压制甚至禁毁也是不可回避的事实。在关中书院建立前后都有对书院的攻击、清算乃至禁毁。洪武十五年(1382)颁学校禁例十二条,并刻石置于学宫明伦堂之左侧,称为卧碑。在卧碑的禁令中规定“一切军民利病,工、农、商、贾皆可言之,唯生员不可建言。生员听师讲说,毋恃己见,妄行辩难……其不遵者,以违制论。”朱元璋依靠强制手段将士人都压缩到出仕为官一途,士大大若不为君主所用,便要诛其身而籍其家。嘉靖十六年、十七年各有一次对书院的严厉攻击和清算。万历年间、天启年间,明朝书院都遭到当权者的粗暴焚毁。嘉靖十六年二月,御史游居敬弹劾王守仁、湛若水"伪学私创",奏曰:"南京吏部尚书湛若水倡其邪学,广收无赖,私创书院,乞戒谕以正人心。"这一次的攻击以明世宗下令拆毁了湛若水主持的书院而收场。嘉靖十七年五月,吏部尚书许赞再次上疏要求禁绝书院,疏曰:"抚按司府多建书院,聚生徒,供亿科扰,堕宜撤毁,诏从其请。"此次禁毁涉及面大,而实效甚微。

冯从吾生活的万历年间,首辅张居正实行专制的政治统治和文化政策,他为了防止江南地区的政治、经济势力通过书院讲学,形成强大的政治力量,最终导致政令纲纪难以推行,为此,万历三年(1575)张居正就提出不许创办书院,群聚党徒。万历七年(1579)正月,张居正以万历皇帝名义下旨昭示"毁天下书院"。毁废天下书院,包括著名的应天府书院在内的六十四所书院在这次活动中被毁。嘉靖年间书院两次被毁,属于较大范围的意识形态控制问题;万历年间毁废书院则是政治斗争的背景所决定,张居正的改革在统治阶级内部造成了利益受损者的恐慌,反对派言行上的对抗必然会使这位当权者对他们采取极端的措施,钳制日趋活跃的文化思想,实行专制主义的文化控制和政治统治。三年后,张居正去世,禁令遂被废弃,新建书院增多,讲学活动更为高涨。

冯从吾官至御史,这是朝廷重要的行政职务,所以他对前朝和当朝的讲学与禁学之间斗争的历史自然是很清楚的。禁毁书院大都出于政治上的原因,统治者要控制主流意识形态,不允许社会上与主流意识形态不相吻合的异化思想流行,因而书院每每成为政治斗争的牺牲品。经历了仕途的风风雨雨,冯从吾对明代书院的命运多舛是了如指掌的,对建立书院可能会遇到的政治压力也有所预料。但是,冯从吾有着一种学者的单纯,希望通过自己的倡导与努力能将讲学独立于政治,能将学术与政治置于截然两分的理想化状态,希望在书院里开辟一处世外桃源的学术天地,以讲学的方式践行自己的心性之学。冯从吾认为,只要自己不涉足政治这块泥潭,就可以自由地置身于自己的学术世界中。于是,他尽可能地避免与朝政发生关系,使关中书院、书院的讲学活动远离政治,努力建立一个纯粹的学术活动场所,不断强调书院讲学的独立性与学术活动的纯粹性。在首善书院讲学时,他就提出讲会原则:"不谈朝政、不谈私事、不谈仙佛,千言万语,总之不出父子有亲、君臣有义、夫妇有别、长幼有序、朋友有信五句及高皇圣谕:孝顺父母、尊敬长上、和睦乡里、教训子孙、各安生理、毋作非为六言。”(《冯恭定全书》续集卷二,《都门稿语录》自序)更重要的是,累次的罢官使冯从吾对辅佐君王以伸治国安邦之志已不报幻想,学者的担当与执着使他必须寻求达至理想的其他途径,于是只有将自己的热情和精力投入到精研五经、讲学活动中去。冯从吾四处讲学,不遗余力,与对非议讲学者进行了坚决的斗争。

首善书院很快就遭人诋毁而关闭。当冯从吾的书院创建伙伴和政坛挚友邹元标再次受人攻击时,冯从吾愤然再次自求引退,但未被批准。天启四年六月,都察院左副都御史杨涟上疏揭露魏忠贤“专权乱政,欺君藐法”等二十四大罪行后,东林人士与魏忠贤宦官集团之间的斗争趋向明朗尖锐。从天启四年七月开始,首辅大学士叶向高、都察院左都御史高攀龙、吏部尚书赵南星等人被借故罢斥。冯从吾愤怒而失望之余,连续上疏告退,这一次他被批准了退休。同年八月,魏忠贤的心腹——巡视中城兵马司御史张讷上疏奏请拆毁全国各地书院。疏中特别指出全国书院最盛者有四,即东林、关中、江右、徽州,并指名道姓批评了孙慎行、高攀龙、邹元标、冯从吾、余懋衡五人,张讷还针对书院进行了具体攻击。冯从吾告老退休之后仍然在党争的旋涡中,所以削籍返乡后仍得不到安宁,不久即被削籍为民,追夺诰命。

三、东林学友

令人遗憾的是,冯从吾隐居林下,期望远离政治,做一个“以学明道”的讲学者,然而在晚明,这种想法也成了不现实的一种奢望。这中间有现实政治斗争的裹挟,也有书院自身客观性质的原因。虽然他竭力避免再次进入政治的旋涡中,而他所属的团体(虽然是被动的)已经为他打上了深深的政治烙印。因而,即使冯从吾自己缄口不谈政治,而他的政治同道还在为政治而热情地奋斗,即使他倡导关中书院的同道们避谈国事,而与他并称的其他书院学人却是热衷于“家事国事天下事”。

早在东林书院建立之前,顾宪成等一批后来成为东林骨干的年轻官员,在建储、税监、会推阁臣、京察等问题的论争中就已崭露头角,取得了一定的个人资本和社会名声。顾宪成等罢官后,身居乡野,读书讲学,渐开明末东林风气,并最终促成东林书院的建成。他们以书院为大本营,研习道德学问之余,往往“裁量人物,出位论政”,最典型的就是推举李三才入阁之事。东林自此为人侧目,而东林党之名也广传天下。顾宪成逝世后,高攀龙虽继续主持东林讲学,但出位论政已十分谨慎了,但东林至此已名倾天下,声势已成,其“君子”“小人”之言行已深入人心,导致了朝庭官员中“东林党”和“非东林党”的对立和党争,到天启年间,以东林人士惨遭迫害而初告结束。此时,东林学术与政治已渐见分途,政治党派色彩已十分浓厚。身为东林主要人物的顾宪成、高攀龙等都是不可能置身于政治之外的。明代自万历中叶以降便开始衰落,内忧外患加剧,统治集团昏庸腐化。就在这时,以东林党人为代表的清流士大夫成为了一股强大的势力,在朝时,他们打击贪官污吏,反对矿盐税使,参与国家管理和政策制定;在野时,他们品第人物,抨击时弊。他们以学术良知和社会责任相结合,坚定地为某种政治理想而奋斗着,直到最后在与魏忠贤为首的宦官斗争中惨遭失败而告终。

“书院既为讲学的地方 ,但有时亦为议政的机关。为古时没有正式代表民意的机关,有之,仅有书院可以代行职权了。汉朝的太学生,宋朝朱子一派的学者,其干涉国家政治之气焰,盛极一时,以致在宋朝时候,政府立党籍碑,禁朱子一派应试,并不准起复为官。明朝太监专政,乃有无锡东林书院学者出面干涉,鼓吹建议,声势极张,此派在京师亦设有书院,如国家政令有不合意者,彼辈虽赴汤蹈火,尚仗义执言,以致为宵小所忌,多方倾害,死者亦多,政府并名之曰‘东林党’。然而前者死后者继 ,其制造舆论 ,干涉朝政 ,固不减于昔日。于此可知 ,书院亦可代表古时候议政的精神 ,不仅为讲学之地了。”[①]胡适在《书院志史略》中对讲学与议政关系的阐述很能说明一些人对书院性质的认识定位。与关中书院并称的其他书院都热衷于“家事国事天下事”,所以冯从吾和他的书院也不可能“遗世而独立”。

东林诸人初建书院是在已经取得了一定的个人资本和社会名声之后,而这些个人资本和社会名声在某种程度上来说也是政治资本,注定了他们与政治有着不可分割的千丝万缕联系。顾宪成等人先后罢官后,于万历三十二年修复了宋代朱熹传人杨时主讲的东林书院。《东林书院会约》规定学者要胸怀大志,诚意从学,言行一致,不图虚名,而讲学则规定只能就四书五经进行学术理论探讨。顾宪成等人主讲的东林书院从开始就与冯从吾宗旨不一样,强调书院是要明辨事非,主张济物利人。通过书院讲学的方式,聚集人心士气,影响朝政时局。顾宪成提倡“风声雨声读书声,声声入耳;家事国事天下

① 胡适:《书院志史略》,《东方杂志》,第 21 卷第 3 期,1924 年 2 月。

事,事事关心”,高攀龙也认为“学者当以天下为己任”,要求将讲学活动和社会活动结合起来,书院在他们的带领下,讲习之余,讽议朝政、裁量人物。天启初年,许多东林人士都在朝中担任要职,当时高攀龙为都察院左都御史,邹元标为刑部右侍郎,余懋衡为兵部右侍郎,他们身为辅政,振兴吏治,革除积弊,受到上下普遍拥护。然而,顾宪成于万历四十年去世后,很快有了“梃击”“红丸”“移宫”明史所谓的三案,三案都牵扯到了东林人士和朝中其他政治派别之间的斗争,“梃击”和“红丸”以东林暂屈而告结。“移宫”案后,熹宗即位后的天启初年,高攀龙、邹元标等东林党人重新得以用事,而此时的东林书院已是高攀龙“独肩其责”,东林的政治色彩愈加浓厚。

事实上,冯从吾在政治上的波折起伏与他的东林党学友是紧密联系在一起的,所以关中书院也不可能“遗世而独立”。更重要的是,晚明东林党人的概念被扩大了,凡是批评朝廷的腐败,凡是为清流所承认的正派大臣辩护,凡是主张在官僚考察中去奸留贤之人,均被视为东林党人。更重要的是东林党的政治斗争对手绝不可能去细细地研究划分究竟谁是真正的东林党人,谁是同情者,然后对其区别对待,他们奉行着宁可错杀,绝不漏网的政策。因此,冯从吾的关中书院与政治的紧张对峙是不可能消除的。

四、以学行道

冯从吾一生居官时短,主要精力用于讲学、著述。累次的罢官使冯从吾对辅佐君王以伸治国安邦之志已不抱幻想,他必须寻求达至理想的其他途径,于是只有将自己的精力投入到精研五经、讲学活动中去。冯从吾视讲学为士人内在的信念,他激励学者要守着心中不灭的信念,勇于担当,不惧风雨,坚定执着,不畏人言,以学行道。他因直谏犯上而归乡后,“请告闭户三年,日与故友萧茂才讲学。”万历二十三年,冯从吾罢归后,一直在宝庆寺、关中书院讲学,“林居凡二十六年,一字不干公府,绝口不谈时事。”(《冯恭定全书》续集卷五,《行实》)冯从吾矢志不渝,始终将讲学活动作为他的奋斗目标。明代书院的命运可谓多舛,讲学与反讲学的斗争始终不断,冯从吾对创建书院可能会遇到的政治干扰与压力心中早有预感,因而,他尽可能地使关中书院、书院的讲学活动远离政治,不断强调书院讲学的独立性与学术活动的纯粹性。

天启二年,居于高位的冯从吾与邹元标共同建立了首善书院,以节义相标榜,以挽救世道人心为目的,以探究学问、钻研学术为宗旨。冯从吾根据自己创建关中书院的经验,走的是一条与东林书院不同的道路,他坚决反对书院议论朝政、臧否人物。事实上,在建首善书院之前,冯从吾等人已开始在京城举行讲学活动,那时他就始终坚持学术与政治分途的观点。无论关中书院还是首善书院,冯从吾都在尽量避免让书院成为议政的场所而遭受到政敌的攻击,但"不谈朝政、不谈私事、不谈仙佛",依然不能使他们主讲的书院离开政敌的视野。

关中书院等其他书院成为了党争的间接受害者,而关中书院的禁毁,除了党争的因素外,明显还带有针对冯从吾个人的性质。冯从吾在御史任上,廷议"三案"时曾挺身而出,纠弹不避,铁肩担道义,当时就被许多人怀恨在心。而且,不能否认的事实是,冯从吾并不是地道一个乡村或城市的教书先生出身,他的政治背景和政治名望再加上学术威望对于普通人和一般的士子们是有着强烈的吸引力的,所以书院很容易发展规模、形成气候。事实正是如此,关中书院成立没多久,冯从吾便"从者如流,门下士多至千余人,一时称关西夫子。"关中书院的影响力和冯从吾个人的凝聚力客观上已产生不容忽视的政治影响,这使魏党夜不成寐,无法不正视,这就决定了冯从吾和关中书院虽然在极力避免,却无法逃避的悲剧命运。

冯从吾内圣外王的理想在现实面前被击得粉碎,不仅济世救人的政治理想和政治抱负无从实现,连远离政治潜心学术的愿望也无法实现,甚至于宣扬传承"父子有亲、君臣有义、夫妇有别、长幼有序、朋友有信"的封建统治伦理思想和明太祖圣谕"孝顺父母、尊敬长上、和睦乡里、教训子孙、各安生理、毋作非为"的权利也被剥夺,冯从吾不胜愤慨,气病交加,于关中书院被毁的第二年就离开了人世。

冯从吾给历史留下了一个"以学行其道"的学者背影,它孤独却顽强,悲壮却坚毅。冯从吾继往开来,继承和发扬了儒家的讲学传统,展现了自己与众不同的讲学人生。可以说,讲学因为冯从吾而有了全新的诠释和对士人安身立命的独特意义,冯从吾因为讲学而成就了自己处江湖之远后的人生新诉求。

第二节　冯从吾论讲学的内容

冯从吾是以讲学的方式彰明圣贤之学,又是在践行自己的心性之学,这从其讲学内容中充分体现出来。冯从吾所讲之“学”即圣贤之学,儒家“内圣之学”。其同门师弟刘宗周说:“今冯先生所讲,皆圣贤之学。”(《冯恭定全书》续集卷一,《都门语录序》)他自己这样论及讲学内容:

千言万语,总不出父子有亲、君臣有义、夫妇有别、长幼有序、朋友有信五句,及孝顺父母、尊敬长上、和睦乡里、教训子孙、各安生理、毋作非为六言。(《冯恭定全书》续集卷一,《都门语录序》)

讲学者讲其纲常伦理如何能尽道,仕止久速如何能当可。能尽道能当可,得处在何处;不能尽道不能当可,失处在何处,这等去处不容不讲。讲得明白痛快,心上默默有透悟处,默默有自得处,然后能一一尽道,一一当可。(《冯恭定全书》卷一二,《关中书院语录》)

说明讲学正是为了阐明其父子君臣之义,提醒其忠君爱国之心。冯从吾还提出了讲学“六目”,强调讲学要循次而进,有次第有步骤。他认为读书人无论为官、居家都必须讲学,讲学正可以修职业;讲学正是讲如何“兵为我用,饷为兵用”,讲学正所以讲御敌之上策;讲学正是为了更好地躬行,“明道”才能进一步“行道”。他阐明了讲学正是对圣贤之学的贯彻,讲学正是对心性之学的落实。

一、讲学“六目”

冯从吾在《学翼》中归纳总结了讲学“六目”,即讲学的六步骤:启信、防忌、正趋、明源、励功、诣极。他对讲学“六目”进行了具体明确的阐述:

讲学第一要令人启信。夫以不信学之人而与之言身心性命,其能有入乎?故必启信而后可与言也。夫既信矣,则是者固多而非者亦不少,使不防忌则一传众咻,将不免方信而忽疑矣,故启信之后又当防忌。既防忌矣,则摇夺者少而其信必坚,前途皆坦途矣,使不正趋则佛老之说得混其中,恐又愈信而反愈远,故防忌之后又当正趋。使趋正矣,粹然一禀于吾儒,而二氏之说一毫不能杂,学问可谓至真至正矣,使不明源,则道理之源头未透,纵下工夫,不合本体,不过支离口耳之学耳,故正趋之后又当明源。使明源矣,圣学之根宗彻矣,若不励功,则虽有所窥,总属虚见,其何以尽性而至命,故明源之后又当励功。使励功矣,即翘然自足曰:吾益矣,吾生平学问至此亦可以止矣,又不几于为山而未成一篑,掘井九仞而不及泉乎?道体无穷,工夫亦无尽,一息尚存,此志不容少懈可也,故励功之后又以诣极终焉。余妄标此六目,而各采宋、元及我明诸儒粹言以实之,总题曰:学翼,凡我同志,尚潜心于斯云。(《冯恭定全书》卷一三,《学翼序》)

冯从吾提出的讲学六大步骤环环相扣,逻辑严密,他的阐述循序而进,清晰明白,操作性很强,在今天看来,对为人师者依然具有现实的指导作用。遗憾的是《冯恭定全书》没有《学翼 》的原文,使我们无法进一步详尽了解先生的讲学思想。

关于讲学的对象,冯从吾也有自己不同于前人的观点。以前的理学家把讲学的对象重点放在人君身上,诸如"贾谊上书,痛哭流涕,欲感动人主,使天下太平。孔子讲学,亦是痛哭流涕,欲提醒人心,使万世太平,圣人用心之苦如此。"(《冯恭定全书 》卷一一,《池阳语录 · 河北西寺讲语 》)他们都是期望人君能接受采纳自己的学说主张,从而得君治天下,实现内圣外王的儒家理想。冯从吾的关学思想因受父亲和其师许孚远的影响,对王阳明的良知之学情有独钟,笃信"个个人心有仲尼",他的讲学深入浅出,通俗易懂,面向大众。据《池阳语录 · 庆善寺讲语 》记载"先生池阳之讲,不惟十人兴起,即里巷小民咸拥与聚观,候门窃听,欲得一二语终身诵之。先生因出所刻'做个好人,心正身安魂梦稳;行些善事,天知地鉴鬼神钦'旧对一联示之,于是众共朗念,欢然稽首而去。" 有人对于先生讲学的大众化、平民化主张不理解,于是问"讲学有教无类,将苗裔来听讲,亦容之乎?"冯从吾回答道:"苗蛮肯来听讲更妙。"对方问话的意思很明白,苗裔来听讲无异于对牛弹琴,岂不是白费力气,毫无疑义? 但是冯从吾的回答让我们看到了圣贤之学的广大涵容与作用无限,也看到了儒家学者的宽广胸怀。冯从吾把教育对象平民化、大众化的特点,与孔子有教无类的教育思想不无相通之处,与王阳明在贵州龙场时"夷人亦日来亲狎"遥遥相应。

正因为冯从吾把讲学的对象放在普通人身上,所以他认为讲学不在文词的华丽上, 而重在一个"信"字,关键是要重视内容。在一封与友人书中,他表达了对当时文风浮华的忧虑,"今天下盖称文盛矣,学士大夫搦管抽思, 摛葩掞藻,人蛇珠而家荆玉,岂不彬彬质有其文哉? 顾纵横滋而朴茂散,虚无炽而大雅微,其流弊有出文词外者,关系人心世教匪细……今人为文,其主意与古人异,古人为文,主意在发理而翼圣;今人为文,主意在炫辞而博名。"(《冯恭定全书》卷一五,《与友人论文书》)所以,冯从吾反对只重视辞藻形式,强调文章的意义在于以理学为主的思想内容。他认为讲学就应讲道学,就是理学,主张文章与理学应该合而为一,刘宗周在刻印《都门语录》的序中,就说冯从吾之讲学"绝不作训诂伎俩"。在《濂洛文抄序》中,他说"夫道一而已矣。三代以前,以理学为文章,故六经四子之书为万世文字之祖;三代以后,信理学者或天资笔力不能为文章,而能文章者或恃才傲世不肯信理学,此理学文章所以分而为二也。是分而为二者,乃能文者不信学之过,岂理学之过哉?或谓宋人讲学而文章遂不逮古。不知唐人不讲学,而文章不如汉,汉人不讲学,而文章又不如秦,又不如左、国,何也?六经四子之书,纯是理学,而文章又非秦汉左国之所能及,又何也?此理甚明,正坐学者未之讲耳。宋儒如濂洛诸子之文,无论发理精微,直接唐虞邹鲁之统,即文章笔力亦自卓尔不群。凤翔张心虞氏慨世之能文而不信学者众,且并其所为文者亦非也,因刻濂洛文抄以救之。呜呼,学者读此而有悟,则理学文章庶几可合而为一矣。"

有人提出,有些道学家不在文词上留意,是不是因为本来就不擅长文词?他们说:"讲学者多弃去文词不理,此道学自护其短之巧术,何如?"冯从吾回答说:"学者弃去道学不理,诚不可。若弃去文词不理,有何关系?而曰此自护其短之巧术也。能文者自是能文,不能文者自是不能文。能文者而不理,此正道学不自恃其所长。不能文者而不理,此正道学不自护其所短,而反以为自护其短之巧术,何也?道理甚明,无足置辨。"(《冯恭定全书》卷七,《宝庆语录》)他回答的很巧妙,首先态度明确的表示,学者讲学最重要的是突出道学的本质内容,如果辞藻华丽却内容空洞,这是本末倒置;如果文辞朴实却蕴含深沉的圣贤之道这又何妨?《论语》不是也说"辞达而已矣"吗?擅长文词的学者自是擅长,不擅长文词的自是不擅长。擅长文词而不在讲学中有意显露,这恰恰说明他不愿意炫耀卖弄;不擅长文词就宁愿用简单的语言力求准确达意,这正是学者为了准确表达内容而宁愿使自己露丑(不能文),又怎么能说是自护其短呢?道理明明白白,还用得着再争辩吗?经过冯从吾这一番仔细而令人折服的分析,提问者自然嘴巴张不开了。冯从吾言行一致,他自己讲学行文也是语言朴实而力求达意。他曾针对秦地陋俗而作《正俗俗言》,有人不理解他的文章题目,问他:"胡不即曰正俗正言?",是啊,为什么不用"正言"反用"俗言"命题呢?他在序中解释说:"俗之渐民久矣,一旦以正言正之,人将骇焉而不吾信,不若即以俗言正之,庶几其有入乎。此余不得已作正俗俗言意也。呜呼，吾言本易知，本易行，而人多不肯知，不肯行，余言滋俗，余心滋戚矣。”可见，为了扶正祛邪，扭转不良的世风乡俗，冯从吾行文宁愿选择通俗易懂的俗语，因为这样愚夫愚妇都能明白，才能真正达到正俗的目的。

二、讲学与职业

许多为官者认为讲学与做官是两个不同的职业，是相互矛盾、相互妨碍的。冯从吾认为居官讲学，不会妨碍官吏忠于职守，而且能使其不失忠君爱国的本心，促使他们勤修政事，他说：

> 讲学正所以修职业也。精言之，必讲学，提醒其忠君爱国之本心，然后肯修；粗言之，必讲学，考究其宏纲细目之所在，然后能修。不然纵终日奔忙，不过了故事，以俟迁擢而已。故居官职业之不修，正坐不讲学之过，而反曰妨职业乎哉？（《冯恭定全书》续集卷一，《都门语录》）
>
> 学问在做官时越发该讲，事上接下，案牍纷纭，孰非讲学？使无学问，便差了。如《中庸》九经，说到既禀称事，日省月试，不如此则精神不周到，便是学问有不贯彻处。（《冯恭定全书》续集卷二，《川上会纪》）

有人反问：“某公人品政事，俱不可及，只是多了讲学？”冯从吾没有正面回答他，举了个例子：“昔年曾同一客出郭，见一农家桔槔灌田茂甚，其客笑曰：‘田是绝好的，只是多了个桔槔。’”（《冯恭定全书》续集卷一，《都门语录》）此例形象地说明了人品政事俱不可及的根源，恰恰在于讲学。为官者讲学正可以使其勤政爱民，忠君报国，这是讲学自然的作用。讲学是儒者实现救世济民的理想，作用于政治的一种独特方式。

还有一些人认为讲学者迂阔无用，做不了官，只好讲学说闲话。冯从吾联系子贡的“夫子之得邦家”，对此观点进行了辨析。《论语・子张》云：“陈子禽谓子贡曰：‘子为恭也，仲尼岂贤于子乎？’子贡曰：‘君子一言以为知，一言以为不知，言不可不慎也。夫子之不可及也，犹天之不可阶而升也。夫子之得邦家者，所谓立之斯立，道之斯行，绥之斯来，动之斯和。其生也荣，其死也哀。如之何其可及也！’”程子说：“此圣人之神化，上下与天地同流者也。”（朱熹：《四书章句集注》）孔子一生不得志，其政治才能没有施展的机会，而子贡却坚信老师圣不可及,其神化可以妙应无穷,夫子若有机会得邦家,必定会“立之斯立,道之斯行,绥之斯来,动之斯和”。有人不解子贡的本意,问冯从吾:“夫子绥来动和,原不待得邦家。子贡云夫子之得邦家者,还不免落世俗之见,何如?”意思是圣人极高明而道中庸,自是圆融无待境界,“万紫千红总是春”,“原不待得邦家”来证明自己,子贡如此说,反落了俗见。冯从吾回答:“不然,子禽见子贡在圣门最号通达事体,夫子亦曾许他赐也,达与从政乎何有?恰似夫子虽是圣人,只好讲学说闲话,授之以政,或未必达,此处或者还要让子贡。如今人说讲学者不会做官之说也。子贡窥见子禽之疑在此,故以得邦家说如此,然后可以破子禽之疑,撤世俗之障,此正子贡深信夫子处。”(《冯恭定全书》续集卷一,《都门语录》)子贡讲“夫子之得邦家者”,是权宜,是为了塞世人“圣人只好讲学说闲话”之口。冯从吾以此例破“如今人说讲学者不会做官之说”,说明讲学与从政并不矛盾。

三、讲学与事功

冯从吾所处的万历朝可谓多事之秋,南有倭寇之患,北有满洲兴起的威胁,皇帝昏庸腐化,朝臣党争激烈,腐朽的统治致使各地农民的反抗斗争此起彼伏。一些人提出,身处如此多事之秋,应先讲如何用兵,如何筹饷,讲学太不合时宜,也无暇讲学。他们诘问:“方今兵饷不足,不讲兵饷而讲学,何也?”冯从吾回答:“试看疆土之亡,果兵饷不足乎?抑人心不固乎?大家争先逃走,以百万兵饷,徒藉寇兵而赍盗粮,只是少此一点忠义之心耳。欲要提醒此忠义之心,不知当操何术?可见讲学诚今日第一着。”“有兵而后可御敌,有忠义之心而后兵为我用,才谓之有兵;有饷而后可用兵,有忠义之心而后饷为兵用,才谓之有饷。”(《冯恭定全书》续集卷一,《都门语录》)对方仍然摇头,认为边事不断,就是整天讲兵讲饷都不能解决兵饷问题,哪里还有闲工夫讲学。冯从吾用了一个形象的比喻说明,讲学正可以解决兵饷问题,使得兵为我用,饷为兵用,讲学正所以讲御敌之上策也。他说:“譬之富家一时被盗,因而峻墙垣、固扃钥、修弓矢、畜干仆以防盗,诚不可缓。若为父者日讲墙垣,而曰何暇讲慈;为子者日讲扃钥,而曰何暇讲孝;为兄弟者日讲弓矢干仆,而曰何暇讲友恭,不知可否?果尔,窃恐其父子从此相夷,兄弟从此相尤,而家道且从此大败也,又何言盗不盗哉?况父子同心,兄弟同心,才好御盗,不然,自家家里先做了一伙寇敌,即固扃钥、修弓矢,何益?可见讲学正所以讲御敌之上策也。”(《冯恭定全书》续集卷一,《都门语录》)接着,冯从吾对讲学的内涵作了进一步发挥:“讲兵讲饷,亦是讲学,学无所不入。”“自古御敌无上策,说者谓周得中策,余敢以讲学二字为御逆之上策。或曰:何也?曰:不必广引‘临事而惧,好谋而成’‘天时不如地利,地利不如人和’,此孔孟之讲学,非孔孟论兵也,不知古今论兵法之精者,能过此二语否?以讲学为御敌之上策,圣人复起,不易吾言。”(《冯恭定全书》续集卷一,《都门语录》)儒家也讲经世致用,正心诚意、格物致知而后自然家齐、国治而天下平。冯从吾认为圣贤之学并不玄空迂腐,且与用兵之道相通。

看重事功之人多认为讲学迂腐,冯从吾不赞赏一味追慕外在的事功,并且指出,讲学与事功其实是统一的,事功乃学术中之作用,与讲学并不矛盾。他在《疑思录》中说:“自昔豪杰之士喜谈事功者,多迂视讲学,卒之事功不能成,正坐不信学之故,而犹然不悟,至有愤懑不平,以死者可惜也。又或有致位通显,幸成一二功业,而于孝弟根本处多阔略,卒之身败名裂,而事功亦为其所掩,尤可惜也。呜呼!安得起斯人于九原,而与之讲孝弟仁义之学。”(《冯恭定全书》卷三,《疑思录》)冯从吾在《都门语录》中以孟子对许行的批驳为例,指出孟子辟杨墨、辟许行之功,不在禹下。他说:“滕之祸不止今日,当战国时已有之,许行与其徒数十人至滕,岂是好消息?皆衣褐,是以褐衣为号,如红巾之类。陈相兄弟曾受学陈良,渊源亦是正的,识见亦是高的,一见许行,尚且不惟悦,而且大悦;不惟弃其学,而且尽弃其学。何况无知小民,岂有不为蛊惑鼓动之理?如此手段,以数十人招结数百人,招结数千人,有何难?孟子看见不是好消息,所以不得已,费许多唇舌,去提醒转移他,费许多精神,去潜移默化他,卒之数十人解散,而滕亦不至如今日之祸。孟子之功伟矣,人知孟子辟杨墨其功不在禹下,不知孟子辟许行其功不在辟杨墨下。”“孟子于陈相兄弟说许多话,恰似莫要紧去讲学,卒之收曲突徙薪之功,免焦头烂额之祸,可见峄山挥麈数语,胜全滕甲兵百万。”(《冯恭定全书》续集卷一,《都门语录》)可见,异端邪说蛊惑人心,只有讲学才能明道,使世人得以明辨是非。

冯从吾还指出,孟子讲学的初衷是为了明道,并非为了追求“从者数百人,以传食于诸侯”。孟子为了说明,讲孝悌仁义虽看似庸言,看似无功,其功却在守先王之道,为万世开太平,所以不得已自任以有功,破时人疑惑其无事,疑惑其为泰。冯从吾说:

> 孟子讲学以孝弟仁义为宗，当时功利之习深，纵横之风盛，故凡言富国强兵者，即以为良臣，以为有功，以为即后车数十乘，从者数百人，以传食于诸侯亦不以为泰。今孟子所讲不过区区孝弟仁义之谈，何富何强何事何功，而亦后车数十乘，从者数百人，以传食于诸侯，不以泰乎？当时人人把孝弟看做末节，把讲孝弟看做迂谈，所以疑孟子为无事，疑孟子为泰。盖当时外人有此疑，故彭更（孟子之徒）举以为问，与外人皆称夫子好辨同，故孟子不得已直自任以有功，而曰：'与此有人焉，入则孝，出则弟，守先王之道，以待后之学者。'（《孟子·滕文公下》）可见这孝弟虽是庸行，实非末节。讲孝弟虽是庸言，实非迂谈，这个孝弟为往圣继绝学，为万世开太平，无大于此，安得以为无事功？无大于此，又安得以为无功哉？他日又曰：'尧舜之道，孝弟而已矣。'见得尧舜之道也，只尽于孝弟，益信孝弟非末节，讲孝弟非迂谈也。孟子思以孝弟仁义转世道与起人心，使斯世斯民尽皆仁人孝子，然后其心始遂，则从者惟恐其不多也，又何恤泰之疑哉？知孝子之道之大，知富强之说之非，则孟子非泰，可不待辨而自明矣。（《冯恭定全书》卷三，《疑思录》）

通过冯从吾的论述，可见讲孝悌仁义绝非迂谈，讲学可以转世道、起人心，可以为往圣继绝学，为万世开太平。讲学的作用的确不容忽视，不过，冯从吾以富强之说为非，还是有失偏颇的，他有用讲学否定外在事功的倾向。再如，冯从吾认为，中国之所以是文明之邦、礼仪之邦，就是因为讲学的缘故，他说："顺义久款边陲容然，亦中国讲学之效。或者未达？余曰：异类叛寇乞降，以中国夫妇有别之故。使中国无圣人，不讲学，夫妇安得有别？中国夫妇无别，彼安肯来降，可见讲学功效甚隐甚大，岂是寻常莫要紧事？"（《冯恭定全书》续集卷一，《都门语录》）叛寇来降，倾慕中国是礼仪之邦，这样的心理自然是有的，不过要想不战而屈人之兵，还必须要有绝对的实力，尤其是军事上绝对的威慑力。世界历史上，蛮族西哥特人征服了文明的西罗马帝国，中国历史上，发展程度远不如宋朝的女真人（金）灭掉了北宋，倒是这样的情形常常发生。大明王朝只靠礼仪，也无法阻挡满洲人入关的铁蹄。

四、讲学与躬行

冯从吾向来反对空谈，而且认为只有倡导躬行才能力戒空谈。为了使士人学者能在讲学中发明、践行心性之学，冯从吾制定了各项规约。他在宝庆寺讲学时订立的《学会约》不仅明确规定了“其言当以纲常伦理为主”的讲学内容，并特别提出了树立“崇真尚简为主，务戒空谈，敦实行”的尚实学风的问题。所谓“空谈”，在冯从吾看来，“谈空论无”者为空谈，虽言但“不躬行”者亦为空谈；好议他人而自己不实行者为空谈，“好对人夸自家”但自己又“不躬行者”亦为空谈。“敦实行”，方可“戒空谈”。所以冯从吾讲学，总是“以躬行相劝勉”，并发出“呜呼！为学不在多言，顾力行耳”的号召。

冯从吾为关中士人所制定的各项规约，主要是希望士人自己首先身体力行，规范自家的日常行为，进而变革学风、乡俗，使风俗向善。冯从吾在《学会约》中强调：讲学不只是为了教人，也同时是为了“自求其益”，因此应该“默默点检自家心，默默克制自家病痛，则识得本体自然”，主张士人“发愤为学，断当自改过”。冯从吾希望士人能够从自我做起，发明本心中的善，引导风气。其中包括自觉遵循礼教的规范。如在《关中书院语录》中，冯从吾劝诫士人“视听言动要合礼”。在《关中士夫会约》中，冯从吾倡导礼制，尤其倡导冠婚丧祭之礼，希望士大夫能够在乡族中率先实行。对于久已不行的冠礼，即成年礼，《会约》发出倡议，希望士大夫能够带头践行。以冯从吾为首制定的各种规约，对关中地方士风民俗的改善产生了深远的影响。《关中书院会约》“行之十余年，没有更改”，其为当时士人所尊崇可见一斑。

冯从吾对讲学与躬行的关系还进行了深刻的分析，他认为讲学原为躬行，躬行与讲学不是对立的，而是统一的。他在《讲学说》中指出，讲学正是为了更好地躬行，“讲学正所以为躬行地耳，譬之适路，然不讲路程而即启行，未有不南越而北辕者也；又譬之医家然，不讲药性而即施药，未有不妄投而杀人者也；又譬之兵家然，不讲兵法而即应敌，未有不丧师而辱国者也。天下之事未有不讲而能行者，何独于吾儒而疑之？”（《冯恭定全书》卷一四，《讲学说》）可见，只有认真讲学，才可以明辨事理，躬行才不是盲目的，才能达到目的，否则就是冥行、妄行。冯从吾在《都门语录》中说：

> 讲学原为躬行，而非学者多借躬行为口实，曰：只消行，何消讲？此言误人不小。世衰教微，尽去讲尚且不能行，况不讲而望其能行乎？断无此理。纵能行，亦不过冥行、妄行耳，不知冥行、妄行可言躬行否？（《冯恭定全书》续集卷一，《都门语录》）

> 讲学全要砥节励行，切不可同流合污，以蹈乡愿之弊。（《冯恭

定全书》续集卷一,《都门语录》)

还有一些人担忧,近世学者本来就好谈玄说虚,若再极力倡导讲学,会不会助长这种玄虚的学风?冯从吾说:

药玄虚之病者,在躬行二字。既学者多讲玄虚,正当讲躬行以药之可也,而反云学不必讲,何哉?为此言者是左袒玄虚之说,而阻人之辨之者也。

讲玄虚之学,讲学也;讲躬行之学,亦讲学也。玄虚之学不讲可也,躬行之学不讲可乎?若曰:学不必讲,岂躬行之学亦不必讲邪?(《冯恭定全书》卷七,《宝庆语录》)

冯从吾主张,讲学就是讲躬行之学,反对玄虚之学。他说:"孔子曰:躬行君子,则吾未之有得。可听其未得已乎?故曰:学之不讲是吾忧也。讲学者正是讲其所以躬行处,正是因其未得而讲之,以求其得处,不然,躬行君子,终未之有得矣。"(《冯恭定全书》卷七,《宝庆语录》)不能因为有人讲玄虚之学,或是讲学而不躬行,就断然反对讲学,这无异于因噎废食。所以他在《都门语录》中说:

讲学而不躬行,不如不讲,此激人躬行之言,而后世不讲学者遂借为口实,则愈失愈远。斯言如云务农而不力耕,不如不务;读书而不下帷,不如不读;养亲而不爱敬,不如不养;即与其有聚敛之臣,宁有盗臣之说耳。若因人之不力耕,而我遂不务农;因人之不下帷,而我遂不读书;因人之不爱敬,而我遂不顾父母之养;因人有聚敛之臣,而我遂用盗臣也,可乎?不可乎!此事之最易见、最可骇而最不可解者也。(《冯恭定全书》续集卷一,《都门语录》)

讲学而不躬行,不如不讲,此语在讲学的人说得,在不讲学的人说不得。在讲学的人说,是因不如不讲之言,而发愤要躬行也,学者不可无此志。在不讲学的人说,是因不如不讲之言,而果然去不讲也,则可笑甚矣。(《冯恭定全书》续集卷一,《都门语录》)

冯从吾析理细致深刻,"讲学而不躬行,不如不讲",此话的确有理,然而却要分是谁说,讲学的人说了,会激励他躬行;而不讲学的人说了,却成了他不讲的借口。冯从吾当然非常重视躬行,他继承了关学敦本尚实、躬行礼教的优良传统。他这里强调的是,讲学与躬行是统一的,不能借躬行而否认讲学。在《庆善寺讲语》中,他就敏锐地指出:"世之非学者曰:只在行,不在讲。

窃恐所行一差，关系岂小？譬之歧路之中又歧路焉，虽欲不问不可得也。彼谓不必讲学者，原安心不行，第借口非学耳。”（《冯恭定全书》卷一一，《池阳语录》）可见，有些人说“只在行不在讲”，其实心里压根就没有打算践行，只是打着躬行的旗号来反对讲学罢了。

第三节　冯从吾论讲学的意义

冯从吾继承了宋儒讲学明道的思想，并且进一步延伸了讲学对于士人的独特意义。冯从吾讲学不仅是为了明道、传道，涵养气节，感发人心，而且视讲学为儒者安身立命、人格修养、治国平天下的独有方式，也是最佳方式。他更突出了儒家的内敛精神、反省工夫，认为判断人生价值的标准并不在外部世界，它既不是朝廷的褒奖或贬斥，也不是先圣的经书与格言，更不是世俗的诋毁或赞誉，这个标准就在你自己的心中。

一、讲学可以明道

冯从吾继承发扬了宋儒以学明道的思想，认为从大处讲，讲学可以明道，可以衍道脉而维道运；从小处讲，讲学可使学问长进，是修养德性、涵养气节的基本方法。他在《疑思录》中说：“有道脉，有道运。夫道一而已矣，是说道脉。天下之生久矣，一治一乱，是说道运。道运有隆有替，道脉无古无今。今吾辈讲学，正所以衍道脉而维道运也，岂是得已？故曰：为天地立心，为生民立命，为往圣继绝学，为万世开太平。”（《冯恭定全书》卷三，《疑思录》）讲学以明道，明的不是别的什么道，而是明尧舜之道，就是要发扬传承儒家的道统、道脉，自古至今只有此一条大路，不可须臾离也。他说：

> 亘古亘今，只有此一条大路，离此便是邪径。自古如伊傅周召、颜曾思孟、韩范富欧、周程张朱、岳武穆、文天祥诸人，皆是从此大路行者，中间虽有吉有凶，然凶亦为吉，死亦为生，而况于吉况于生乎？如操、莽、温、懿、冯道、张邦昌、章惇、蔡京、秦桧、韩侂胄诸人，皆是从彼邪径行者，中间虽亦有凶有吉，然吉亦为凶，生不如死，而况于凶况于死乎？路径一错，关系不小。讲学原是辨此路径，岂是空谈？（《冯恭定全书》续集卷一，《都门语录》）

冯从吾指出，春秋战国时，老子墨翟之言盈天下，原因就在于学之不讲，造成了道之不明。他说:“晏子沮仲尼,臧仓沮孟子,其罪不在二子而在道之不明,学之不讲,当春秋战国时,老聃墨翟之教行,习俗以薄葬为贤,而以厚葬为如者病。故景公欲用孔子,晏子沮之曰:‘儒者崇丧逐哀,破产厚葬,不可以为俗。’鲁平公欲见孟子,臧仓沮之曰:‘礼仪由贤者出,孟子之后丧踰前丧,君无见焉。’惟儒字贤字不明,此晏子臧仓之言所以见售,而孔孟卒老于行也。可见,道不可一日不明,学不可一日不讲。”(《冯恭定全书》卷三,《疑思录》)冯从吾认为,世人不重视讲学,造成有些地方只知以科举求功名,其结果是吾道不明,人心不古。所以他提醒世人:“天下之事,知而不行者有之矣,未有不知而能行者也。大江以北,理学真儒,固不乏人,不过寥寥如晨星耳。无论穷乡下邑,即名邦剧郡,自举业取高科做大官外,更不知世间有讲学一事,说起讲学,且骇问所讲何话,讲学意思为何。呜呼?知且不知,安望其行?世道人心至此,真可痛苦流涕。吾辈今日讲于京师,正要风声远播,使穷乡下邑都知道取高科做大官之外,还有此向上要紧一着。”此时有人问到:“吾子素不好名,今京师讲学,乃要风声远播,何也?”冯从吾回答:“虽不要人知我,却欲要人知学。”(《冯恭定全书》续集卷一,《都门语录》)由此可见冯从吾孜孜讲学的良苦用心,以及他对讲学的坚定态度。

在《明道集抄序》中,冯从吾曾将二程与周子进行比较,他说:“二程先生之学得之濂溪,而朱文公谓河南程氏两夫子出,而始有以接孟氏之转,何也?《太极通书》泄千载不传之秘,文公亟赞之,岂其不足于濂溪?盖濂溪精于学而不大讲,至聚徒讲学,大开吾道之门,则自二程先生始耳。讲学创自孔子,至孟子而益盛,自孟子没而佛氏之徒登坛说法,动逾千人,而天下靡然向风,吾党之士,反逡巡畏缩而不敢言。千余年间,无论鲜识者,即有志者亦茫无所适。向使濂溪之后无二先生之讲,则濂溪之学,孰知之而孰传之?先王之道亦岌岌乎危矣,幸二先生排群议而挺然独任,由是佛氏之讲始觉渐息,吾党之士始有依皈,而孔孟以来相传不绝如线之一脉始有所藉,以复振兴之功,比于开创,徛与伟矣。故曰:自有河南程氏两夫子出,而始有以接孟氏之传也。”(《冯恭定全书》卷一三,《明道先生集抄序》)周敦颐精于学而不大讲,冯从吾认为,是二程兄弟的讲学活动使濂溪之学得以传播和传承,孔孟之道才得以振兴,所以二程的复兴之功和周敦颐的开创之功是可以相媲美的。冯从吾之所以心心念念于讲学,就是因为他看到了讲学对于维护、传扬儒家学统、道统的重要作用。

二、讲学可以修德

冯从吾认为讲学可以修身养德，涵养气节，所以他主张上自天子，下至庶民，人人都应当讲学。“先生曰天下事各有职分，一毫越俎不得，只是讲学一事，无论穷达，人人都是当讲的，人人都是有分的，却说不得越俎。故曰：自天子以至于庶人，壹是皆以修身为本。”（《冯恭定全书》卷一一，《池阳语录》）他认为个人分工、职业有所不同，所以责任也不同。但是讲学一事，人人都应该重视，因为讲学是修身的具体方法。

对于学者而言，讲学更具有特殊的意义。冯从吾认为，学者们聚在一起讲学论道，可以达到“聚坐一番，收敛一番，讲论一番，明白一番”（《冯恭定全书》卷二，《疑思录》）的效果。而“亲妻子奴仆之日多，接贤人君子之日少，学问终无进益，此古人所以讲学会友常若不及”（《冯恭定全书》卷三，《疑思录》）。他提出有才、无才都应该讲学，他说：“有才而讲学，益足见其所长；无才而讲学，亦足补其所短。不然，有才而非学则为恃才，无才而非学，则为弃物矣。”（《冯恭定全书》卷二，《疑思录》）讲学就是学者的本分，也是立身之本，如同吃饭穿衣，是必不可少的，是很自然的事情。

《都门语录》中记载，天启元年（1621），冯从吾应诏赴京前，与同志者叙及赴京后将矢志不渝，坚持讲学的坚定决心：“昨余赴京时，有同志祖于郊外，问曰：‘子此行仍讲学否？’余云：‘讲学如穿衣吃饭，难道在家穿衣，做官不穿衣？在家吃饭，做官不吃饭？’闻者大笑，因相与浮白，引满而别。”（《冯恭定全书》续集卷一，《都门语录》）他说：“学之当讲，犹饥之当食，寒之当衣，此何待讲？以不待讲者而讲之，盖因天下有一种人，饥不知食，而甚且非人之食；寒不知衣，而甚且非人之衣。载胥冻馁以死者，可怜也。惟其怜之，故不得不讲耳。呜呼！以饥之当食，寒之当衣，而犹待讲也，真多言哉！真多言哉！”（《冯恭定全书》续集卷一，《都门语录》）冯从吾还在《川上会纪》中讲到，学如梳洗穿衣吃饭，不可一日不讲，他说：“善有在今日为善，明日即非善者。过有在今日为过，明日却非过者，此处最精微，所以学全要日日讲，才得不差。”“学如梳洗穿衣吃饭，昨日梳洗当不得今日梳洗，今日梳洗当不得明日梳洗，穿衣吃饭亦然。”吕维祺接着说：“若昨日梳洗穿衣吃饭，今日不梳洗穿衣吃饭，便蓬首垢面，或寒而病，饥而死者矣。况终年不梳不洗不穿不吃者乎？”（《冯恭定全书》续集卷二，《川上会纪》）

世人不理解冯从吾为何对讲学如此重视,时时将讲学挂在嘴边。有人问他:"吾辈只修德足矣,又何必讲学?"冯从吾笑而未答,顷之,此人又问:"如何修德?"冯从吾说:"公只修德足矣,又何必问如何修德?"问者笑而大悟。(《冯恭定全书》卷二,《疑思录》)一问一答间可见,冯从吾将讲学看作是修养德行的基本方法。冯从吾说,讲学者正讲明其父子君臣之义,提醒其忠君爱国之心。又有人问:"父子君臣之义,忠君爱国之心原是人人有的,何必讲?"冯从吾回答:"如是人人没有的,真不该讲,如磨砖求明,磨之何益?如原是人人有的,只被功名势利埋没了,岂可不讲?讲之者,正讲明其所本有,提醒其所本有者也。如磨镜求明,磨何可无?"(《冯恭定全书》续集卷一,《都门语录》)讲学恰如磨镜求明,不但要讲磨的必要性,还要讲如何磨。他在《宝庆语录》中说:"尧舜之道,孝弟而已矣,若不讲如何孝,如何弟,安能孝弟?夫子之道,忠恕而已矣,若不讲如何忠,如何恕?彼谓只孝弟忠恕而不必讲者,是原无心于孝弟忠恕者也。"(《冯恭定全书》卷七,《宝庆语录》)

在《勤俭说》里,冯从吾还用具体的事例说明,讲学对士大夫的修养产生的深刻影响。原文曰:

> 越中有二大夫,其一人讲学,其一人不信学。二公家俱裕,俱以勤俭二字训其子,其子少年,初亦奢惰,后俱折节为勤俭,廪廪遵父命惟谨。其讲学公之子汲汲皇皇读书求友,有勤无惰,自奉甚俭,即敝衣粝食宴如也,而周族党赈贫之略不少吝,其家日裕而声望亦日起,卒为名儒。其不信学者之子亦汲汲皇皇持筹治生,有勤无惰,自奉甚俭,即敝衣粝食亦如也,而至亲族党一毫无所施予,人多以是怨之,由是众叛亲离,讼狱烦兴,家事亦渐销落而营利愈甚,卒为乡里所不与。夫此二子者其勤同,其俭同,其廪廪遵父命同,而家道之隆替若此,其异何哉?盖以学问为勤俭,则鸡鸣而起,孳孳为善,吉人为善,惟日不足,其勤也为真勤。'菲饮食,而致孝乎鬼神;恶衣服,而致美乎黻冕;卑宫室,而尽力乎沟洫。'(《论语·泰伯》)其俭也为真俭,故人品家道成则俱成。以世俗为勤俭,则其勤也,为奔忙,为营求;其俭也,为贪鄙,为啬吝,故人品家道败则俱败耳。然则家道之败也,其病岂独在惰与奢哉?夫子孙而能勤俭,亦足称矣,而止因学之不讲,遂至以此败其家而不悟。呜呼!昔人有言,毋以嗜欲杀身,毋以货财杀子孙,毋以学术杀天下。后世为人父祖者,奈何

以讲学为非，而至以勤俭杀子孙也哉！（《冯恭定全书》卷一四，《勤俭说》）

勤俭持家本来应该提倡，孰料竟出现以勤俭杀子孙的结局。两公皆勤俭持家，一公重视讲学，以圣学训育子孙，故其子是以学问为勤俭，自奉甚俭，却能周济他人，能够丰俭适宜，其勤也为真勤，所以，家道与声望并起；另一公不信讲学，故其子以世俗为勤俭，倒也有勤无惰，自奉甚俭，但他一心为利，贪鄙吝啬，众叛亲离，所以，人品家道俱败。当然，讲学不是为了发家，修身齐家是讲学的本有之义、自然作用。冯从吾以此事例告戒士大夫阶层，讲学不仅关乎自家身心修养，学问工夫，而且关乎子孙训育，家道兴衰。

冯从吾重视对气节的涵养，认为“气节从涵养中来”，不能一任气质承当，涵养气节的具体方法就是讲学，在学问工夫中明理、修德。他说：

气节涵养原非两事，故孟子论浩然之气而曰我善养。可见，气节从涵养中来才是真气节矣，黝舍辈全是个没涵养的人，如何算得气节？

无论古人，即国朝如罗一峰[①]、杨斛山[②]诸公，气节表表一代，都是从理学涵养中来，所以能完名全节，民到于今称之，其他诸公始未尝不表表，而末路多败名丧节，只缘胸中以气节自满，无复有学问以涵养之耳。余每见世之有气节者又多不信讲学，何也？可惜！可惜！（《冯恭定全书》卷三，《疑思录》）

冯从吾认为气节从理学涵养中来，如孟子所言“我善养吾浩然之气”，国朝如罗一峰、杨斛山这些大儒才堪称真气节，象北宫黝、孟施舍这样缺乏涵养的人，他们最多是气魄承当，而非义理承当，用冯从吾的话讲，是“血气之刚”，而非“义理之刚”，所以称不上真正有气节。所谓“浩然之气”，北宫黝、孟施舍之“养勇”都出自《孟子·公孙丑上》，为了说明气节与学问涵养的关系，冯从吾对此章进行了仔细的分析，所以有必要摘录有关原文：

公孙丑问曰：“夫子加齐之卿相，得行道焉，虽由此霸王不异矣。如此则动心否乎？”孟子曰：“否。我四十不动心。”曰：“若是，则夫子过孟贲远矣。”曰：“是不难，告子先我不动心。”曰：“不动心有道

---

① 明朝江西人罗伦，自号“一峰”，人们尊称他为“一峰先生”。成化二年（1466）进士第一，授翰林修撰。

② 杨爵，字伯修，号斛山，陕西富平人。明代隆庆初赠光禄寺少卿，谥忠介。

> 乎?”曰:“有。北宫黝之养勇也,不肤挠,不目逃,思以一毫挫于人,若挞之于市朝。不受于褐宽博,亦不受于万乘之君。视刺万乘之君,若刺褐夫。无严诸侯,恶声至,必反之。孟施舍之所养勇也。曰:‘视不胜,犹胜也。量敌而后进,虑胜而后会,是畏三军者也。舍岂能为必胜哉?能无惧而已矣。’孟施舍似曾子,北宫黝似子夏。夫二子之勇,未知其孰贤,然而孟施舍守约也。昔者曾子谓子襄曰:‘子好勇乎?吾尝闻大勇于夫子矣。自反而不缩,虽褐宽博,吾不惴焉;自反而缩,虽千万人,吾往矣。’孟施舍之守气,又不如曾子之守约也。”曰:“敢问夫子之不动心,与告子之不动心,可得闻与?”“告子曰:‘不得于言,勿求于心,不得于心,勿求于气。’‘不得于心,勿求于气’,可;‘不得于言,勿求于心’,不可。夫志,气之帅也;气,体之充也。夫志至焉,气次焉。故曰持其志,无暴其气。”“既曰志至焉,气次焉,又曰持其志,无暴其气者,何也?”曰:“志壹则动气,气一则动志也。今夫蹶者趋者,是气也,而反动其心。”“敢问夫子恶乎长?”曰:“我知言,我善养吾浩然之气。”“敢问何谓浩然之气?”曰:“难言也。其为气也,至大至刚,以直养而无害,则塞于天地之间。其为气也,配义与道,无是,馁也。是集义所生者,非义袭而取之也。行有不慊于心,则馁矣。我故曰告子未尝知义,以其外之也。”

孟子形容北宫黝之勇如此:“不肤挠,不目逃,思以一毫挫于人,若挞之于市朝。不受于褐宽博,亦不受于万乘之君。视刺万乘之君,若刺褐夫。无严诸侯,恶声至,必反之。”北宫黝之勇表现在他对外来的横逆,无论是衣“褐宽博”的无名小卒,还是诸侯,甚至是万乘之君,他都能凛然面对,毫不动摇,“不肤挠,不目逃”,一概以直接的对抗回应之,完全不考虑对方力量之大小。这是借着排除外来的横逆或反抗外在的力量,使己心不受其影响,北宫黝之勇可以说是完全凭意气用事。相形之下,孟施舍明白胜不可必(“舍岂能为必胜哉?”),故不求胜人,但求“能无惧而已矣”。孟施舍之勇表现在无论胜负得失,其心均能不为所动,即“视不胜犹胜”。其实,孟施舍与北宫黝所凭借的都是“气”,二者的不同在于:孟施舍守气以求超越胜负得失之心,北宫黝则恃气以求胜。在孟子看来,孟施舍之守气,尚未真正把握住要领,“孟施舍之守气,又不如曾子之守约也。”而曾子之养勇,是在“心”上作工夫,这才真正把握了要领。曾子之勇表现为:“自反而不缩,虽褐宽博,吾不惴焉;自反而缩,虽千万人,吾往矣。"曾子的大勇表现在他善于反躬自省,他自反所凭借的是义理之性,是自家深厚的学问工夫,自反的过程正是自问本心的过程。

冯从吾指出,"黝之养勇以必胜,舍之养勇以无惧,都是不善养的,故孟子曰:'我善养吾浩然之气',这善字最当玩味。"(《冯恭定全书》卷三,《疑思录》)只有善用学问之功,义理之刚得以涵养,才称得上是真气节。孟子之所以对学问辨之不遗余力,就是因为"当时道理不明,有志之士惩世之委靡卑鄙者,多欲学刚方正直而又不得其道,于是误认血气之刚为义理之刚,或一味往必胜处学,或一味往无惧处学"。冯从吾接着说:

> 故曰北宫黝养勇,孟施舍养勇,玩二养字,自见二子意思志向都是要好的,只是学术路头一错,遂流于无忌惮耳。故孟子不得不严为之辨,至于告子虽消得外面的粗暴,而一切不求于心,不求于气,又添了内里的傲慢,其无忌惮更甚。故孟子亦不得不严为之辨,必如夫子告曾子一味自反,才是真正不动心,此孟子之集义养气,勿忘勿助,直接孔氏之传,而非黝、舍、告子之可及也。(《冯恭定全书》卷三,《疑思录》)

北宫黝与孟施舍不善涵养而流于无忌惮,冯从吾将他们的错误归结为学术上的"气质承当",是一任意气用事。而告子的错误在于"义外",以外在的对象作为是非正误的判断标准,从而不求于心,不求于气,李明辉在《孟子重探》中说:"在这种情况下,告子所认定的道德原则并非真正的道德原则。以这种虚假的原则来把定其心,使之不动,正如王阳明所说:'告子是硬把捉着此心,要他不动。'以这样的'心'来统御气,也只是将气硬压下去,使之不能反动其心。"[①]所以,冯从吾以为告子"又添了内里的傲慢,其无忌惮更甚"。总之,北宫黝、孟施舍、告子的错误根源都在于学术路头,学术路头一错,贻害无穷。由此可见,学不可不讲,讲不可不精。

三、讲学"不可作小事看"

冯从吾强调讲学的重要性,认为讲学"不可作小事看"。他一生矢志不渝,始终将讲学活动看作是天下最重要的事情,对讲学的重视程度可以说超过了以往任何学者。冯从吾不但提出讲学可以"衍道脉而维道运",是维护、

① 李明辉:《孟子重探》,台北:联经出版事业公司,2001年版,第24页。

发扬道统的关键,而且将是否讲学作为从祀孔庙的标准,而不是只看重人品,这是前所未有的,超出了传统的标准。他强调孔庙的针对性,将能传扬圣学,有功于圣学作为从祀的标准。在《宝庆语录》中,他说:"此祀原专重讲学,须在讲学中择其有功圣门,人品无议者方得从祀。若不论讲学与否,而概论人品,则古今人品无议者亦多矣,岂得人人而祀之?且孔子以前人品无议者又不在所遗邪?讲学二字,创自孔子,此祀全为风人讲学而设,不专为古今人物而设也。若古今人物表表不凡者,或祀乡贤,或祀名宦,或为专祠以祀,用以崇德报功,磨世励俗,皆无不可,第不宜轻易从祀孔庙耳。此关系不小,不可轻议。"(《冯恭定全书》卷七,《宝庆语录》)冯从吾提出,能否成为一个伟大的儒者,获得入祀孔庙的资格,关键在于他是否讲学,而过去是让所谓品德独占。他以为"此关系不小",因为人品无议的人很多,如果不讲学,也算不得一个真正的儒者。

冯从吾之所以心心念念于讲学,就是因为他看到了讲学对于维护、传扬儒家学统、道统的重要作用。在冯从吾看来,讲学可以"衍道脉而维道运";讲学可以修德,可以涵养气节;而且,讲学是儒者安身立命的方式,也是其经邦济世的方式。讲学是儒者独有的生存方式、经世方式,是儒者的鲜明特征。他将讲学看作维护儒家道统的关键,心心念念于讲学,正是为了强调儒家道统的独立性,儒者人格的独立性,强调其有别于人品、仕途沉浮、宗族血统等等的独立性。学问、人格上的独立可以使儒者坦然面对官场的得失、人生的冷暖,超越贫富贵贱,甚至超越生死,挺立于天地之间。

非常可贵的是,冯从吾还从反面对学之不讲的后果及原因进行了深入的分析和阐述。《论语·述而》云:"子曰:'德之不修,学之不讲,闻义不能徙,不善不能改,是吾忧也。'"冯从吾以此对学之不讲的后果进行了发挥:"孔子云:学之不讲是吾忧也。不讲何忧之有?只不讲便不修德不徙义不改过,此中便做无穷之非僻,生无穷之隐祸。不讲不足忧也,祸犹不足忧耶?"(《冯恭定全书》续集卷二,《川上会纪》)不讲学,人们就无法明理,不知何为义,何为善,如何修德?不讲学可以说是隐祸无穷。讲学既然如此重要,正面、反面的道理都非常明白,并不深奥难懂,为什么后世学者又多不肯讲学呢?冯从吾也奇怪为什么世人对讲学这么反感,他说:"天下有三件不可解的事:言可省也,别样不该说的言语通不省,偏只省了讲学的言语,一不可解;交可寡也,别样不该交的朋友通不寡,偏只寡了讲学的朋友,二不可解;是非可避也,别样

不该管的是非通不避，偏只避了讲学的是非，三不可解。”（《冯恭定全书》卷七，《宝庆语录》）

冯从吾总结了学者不愿讲学的五条原因：“其病多端，一则于己不便，一则自以为是，一则为人不足与言，一则恐为世所厌，一则嫉忌人之胜己。孔子曰：‘躬行君子，则吾未之有得。’（《论语·述而》）一讲则人必以躬行责备于己不便，故不得已谓学只在行，不在讲，是以行之一字杜责备者之口，以掩其不行之过也。即间有能行者又器小易盈，若曰吾行，是亦足矣，何必再讲？而况其人又不足与讲也。孟子曰：‘齐人无以仁义与王言者，岂以仁义为不美也，其心曰：是何足与言仁义也云尔。’彼其心或亦曰：是何足与言学问也云尔。昔人说朱文公曰：正心诚意上所厌闻，今之不讲者，岂亦以正心诚意世所厌闻，而讲之无益邪？女无美恶，入宫见妒；士无贤不肖，入朝见妒。今之不讲者得无曰：我不能行而讲之，使人行则形己之短；我能行而讲之，使人行则掩己之长。得非忌心胜而不欲人之行之邪？不知不讲者不行者也，真能行者必不避人责备，而不讲，义理无穷，即圣贤且望道未见，我安敢自以为是，而不讲人性皆善。孰不可与言？敢谓人不足与言而不讲。平生所学惟此四字，何论人之厌不厌也而不讲，君子莫大乎与人为善，方愧不能与人为善也，又何忌人之胜己也而不讲。孔子忧之正忧乎此耳，后人不忧，岂其有加于孔子邪？”（《冯恭定全书》卷七，《宝庆语录》）

冯从吾这五点对世态人心把握得细致入微，可以看出，无论出于何种原因而不讲学，都是因为存有私心。或因自己不能躬行，讲学会引来别人的责备，于己不便，不讲反而能掩饰自己的不能躬行，所以不讲；或者独善其身，自满自足，认为做好自己的事就可以了，不必讲给别人，所以不讲；或者自视过高，总感觉自己曲高和寡，不屑与人讲学；或者认为世人厌恶讲学，害怕自己会自讨没趣；或者嫉妒好强，气量狭小，心中算计：若我不能躬行，讲学促使别人去躬行，反倒显出我的短处；即使我能躬行，讲学之后，人人都能行，我的过人之处不就显示不出来了？当时存有私心而不愿讲学的人借口很多，但是真正的原因不外乎以上几点。冯从吾极力倡导讲学，就是希望通过讲学以提醒人心，使道明天下。

第四节　讲学对士人的独特意义

冯从吾的讲学思想独树一帜，他对讲学的重视程度超过了以往任何学者。面对晚明的专制统治,冯从吾在宋儒"以学明道"思想的基础上,为士人指出了一条独立于政治、独立于科举,以讲学"独行其道"的经世途径。他竭力维护独立于"政统"的"道统"之尊严,寻求士人在科举入仕之外的新生存方式。讲学使士人不再依附于官,成为一个真正独立的阶层,形成了自己独立的思想、对政治独立的批判,拓展出独立的生活空间。可以说讲学是士人独立于仕途政治的一种独特生存方式,也是其实现救世济民的儒者理想、作用于政治的一种独有间接方式。可以说,讲学促成了士人的独立人格、对社会的清醒反思和自由批判,讲学是士人独立于仕途,安身立命的根底,它有利于存养知识分子社会批判的公共理性。

一、以道自任的士人精神

中国的"道"基本是一个安排人间秩序的文化传统,它源于古代的礼乐传统,作为道之体现者的士人则出现于春秋战国时代。士的表识已不在客观的社会身份,而在其以"道"自任的精神。古士人之风,常有强烈的入世精神、经世之气度及道统之责任,余英时先生说:"儒家对'此世'决非仅是'适应',而主要是采取一种积极的、改造的态度;其改造的根据即是他们所持的'道'或'理'。所以他们要使'此世'从'无道'变成'有道',从不合'理'变成合'理'。"[①]这体现了士人依"道"对世俗权势的超越与改造。

中国传统的士人,既是人类精神、社会道德良心的表识,同时又是官僚队伍的后备力量。这就决定了,一方面怀道而处的士人阶层构成了政治权利(政统)之外的另一种力量,它往往成为后者的一种批判和制约力量;另一方面不可避免地形成士人阶层对政治权利的依附性。宋儒主张"以学明道",但"道"却落实在从政上,只有无法从政才讲学,其学并不具有独立性,只是道的附属物,而道的倡明又依附于政治权利。而且宋朝书院出现了官学化的倾向,一些学者,如胡瑗、孙复就在官学任教;一些学者因仕途不顺,才转而在私人书院讲学,如程颢、程颐为避仕途祸端在嵩阳书院著书讲学。宋代士大夫的政治主体意识尤其强烈,"以天下为己任"已经成为士的集体意识,张载《西铭》的中心意旨是发扬士的"承当"精神,陆象山"宇宙内事是己分内事"

---

① 余英时:《中国近世宗教伦理与商人精神》,台北:联经出版事业公司,1987年版,第58页。

同样是士大夫承当意识的体现。宋儒治学、讲学的目的是要导向合理的政治社会秩序,故其重心在修身齐家治国平天下,基本上是外王取向的,其终极目标是变天下无道为天下有道,内圣是基础,外王是目的。宋代士大夫期待"得君行道"的积极政治活动,政治关怀对其具有重要意义,文彦博对神宗言皇帝应当"与士大夫治天下",程颐《经说》中讲"与之同治天下",士人不仅把自己作为文化主体,也把自己作为政治主体。

宋代是皇帝与士大夫共治天下,所以士人有"以天下为己任""先天下之忧而忧"的承当精神,而明代则对知识分子采取高压和防范政策,朱元璋依靠强制手段将士人都压缩到出仕为官一途,士大大若不为君主所用,便要诛其身而籍其家。书院被视为旁门左道而屡遭禁止和焚毁。专制的政策使明代的许多学者都产生了强烈的归隐意识,无心做官,而是用心于研究学问,聚徒讲学。张载五十八岁还感觉"庶几有遇",仍存有"得君行道"的期待,而王阳明三十多岁就谋求退隐。冯从吾也一样,自万历二十三年罢归后,林下讲学就一直是他生活的主要状态和核心内容。冯从吾对仕途抱着达观而超然的态度,认定"仕止久速要当可",(《冯恭定全书》卷一二,《关中书院语录》)"可以仕则仕,可以止则止,可以久则久,可以速则速。可见圣人出处何尝由得自家分毫?"(《冯恭定全书》卷三,《疑思录》)他何以对仕途表现出如此淡然达观的态度?又为何"绝口不谈时事",强调讲学不可议政,对朝政表现出明显的疏离心理?笔者认为,这与晚明时期士人的生活现实与人格转向有密切联系。

二、晚明士风的嬗变

儒家有强烈的入世精神和道统责任,明朝的士大夫亦大多有相当强烈的以天下为己任的责任感,然而至晚明时,政治异常腐败,加之商品经济的发展、西方科学文化的传入,催生出活跃的思想,而活跃的思想又加剧了士人阶层人格的独立、个性的张扬。随着阳明学的兴起,人格的独立和个性的张扬朝着更深入的方向发展。这些现实的因素共同作用,产生了晚明士风的嬗变。士风的嬗变反映了士人对自身命运的重新把握。

首先,晚明士人视做官为畏途。儒家是主张参政行"道"的,传统的儒家学子,以修齐治平为己任,他们都以不同的方式参与社会生活。晚明的有识之士也是挺身而出,纷纷上奏朝廷,东林党人积极地参政议政,冯从吾也在

《请修朝政疏》中劝谏明神宗:“勿以天变为不足畏,勿以人言为不足恤,勿以目前之晏安为可恃,勿以将来之危乱为可忽。”(《冯恭定全书》卷一八)但由于明代的政治暴虐,士人都遭到不公平待遇,明太祖朝即有大臣“镣足治事”的丑行,景帝时有掷钱于地令经筵讲官遍拾的丑行。至于对大臣的杖杀、逮系,更是司空见惯。黄宗羲就曾明白指出,明代皇帝对士是“奴婢”蓄之。既以“奴婢”待之,则打骂或赏赐无不凭一己之喜好矣。饱尝统治阶级的酷杀与侮辱后,心怀济世救民的士人已经心灰意冷,“致君于尧舜”的理想彻底破灭,他们绝望到了顶点,视做官为畏途,宁愿归隐山林。冯从吾林居二十六年,绝口不谈时事,他在《学会约》中明确规定“会期讲论毋及朝廷利害”。在与友人的书信中,他不止一次表达出对时事的畏惧,如:

> 时事不忍言,亦不敢言,奈何?昔程朱讲学不知遭多少风波,文公至诋图为不执,犹为危甚。(《冯恭定全书》续集卷三,《与史义伯光禄》)
>
> 从吾自罪归来,一切时事不敢闻,惟与二三同志立会讲学,以求寡过于万一。(《冯恭定全书》卷一五,《答萧慕渠老师》)

时事“不敢闻”“不敢言”,都说明冯从吾想避开政治风波、政治迫害,因为学者首先需求生存自保,然后才谈得上明道、伸志。为了回避统治集团的政治迫害和思想控制,士人们用归入民间和自然生活的方式保存自由的身体和心灵。

其次,晚明士人否定传统价值观,自我意识觉醒。士人对人生道路重新选择,对自身命运重新把握。儒家传统的价值观表现为:勤修文业,博取功名,走科举入仕的道路。在传统士人经典化的生活模式中,“仕”历来是士人惟一可行的安身立命的途径以及自我价值实现的唯一方式。士人们以此为人生理想,一生勤读四书五经,以博取功名利禄。由此强化了士人和封建政府之间的依附性,限制了士人自食其力能力的培养。随着明后期商品经济的发展,商人势力的崛起,士人对传统的社会等级秩序和“学而优则仕”的生活模式产生了怀疑,士人们已不再把入仕看作人生唯一的追求目标,认为“四民之业惟士为尊,然无成则不若农贾”。于是,士大夫兼营商业者增多,许多耕读之家也纷纷转而“弃本逐末”,弃儒从商。还有相当一部分知识分子,开始有意摆脱统治集团的控制,把生活的重点更多转向民间和世俗生活,在仕途之外寻找新的生活出路,成为一种具有相对独立性的文化人。

明代的专制制度将士人都压缩到出仕为官一途，而八股科举的推行又将学术归之于一途，意识形态化的程朱理学与科举考试结合，程朱理学日益教条化，科举考试日益形式化，因而士人无论是现实生活还是精神世界均被束缚于一个狭小的空间。官场的险恶不仅使士人自身危机四伏，而且常常株连到家族亲人，他们感到在官场中已无法担负儒者的救世责任，他们更“畏惧”忠孝双失的结局与自我生命的浪费，于是转而去寻求更有价值的生命空间，使他们的自我生命得到安顿，这就逼出了一个以讲学为生的士人阶层。不过，冯从吾的书院讲学不像一些学者批评的那样，是一味消极的退缩。其讲学还有积极的意义，冯从吾在宋儒“以学明道”的基础上，进一步延伸了讲学对于士人的独特意义。他是“内圣”取向的，更加突出儒家的内敛精神、反省工夫，认为出仕为官并不是士人生命意义的全部，判断人生价值的标准并不在外部世界，它既不是朝廷的褒奖或贬斥，也不是先圣的经书与格言，更不是世俗的诋毁或赞誉，这个标准就是你自己心中的“道”。讲学使士人不再依附于官，成为一个真正独立的阶层，自我意识觉醒，社会批判的公共理性觉醒，即形成了自己独立的思想、对社会清醒的反思、对政治独立的批判，拓展出士人独立的生存空间。同时，也拓宽了他们的思路，不是只寄希望于学而优则科举、则仕这座独木桥，眼睛看得更远，正是这种开拓的思想也促进了明清儒商阶层的出现。士人经商，增强了其在经济上自食其力的能力，削弱了对科举制的依赖性，为保障士人的人格独立与尊严提供了经济基础。当然，士人经商的消极作用也不容否认，它使士子的行为无不染上逐利的色彩，使士气士风沉沦。

最后，士人向传统伦理道德挑战，冲击礼教，推崇个性。晚明士人自觉将个体作为独立性的存在来看待，反抗科举制度，叛离程朱理学，对科举、官场采取了一种疏离、批判的立场，对束缚人性、压制人欲的传统道德规范发起攻击。阳明心学进一步启发了士人的主体意识，恢复了他们对个体作为主体地位的信心，寻求新的人生方向和生活方式。面对新的社会时尚，得风气之先的士人们纷纷抨击传统说教，肯定人性的自然欲望，崇尚世俗生活的美好和感性心理的愉悦，尤其泰州一派走入荡肆猖狂。冯从吾笃信良知之学，但他对王学末流之玄虚浮荡痛心疾首，极力纠正。所以，在讲学过程中，一面坚持心学路向，一面援引朱子的主敬工夫，发扬敦本尚实、躬行礼教的关学学风。他在《庆善寺讲语》中说：“尧舜只是个敬，桀纣只是个肆，可不畏哉？可不辨哉？故曰:敬者,圣学之要。”(《冯恭定全书》卷一一,《池阳语录》)冯从吾针对王门后学亚流的一任气质情欲,小人肆无忌惮,纷纷仿效魏晋士人,以放达为高,不知“敬”字,强调儒家的居敬。

在风雨如磬的晚明,随着政治、经济、文化领域的一系列变化,知识分子努力摆脱传统的社会结构、道德现状,苦苦寻找自己的社会基础,重新进行社会定位:有的隐入山林,或遁入禅学;有的弃儒从商;有的倡导享乐,成为狂者……无论隐与狂,都是那个时代士人自我意识觉醒的一种方式。冯从吾选择了隐,但他反对逃入佛禅,保持“醇儒”本色。在以商利为急的热潮中,他生活上尚实尚简,认真讲学,踏实做人,告诫自己“不可忘了秀才气味”。他竭力维护独立于“政统”的“道统”之尊严,寻求士人在科举入仕之外“独行其道”的讲学之路。因此,冯从吾极力强调讲学对士人独特的重要性。

三、士人在讲学中“独行其道”

冯从吾心心念念于讲学,正是为了强调道统的独立性,士人人格的独立性,强调其有别于人品、仕途沉浮、宗族血统等等的独立性。学问、人格上的独立可以使士人坦然面对官场的得失、人生的冷暖,超越贫富贵贱,甚至超越生死,挺立于天地之间。

讲学是儒者安身立命的独有方式,是儒者的鲜明特征,也是其经邦济世的特有方式。“以学明道”是宋人的观点,其学、其“道”并不具有独立性,讲学是“道”的附属物,而“道”一定程度上又依附于“政”。在儒家系统中,“道”是超越于“政”的,这正构成了儒家批评现实政治的根据所在。所以,冯从吾强调讲学要独立于科举,独立于政治,在讲学中“独行其道”,维护道统的尊严与力量。冯从吾以讲学“独行其道”的思想,是在晚明政治、经济、文化领域的一系列变化中形成的。“西学东渐”和王学的兴起起到了正向的推动作用,明代科举制度的完善、专制的禁学之政则构成了反向的挤压。八股科举对思想的束缚、专制政权对士人的打压和羞辱,使他们“外王”的抱负无从施展,只能转向更深、更内敛的内功之修,或是弃儒从商的他途。冯从吾走的是一条“独行其道”讲学之路。

讲学开拓出士人独立的现实生活空间和内在精神世界,这种内在的独立可以使士人坦然面对皇帝、权贵,超越贫富贵贱,甚至超越生死。王阳明曾说:“夫道,天下之公道也;学,天下之公学也,非朱子可得而私也,非孔子可得而私也。”(《王阳明全集》)明朝中晚期的士大夫就是在王阳明这种“丈夫落落掀天地”的精神指引下行事,天地可以掀翻,孔子朱子可以掀翻,区区一个皇帝当然就更不算什么了。这就很容易理解冯从吾何以有《请修朝政疏》,何以能凛然直谏,不畏龙颜震怒。泰州学派王艮(号心斋,1483—1541)更是说:“大丈夫存不忍人之心,而以天地万物依于己,故出则必为帝者师,处则必为天下万世师。出不为帝者师,失其本矣;处不为天下万世师,遗其末矣。”(王艮:《心斋先生全集》卷三,《语录》)要么不出仕,如果出仕,就必须是皇帝的老师,否则就是失其本矣。后来黄宗羲在《明夷待访录》中表述得更为明确,如:“太学祭酒,推择当世大儒,其重与宰相等,或宰相退处为之。每朔日,天子临幸太学,宰相、六卿、谏议皆从之。祭酒南面讲学,天子亦就弟子之列。”

以讲学“独行其道”,这是士人安身立命、人格修养、经邦济世的独有方式,也是最佳方式。冯从吾不仅从道统道脉、人格的独立性上阐述讲学的意义,他更多地强调讲学促使儒者自我意识的觉醒,官场之外生存空间的扩展。讲学使士人形成了独立的思想意识与内在精神、社会批判的公共理性,也拓展了士人的生活空间与胸怀,是士人独立于仕途政治的一种独特生存方式。据《都门语录》载:

> 问:“得志与民由之,不得志独行其道。夫仕以行道,隐以明道。今不得志而曰行道,何也?且曰行,便说不得独;曰独,便说不得行。”曰:“行道谓在山林,独立担当。与人讲学,是亦行其道也,不专在仕途才行得道。”
>
> 行其道是讲学,独不是离过人独做,只是不靠君相之命,不靠师友之倡率,各人独自个要做,故曰:独耳。若离过人独做,于行字便说不去。
>
> 孔子讲学于春秋,孟子讲学于战国,当时还有非之者,依靠得谁?故曰:独行其道。试看风急天寒夜,是谁当门定脚人。(《冯恭定全书》续集卷一,《都门语录》)

冯从吾入仕是为了行道,归隐依然是为了行道,所以他对仕止久速可以有达观的态度。自然,独行其道有许多的孤独与艰难,所以常人便不明白,隐何以行道?冯从吾说,讲学以“独行其道”,“独不是离过人独做”,而是说讲学自身要有独立性。既是自得之学,自得之后便要自信,更要自立,不靠君相之命,不靠师友之倡率,如此,有朋自远方来,自然不亦乐乎;人不知,也不愠。

所以,即使天下人非之,凭它风急天寒,我自当门立脚,“一切事境不为挠屈”。冯从吾强调学者应有独立的担当精神,更要有担当的气魄与能力,倡导自信、自立、顽强的士风与学风。

为了扬清抑浊,鼓励同道勇于讲学,冯从吾对非议讲学的言论进行了有力地驳斥。冯从吾告诫人们,要不计、不惧人之议论,对别人的议论应有自己清醒的认识,他说:“议论何病?议论然后见君子。且吾辈为学,非所以学孔孟耶?孔子讲学,或人疑其为佞。孟子讲学,外人讥其好辨。不特此也,伊川有洛党之嫌,紫阳有伪学之禁,真西山称为真小人,魏了翁号为伪君子。自古圣贤未有不从是非毁誉中来者,故曰:若要熟也,须从这里过。又曰:金不炼不精,玉不琢不美,可见是非毁誉,圣贤方藉以为锻炼砥砺之资也,又何计人之议论哉?不然,瞻前顾后,方信忽疑,是遵道而行,半途而废者也,何以谓之孔孟,又何以谓之程朱哉?白沙先生诗有云:‘饱历风霜十九冬,肝肠铁样对诸攻,群讥众诋寻常事,了取男儿一世中。’愿与诸君日三复之。”(《冯恭定全书》卷七,《宝庆语录》)冯从吾在《讲学说》中也论及讲学与人言的关系问题。文中说到有讲学者,因畏惧人言议论便退缩了,不讲了。冯从吾问其原因,从讲学是“为人”还是“为己”的问题入手,分析了应该如何对待人言。原文曰:

> 客有讲学者,因人言而志阻,遂不复讲。余怪而问之,客曰:“子犹敢言学乎?方言学而人言随之,何益也?”余曰:“子向日之讲学也,果为人乎?抑为己乎?如为人也,则人言诚所当恤;如为己也,则方孜孜为己不暇,而暇计人言乎哉?闻谤而辍,则必闻誉而作,作辍由于毁誉,是好名者之所为也。讲学之谓何?且人之议之也,议其能言而行不逮耳。能言而行不逮,此正学之所禁也者,人安得不议之?吾侪而果能躬行也,即人言庸何伤?(《冯恭定全书》卷一四,《讲学说》)

冯从吾指出,圣贤之学是为己之学,注重向内的反省、自反。“真正为己之学,只要收敛身心,向内寻求一个真头脑,自然有得。”(《冯恭定全书》续集卷一,《都门语录》)所以,闻毁誉应当从自身寻找原因,孜孜完善修己的工夫,如此则无暇与人计较。只有看重外在虚名的人才会闻谤而辍,闻誉而作。而且,引起人们议论最多的,大多是讲而不作,言行不一的夸夸其谈,这一点恰恰是讲学中所要批判的。他深有感触地说,如果我们能够做到言出必行,问心无愧,那纷纷的议论不会对我们造成什么实质的伤害,而且,日久自会烟消云散。

当然,冯从吾不是一个不食人间烟火的迂腐文人,他对人言可畏也有切身的体会。他在京师城隍庙讲学时,就有人诽谤他:"辇毂讲谈,谣诼之囮也。"建起首善书院后,朝中禁学之"人言"最终还迫使他离开。所以他说,害怕议论,怕人责备,是人之常情,而秦地议论之风尤甚。身处如此世风流俗,坚持讲学的艰难与压力可想而知。俗话说,众口铄金,冯从吾并非要学者装聋作哑,听而不闻,那样是无济于事的自欺,他是鼓励士人要坚定心中"独行其道"的信念,清醒、勇敢的面对人言。他说:"怕人责备,人情皆然,而秦俗尤甚,不知人生天地间,自当明明白白,做个真男子,若徒躲避人言,岂不耽搁自己,故必不怕一乡之责备,而后可言一乡之善士;不怕一国之责备,而后可言一国之善士;不怕千古责备,而后可言千古之善士,而后不负此百年见在之身。"(《冯恭定全书》续集卷二,《正俗俗言》)

当时非议讲学的言论中有对宋儒的批评,冯从吾都一一予以批驳,如:"讲学盛于宋,或云议论多而成功少。又云理学敝宋,何也?"冯从吾对此解释:"声容盛而武备衰,论建多而成效少,此元人进宋史表中语,盖指当时庙堂之上言也,如新法和议之类,满朝争之而竟不报,真所谓论建多而成效少者。而忌者乃借口归咎于理学诸儒,不知当时诸儒多屏逐山野,或弃置散地,师友之间不过私相讲论,以明道觉人耳,何关于庙谟国是?而责其成效少哉?且宋之不竟,正系于京惇侂胄辈禁学之故,即有忠言无从取效,而反归咎于学,何也?是宋以禁理学敝,非以理学敝也。论者试取宋史一细读之,则诸儒之冤可不待辨而自白矣。"(《冯恭定全书》卷三,《疑思录》)冯从吾根据自己读史的体会,指出正因为禁学之故,诸儒多被驱逐山野,忠言无从取效,所以,宋以禁理学敝,非以理学敝也。又如:"宋儒有不适于用之讥,是否?"冯从吾说:"不然,天下之人不一,有有才而讲学者,亦有无才而讲学者;有有才而非学者,亦有无才而非学者,彼见讲学而无才者之不适于用,非学而有才者或亦幸成其功,遂谓讲学之无益,不知讲学而不适于用,乃无才之过,非讲学之过也;非学而幸成其功,乃有才之效,非非学之效也。不咎其所以不适于用而归咎于学,不察其所以成功而归功于非学,此宋儒所以有不适于用之讥也。虽然元祐之禁、伪学之禁,即有才安所用之?是宋儒之不适于用,又时为之也,于诸儒乎何尤?"(《冯恭定全书》卷三,《疑思录》)可见,正因为禁学之故,宋儒之才无法施展,宋儒之不适于用是时势使然,是因为他们没有展现的机遇。

再如:“宋人讲学而叛逆之祸更甚,子以为御敌之上策,何也?”冯从吾回答:“宋人讲学多在下位,且多在山林,即有卢扁,病家不用,岂能成功?而谓卢扁不能活人,则非也。即用卢扁,岂能人人取效?人人不死?而谓卢扁不能活人,尤非也。卢扁之方无论效不效,确乎为活人之上剂。孔门之讲学无论成功不成功,确乎为御敌之上策。”(《冯恭定全书》续集卷一,《都门语录》)

在《策问》中,冯从吾以确凿的史实反驳了宋室祸败是由于讲学之故,他说:“问国于天地,必有与立,讲学尚矣,而非学者妄谓宋室祸败,由于讲学。夫宋室祸败,固由于讲学矣,五代祸败,尤甚于宋,而讲学者谁与?藩镇窃据,京师屡陷,唐之祸败,尤甚于宋,而讲学者又谁与?六朝瓦裂,三国鼎沸,秦隋不二世而亡,其祸败尤甚于宋,而讲学者又谁与?诸生亦可历指其人与?宋时用事诸臣,如章惇、蔡京、秦桧、韩侂胄辈,未尝讲学也,而无救于宋之祸败,何与?五代之冯道,唐之卢杞、李林甫,汉之曹操、王莽,秦之李斯、赵高辈,未尝讲学也,而无救于汉唐秦隋之祸败,又何与?诸生亦可细陈其故,与国朝表彰宋儒,经筵日讲,载在令甲,今天子孳孳向学,媲美尧舜,无容过虑,倘万一闻其说曰:宋室祸败,果由于讲学也,遂罢经筵日讲于不御,其关系岂小?不知非学者将何以自解与?为上为德,为下为民,全在此讲学二字。”(《冯恭定全书》,续集卷二)汉唐秦隋之祸败,尤甚于宋,却与讲学没什么关系。另外,宋代有人讲学,也有人不讲学,且章惇、蔡京等不讲学之人当朝而立,为什么他们也不能力挽狂澜,使宋免于祸败呢?这都说明讲学不是宋室祸败的真正原因。其实,冯从吾并非单纯为宋儒辩护,他目的在于强调讲学对大明的重要性,尤其希望天子能坚持亲临经筵日讲。冯从吾的担忧不是多余的,张居正去官之后,万历帝独掌政权,他很快就废除了经筵之讲。

冯从吾“独行其道”的讲学之路,可看作是士人为维护“道统”的独立与尊严,对“政统”的主动疏离和无言抗争。士人用或隐、或狂的形式与“政统”抗争,保存独立自由的个性,无论隐、狂,都是那个时代士人自我意识觉醒、文化人格转变的一种形式。这种觉醒与转变在冯从吾“独行其道”的讲学生涯中得到了集中而淋漓的体现。明中叶后,与统治集团疏离的知识分子积极适应并参与社会文化变革,如以“泰州学派”为代表的思想变革运动,汤显祖、冯梦龙等人所倡导的文学的民间化、世俗化运动,以徐光启为代表的科学家对西方科学技术的推介和运用,等等。这些文化现象的出现是同这样一部分知识分子的出现密不可分的,换言之,是同明中叶之后士人阶层的分化和文化裂变,以及由此而形成的士人自我意识的觉醒密不可分。德州学院季桂起教授说:"如果不是仅仅拘泥于鸦片战争后中西文化交流的视野,而是从历史的长时段来看五四新文化运动的兴起,我们可以说晚明时期的文化变革是五四新文化的必然的本土文化资源。"[1]他认为,从统治集团疏离出来的具有新的自我意识与文化人格的知识分子领导的文化革新运动,加之后来的西学东渐,才产生了20世纪初的新文化运动。或者说,五四新文化运动重要的历史渊源便是,明中叶之后知识分子自我意识的觉醒和文化人格的转型,以及由这些知识分子所引导的文化革新潮流。

① 季桂起:《晚明士人自我意识的转变及文化人格的转型》,《聊城大学学报》,2003年第4期,第56页。

第六章　冯从吾对异端邪说的批判

隋唐以后,三教合流成为中国哲学思想发展的大势,但是,坚守儒家道统的学者都对佛老采取排斥、批判的态度。韩愈排除佛老扶树明教,李翱为了复兴儒学进行了儒学消融佛学的理论试探。张载、二程及南宋朱熹虽然也吸收了佛老思想,但是对佛老仍然极力排斥。张载批评"释氏便不穷理""释氏不知天命""释氏销碍入空";朱熹说"道释之教皆一再传而浸失其本真",故"唐之韩文公,本朝之欧阳公,以及闽洛诸公,既皆阐明正道以排释氏"。可见理学在总体上一直视佛老(特别是佛教)为异端,对之采取了较为激烈的排斥态度。冯从吾站在维护儒家的正统地位和道统尊严的立场上,针对晚明虚浮的学风,坚持以学明道、以学行道。他极力"倡明正学,提醒人心,激发忠义,指示迷途",公开表明"邹鲁吾师",以儒学为"正学宗传"。他在讲学过程中对异端邪说批之不遗余力,尤其是"排距二氏",对佛道的学说进行了深刻而坚决的批判。他希望通过辟异端而昌明圣贤之学、孔孟之道,达到崇正学而正人心,进而纠治学风、士风和世风的目的。

第一节　冯从吾对异端的总体分析

冯从吾对异端的批判既有总体上的综合论述,也有对佛老及其他邪说分别进行的分析批判。冯从吾对异端邪说给人心世教带来的误导危害深有感触,他认为异端之说表面看起来非常高明,其实是用"为善之心不可有"给世俗之人追名逐利提供了很好的借口。他在《辨学录》中说:"异端之说阳欲高出吾儒,阴实左袒世俗,此所以嗜好者多……其他如圣人不仁,伯夷死名,一切无碍之类,未易枚举,总只是左袒世俗,此所以学异端者多好利败名,非其人甘于不肖,亦其说自误之耳。"异端所谓"圣人不仁""伯夷死名"之类说法很多,都是对世俗之人的袒护,这就造成了许多人的思想混乱,变得好利败名,其实并非是这些人自甘堕落,而是受异端邪说的影响和误导。冯从吾对异端兴盛的原因进行了深入的分析,对异端学说的错误主张进行了系统的归结,对辟佛距老的可行之径也进行了探讨。

一、辟异端的必要性

什么是异端呢?异即不同,异端就是指不符合正统思想的、异己的思想派别和学术理论。儒家所谓异端,一般指不同于儒学的其他学派的学说主张。异端一词出于《论语》,子曰:“攻乎异端,斯害也已。”(《论语·为政》)但这里的“异端”不能解释为孔子儒家学说以外的学说。在孔子时代,天下根本不存在以“异端”为非儒学说的观念。“异端”相对于“正统”言,春秋之末,孔子周游列国而道不行,何来儒家正统?没有正统又何来“异端”?异者,异于常,即不同平常之义。端,直也,异端即异于正常直道者,是不正非常之事。“攻乎异端”即是攻治怪异小道。如子夏曰:“虽小道,必有可观者焉;致远恐泥,是以君子不为也。”说明君子当治有益世道正常,不可攻治怪异小道。直至唐代,韩愈表彰孟子“抵排异端,攘斥佛老”,因而宋儒将异端和佛老混为一谈。朱熹在《四书集注》中说:“异端非圣人之道,而别为一端,如杨墨是也。”可见,朱子认为“异端”就是指孔子儒家学说以外的学说。王守仁说:“与愚夫愚妇同的是谓同德,与愚夫愚妇异的是谓异端。”(《明儒学案》卷十,《姚江学案·传习录》)

冯从吾对异端的理解吸收了前人的思想,但他有自己的独到之处。在《疑思录》里,他说:“杨氏为我,墨氏兼爱,总只是不知万物皆备于我一句,一则离万物言我,一则离我言万物,此所以谓之异端。”这是吸收了朱熹的观点,即不同于儒学的其他学派的学说主张都是异端。例如,在义利观上与儒家主张迥异的杨朱之学,不同于儒家的“仁爱”而主张“兼爱”学说的墨家学说都被儒家视为异端。冯从吾对异端的理解的深刻之处在于他抓住了问题的根源,他在《辨学录》中说:“端犹端倪,发端之端,源头处一差,所以后来流弊无穷。异端云者,谓其发端处与吾儒异也。”(《冯恭定全书》卷一,《辨学录》)这是冯从吾在一般意义上对异端的界定,但是,面对晚明的学术偏失,在救正心学的过程中他的异端是有特指的。在《辨学录》的跋中,他具体指出:“何谓异端之学?佛老是也,而佛氏为甚,二氏非毁吾儒不遗余力,乃巧与非学之尤者,而讲学者误信之,故不可不辨。”整个《辨学录》就是对异端之学的“详辨”。冯从吾批异端很大一部分笔墨用于对佛道的批判,尤其是在儒佛之辨上花费了很大的气力。他说并非是佛道两家主观上在竭力诋毁儒家,而是佛道之说有其理论深刻之处,非议儒家的具体观点和说理都很巧妙,极易使人产生迷惑。冯从吾指出“近日讲学者多佞佛,而惩佛者并吾儒之学又置之不讲”,这种非毁儒学的“异端之学”,其最大的危害就是混淆是非,使“讲学者多误信之”,故“儒佛之辨不可不严也”,必须对其展开深入的批驳。

受佛道异端思想的影响,王学末流其实已经背离了王学实心实学的宗旨,而流入空谈心性之浮虚,其思想中潜入的佛禅旨趣,在事实上已改变了理学家视佛老为异端的基本态度。明末学者刘宗周对王阳明之后心学顿入禅门的情况,有过一个概括性说明:“自文成而后,学者盛谈玄虚,遍天下皆禅学”。心学遁入禅门,遂陷于“盛谈玄虚”,空谈心性,于道德践履的工夫亦日渐弱化,甚至置传统儒家伦理于不顾,以致一些最根本的伦理信条,也受佛教“空无”本体的影响而被消解了,如冯从吾所说:“异学争言无,世儒又从而附和之,何也?不知使父子无亲,君臣无义,夫妇无别,长幼无序,朋友无信,是何道理?成何世界?于此而后知圣人之为虑远。”

他进一步论述说:“春秋严夷夏之防,可谓忧深虑远。汉、魏以来,羌、胡、鲜卑降者多处之内郡,其后卒成五胡乱华之祸。赵宋始终与夷狄讲和,卒使胡元入主中国,为天地古今之大变,当时君臣岂其计不及此?若曰明王在上,九夷八蛮莫非赤子,不当屑屑,然自小汉家之制度云尔。虽其说未尝不是,但四夷出入之防一溃,先王荒服之制一紊,其势不至于以夷狄入主中国,不止也。履霜坚冰,可不大为寒心哉?孔子曰:‘攻乎异端,斯害也已。’孟子曰:‘予岂好辨哉?予不得已也。’此正春秋严夷夏之防之意。”冯从吾以史为鉴,指出春秋时就强调华夷之分,称得上是深谋远虑。汉代以后,羌、胡、鲜卑等少数民族在民族融合的过程中逐渐进入中原,酿成了其后的五胡乱华。宋朝总是不断与夷狄讲和,造成了日后元代时的蒙古族入主中原。所以,就像对待蛮夷要严加防范一样,对待异端学说也要批之不遗余力。他还引用孔孟之语说明并非自己好辩,而是迫不得已,因为只有坚决批判,异端思想带来的消极影响才能得以遏制。毋庸讳言,冯从吾思想存在保守、固执的一面,虽然他也讲到了“九夷八蛮莫非赤子,不当屑屑”,不能“自小汉家之制度”,但他只是理论上有这样的认识,并非完全接受这样的思想,仍然抱着严防死守的保守观念,缺乏开放的胸怀和勇气,他担心“四夷出入之防一溃,先王荒服之制一紊,其势不至于以夷狄入主中国,不止也。履霜坚冰,可不大为寒心哉?”晚明政权风雨飘摇,面临南侵北犯,严峻的现实政局加之冯从吾坚守道统的学术性格,决定了他对待异端的决绝态度。

二、异端之异

冯从吾的“善心”“善性”说是典型的儒家存有论,坚持“心体有善”“性体至善”。他说:“无适莫心而有比义心者,君子也。有适莫心而无比义心者,众人也。无适莫心而并无比义心者,异端也。异端之说恰似高于吾儒,不知心无二用,一无比义心,便有适莫心。既有适莫心,而又无比义心,此异端之学依旧落于众人。”(《冯恭定全书》卷一,《辨学录》)所谓“适莫心”“比义心”都出自《论语》,“君子之于天下也,无适也,无莫也,义之与比。”(《论语·八佾》)意思是说,君子立身行事于天下,不问亲疏厚薄,可与不可,惟以道义作为选择的标准原则。冯从吾说,无适莫心而有比义心,这是君子;有适莫心而无比义心,这是众人。而异端主张无适莫心而并无比义心,表面看此说较吾儒高出一筹,却不知一心不能二用。一无比义心,便有适莫心;既有适莫心,比义心便无。这样,其实恰恰是落到了众人的境界,可见异端之说并无什么高明之处。

冯从吾论学本就强调明“本体”的重要性,而且明确指出异端之所以为异端,就是源头上、发端处、本体上与吾儒截然不同。第一,异端的本体与吾儒不同。冯从吾坚持儒家存有论,反对佛禅的本体之无,主张本体之有。[①]他仔细对比儒家与道家在本体论上的不同。在《辨学录》中他说:“吾儒之言曰:‘易有太极,是生两仪。’而异端之言曰:‘有物浑成,先天地生。’恰似一样。不知吾儒所谓太极指实理而言,异端所谓有物指谷神玄牝而言,不可不辨。”说明儒家的“太极”是在本体论角度上的实理,是逻辑出发点,是最终依据;而道家的“谷神”“玄牝”是发生学意义上宇宙演化的起点。

所以,冯从吾的结论是“自异学言无,而世孺多争言无,以为精微奥妙,不知精微奥妙处,岂专在‘无’之一字哉?《易》有太极,敢道这‘有’之一字,说他不精微奥妙不得。”(《冯恭定全书》卷一,《辨学录》)异端讲“无”自有他的精妙之处,但是精妙不是“无”的专利,“有”也可以讲得精妙无比,谁敢说“太极”不精微奥妙?儒家也说“无”:无动无静、无寂无感、无显无微,“无”字说的是本体的发用流行,自在完满,所以说得最圆活最轻省,非常精妙;异端也

---

① 这一点笔者在第二章第二节中已详细论述,此处不再详述。

说：无动无静、无寂无感、无显无微。“无”字说的是本体之存在，说的太重浊太死煞，所以极易误导人。

第二，异端之性与吾儒不同。冯从吾指出儒家言性指人与禽兽异处言，惟异端言性指人与六兽同处言，所以不但自误，而且误人。《孟子·离娄下》云：“孟子曰：‘人之所以异于禽兽者几希，庶民去之，君子存之。’”在《太华书院会语》里，他说：“目之知视、耳之知听、饥渴之知饮食，人与禽兽何异？惟是视之能明、听之能聪、饮食之能知味，人始异于禽兽耳。异端言性指人与禽兽同处言，吾儒言性指人与禽兽异处言。只是这些子，故曰几希。几希云者，危之也。”又说：“异端言性，亦不曾直以目之知视、耳之知听、饥渴之知饮食为性，而以目之所以知视、耳之所以知听、饥渴之所以知饮食的这个言性。吾儒亦不曾直以视之能明、听之能聪、饮食之能知味为性，而以视之所以能明、听之所以能聪、饮食之所以知味的这个言性，所以能明能聪能知味的这个性体，原是无声无臭、不睹不闻的，在虞廷谓之道心，在孔子谓之至善，在子思谓之未发之中，此理之根也。所以能视能听能饮食的这个性体，亦是无声无臭、不睹不闻的，在老氏谓之‘谷神不死，是谓玄牝；玄牝之门，是谓天地根’（《老子》第六章）；在佛氏谓之‘有物先天地，无形本寂寥，能为万象主，不逐四时凋，’（《五灯会元》卷二）此欲之根也。然则何以为欲之根，曰只推究所以能视能听的源头，而不推究其所以能明能聪、该视不该视、该听不该听的源头，如此则任视任听，纵耳纵目，适己自便，何所不为？故曰：此欲之根也。源头一差，何所不差。”

我们可以对比一下，异端如何界定“性”？目之所以知视、耳之所以知听、饥渴之所以知饮食，这就是性，这是从人的自然性上分析人性；吾儒如何界定“性”？视之所以能明、听之所以能聪、饮食之所以知味，这就是性，这是从人的社会性、精神性上分析人性。人的本性只能体现在人的社会性、精神性上，马克思说“人的本质是一切社会关系的总和”。这正是异端与吾儒的本质区别，从自然性上分析性，追问性，只能得到发生学意义上的天地根（世界起源）——“谷神”“玄牝”，或者是抽象的“有物先天地”。对人本性的自然性的归结，只能导致对满足自然需要的物欲的无条件肯定，因为耳目口舌之欲本就是人的本性。可见，源头处一差，便从此泾渭分明。

正因为吾儒之“性”与异端不同，因而吾儒之“真”自然也与异端不同。冯从吾在《辨学录》中说：“世俗论真在不拘礼法，异端论性在绝仁弃义，而于礼之一字掊击尤甚,如此病痛牢不可破,恰似自古生知的大圣人,把一切礼法都丢过,任意自家纵横;必不似学知的圣人,只拘拘在礼法上;又恰似礼之一字,专为后世迂儒设,不为自古大圣人设。不知孟子论尧、舜性之处,却云动容周旋中礼者,盛德之至。哭死而哀,非为生者;经德不回,非以干禄;言语必信,非以正行,何也? 不惟说礼,且说动容周旋中礼,不惟在大节上要紧,虽一步一趋、一言一动,细微曲折,众人容易忽略处,都是确然不苟的,如此难道说他不是自然性之的圣人? 可见吾儒论真论性,与世俗论真、异端论性绝不相同。人又奈何以礼为伪为迂,以不拘礼法为真为自然哉? 知此可以袪世俗之障,可以破异端之说。"世俗之人以为不拘礼法就是真,因而异端一讲"性"就要绝仁弃义,就要对"礼"字口诛笔伐。岂不知孟子讲尧、舜也是说"动容周旋中礼",即一举一动潇洒从容却自然合礼,细微曲折处言行自如却处处合礼,这才是真正的"性之"的圣人,才是真性情的流露。所以说吾儒论真论性,与世俗论真、异端论性有本质的不同。看到了这个本质区别,就可以破除世俗、异端对"真""性"的错误观念。

第三,异端之声色货利与吾儒不同。冯从吾认为对于声色货利,吾儒是不迩声色,不殖货利,异端是不离声色,不溺声色,不绝货利,不染货利。冯从吾说:"吾儒曰:不迩声色,不殖货利。此声色就不好一边声色说,非耳得之而成声,目遇之而成色之声色也。而或者宗异端不即不离之旨,倡为不离声色,不溺声色,不绝货利,不染货利之说。夫不离不绝,人所易见,自己已讳不去,所以不得已,只得说个不溺不染。不知既不离不绝矣,又乌知其溺不溺,染不染哉? 且如理所不当离的,唯恐其不即;理所当离的,只不离便不是,又何论不即。不即不离明白为当离而不离者讳,而人多不及察,何也?"(《冯恭定全书》卷一二,《关中书院语录》)冯从吾首先声明,吾儒所谓"声色"是贬义词,是指声色之欲,而非指不含褒贬义的声音、颜色,所以吾儒一定要说"不迩声色"。而异端讲"不离声色,不溺声色,不绝货利,不染货利",很玄虚。其实,在世俗之中,人们纷纷追逐声色,追逐名利,对"声色""货利"往往是"不离不绝",现实人所共睹,这是无法遮掩的事实。而公开地、直言不讳地宣扬"声色""货利",又是中国传统道德观念所不容的,于是好像很高明地说"不溺不染",其实是无奈之举。然而持异端之说的人不知道,世人对声色、货利的"不离不绝"是肯定的,他们又怎么知道溺不溺,染不染呢? 按照理的原则,不当离的坚决不能离;当离的没有离就已经错了,哪里还有什么所谓的"不即"?

可见,对待“声色”“货利”,讲“不即不离”实质上就是在为当离而没有离的行为进行避讳。但是非常遗憾,许多人都觉察不到这一点。

三、异端何以兴盛

只有分析清楚了异端兴盛的原因,才能对症下药,找到辟异端的得力方法。所以冯从吾在论述了辟异端的必要性,对比了异端与吾儒的本质区别后,对异端之所以兴盛的原因进一步作了十分详尽的分析。他讲了一个此消彼长的道理,认为正是因为吾儒的衰落,所以才有异端的兴盛。而吾儒之所以衰落,异端之所以能兴盛是因为异端重视讲学,而吾儒轻视讲学的缘故,所以儒者必须要大力提倡讲学活动。他认为异端的兴盛已经发展到了猖獗的地步,朝廷已不得不使用法律的手段进行限制。如果儒家平日里重视讲学,倡明正学,维护道统,又何以到此严重的境地。他说:“今吾儒动称只消行不消讲,即有讲者又多逡巡,不大担当,譬之元气既虚,邪气安得不侵?今齐鲁滕薛之间,闻有数十大会,每会不下千人。吾儒纵不能如此之多,但得数会,犹可撑持正道,潜消邪谋。今渺无一会为之曲突徙薪,直至焦头烂额,不亦晚乎?且彼之猖獗,特起于二三雄黠之徒,而无知小民惑于极乐世界之说,为其所诱者亦不少。又或有一念向善之士,自己原未尝学问,而又苦于指点正路之无人,彷徨踌躇,无所适从,于是误入其中者,亦多有之,一旦玉石俱焚,可恨亦为可惜。若倡明正学,提醒人心,激发忠义,指示迷途,使吾道如日中天,而异端不攻自破,此正司风纪者之责也。”(《冯恭定全书》续集卷一,《都门语录》)异端学说兴盛,主要是因为有少数雄辩之人在发挥作用,引领理论风潮,而大多数无知小民都是风上草,被异端死后进入极乐世界的宣传所诱惑、所迷惑。这中间可能也有个别一心向善的人,但是因为自己的认识水平不够,可是又苦于无人指点,彷徨踌躇,无所适从,最后误入歧途。如果儒家大力倡导讲学,真正倡明正学,提醒人心,激发忠义,指示迷途,使儒家道统如日中天,那异端邪说自然就不攻自破了。

从儒家方面分析异端兴盛的原因,是因为儒家不但不能驳斥异端的学说,还往往被异端之说搞得自乱阵脚而自我贬低。当有人问:“‘女为君子儒。’(《论语・雍也》)君子儒何以解?”冯从吾回答道:“《儒行》篇解之详矣。”又问:“昔人谓《儒行》篇非夫子之言,是否?”冯从吾说:“儒之道大矣。夫子告哀公是泛说儒行,道其实如此,不是说自家如此,多自夸大以摇其君也。自异端绌吾儒，吾儒不惟不能绌异端，且往往混于异端而自绌，乃曰：'《儒行》非孔子之言也。'不知何以知其非孔子之言也？宋制新进士赐《儒行》《中庸》二篇，此其意甚盛。高闶乃奏《儒行》词说不纯，请止赐《中庸》。闶受学龟山[1]，且不知儒，且自绌儒如此，况异端哉？又何怪三教（儒、佛、道）日月星之说也？"（《冯恭定全书》卷二，《疑思录》）历代学者对《儒行》的认识千差万别，有观点提出《儒行》篇不是孔夫子的观点言论。如宋代大儒程颐以为："《儒行》之篇，此书全无义理，如后世游说之士所为夸大之说。观孔子平日语言，有如是者否？"[2]言下之意，此篇所谓"子曰"者乃后世伪托。而此说为后来多数学者所承袭。如宋儒吕大临曰："此篇之说，有夸大胜人之气，少雍容深厚之风，窃意末世儒者将以自尊其教，谓'孔子言之'，殊可疑。"[3]冯从吾坚决主张《儒行》篇是孔子言论，是夫子在泛论儒行，是孔子对儒的德行的定义式阐释，对后世儒家的立身修行有着极大的指导意义。而孔子之所以要对"儒行"予以阐述，正是针对当时很多人对其"道术之儒"（君子儒）与"方术之儒"（小人儒）混淆不清的状况而发。至于"夸大胜人"之说，冯从吾说道本自大，并非是为了说服君主而夸大其词。冯从吾非常遗憾于有些儒者对儒学的自我贬低。

从异端方面分析异端兴盛的原因，是因为异端学说是世俗好名好利之人的遮羞布。对这一点冯从吾有清醒的认识，他对好利小人的心理有淋漓尽致的刻画："异端之说，阳欲高出吾儒，阴实左袒世俗，此所以嗜好者多。且世俗之人有明白好利忘义者，亦有内好利而外假仁义者，这等人自己不喻义为善而又忌他人之喻义为善，心欲非之而无其辞。今一旦倡为喻义之心不可有，为善之心不可有，而又极倡无无亦无之说以伸其辨，彼世俗之人闻此言，欣然得借以非人，益欣然得借以自便，如此岂有不嗜好之理？彼其说诚有以阴中其心故也。"（《冯恭定全书》卷一，《辨学录》）可见，异端之说之所以被世俗欢迎，是因为它为世俗之人追名逐利、损人利己大开方便之门，极尽袒护之力。世俗之人有好利忘义且公开无忌的，也有内心好利而外表假仁假义的，这些人自己不一心向善却还忌恨他人为善，心里极为不以为然却苦于找不到恰当的非议之词。"无无亦无"之说正是迎合了这些人的需要，他们听闻"无无亦

---

① 杨时（1053—1135），字中立，号龟山，福建将乐人，为二程最有名的弟子。

② 程颢，程颐：《二程集》，北京：中华书局，2004 年版，第 177 页。

③ 孙希旦：《礼记集解》下册，北京：中华书局，1989 年版，第 1398 页。

无”之说当然会欣欣然,因为此论不但为他们自己的好利为恶提供了自便的借口,而且还为讽刺、诽谤他人的喻义为善提供了有力的理论武器。

异端学说不但迷惑人心,造成世人的思想混乱,而且使学风虚浮、士风荡肆、世风好利,因而儒者应强化维护道统、力辟异端的责任意识和担当精神,树立辟异端人人有责的信念。有些人缺乏学术自信与担当精神,认为必须是具备孔孟之道的圣人,然后才可以辟佛老之说。冯从吾说:“此佞佛者阻人辟之之言,而听者未及察耳。孟子曰:‘能言距杨墨者,圣人之徒也。’(《孟子·滕文公下》)若必待有孔孟之道者而后可以辟佛老,则佛老终无人辟矣。”(《冯恭定全书》卷七,《宝庆语录》)冯从吾认为这是异端阻挠别人批驳自己,自我维护的说法,可是许多人不加分析,人云亦云。如果必待具备孔孟之道的圣人出现才能批判异端,那佛老等异端学说事实上就没人去批驳了。孟子认为能言距杨墨者就是圣人之徒。冯从吾曾感慨说,过去的圣人勇敢地批驳异端邪说,也是迫不得已,因为这是儒者必须有的责任和担当。其师萧慕渠先生也对他的观点非常赞同。与他的同时的学者叶寅阳也认为,圣人主张、宣扬圣贤之说,也是深深地期望有羽翼其成,维护道统的追随者。

因此,冯从吾主张大力讲学,倡明圣道,对异端学说予以坚决的批驳,不能做糊涂的南郭先生。他在《辨学录》中说:“归斯受之,此处正见吾道之大,吾儒之无所不容,故曰明王在上,九夷八蛮莫非赤子,然此就逃墨归儒者言也。若负固不服,举兵入寇,而我开门延敌,而曰明王在上,九夷八蛮莫非赤子,则祸不旋踵矣。”他说,儒家讲“明王在上,九夷八蛮莫非赤子”,这种宽广、包容的胸怀是针对放弃异端学说,重新认识到吾儒之大,弃暗投明的人而言的。如果是死守异见,顽固对立,而我们却还是无原则地开门迎客,还讲“明王在上,九夷八蛮莫非赤子”这样糊涂的话语,岂不等于引狼入室,大祸临头?

第二节　冯从吾对佛学的批判

冯从吾力辨儒佛的主要原因就是佛教在明末的影响以及它对正统儒学所造成的强烈冲击。明末时佛教已处于与儒学并立的地位,如罗汝芳的弟子杨起元所说:“二氏在往代则为异端,在我朝则为正道”,佛教的地位十分显要。而王学末流又谈空论玄、弃儒入佛,管志道等人甚至说“全体大用,总归佛门。”在王学末流虚浮风气的影响下，佛禅甚为流行。冯从吾说：“吾道之衰”，乃使“异端之盛，此时既已猖獗”。佛禅“异端”学说的泛滥已对传统儒学特别是朱子理学造成了实质性的冲击，所以在冯从吾看来，异端为害最深者为佛。他说：“白莲元古，清净无为，名虽不同，总之皆佛法，皆邪教也。今邪教猖獗至此，祸至烈矣。”（《冯恭定全书》续集卷一，《都门语录》）怀着纠正心学之偏的学术目的，他主张“学莫先于儒佛之辨’，对佛家的批判可谓是不遗余力。

一、从本源处批佛

冯从吾对佛家的批判从源头上出发，强调儒佛在本体、宗旨上的差别，有深刻独到之处，亦有发前人所未发。当时的一般人都认为佛氏得吾儒之体，只是无用，学佛有得于形而上者，而但不可以治世。而冯从吾认为佛氏之所以为异端，恰恰是与儒家在源头、本体上存在本质不同。他在《辨学录》里说：“不知佛氏所以为异端者，正在不得吾儒之体，正在误认形而下者为形而上者。”因而，如果不穷根究底，不能从发端处辨别、批判佛家的根本错误，那是不能让对手心服口服的，反而会让对手不以为然地说：“其所以破佛者，乃佛书自不以为然者也，徒滋聚讼，终难伏辜。”所以，冯从吾说：“论学当先辨宗。宗旨明白，工夫才能不差。仙家自有仙家宗旨，佛氏自有佛氏宗旨，与吾儒宗旨全不相干。只是后世高明之士讲学不精，见理不透，误混而为一，一混而为一，遂令人难以分辨，毋论信佛者，即吾儒中，辟佛者亦多以上达归佛，以下学归儒；以顿悟归佛，以渐修归儒；以明心见性归佛，以经世宰物归儒，诸如此类，名为辟佛，适以尊佛；名为崇儒，适以小儒，何也？佛氏上达，吾儒下学，佛氏得上一截，少下一截工夫，如此是夫子下学儒而上达佛也，是佛反出其上，而夫子由下学方能至也，可乎？修而不悟，岂是真修。十五志学，七十从心，渐也，以十五而即知志学，非顿乎？学而不厌，修也。默而识之，非悟乎？诚则明矣，明则诚矣，此亦吾儒顿悟渐修之说也。经世宰物而不出于心性，安所称王道？先明诸心知所往，然后力行以求至，非否儒之言乎？今以上以悟以心性归佛氏，以下以修以事物归吾儒，是佛氏居其精，而吾儒居其粗也，有是理哉？故曰：辟佛而适以尊佛，崇儒而适以小儒也。不知佛氏之失正在论心论性处与吾儒异，不专在舍经世宰物，而言心性；正在所悟所达处与吾儒异，不专在舍渐修而言顿悟，舍下学而言上达也。惟其论心论性所悟所达处宗旨与吾儒异,所以彼法中原无用,此下学渐修经世宰物之功,非舍也。况宗旨一异,即用下学渐修经世宰物之功,亦与吾儒不同,又何论舍不舍也?又况宗旨一异,岂止舍下学舍渐修舍经世宰物?若曰:达无所达,悟无所悟,无无明亦无无明尽,即上达顿悟,明心见性,亦欲舍之矣,况学与修哉?而又何经世宰物之与有?故学者崇儒辟佛,当先辨宗,若宗旨不明,而徒哓哓于枝叶之间,吾恐其说愈长,而其蔽愈不可解也。”

有人问:“佛氏于‘性’字上添一‘真’字,何也?”冯从吾回答说:“这个‘真’字极有说。若曰这个知觉运动的性是真,则那个仁义礼智的性是伪,不待言矣。不知知觉运动固是真,仁义礼智亦不是伪。今既以知觉运动为真,以仁义礼智为伪,安得不以圆融广大为真,以规矩准绳为伪?以恣情纵欲为真,以存诚持敬为伪也?世俗方坐此病,而佛氏又从而羽翼之,故至今深入膏肓而不可救药。悲夫!”正是在本体上受佛家的影响,世人对心性没有正确认识,才会以知觉运动为真,以仁义礼智为伪;以圆融广大为真,以规矩准绳为伪;以恣情纵欲为真,以存诚持敬为伪。佛家学说为世俗荡肆纵欲之风提供了理论依据。

儒佛的本质区别正在于宗旨迥异。冯从吾认为吾儒之学以理为宗,佛氏之学以了生死为宗。冯从吾认为佛氏千言万语,只要抹杀理字,回护欲字。他说:“吾儒说去欲,他却说欲是去不得的;吾儒说存理,他却说理是不消存的,甚至并天理人欲四字都要抹杀,中间虽说欲障,其实是说理障的客语。毕竟要回护这个欲字。病痛全在误认生之谓性一句,知觉运动是气是欲,而知觉运动之恰好处是理,佛氏原认欲字为性,不曾论理,安得不抹杀理字,回护欲字?且使人人都讲天理人欲四字明白,便人人都勘破他的病痛,又安得不并此四字俱欲抹杀也?且理欲之辨,古圣贤言之甚详,彼欲抹杀理而卒不能抹,欲回护欲而卒不能护,于是又展转其说以求胜,而曰:欲明明德于天下,欲仁而得仁,欲何可无向所云云,将以求吾所大欲也。不知欲明明德,欲仁得仁,欲字半虚半实,指工夫说;人欲之欲,欲字全实,指本体说。安得混而为一?况明德与仁俱是理,欲明明德、欲仁俱是在理上用功,安得借口说是欲,而曰欲不可去也?学者虽终日讲寡欲如孟子,讲无欲如周子,尚且不能寡,不能无。今曰欲不可去,吾惧其欲之流祸不可言也。且天地间理字原是抹杀不得的,欲字原是回护不得的,彼佛氏千言万语徒以自误耳。”(《冯恭定全书》卷一,《辨学录》)佛家对儒家的理欲之辩进行反驳说,儒家不是也有“欲明明德于天下，欲仁而得仁，欲何可无向所”等等诸如此类的说法，不是也讲“欲”吗？冯从吾回应的很巧妙，他说，“欲仁得仁“的“欲”一定意义上是虚词，是指要有努力践行的主观愿望；而“人欲”之“欲”是个实词，是指本体。二者之间有本质区别，不能混为一谈。而且，“明德”“仁”都是理的具体表现，“欲明明德”“欲仁”都是在讲要在工夫层面去努力进行道德实践，怎么能借口讲到了“欲”字就说本体之“欲”不可去呢？

运用同样的思路，冯从吾对“一物不容”与“万物皆备”中两个“物”字的不同含义做了敏锐而精辟的区分。有人问：一物不容与万物皆备，二“物”字同否？冯从吾说：“一物‘物’字指欲言，万物‘物’字指理言。佛氏本来无一物，不止欲无，并理亦无；不止理无，并无理之无亦无矣，此‘理障’二字，所以贻祸无穷也。”（《冯恭定全书》卷七，《宝庆语录》）冯从吾析理非常细致入微，为了确立儒家的本体，批驳理障之说，佛氏主张本来无一物，连同“理”也要“无”掉，而且以“理”为障。冯从吾对佛氏的“理障”之说进行了细致地分析、深入地批驳：“佛氏以理为障，是空其声，而并空其声声之理。一切总归于空也。所以无感时似与吾儒同，一有所感，便颠倒错乱，依旧落于世味中，而不可救药。此正以理为障之障也。理何尝有障哉？若不以理为障，则无障矣。”（《冯恭定全书》卷一一，《池阳语录·河北西寺讲语》）

儒家批判佛家的本体之“无”，佛家也有自己的回应和完善，他进而讲“空而不无”“用而不有”。冯从吾步步紧逼，针锋相对：“佛氏说空说无，若示人以可攻之隙，却又说空而不无即成妙有，用而不有即是真空，若一着于空，便是顽空，非真空矣。说的与吾儒未发之中，中也者，天下之大本，无而未尝不有，有而未始不无益相似。不知吾儒所谓无是无其迹，佛氏所谓无是无其理；吾儒所谓有是有其理，佛氏所谓有是有其欲，真空空的是天理之本然，妙有有的是人欲之作用，讳空而说真空，讳无而说妙有，不知愈有反愈远，愈妙反愈差。”（《冯恭定全书》卷一，《辨学录》）有人对此提出疑问：“孔子毋意、毋必、毋固、毋我，与佛氏无人相、无我相、无前念、无后念，何以别?”儒家也讲无，与佛家的无有什么不同，他回答说：“圣人之心，浑然一团天理，凡有应感，纯是德性用事，心体干干净净，那里有一毫意必固我。若佛氏之无相无念，是并天理德性而一切俱无也，安得与吾儒之毋意必固我并论?”

二、对佛家人生观的辨析

儒佛因为宗旨迥异，对本体问题的认识不同，这就决定了二者在祸福观、生死观和幸福观等人生观问题上的认识存在本质的不同。冯从吾在《辨学录》中指出,佛家有生死轮回、因果报应之说,所以世人就误认为只要讲善恶祸福报应问题的,就是佛家的观点。其实未必如此。我们儒家对祸福报应也有许多地方论及,如"积善之家必有余庆,积不善之家必有余殃"(《周易·文言》)"作善降之百祥,作不善降之百殃"(《尚书·伊训》)"惠迪吉,从逆凶"。(《尚书·大禹谟》)这些不都是我们儒家的铭言吗?他举例说:"羿善射,奡荡舟,皆不得其死;然禹、稷躬稼而有天下,又指其人以实之矣。至于史传所载,尤为彰明较著。盖善恶祸福报应,昭昭不爽,此自是天地间实理实事,原非幻妄,原非渺冥,故曰:夫微之显,诚之不可掩如此。夫曰:诚者言其实有此理,实有此事也。彼佛氏之说,怪诞不经,诚不足道,而或者乃以天地间如此实理实事,反归之佛,岂未闻吾儒余庆余殃之说耶?语云:'一念而善,景星庆云;一念而恶,妖氛厉鬼。'呜呼,严矣。"冯从吾认为事实证明,善恶祸福报应,这是天地间屡屡应验的实事实理。而佛家的学说神秘怪诞、幻妄渺冥,为什么会将善恶祸福报应如此实理实事反归之于佛家呢?有必要指出,为了维护、论证和倡导"善性""善心"学说,冯从吾引入了善恶祸福报应之说。应该说,冯从吾劝善世人、教化社会之用心可谓良苦,但是祸福报应之说不敢苟同。

对于生死问题,冯从吾认为儒者有自己的看法。在《疑思录》里,他说:"生死原无二理,故谓'未知生,焉知死'(《论语·先进》)则可;谓未尝生未尝死则不可。"前者是儒家在生死问题上的基本观点,后者是佛家在生死问题上的基本观点。可见,在冯从吾看来,坚持儒学宗旨,划清与佛家的界限,对生死等人生问题也要坚持吾儒之"理"。如孔子讲:"朝闻道,夕死可矣。"(《论语·里仁》)这是与生死有关的一个重要思想,冯从吾对此进行了深入地阐述:"人能闻道,则生也可,死也可;不能闻道,则生也不可,死也不可。言死生则诸凡是非毁誉穷通得丧可知,死生特举其重者言之耳,只是甚言道之不可不闻,且闻道之人能出离生死,固不待言。若专为出离生死闻道,执定在了生死一边说,是佛氏之旨,非夫子之意矣。""道"是生死问题之上本体论问题,因而,是否"闻道"是决定生死选择、生死意义的最终依据。如果能成就道义,生死问题本身已退居第二,不是最重要的问题了,正是在这个意义上他才说"生也可,死也可"。公孙杵臼为保护赵氏孤儿慷慨赴死,这是成就道义的选择;而程婴为保护赵氏孤儿忍辱负重地选择了生,更是体现了大义。生死的考验是最严峻的人生考验,如果一个人能为了道义而超越生死,经受生死关的考验，那么诸如是非、毁誉、穷通、得丧等其他人生问题当然就不是问题了。但是，如果只是执着于生死，一味抽象地讲要超越生死，这就逐渐游离儒家宗旨，走向佛家学说了。冯从吾进一步阐述，《论语》中说“朝闻道，夕死可矣。”这是儒家关于生死问题光明正大的论说。如果受佛家影响，说无所谓生，无所谓死，生死就是人们自己的称谓而已，那就走向佛家幻妄之说了。

冯从吾还批判了佛家之“乐”，认为儒佛在幸福观上也存在实质的不同。他说：“夫子与曾点与其素位而乐天，非与其放纵而恣肆也。人情方喜放纵而恶检束，而况又以佛氏先入之言为主，于是托之春风沂水之乐，以骋其放纵恣肆之病，至于狼狈决裂，盖亦不少也，岂不惜哉？善乎！康节先生之言曰：‘自有吾儒乐，人多不肯寻。以禅为乐事，又起一重尘。’”（《冯恭定全书》卷一，《辨学录》）孔子赞许曾点是因为他知天乐命，体现了儒者的潇洒气象，而并非是欣赏他放纵恣肆。喜欢放纵而厌恶约束，这本来就是人之常情，何况又有佛家学说先入为主，这就为放纵之人纵欲恣肆提供了便利的借口：“我是追求春风沂水之乐啊。”冯从吾引用邵雍先生的话，儒家自有儒家的幸福乐地，可是许多人因为不了解儒家的宗旨而产生误解，人们纷纷到佛禅学说中去寻求人生幸福。这时有人直接问：“禅家之乐？”冯从吾引用《中庸》说：“《诗》云：‘妻子好合，如鼓瑟琴；兄弟既翕，和乐且耽；宜尔室家，乐尔妻孥。’①子曰：‘父母其顺矣乎？’不知禅家有此乐否？”（《冯恭定全书》）卷二，《疑思录二》）如果一个人，他夫妻和睦，兄友弟恭，这种家庭美满的幸福是最令父母感到欣慰和舒心的，也是一个人最大的人生幸福。试问，主张四大皆空、看破红尘的佛禅之说中能找到这样的幸福吗？

三、对佛家工夫论的辨析

冯从吾认为正因为儒佛本体、宗旨不同，所以，工夫论自然不同。《辨学录》中就有他对佛家工夫论的分析。有人针对佛氏的顿悟之说加以批驳，信奉佛学之人回应说，佛家不是只讲顿悟，而是有顿渐二法的，也主张只有“勤施积行，功果完满，方能了得心性，若明心见性之后，不加苦行，何以成佛？达摩面壁九年，前此工夫可知也。”冯从吾说：“不知吾儒自有吾儒工夫，佛氏自

① 《诗经·小雅·常棣》。其意思是好夫妻情意深，琴瑟和鸣心心相印。兄弟们多和睦，快乐呀无穷无尽。你的家庭多美好，你的妻儿乐陶陶。

有佛氏工夫,宗旨既异,工夫自殊,即面壁百年,亦难与吾儒并论也。譬如仙家调息运气炼丹养神,纵下苦功,亦何与吾儒事。”冯从吾站在儒家正统思想的立场上,他极力维护儒家思想的纯正和道统的尊严。他提出“工夫自殊”的思想,吾儒自有吾儒工夫,佛氏自有佛氏工夫,还是比较客观的。不过,从他讲“难与吾儒并论也”“亦何与吾儒事”的话头,可以看出有一味排斥的心理,自我封闭的思想。当有人问冯从吾:“自古有学儒而其人非者,有学佛而其人是者,何也?”他说:“学儒而其人非,是其人非也,非学儒之过也。有学佛而其人是者,是其人是也,非学佛之效也。昔人有误服砒巴而生者,亦有伤食五谷而死者,岂砒巴能生人而五谷反死人哉?知此可以定儒佛之辨矣。”他很清晰地阐明了学问与人品的辩证关系:有人品好却误入佛学者,然而,人品好并非是佛学的功劳;也有人无品但研习儒学的情况存在,这人品坏也并非是儒学之过。他认为,人品好坏当然与学问有一定关系,但不具有必然性关系。人品好坏受各种复杂的社会原因影响,需要我们具体问题具体分析,不能概而论之,讲学儒就人品好,学佛就人品坏。不过,批驳“有学儒而其人非者”的观点,只是说人品坏并非是儒学之过,有被动防守的意味,这里应该有进一步的批判。其实,圣贤学问本就是探讨如何成圣成贤的,做学问与做人本就是一回事,学儒如果学到了家,就应该是践行仁义礼智的真君子,怎么会出现“有学儒而其人非者”?若有,恰恰说明不是真正的学儒者,要么是没有真正理解圣贤之学的“把经念歪了”的和尚,要么就是言行不一,口头“仁义礼智”的伪君子。

四、分析辟佛中的误区和危害

冯从吾不仅对佛学思想进行正面的批判,他还对辟佛过程中的误区进行了分析和批判。冯从吾一贯重视讲学,他认为儒学的正统地位面临挑战,异端学说盛行天下,一个很重要的原因就是因为没有讲学。大力讲圣学则吾儒之道可明、道脉可衍、道运可维,圣贤之学深入人心,异端学说自然不需辨而渐息。他认为今之学者惩谈禅之弊而并吾儒之道置之不讲,是惩杨氏而并非颜子,惩墨氏而并非禹稷也。《孟子·尽心上》云:“孟子曰:‘杨子取为我、拔一毛而利天下,不为也。墨子兼爱,摩顶放踵利天下,为之。子莫执中。执中为近之。执中无权,犹执一也。所恶执一者,为其贼道也。举一而废百也。’”《孟子·离娄下》云:“禹稷当平世,三过其门而不入,孔子贤之。颜子当乱世,居于陋巷,一箪食,一瓢饮。人不堪其忧,颜子不改其乐,孔子贤之。孟子曰:'禹稷颜回同道。……禹稷颜子易地则皆然,"冯从吾把这两段话放在一起对比阐述:"近日讲学者多佞佛,而惩佛者并吾儒之学又置之不讲,呜呼!弊也甚矣。且此弊非自今日始也。昔杨氏以为我为宗,墨氏以兼爱为宗,彼此自是彼此,相惩愈激愈锢,使天下之人虽当可以为我之时,亦不敢为我,曰:恐蹈杨氏之弊也。虽当可以兼爱之时,亦不敢兼爱,曰:恐蹈墨氏之弊也。大道既迷,令人无路可行,不得已而有子莫之中,至于子莫,而此路愈行愈差。当斯时也,子莫之苦亦有不可胜言者矣,故孟子觉之曰:道若大路,然岂难知哉?又举禹稷之过门不入,颜子之陋巷不改其乐,以实之见得。时当兼爱,虽如禹稷之被发缨冠,人不得疑其近墨;时当为我,虽如颜子之闭户,人不得疑其近杨,而禹稷颜子又能易地皆然,彼杨墨者何故彼此自是彼此,相惩至如仇敌然也。故曰:禹稷颜回同道。同道云者,谓同在此一个大路上行耳,此路一明,则杨朱墨翟必且相遇于途,向之相惩相敌如寇仇然者,必且一笑而释矣。子莫方自快其有此大路可行,何故复桎梏于中以自苦哉?然则禹稷颜子同道之说,为杨墨之各行一路而言,又为子莫之惩戒杨墨者,至于无路可行而言也。噫!杨氏惩兼爱之弊,而不知己弊于为我;墨氏惩为我之弊,而不知己弊于兼爱。两家递胜,是驱天下而为子莫也,可胜叹哉?今之学者惩谈禅之弊而并吾儒之道置之不讲,是惩杨氏而并非颜子,惩墨氏而并非禹、稷也。是向也驱天下为子莫,今也驱天下为乡愿也。吾儒之道何时而明?天下之弊何时而已哉?有世道之责者不容嘿嘿矣。"(《冯恭定全书》卷二,《疑思录》)

冯从吾说,在儒佛论辩的过程中,讲学的人中有许多人赞同、欣赏佛家思想,而反对佛学的人又采取既不讲佛学、也不讲儒学的态度。想想先秦时,杨朱讲为我,墨氏讲兼爱,走向两个极端,且相互攻击。使得人们在应该为我之时也不敢为我,恐怕走向杨朱;在应该兼爱之时也不敢兼爱,恐怕流入墨氏。人们迷失了方向,无所适从。无路可走之时,子莫主张中道,但是子莫只知道死板地坚持"执中",没有变通,"举一而废百",结果也是死路一条。可见,走向极端就成了异端。为我也好,兼爱也好本不一定就有错,关键是要把握好吾儒之道这个原则。禹稷当平世,三过其门而不入;颜子当乱世,箪食瓢饮而不改其乐,都是遵道而行,所以说禹稷颜回同道。因而,吾儒之道明,则既可以纠杨墨之各行一路之偏,又可以避免子莫之无路可行。可是今天,学者为了批判谈禅之弊而并吾儒之道置之不讲,就像先秦时驱使人人走向子莫的

"执中"一样,迫使人们走向无原则而实用的乡愿,需要讲佛时讲佛,需要讲儒时讲儒。如此,吾儒之道何时才能得以昌明?

明末学术思想上出现儒佛相杂、彼此混淆的情况,导致当时儒学或"辟佛而适以尊佛",或陷于儒学内部的同室操戈。冯从吾在《辨学录》中针对在辨佛过程中有些儒者缺乏理论自信的情况进行了分析,他说,一些人内心存在疑惑:"吾儒曰心,彼亦曰心,吾儒曰性,彼亦曰性,道理本同",如何区别?却不知"华言梵语异耳,且偏处二氏不能兼吾儒,而全处吾儒可以兼二氏。吾道至大,二氏之学虽甚高远,总不出吾道之范围也。"他还进一步提醒说,我们讲儒家可以兼二氏,二氏也讲可以兼吾儒,彼此相兼,这是将三教混而为一。我们本来想崇儒辟佛,结果却反而混佛于儒,走向三教合一,这岂不是事与愿违吗?冯从吾认为儒佛相杂,贻害无穷,最主要体现在两个方面:"儒佛既混,于是谈儒者稍求精,便误入于佛氏;辟佛者稍欠精,反操戈于吾儒,虽名世大儒,不能自解免也,是其贻祸者一。儒佛既混,又于是诋儒者摘一二误入佛氏之语,以为非毁攻击之话柄;谈佛者借一二吾儒精微之语,以为惑世诬民之嚆矢,虽大奸巨恶亦难以遽测识也,是其贻祸者二。"

冯从吾在学理上坚决反对儒佛相混,甚至到了保守、固执的地步,他说:"向使佛自佛,儒自儒,不混而为一,则谈儒者安得误入于佛氏,辟佛者安肯操戈于吾儒?诋儒者何所借以肆其毁?谈佛者何所借以行其私哉?且吾道本大,何必兼二氏而后见其大。若必待兼二氏而后见其大,则又安所称大耶?况吾儒正道也,异端邪说也,邪固不能兼正,正岂可以兼邪?若正可以兼邪,又恶在其为正耶?如此是辟佛,而亦以尊佛;崇儒而亦以小儒也,又岂不左哉?"冯从吾对吾儒之道有着极端的自信,认为"吾道本大",无需"兼二氏而后见其大"。有人反问,既然吾道至大,那就应当具有包容力,怎么能自设藩篱,自我限制?冯从吾回答:"不知吾道虽大,而彼之论心论性宗旨原与吾异,夫彼先自异也,吾又安得强而同之,而曰不以藩篱自限哉?"(《冯恭定全书》卷一,《辨学录》)他仍然坚决地坚持,二者宗旨不同,无法相容。而且认为,这种话头听起来像是崇儒,其实是混淆儒佛,这是信奉佛学之人才会说的话。

不过有一点需要注意,冯从吾虽然在学理上坚决反对儒佛相混,但是他反对在主体层次上将人群绝对、片面地划分为儒者与佛者。他说:"孟子曰:'性善。'又曰:'人皆可以为尧舜。'可见天生蒸民,原都是儒,曷尝分某为儒,某为佛哉?但后来择术不精,一时误为所惑,遂叛儒习佛,始自远于吾儒耳,非生来性恶，而不可为儒为尧舜也。孔子曰：'性相近也，习相远也。'其旨深矣。"（《冯恭定全书》卷一，《辨学录》）人人都可以成圣，只是因为择术不精，为异端学术所迷惑，才会误入歧途，流入佛禅。所以，他大力倡导讲学，就是为了使儒学之道昌明，提点人心，使世人迷途知返，回归吾儒道统。

五、冯从吾儒佛之辨的不足

冯从吾的儒佛之辨固然有其理论的和时代的意义，但毋庸讳言，其缺陷和不足也是显而易见的。冯从吾对佛家的批判可以说是失之全面，因为他对佛家理论系统的研究不够，他所认识的佛家多是通过王学末流的间接了解，是雾里看花终隔一层，并不能完全、真实、具体地反映佛家的思想，所以，他往往看到的是佛家消极的一面，而看不到其积极的方面；看到的是世俗对佛家根据自己的需要进行的任意裁剪，而并非佛家的本来状态。因而他对佛家的态度不是辩证的，只有批判，很少有吸收和借鉴的地方。为了坚持他的"善心""善性"学说，以儒家的正统观念代替了对佛学的客观研究。具体表现在：

其一，没有认清宋明时期三教合一是其基本潮流。唐宋以后，三教合一是基本的趋势，虽然三教仍各立门户，但思想上的相融互补已不可逆转。金元之际的全真道即高举"三教合一"的旗帜，宋代佛教高僧契嵩也主张"三教归一"。只是理学家虽一面吸收佛教，但是却又高喊"辟佛"。不过朱熹虽然反佛，有时也能客观地评价佛教，如说："盖佛氏勇猛精进，清净坚固之说，犹足以使人淡泊有守，不为外物所移也。"王阳明曾对异端邪说的横行表现出深度的忧虑，其所说"异端"也包括佛老。不过王阳明似乎更多地指向当时的"俗学"即功利之学。他说："佛老之说，卒亦未能有以胜其功利之心。"其学说事实上受到禅学极大的影响。与先贤不同的是，冯从吾对佛教采取了极力排拒的态度，甚至称其"皆邪教也"。在《辨学录》中，对佛教除了批判和贬抑，几无肯定之处。为了正儒学，冯从吾对佛学的态度失之偏执、片面。

其二，缺乏对佛学思想的客观把握。作为正统的理学家，冯从吾在批判佛老的理学学术传统中成长起来，不像周程张朱等人那样，有过"出入佛老而后归之六经"的心路历程，所以没有对佛教系统、深入的了解，这样对佛教精神的把握就难免有偏差。例如：佛教所说的"心"是一个很复杂的问题，其含义既有一个演变的历程，在不同的佛僧或佛教流派那里也有不同的理解。华严宗说“心是尘因,尘是心缘”,禅宗说“心生种种法生,心灭种种法灭”。但冯从吾则把佛教的“心”一概归之为与“道心”相对立的“人心”,又把此“人心”同于“人欲”,这就有失简单和片面了。又如,佛教是反对“欲”的,包括贪欲、淫欲等种种物质之欲,并将其说成是“障”或“碍”。冯从吾却说佛教与儒学之差别在于崇“欲”,这是不合适的。又如,他总是说佛教离“理”而言性,其实他不了解,理学家所说的“理”,本来就出自华严宗所说的“理法界”或“一真法界”,佛教并未完全离开“理”(本体)而言心言性。从冯从吾的儒佛之辨可以看出,晚明的一些儒学学者特别是某些关学学者,由于缺乏对佛教思想及其内在精神的准确把握,其反佛在一定程度上是不能中的的。

其三,救世心切,一切着眼于对儒学时弊的批判。冯从吾对时儒有着强烈的匡正意识。他认为时儒特别是王学之末流,其弊“皆起于学之不明,学之不明起于心性之不明”。因他救世心切,所以有时在理论上就不免偏颇。如在辨佛儒的心性论时,简单地认为佛教所见之性,是气质之性;吾儒之所谓性,是义理之性。其实人性问题本是一个很复杂的问题,即使在佛教中也不可一概而论。从竺道生以至禅宗慧能,尝把人性与佛性贯通,认为佛性与善的道德性是相通的。冯从吾因为对佛性认识不透,所以他的批判就难免绝对和简单了。

冯从吾极力辨佛有他的良苦用心,与对“无善无恶”的批驳一样,他都是针对王学在现实中的理论偏失。晚明时,王学末流流入佛禅,将佛家的“性空”“无善”拿来为我所用,认生之欲为性之真,如泰州左派的李贽认“吃饭穿衣”“私”为“真心”,他说穿衣吃饭,即是人伦物理。为了纠心学之偏,保持儒学理论的纯粹性,堵塞王学末流滑向佛禅的后路,冯从吾旗帜鲜明地视佛道为异端,对佛性、“无善无恶”论辨之不遗余力。

第三节　冯从吾对道家的批判

理学家批判的异端主要就是指佛老。冯从吾对道家的批判虽然没有对佛家的批判所用笔墨多,但也有丰富的辨学思想。与其他理学家相比,他对道家的批判内容要丰富得多,深刻得多。《冯恭定全书》续集卷三目录中有《与刘文石道长》书(缺原文),说明冯从吾通过书信与道学家有学术上的交流切磋。冯从吾对道家的核心观念“道”、认识论、政治思想和人生哲学等都进行了具体的批判，还对道家异端学说的思想根源进行了分析，并敏锐地指出了道家思想带来的现实危害。

一、对道家的核心范畴“道”的批判

“道”是老子哲学的核心观念，是道家思想体系的逻辑出发点和最终的理论依据。《道德经》开篇讲“道可道，非常道。名可名，非常名”。意思是说真正的“道”是无法言说的，无法进行概念阐释的。它是最高的哲学抽象，不能用任何具体的概念完全表达它，它超越任何具体的形体，超越我们的感觉知觉，“道”这个名称也是为了方便而勉强使用的。但正因为它高度抽象而具有最高的涵容性，“其中有象”“其中有物”“其中有精”“其中有信”（《道德经·第二十一章》）。可见，“道”是一种实有的存在体，它与儒家倡导的仁义礼智信之“道”是不同的，老子的道是普遍常在的“道”，是一种自然的客观规律在人们认识中的反映，而儒家的仁义礼智信是一种人伦人道。“道”这个道家的核心理念反映了人们对现象世界背后本质世界、世界本源、世界流动变化趋势及原因的探求。这具有极大的认识论意义。但是，冯从吾站在正统儒家的立场上，对“道”这个道家的核心范畴在本体论层次进行了坚决的批判。

他在《辨学录》右二十三章中讲：“吾儒之所谓道，正指其可道者而名之也。而异端则曰：道可道，非常道。是明以不可道者为道矣。又曰：上德不德，是以有德。是明以不德为德矣。无善之善其说盖本之此。呜呼！以不可道为道，以不德为德，以无善为善，则善者为有善之善，恶者为无善之善，君子绌而小人肆矣。”冯从吾的儒家正统立场、现实关怀乃至保守执着决定了他不能理解道家“道”的超越境界，这一点在本文第三章第四节以有阐述，这里不再赘述。

老子以“无”解“道”，道家站在本体是“无”的立场上，提出绝仁弃义。冯从吾说：“仁义一也。尧、舜曰仁义，汤、武曰仁义，五霸亦曰仁义，不知尧、舜性之也，汤、武身之也，五霸假之也，至于老庄则绝而弃之矣。然五霸之假，老庄之绝弃，总只是不知性善。”他认为尧、舜自然本性的流露就是仁义，汤、武身体力行用行动告诉人们什么是仁义，五霸则是假借仁义，至于老庄是旗帜鲜明地提出绝仁弃义。无论是五霸的假借仁义，还是老庄的绝仁弃义，都是在本体论层次上不理解儒家的人性本善。冯从吾对比“五霸之假”与“老庄之绝弃”，对二者的理论本质与现实危害进行了深入的阐述：“五霸之意以为吾性中本无仁义,故不得不假之,以自附于汤、武之列,而不知一假之,则其弊无穷,故令人欺世盗名,假公济私,使吾儒之教视为虚文。为体面者,五霸为之作俑也,是率天下而为伪也。老庄目击其伪,于是愤愤然,有绝仁弃义之说,若曰:吾性中既无仁义,何必去假?与其假之而为伪,毋宁绝而弃之,犹不失其为真乎?而不知绝仁弃义以为真,是为真小人,非为真君子也,而其弊更益甚,故令人毁裂纲常,蔑弃礼法,使吾儒之教视为桎梏。为糟粕者,老庄为之作俑也,是又率天下而为乱也。五霸假之,其弊为伪君子;老庄绝而弃之,其弊为真小人。"冯从吾仔细分析了五霸"假仁义"、老庄"绝仁弃义"的错误根源,并且尖锐地指明了其错误带来的严重后果,"假仁义"令世人欺世盗名,假公济私,视吾儒之教为虚文、为体面。天下人竞相虚情假义,成为以仁义充面子的伪君子。"绝仁弃义"令世人毁裂纲常,蔑弃礼法,视吾儒之教为桎梏、为糟粕。天下人竞相放肆浮荡,成为逾越礼法的真小人。因此,冯从吾特别推崇孟子,说"孟子道性善所以大用功于天下后世也。"韩愈、王夫之都推崇孟子,认为"孟子之功,不在禹下"。冯从吾在此处的论述很精辟,他说孟子不直接说五霸该假不该假,老庄该绝弃不该绝弃,而只是说人性本善。因为只要性本善的前提成立,则仁义就是人性中的本有之义,何必去假?吾性中自有仁义,又如何能绝而弃之?仁义可以说假,难道吾性也可假吗?仁义可以说绝弃,难道吾性也可绝弃吗?如果五霸能理解性善,他们自然会觉悟仁义不待假;如果老庄能理解性善,他们自然会明了仁义不能绝而弃之。这正是孟子的性善论所以大有功于天下后世之处。(《冯恭定全书》卷三,《疑思录》)有意思的是,这时有人就问,那为什么孟子只批评了五霸,对老庄却并没有提及呢?他深刻地指出五霸与老庄危害的表现形式不同,因而必须采取不同的对策。五霸之假是外表满嘴仁义道德,内里却是阴谋私欲,具有极大的欺骗性,所以不得不辨。而老庄之绝弃是旗帜鲜明地反对仁义,不辨自明。只要点出仁义为人之本性,使人认识到无法否认这一点,则要不要绝仁弃义,自然就是无须辩论的问题。

儒家心性论与道家言心言性有本质不同,即以理言心言性,认为"性者心之生理",佛道都是丢过理字说心说知觉。佛家以为,既然知觉运动,视听饮食,一切情欲之类,原是天生来自然的,原无思无为,寂然不动。认为儒家的"理"字是有思有为,是伪。而道家以为道就是"无",庄子站在本体是"无"的立场上,认为仁义之说残生伤性,不是天生来自然的,主张绝仁弃义。所以冯从吾说“故孟子不得已指点出个见孺子而怵惕，睹亲骸而颡泚，不忍觳觫之牛，不屑呼蹴之食之类，以提醒世迷，见得吾儒这个理字，也是天生来自然的，无思无为，寂然不动，感而遂通，何思何虑？”（《冯恭定全书》卷一，《辨学录》）他用孟子“见孺子而怵惕，睹亲骸而颡泚，不忍觳觫之牛，不屑呼蹴之食”这些例证再次重申儒家的性善论，坚决驳斥道家仁义“残生伤性”“绝仁弃义”的异端之说。

二、对道家核心思想的辨析

冯从吾站在维护儒家道统的立场上，对道家的核心范畴“道”进行了具体而有针对性的批判。与对“道”在本体层次的批判相呼应，他对道家的认识论、名利观、人生观、生死观等都有进一步的分析。

世人为道家认识论的玄虚微妙所倾心，老子曰：“知不知，上；不知知，病。”（《老子·七十一章》）老子叹世人之不知至道，常常自以其妄见为知，这是自知其知，自以为是。这是老子教人柔弱谦下。有人就老子的认识论发问：“知不知，上？”冯从吾回答说：“知而不自有其知，诚上也。但老氏之意明知其知，而欲以上人先人故，故为不知以下之后之。”有识见但并不自以为是，确实是很高的境界。但是道家的本意却并非都如此。有些道家的学者是明白地认识到自家的高明，但是为了高人之上，占人之先，却故意装出一副无知无觉，在人之下、之后的的样子。所以他们会说：“知雄守雌，知白守黑。”“非以明民，将以愚之。”这是明知却佯装不知，这是故意愚弄他人，怎么能说其境界高呢？冯从吾认为，在认识论问题上，孔子直接说：“知之为知之，不知为不知，是知也。”（《论语·为政》）更简洁明了又具体深刻。而老子讲“不知知，病”，这没错；但讲“知不知，上”有问题，这会让人终究不知。冯从吾认为良知本体知是知非，应该是“知知，知不知”，依良知而推致，则自然会“知之为知之，不知为不知”。孔子在《论语》中说：“吾有知乎哉，无知也。有鄙夫问于我，空空如也，我叩其两端而竭焉。”他说，我有知识吗？没有。有人请教于我，我则竭尽所能，倾我所有，知无不言、言无不尽。可见，孔子是“知而不自有其知，而又与天下人共进于知，此吾儒之所谓上，非异端之所谓上也”。有识见却并不自以为是，而且与天下人共享、交流，这才是儒家的高明境界，与异端所谓高明不可相提并论。（《冯恭定全书》卷二，《疑思录》）

冯从吾进一步论述说：“孔门以博约立教，是论工夫，非论本体。学者不达,遂以闻见择识为知。""知知,知不知,是良知;知之为知之,不知为不知,是致良知。故曰是知也。"(《冯恭定全书》卷二,《疑思录》)冯从吾认为孔夫子教育学生循循善诱,强调博学、守礼的切实工夫。但是许多后学不理解孔子的真意,认为闻见宽广、知识渊博就是智慧的表现。实事求是地讲,这里冯从吾也有见"道"不明之处,对老子"无"的境界没有同步的理解。其实,老子讲"知不知,上",这是讲智者最高的洞察与境界,这与苏格拉底讲"我唯一知道的是我的无知"异曲同工。这与他一贯坚持的辟佛老的立场有关,因为对佛老坚决排斥的态度,使冯从吾对这一点失之审思明辨。祝万龄曾评价冯从吾说:"以孔孟为宗,……以辟邪距异为要。"刘宗周也说:"其所最辟者,尤在于佛氏之心性与近儒之无善无恶。"冯从吾辟佛老的坚决和执着体现了冯从吾纠心学之偏的良苦用心和"醇儒"气象,也反映出他有保守的一面。

道家关于名利、自由以至生死等人生哲学问题都与儒家存在本质的不同。有人被道家不操不舍的言论所迷惑,问:"近有以不操不舍之间有妙存焉,解操舍存亡,何如?"冯从吾回答,这一定是不操者的言论,这就好像为官之人说,不清不浊之间有妙存焉。有这样的道理吗?"为此言者,必贪墨自恣者也。庄生谓盗跖死利于东陵,伯夷死名于首阳,盖曰:贪固好利,清亦好名,臧谷亡羊,其失一耳。不知使居官者号于人曰:贪固好利,清亦好名,此其人清耶?贪耶?不问可知矣,此庄生所以误人不浅也。"(《冯恭定全书》卷一一,《庆善寺讲语》)冯从吾断言,说这种话头的人都是给自己不负责任、放任自流而寻找借口。庄子说盗跖是因为利而死于东陵,伯夷是因为名而死于首阳,这两个人比较起来,盗跖有贪名是因为好利,而伯夷拥有清名也难免好名,正如臧谷二人,挟策读书也好,博塞以游也好,其效果没有区别。假如一个居官之人居然说:"贪固好利,清亦好名",试想这样一个人会是位清官,还是位贪官,这不是不言自明的吗?

道家崇尚自然,崇尚自由而逍遥的人生。但是冯从吾认为,庄子推崇的是自我逍遥,自得自适。庄子认为尧、舜为天下事劳心都是自寻烦恼,是用天下束缚了自己的心灵,他们不过是使别人获得、使别人舒适,使别人各得其所,却并没有实现自我心灵的自得自适。对比之下可知,自得自适的人生志趣与儒家的人生追求显而易见是不同的。道家是出生的哲学,只是要追求个人自由、自我价值,本质上只是关心自我受用,别人死活与己无关,所以冯从吾说:"此庄子之逍遥所以坏心术,而得罪于名教也。"(《冯恭定全书》卷一一,《庆善寺讲语》)“曾点之咏而归是泰,庄周之逍遥游是骄。”冯从吾认为在人生境界上儒家更胜道家一筹。

生死关最难勘破,因而生死观往往是判断一个理论合理与否的试金石。道家是一种超然的生死观。在《疑思录》中,冯从吾分析了道家的“达生死”,他说:“所谓达生死者,谓自己不以生死动其心也。若不以人之生死动心,如庄子妻死而歌,友死而歌,甚至母死不哀,而曰达生死,可乎?或曰:此寓言也。曰:以母死不哀为寓言,可乎?”儒家讲达生死,道家也讲不以生死动心,有什么区别?冯从吾不是简单地概而言之,他析理很仔细,解释说,真正达生死的人,是将自己的生死置之度外,不会在生死关头动心移志。但是如果对别人的生命无动于衷,像庄子那样妻子去世鼓盆而歌,朋友去世鼓盆而歌,甚至母亲去世也没有悲伤,还讲“这才是达生死”,你认为合适吗?问话的人显然被问住了,只好辩解说,庄子妻死而歌不过是寓言吗。冯从吾紧逼一句,用母亲去世也没有悲伤为例讲寓言故事,你认为合适吗?

冯从吾晚年病重,家人延医请祷,先生却说:“从古有不死之人哉?吾生平多病,亦不意有今日兹逾古稀,足矣!安用医祷为?”(《冯恭定全书》续集卷五,《行实》)体现出从容镇定、超然生死的态度。在生命的最后一刻,他犹念念不忘讲学,“整容端坐”,表明自己至死信念不改,不向邪恶低头。但是面对妻子的去世,他不但不能释怀,甚至难以接受。他在《祭内子赵淑人文(甲子)》中说:“一物损伤且不忍,而况于人;一孺子入井且不忍,而况于妻。以鼓盆为达生死,是后世薄行之夫借庄生以自解者耳。余上不敢违先王之礼,而下亦不敢为庄生之行,惟有痛哭流涕,修身以俟之,异日与汝千秋万祀,琴瑟静好于九原之下而已。”(《冯恭定全书》续集卷三)

儒家认为,人同此心,心同此理,那为什么在名利、自由以至生死等问题上儒道之间存在如此大的认识差异呢?冯从吾认为是因为没有“养心”的缘故。他在《丁未冬稿序》中说:“人同此心,而或不能养,卒至违禽兽不远者,无志也,故论定志。夫志定矣,使不得孔、颜乐处,则苦难而中止者有之,故论寻乐。而世之学者又多误以逍遥放达为乐,此老庄所以误晋室之诸贤也,故论老庄。老庄之弊流而为申、韩,而王安石假六艺以售申、韩、桑、孔之计,卒至祸国殃民而不可救药,则学术之偏害之也,故论安石。”(《冯恭定全书》卷十三)不善于“养心”,自然难过名利关、生死关,最终会迷失人性,甚至与禽兽无异。这都是志无定向的缘故,所以儒家强调“定志”。树立了明确的志向，但若是达不到孔、颜的境界，体会不到孔颜乐处，久处苦难之中，有些人就会中途放弃理想追求，所以儒家强调“寻乐”。可是许多世人受道家学说迷惑，误以为逍遥放达就是乐地，魏晋许多人物就是误解老庄之乐，所以儒家要批判道家思想。道家思想在“术”的层面对后世以申不害、韩非为代表的法家思想影响很深。封建统治者大都是外儒内法，采用申韩之术御下，以法术治国，下位者自然而然就会用虚无的老庄之道来应对，寻求自我安慰。所以，王夫之说：“其上申韩者，其下必佛老。”冯从吾认为王安石打着“六艺”的旗号宣扬申不害、韩非、桑弘羊、孔仅的思想。终至祸国殃民，不可救药，这是其学术思想偏失带来的危害。南宋以降，直至明清，在正统儒家的观念中，王安石都是乱臣贼子、奸诈小人的形象，冯从吾站在正统儒家的立场上对王安石有这样的评价很正常。对王安石、王安石变法的评价是另外的问题。但是冯从吾认为王安石在学术上以六经注我，走向申、韩、桑、孔之术，这一点是比较客观的。苏轼评价王安石说：“罔罗六艺之遗文，断以己意。”王夫之在《宋论》中评价王安石变法说：“安石昼谋夜思，以曲成其申、商、桑、孔之术者，京（指蔡京）皆故纸视之，名存而实亡者十之八九矣。”

三、对道家思想现实危害的分析

晚明道家在社会上的影响非常大，特别是在北方地区，尤其是冯从吾生活的关中地区的影响最大。明末道家思想在当时的社会上是相当流行的，无论对儒生还是普通老百姓影响是很大的。“道教的基本范畴‘道’‘虚’‘静’‘心’‘性’‘命’等成为明代哲学的基本范畴，道教的内向思维方式为明代许多哲学家所借鉴，道教的基本观念如虚静观念、自然观念等普遍为明代哲学家所接纳。”①尤其是道家主张本体是“无”，提出绝仁弃义，使世人误以放诞言行、蔑视礼法为真、为高。

深受道家思想影响的魏晋名士风流在明代后期的社会背景下得到了再现。有人问：“晋室诸贤皆一代高才，何不知自爱至此？”冯从吾意味深长地回答：“当时老庄之教盛行，人人皆错认了道理，误以放言肆行、蔑弃礼法为真、为高、为无心、为自然，以谨言慎行、顾惜名节为矫、为伪、为有心、为沽名，所以流荡忘反至此，非明知其非而故蹈之也。”说明道家思想对人的迷惑很深，

---

① 李霞：《道家与中国哲学》（明清卷），北京：人民出版社，2004年版，第6—7页。

并非是人们知错故犯。有人进一步发问:"彼独无良知与?"冯从吾很痛惜地说:"良知自在,只因一念错认了道理,遂大迷,终身不悟耳。"(《冯恭定全书》卷一,《辨学录》)良知当然是自在的,但是人们的良知因为受了蒙蔽,所以误入歧途却不自知,有人甚至会糊涂终生。为正视听,冯从吾进一步阐述说:"扶持名教,顾惜名节,此正是君子务实胜处,不可以此为好名。若不扶持名教,不顾惜名节,而曰我不好名,是无忌惮之尤者也。"(《冯恭定全书》卷二《疑思录》)

冯从吾还从有无的辩证关系入手,揭露世人利用老庄之道行霸术之实。曾子曾说有一种人"以能问于不能,以多问于寡。有若无,实若虚,犯而不校。昔者吾友尝从事于斯矣"。历来的注释都认为此处的的"吾友"指颜回。冯从吾在《读论语上》中说:"'有若无,实若虚',非颜子明知其有而故为无,明知其实而故为虚也。盖天下道理原是无穷尽的,岂可以自足自满?故曰:'有若无,实若虚',此正是颜子实见道理处,不可与老氏'良贾深藏若虚、盛德容貌若愚'之说并论。盖老氏明白又说:'圣人欲上民,必以言下之;欲先民,必以身后之。'这二'欲'是甚么心肠,此其用意甚深,反落霸术畦径。盖用此以欺世愚人,令人不可测识,非真见道理当如此也。老氏巧,颜子诚;老氏有意,颜子无心,此吾儒异端之辨。"(《冯恭定全书》卷二,《疑思录》)许多人是在权术的层次上吸收道家思想的,而道家"无为而无不为"的辩证观的确也为欺世愚人的霸术提供了理论上的逻辑依据。所以,冯从吾认为颜子的"有若无,实若虚"是一种真诚的虚心,而老子讲"圣人欲上民,必以言下之;欲先民,必以身后之",是权变机巧,二者在出发点和用心上有本质的不同。所以冯从吾才强调"善性""善心"本体,他认为这是儒学宗旨,也是区分吾儒与异端的根本。

冯从吾从儒家整体思想出发,继承了程朱对道家的基本看法,认为道家思想的实质是愚民思想。道家思想拓展到社会政治领域,被统治者作为愚民政策的理论依据。有人提出质疑,认为孔子也讲"民可使由之,不可使知之"。(《论语・泰伯》)这不也是愚民思想吗?冯从吾仔细分析了儒道之间育民与愚民的对立。他说:"民可使由,不可使知,非圣人不使之知也。圣人看破这道理不能强人人而使之知,是以因性牖民道德,齐礼,立规矩,树准绳,昭然示人,以可由之,则使之家遵而户守,然而使民知之之意已在于由之之中,特不强人人以必知耳。中间有能知者,不外规矩准绳,直透精微奥妙,固圣人所深愿有不能知者,有此规矩准绳,亦不至放纵决裂,亦圣人所深喜民可使由,不可使知。圣人诚不能强人人而使之知也,老氏不达,乃倡为愚民之说,故其言曰:'古之善为道者,非以明民,将以愚之,民之难治,以其知多',卒使始皇焚书以愚黔首,则老氏一言误之耳。学术一差,关系岂小?"(《冯恭定全书》卷二《疑思录》)冯从吾认为圣人用心良苦,正因为明白不可能人人都成为理论家,能体悟到圣贤之学的精微奥妙,所以只能因人而宜,因势利导,齐之以礼,明确规矩。每个人的认识能力有限,并不能要求人人都必须理解高深的理论知识。而老子是明确主张实行愚民政策。冯从吾甚至认为秦始皇当初实行焚书坑儒的政策就是受了老子愚民思想的直接影响。

第四节　冯从吾对佛道外其他学说的辨析

佛道二氏、五霸及告子,他们的学说主张有别,但错误的实质是共同的:不理解性体至善,学问应止于至善。冯从吾就是基于这个思想认识,在对佛道批判的基础上,对五霸的"假仁义"、告子的"生之谓性"及流入佛禅的王学末流之"无善无恶"说都进行了有力地批驳。

一、对五霸的批判

儒家倡王道而黜霸道,因为五霸为成就霸业,以仁义为笼络人心、谋取善名,实现功利目的的工具,却不知仁义是人本性中自有的,不必去假,五霸完全是工具理性的思维方式,与儒家的道德理性是背道而驰的。冯从吾在性体至善的前提下,在《疑思录》中对五霸的辨析可谓鞭辟入里:

> 仁义一也。尧舜曰仁义,汤武曰仁义,五霸亦曰仁义。不知尧舜性之也,汤武身之也,五霸假之也。至于老庄则绝而弃之矣。然五霸之假,老庄之绝弃,总只是不知至善。五霸之意,以为吾性中本无仁义,故不得不假之,以自附于汤武之列,而不知一假之,则其弊无穷。故令人欺世盗名,假公济私,使吾儒之教视为虚文、为体面者,五霸为之作俑也,是率天下而为伪也。老庄目击其伪,于是愤愤然有绝仁弃义之说。若曰:"吾性中既无仁义,何必去假?与其假之而为伪,毋宁绝而弃之,犹不失其为真乎"。而不知绝仁弃义以为真,是为真小人,非为真君子也,而其弊更益甚。故令人毁裂纲常,

蔑弃礼法，使吾儒之教视为桎梏、为糟粕者，老庄为之作俑也，是又率天下而为乱也。五霸假之，其弊为伪君子；老庄绝而弃之，其弊为真小人，世教人心可胜慨哉！孟子于此不辨五霸该假不该假，老庄该绝弃不该绝弃，而第曰性善。若曰吾性中自有仁义，何必去假？吾性中自有仁义，何所绝而弃之？如以仁义为可假，吾性亦可假耶？如以仁义为可绝弃，吾性亦可绝弃耶？仁义即性，性即仁义，故曰性善。使五霸而早知性善，当自悟其不待假；老庄而早知性善，当自悟其不能绝而弃之矣。此孟子道性善所以大用功于天下后世也。或曰："孟子何独言五霸而不及老庄？"曰：五霸之假是阴附于仁义之内者也，不容不辨。若老庄之绝弃则明叛于仁义之外矣，何待辨哉！何待辨哉！（《冯恭定全书》卷三，《疑思录》）

佛道二氏主张性空、本体之无，老子说："天下万物生于有，有生于无"（《老子・四十章》），"是以圣人处无为之事，行不言之教"（《老子・二章》）；佛教讲"缘起性空""诸法无自性""诸行无常、诸法无我"。他们认为仁义是虚伪、矫饰，或是虚幻不实的，所以，老子主张："绝圣弃智，民利百倍；绝仁弃义，民复孝慈。"（《老子・十八章》）佛道二氏不理解仁义是人本性中实有的，是绝弃不掉的。冯从吾仔细分析了五霸"假仁义"、老庄"绝仁弃义"的错误根源，并且尖锐地指明了其错误带来的严重后果。"假仁义"令世人欺世盗名，假公济私，视吾儒之教为虚文、为体面。天下人竞相虚情假义，成为以仁义充面子的伪君子。"绝仁弃义"令世人毁裂纲常，蔑弃礼法，视吾儒之教为桎梏、为糟粕。受佛道思想影响，天下人竞相放肆浮荡，成为逾越礼法的真小人。因此，冯从吾特别推崇孟子，说"孟子道性善所以大用功于天下后世也"。韩愈、王夫之都推崇孟子，认为"孟子之功，不在禹下"。有意思的是，这时有人就问，那为什么孟子只批评了五霸，对老庄却并没有提及呢？他回答得很深刻，五霸之假是外表满嘴仁义道德，内里却是阴谋私欲，具有极大的欺骗性，所以不得不辨。而老庄之绝弃是旗帜鲜明地反对仁义，不辨自明。只要点出仁义为人之本性，使人认识到无法否认这一点，则要不要绝仁弃义，自然就是无须辩论的问题。

冯从吾认为本体实有，但本体的作用却是无思无为、不学不虑的。因为行仁由义都是自然而然的事情，如何会费思量？善行善举如果不是性之，出于本心，而是事先有意筹划，费尽心机，岂不是恰恰落入五霸"假仁义"的窠臼？有人不理解儒家的境界之无，发问："如何是思其无思，为其无为？"冯从吾回答："今人乍见大宾承大祭，虽甚放肆之人，未有不竦然起敬者，有思乎？有为乎？出门如见大宾，使民如承大祭，虽费思为，不过思这个无思的道理，为这个无为的道理耳。至于己饥思食，己溺思拯。有思乎？有为乎？禹思天下有饥，由己之也饥；稷思天下有溺，由己溺之也。亦只是思这个无思的道理。孩提知爱，稍长知敬，有思乎？有为乎？尧舜之道，孝弟而已矣。人皆可以为尧、舜，亦只是为这个无为的道理。思其无思，为其无为，此千古圣学真传。不然，起头一步先错，纵思为到底，只成就得一个五霸假之学问，思为愈熟，真心愈丧。"(《冯恭定全书》卷一，《辨学录》)冯从吾从见大宾承大祭自然竦然起敬，孩提知爱稍长知敬阐述了无思无为的工夫境界。本体之有与境界之无，二者是辩证统一的，必须同时强调。儒家的思为是己饥思食，己溺思拯，思的是无思的道理，为的是无为的道理，五霸思为的却是如何打着仁义的旗号成就自己的霸业。儒家的理想是修齐治平，尧、舜、禹、稷思的是天下之饥、天下有溺，如果出发点不对，动机有问题，整天思量如何"以家道富厚为齐，以天下富强为平"(《冯恭定全书》卷七，《宝庆语录》)，那就是起步就错了，难免落入五霸的治平，与儒家宗旨南辕北辙。这种思为越多，真心本性失之越多，与儒家的修齐治平越来越远。

二、对告子的批判

告子曾就人性问题与孟子有激烈的论战。他不认同孟子的性善论，将"生之谓性"的自然之性、气质之性作为人的本性，故认为"性无善无不善"，道德仁义则是后天人为作用的结果。冯从吾从"善性""善心"出发，对告子的自然之性、气质之性进行了有针对性的批判。

他首先强调"性者，心之生理"，以天理贞定心性。他在《辨学录》中说："而人得之以为心，此天理之所以常存，而人心之所以不死也。吾儒之所谓生指生理生字而言，论理不论气。告子之所谓生指生死生字而言，论气不论理。谓理离于气不是，谓气即为理尤不是。惟论气不论理，此生之谓性之说，所以开异学之端也。"儒家讲生生之理，而告子之生只是在生成论意义上，只讲自然之性的生成。这种生成只是自然气化的结果，论气不论理，人只有自然之性、气质之性，将立体的人完全压扁，位于与万物无异一个平面，丧失了人之为人最本质的义理之性，这是将人的社会性、精神性全部忽略，将人又扔回了动物世界。而且,告子的自然之性丢过理字言心言性,逻辑上与老子知觉运动之觉、佛氏圆觉大觉之觉相通,是异端学说的理论来源。

告子正因为将气质之性作为人的本性,看不到人的义理之性,因而冯从吾认为告子并不能真正地理解“性”。有人却看不透,被告子“性无善无不善”的论点所迷惑,我们来看《太华书院会语》中的一段议论:“见孺子而怵惕,见觳觫而不忍,此固以情之自然善者验性之善。如见美食而思嗜,见好色而思好,彼亦以情之自然不善者验性之不善。可见性有善有不善矣,而孟子专言性善,何也?”有人说见孺子而怵惕,见觳觫而不忍,这些例证都可以以情之善说明性之善,证明儒家的性善论。但是人们都嗜好美食,倾慕美色,别人也可以以这些情之不善的表现证明人性存在不善的一面。这不是就说明人性既有善的,亦有不善的吗?可是孟子却坚决主张性善论,这是为什么呢?冯从吾回答的很精彩,他说:“如有二人于此,一人见孺子而怵惕,见觳觫而不忍,见美食而不思嗜,见好色而不思好;一人见美食而思嗜,见好色而思好,见孺子而不怵惕,见觳觫而不不忍,则谓性有善有不善则可。今以见孺子而怵惕,见觳觫而不忍之人,一旦见美食见好色,固未有不思嗜思好者,以此验人性之有不善,似是。不知以见美食而思嗜,见好色而思好之人,一旦见孺子见觳觫亦未有不怵惕恻隐者,以此验人性之皆善,又何疑焉?孟子以气质中之义理,断人性之皆善;而告子以气质中之气质,断人性之有不善,是告子徒知气质之性而不知义理之性也。”(《冯恭定全书》卷九,《太华书院会语》)

冯从吾分析得很细致,它分为两个层次。首先他说如果有两个人,一个人见孺子而怵惕,见觳觫而不忍,见美食而不思嗜,见好色而不思好;另外一个人见美食而思嗜,见好色而思好,见孺子而不怵惕,见觳觫而不不忍。那就可以说,前者本性即善,后者本性即恶,看来的确是人性有善的、有不善的。接着,他以对方的逻辑反驳对方。你根据有人见孺子亦有怵惕之情,见觳觫亦有不忍之心,可是一旦见到美食美色,心中同样忍不住去倾慕追求,以此为论据证明人性中不善的一面,表明听起来好像有道理。可是依照同样的逻辑,有人见美食而思嗜,见好色而思好,可是一旦见孺子见觳觫同样产生怵惕之情、不忍之心,不是同样可以证明人性皆善吗?可见,孟子与告子的本质区别在于,孟子并不否认人的气质之性,他是以气质之性中义理之性的存在,断定人性皆善;而告子却只看到了人的气质之性,就断定人性中有不善的一面,这恰恰是因为是告子只知其一不知其二,只知气质之性而不知义理之性,将气质之性归结为人的本性的缘故。

再进一步,冯从吾以人人都有羞恶之心,包括认同告子观点的人,给了自然人性论最后致命的一击。告子根据甘食悦色是人们生来就有的天性,从而断定自然属性就人的本性。既然认为食色是天性,是自然而然的,就必然会认为仁义是人为的,是矫饰勉强的,所以会认为儒家规定仁义是人的本性。告子不理解仁义也是人生来就有的天性,也是自然而然的,本来就不是人为规定的结果,当然不存在什么矫饰勉强。他说,我们可以先将仁义之说放在一边,"且不必别言仁义,即就告子食色性也,折之而彼自豁然,彼亦无辞。如甘食性也,即甚甘食之人而语之曰汝饕人也,则必羞;悦色性也,即甚悦色之人而语之曰汝淫人也,则必恶。可见羞恶之心,人皆有之。可见仁义亦是天生来有的,非人为,非矫强也,岂以人性为仁义哉!"(《冯恭定全书》卷九,《太华书院会语》)冯从吾说,即使是认同告子的人自己心里也明白,抛弃掉告子食色性也的观点,他们也会有释然的感觉。好美食是人之天性,但即使是最贪吃的人,你对他说"你是一个饕餮之徒",他也会面红耳赤;好美色是人之天性,但即使是最好色的人,你对他说"你是一个淫色之徒",他也会勃然大怒。这充分说明羞恶之心,人皆有之。可见仁义是人天生来就有的本性,是自然而然的,不是人为规定的结果,不是矫正勉强的结果。

冯从吾在《读孟子上》中对告子的"不动心"进行了仔细的辨析。在《孟子·公孙丑上》中,有人问如何区别孟子与告子的"不动心"? 孟子引告子言:"不得于言,勿求于心;不得于心,勿求于气。"孟子分析说:"不得于心,勿求于气,可; 不得于言,勿求于心,不可。夫志,气之帅也;气,体之充也。夫志至焉,气次焉。"告子讲言语有所不达,则当舍置其言,而不必反求其理于心;于心有所不安,则当力制其心,而不必更求其助于气,这正是告子不动心的捷径。孟子评价说,彼谓不得于心而勿求诸气者,是急于本而缓其末,还勉强可说;谓不得于言而不求诸心,则既失于外,而遂遗其内,这是绝对说不得的。

冯从吾进一步分析说:"人心之灵,莫不有知,不得于言,不得于心,心上自是不安,自是过不去,自不容不求于心,自不容不求于气。此正是真心不容已处,正所谓性善,所谓良知也。告子却恐动了心,把一切得与不得都要丢过,任他去罢。纵丢不过,却强制之,使丢过,如此庶乎心不动耳? 然如此要不动心,有何难? 故孟子曰:告子先我不动心。然真心本不容已,彼则强制之使其已，是强制其真心，非强制其妄心也。如此真心正当操存而培养之，乃反强制之使其已，以斧斤自伐其山木，以牛羊自牧其萌蘖，岂不谬哉？彼徒知以此为不动心之捷法，而不知其法愈谬而其弊愈不可言。且二‘勿’处又是动心强制处，心又安在其果不动也？告子之学，其自误如此，故曰：人性皆善，而告子强制之使恶也。”(《冯恭定全书》卷三，《疑思录》)冯从吾坚持孟子的性善论，认为如果话没说到，心存不安的话，自家良心上自是过不去，这正是真心不容已处，恰恰是人性善的证明。可是告子却唯恐人动心，于是让人们把一切言语中、良心上的得与不得都强行丢掉。即使很难丢掉，也要运用意志力强制自己丢掉，这样就不会动心了。可是这样的不动心有何难？所以孟子才会说“告子先我不动心”。原本是自己的良心上过不去，现在却强制性地束缚人的真情实感，强迫自己不为所动，反而不约束自己妄动的心。真心正应当被悉心培育保存，现在却反而强制它停止。这无异于持斧硬将欣欣向荣的山林砍去，任由牛羊将刚萌发的枝叶毁掉，这难道不是很荒谬的事情吗？告子只知道强制自己不动心，以此为快捷的方法，却不知此方法的荒谬，更不知道此方法违背人性的消极弊端。告子的“不动心”是强扭本善的人性，使之弃善趋恶。

三、对基督教、伊斯兰教的态度

中国晚明时期的思想界比较开放，宽松的学术氛围使西学能够顺利传播。在“西学东渐”的过程中，许多明代学者与西方传教士交往密切，这中间包括与冯从吾交往甚密的邹元标。但是冯从吾思想正统，将基督教天主之说与佛教、道家一样列为异端。据《都门语录》记载，有人问“利玛窦天主之说何如?”冯从吾回答：“祖述尧舜，愿学孔子，正是尊天处，彼置尧舜孔孟而专言天主，是挟天子以令诸侯，乃吾道中之操莽也。世间有此不轨之徒，即诛其人，火其书，犹恐滋蔓，况从而羽翼之乎？知天事天畏天，吾儒何尝不以天为主，而沾沾求异为也。张子曰：吾道自足，何事旁求？余亦曰：吾道自精，何事旁求?”(《冯恭定全书》续集卷一)很明显，冯从吾一方面认为吾儒之道才是真正的尊天，另一方面认为天主教是“挟天子以令诸侯”。他说吾道完满自足，道之大原出于天，儒学本就是以天为主，没有必要再另外搬一个天主出来。面对西学的宣传和冲击，冯从吾的态度代表了晚明一些保守的传统知识分子的态度。

与对待基督教的态度截然不同,冯从吾对伊斯兰教的认同度很高,评价也高度肯定。有学者指出冯从吾是回族人,若属实,则他对伊斯兰教的认同和亲和就很容易解释了。从《冯恭定全书》《明史》等典籍中没有发现关于冯从吾民族的明确记载,不过,笔者发现了关于冯从吾回族人的两条线索。其一,在杨大业著的《明清回族进士考略》一书中,录入陕西籍进士共43人,其中冯从吾位列第六位。其二,在朱昌平等著的《中国回族文学史》的第三编《明代回族文学》中,第二十六章就是《冯从吾的文学创作成就》。[①] 伊斯兰教在唐朝时已传入中国,此后,许多阿拉伯人久居长安,与汉人通婚,逐渐融入当地社会,成为回族人最早的祖先。至明代,陕西回族人口不断扩大,明末清初,陕西已成为穆斯林宗教文化中心,大小清真寺遍布关中各县城。冯从吾就有两篇关于伊斯兰教的碑文,一为位于西安城内化觉巷的《拓建敕修清修寺》,一为位于西安城内大学习巷的《敕赐清真寺碑记》。这两篇碑文史料价值很高,对我们了解冯从吾关于伊斯兰教的认识提供了帮助。

我们先来看《拓建敕修清修寺》的碑文:

> 夫清修寺之设从来远矣。□建于唐之天宝,由宋逮元暨及我太祖高皇帝玺命,历数百年,于兹世传宝锡,一时清教咸知景从。经皆浩繁,未易殚述,撮其大要:念、礼、把、舍、聚五字而已。□曰念者,心心相印,口口真经也;礼者,仰邀帝赐,重酬国恩也;又曰把者,谨持修心炼性之谓也;舍者,好施给,急周乏之谓也;曰聚,则收散合离,百千为群,明经析典,化诲诏诫,令正□邪,惟善之兢兢耳。千头百绪,总归五字,五字虽约,要皆真诠。若清教□诚得先天之秘,而真人还真性,永永不磨乎?我高皇帝忻而崇之重之以寺,而且敕以清修,有由然哉!讵意岁久制途规度,尚狭不增而新之?奚以副我皇上重清教之美意,又奚以焕本寺之色泽,而揭清教如日月也?兹遇本寺礼部掌教官马光元、督教哈仲贤、副教金自贵、□教马应乾,奋然起而欲增且新之,叩长安县主曹、申按察司宪台王准修,又以乡老金钺、马大元等处心监修,□本教有力善者,各捐资不一,同心协力,营此修葺,充拓门殿,规模广远,栋宇高耸,较前若倍,视若吾儒之棂星殿阁不少让焉。所谓千圣一心,万古一道,信匪虚矣。咸邑

① 参见杨大业:《明清回族进士考略》(七),《回族研究》,2006年第4期,第112页。

庠士马腾龙偕西寺掌教马行健谒祭为文，余不容于故属，以言肃哉。真教□净清明，识远□□，不着尘纷，一元秉粹，上跻真君，本寺本教盖不朽云。是为记。

赐进士出身、文林郎、河南道监察御史、奉敕巡按直隶等处、督理长芦山东盐课兼河道、前翰林院庶吉士冯从吾撰。

明万历三十四年岁次丙午夏四月吉日立石。

本篇碑文简明扼要介绍了伊斯兰教教义的核心范畴：念、礼、把、舍、聚。并给予伊斯兰教极高的评价，认为“千圣一心，万古一道，信匪虚矣”“真教净清明……不着尘纷，一元秉粹，上跻真君，本寺本教盖不朽云”。

再来看《敕赐清真寺碑记》：

赐进士第、资政大夫、正治上卿、工部尚书、前翰林院庶吉士、奉敕巡按直隶等处监察御史、太仆、大理等寺左右少卿、侍经筵、南京都察院掌院事、右都御史京兆冯从吾撰。

粤自鸿蒙，剖判宇宙，内操道术以鸣世者，无虑千百万亿。大抵人持一议，家操一喙，其他旁门异说难以缕指，而惟佛老二家其记最著。然攻佛教者流于虚无寂灭，宗老氏者争言清净无为，皆偏而未备，驳而未纯，总之未离奥窔之中，仰青天而观白日也。唯清真一教，印以孔孟真传，其人伦日用之典，妙乎正心诚意之理，推而可以为齐家治国均平之化。注经有六千六百六十六，所意旨固出于天授，尽夫恕可能知可能行者无异说也。昔圣有穆含默德修斯道以立教，俾教众竭寅畏以酬天恩，按日时以报帝德，兼以祝延圣寿，嘿佐皇图，其视圣像画形，假牲帛祝号以希照，格饰虚文缛节以邀福利者，相去盖迳庭矣。右长安新兴坊有清真寺，庙貌巍峨，廊庑壮丽，盖本于历代所建，而在唐中宗时已赐名清教寺，在玄宗朝复敕改唐明寺。在元中统间，又敕名回回万善寺，而督修者兵部尚书伯颜也。元大德时，又差官重修，而董其事者平章政事赛典赤也。在我朝洪武十七年，仍敕赐清真寺，而修建者尚书铁铉也。永乐十一年，又敕命重修，而与有劳者太监郑和也。相沿至今，夫非所谓古刹一大观胜境哉！松江府金山卫经历司经历长安马讳化翔者志具历代旌表之盛典，为之立碑，以记不朽。

在这篇碑文中，冯从吾将伊斯兰教与佛道二教进行对比，认为佛老二家皆偏而未备,驳而未纯。而清真教则是与孔孟之道相互印证,其人伦日用之典妙乎,正心诚意之理,推而可以为齐家治国均平之化。一褒一贬之间可见冯从吾明确的态度,他坚持一贯的态度,视佛道二家为异端。与此形成鲜明对比的是,他对伊斯兰教的倾慕之情清晰可见。

第七章　冯从吾的学术特征与贡献

关学在晚明由冯从吾总其成。冯从吾虽师承甘泉学派，但受父亲和其师许孚远的影响，倾心阳明心学。当时，王学末流纯任本体而忽略工夫，有虚浮之偏。因而，冯从吾一生用心于圣贤学问，以讲学为职志，以救正心学，中兴关学为己任，体现出强烈的现实关怀与自觉的学术担当。冯从吾的学术特色在于他不立门户，会通诸家，兼采旁收，为己所用。他主动地回应朱学、心学的影响，虽笃信良知之学，但能站在心学的立场上取长补短，援引朱子学的“主敬”工夫，吸收甘泉学派的会通精神，继承张载关学的学脉学风，采各家之长酿自家酒，提出自己的“善性”“善心”学说。冯从吾可以说是关学中的心学家，他是关学的总结者，心学的修正者。对他的研究，纵向上有利于我们对关学发展脉络的梳理；横向上有助于我们把握宋明理学，尤其是心学在明末的走向。明代以来，王学纠朱子学支离之弊，冯从吾等理学家又纠王学亚流之玄虚与猖狂，提出本体与工夫并重的理论，体现了宋明理学在明末进入自觉的反思与总结阶段，学风由虚而返实，并逐渐向实学过渡。冯从吾“善性”“善心”学说反映出朱、王之学互救其失，心学在明末的自我反思与学术转向，也反映出宋明理学在明末亦开始进入自我完善与自我总结。

冯从吾长期主盟关中地区的讲学活动，在讲学中努力以“善性”“善心”学说会通朱王，力排佛道，救正心学，期望最终建立他心目中的儒家圣学，体现出强烈的道统意识和鲜活的醇儒气象。他编撰的《关学编》建构了关学传承的道脉系谱，使关学在晚明成为自张载创立以降绵延发展的地域学术传统。如此不仅使张载之学与关中理学传统紧密联系起来，而且也鲜明地彰显了关学独特的精神风貌。他的内向工夫论被其后刘宗周的“慎独”说延伸到更深的内敛；其本体与工夫的合一，已折射出后世李二曲的体用全学和务实的学术风气。

第一节　道统意识

冯从吾作为关中书院的山长，非常重视“讲学”，讲学的目的是什么呢？

其真正的关怀是“道统”的独立与尊严。中国历史上的“道统”以士人为载体,其核心是道德标准与精神价值,“政统”则以君王为代表,表明皇帝具有世俗权力的合法性。“道统”与“政统”之间始终存在着一种张力,二者之间的相互作用构成了皇权、官僚和士人之间复杂的互动关系。历代的士人都竭力维护道统的尊严,使之摆脱对“政统”的依附,成为独立的精神力量。士人也时时遭到来自“政统”的压制和迫害,迫使他们面对“从道”还是“从君”的选择。屈于压迫而背叛了最初的操守,落入名利场的士人固然不乏其人,但有风骨的士人都竭力维护“道统”的尊严与力量,使“道统”的精神力量超越世俗政权,并构成对“政统”的制约和监督。

一、道统与政统的关系及士人政治意识的转变

韩愈首先明确提出儒家有一个始终一贯的有异于佛老的“道”,当代新儒家牟宗三先生有道统、学统、政统三统之说,道统指儒家内圣之学,政统则为外王之学。[①] 可以说,在儒学体系中,“道统”的核心是道德标准与内在精神力量,“政统”则代表世俗政治权势。传统社会的理想模式(“三代”时期)是“治教合一”的,精神权力和世俗权利集于圣王一身,“道统”与“政统”自然和谐统一。然而现实中,“道统”与“政统”之间始终存在着一种张力,代表道德标准、精神力量的道统构成世俗权力之外的另一种力量,它往往超越着后者,并成为对后者进行批判和制约的力量;而后者对前者亦极力拉拢、利用以至打击、压制。道统以士人为载体,“士”原是周代封建贵族的最低层,春秋战国后,泛指一般知识分子。中国传统士人都认为他们所代表的“道统”,比君主所代表的“政统”更尊贵,他们坚持以“道”的标准来批判社会与政治,正是知识分子责无旁贷的义务。然而,中国的士人本就源自封建贵族,同时又是官僚队伍的后备力量,这就决定了士人的双重性:一方面士人阶层是精神价值的、社会道德良心的表识,具有超越性;另一方面又不可避免具有对政治权利的依附性。

周代以礼为主体的王官之学是官师结合、政教合一的,政统与道统是一体的。春秋后,诸子百家争鸣,礼乐流散于士阶层之手。春秋战国时,新兴士人虽未完全摆脱传统宗法体系的羁绊,但他们作为文化知识的掌握者,是依

① 参见牟宗三:《道德的理想主义》,台北:学生书局,1985年版,第6页。

靠知识和技能(而非天然的社会等级身份)立足于社会。养士制度使士人可以自由择主,而且因为有了精神上的凭借,他们表现出相当的个体自由,可与王侯分庭抗礼,并有了对天下国家负责、对自己良知负责的怀抱与情操。诸子百家中,儒家以道自任的精神表现得最为强烈,孔子提出"士志于道"(《论语·里仁》),"志士仁人,无求生以害仁,有杀身以成仁"(《论语·卫灵公》),强调士人内在的道德情操和理想境界。孟子提出政治是士人的专业,道统是政统之师,政统之君应该敬道统之师。当时临淄的稷下学官不任职、不治事,仅以君主的师友身分,各持其道议国事、论治乱,稷下学风充分体现了先秦"道尊于势"的关系。此时士的表识已不在客观的社会身份,而在其以"道"自任的精神和他们对世俗权势的超越与改造。

春秋战国是士的黄金时代,此时的士人相对而言是自由的——主体自由,认识自由,选择自由。而秦汉以后,这种自由大大缩小了。秦汉的皇权专制具有无限扩张的性格,秦始皇焚书坑儒,就是皇权专制与士人的责任心和使命感发生激烈冲突的结果。秦人施行"以吏为师",官师政教合一的政策,不仅师从属于吏,而且"教"也完全由"政"出。秦的博士是太常属官,为官僚系统中的成员,已不能持道与权势抗礼。汉武帝推行"罢黜百家,独尊儒术"的政策,独尊儒术的真正目的是统一思想,规范知识分子,以利于政治专制。独尊儒术虽然有助于儒学的发展,但却使儒家的道统沦于政统的权威之下。儒术成为帝王政治的一部分,学术失去了本身的独立与超越性格;儒士成为官僚的预备队,其中的多数人变成皇权的附属物,不再追求弘道的理想,而是把利禄视为追求的主要目的。公孙弘是第一个封侯拜相的儒生,他建议置博士弟子员,儒学成为士人的进身之阶。在专制政权的控制下,士人的出路十分狭窄,几乎都拥挤在入仕的道路上。经过秦汉的一打一拉,士人深深体味出命运掌握在帝王手中,心中充满畏惧,许多士人参政后,为适应现实政治而丧失了先秦士人独立的人格和主体意识。

东汉后期,外戚宦官交替专权,作为政统代表的皇权被两派势力异化。士大夫集团匡时救世,展开了一系列社会拯救活动。东汉党人是中国政治舞台上首次以毫不妥协于邪恶势力面目出现的士大夫群体,他们以天下为己任,舍身卫道。为使道统复兴,士人无畏地抵制皇权,打击外戚与宦官,随时可能因政治而献身,体现出崇高的殉道精神。然而二次"党锢"之祸后,士人群体经历了自身的分化与重组,有的士人追随政权,托身官僚机构,安身世家大族;有的士人思想由外驰转向内敛,洁身隐逸,反省个体以全其道;也有矢志不渝,维护道统,对时政进行猛烈批评,甚而奋起反抗时政,以身殉道。在士人的分化、重组中,士人的群体意识得到了自觉地强化。

宋代是皇帝与士大夫共治天下,所以士人有"以天下为己任""先天下之忧而忧"的承当精神。宋儒提出"以学明道",但"道"却落实在从政上,只有无法从政才讲学,其学并不具有独立性,只是道的附属物,而道的倡明反而依赖于政治权利,其"道"并不具有独立性。而且宋朝书院出现了官学化的倾向,一些学者,如胡瑗、孙复就在官学任教;一些学者因仕途不顺,才转而在私人书院讲学,如程颢、程颐为避仕途祸端在嵩阳书院著书讲学。宋代士大夫的政治主体意识尤其强烈,"以天下为己任"已经成为士的集体意识,张载《西铭》的中心意旨是发扬士的"承当"精神,陆象山"宇宙内事是己分内事"同样是士大夫承当意识的体现。宋儒治学、讲学的目的是要导向合理的政治社会秩序,故其重心在修身齐家治国平天下,基本上是外王取向的,其终极目标是变天下无道为天下有道,内圣是基础,外王是目的。宋代士大夫期待"得君行道"的积极政治活动,政治关怀对其具有重要意义,文彦博对神宗言皇帝应当"与士大夫治天下",程颐《经说》中讲"与之同治天下",士人不仅把自己作为文化主体,也把自己作为政治主体,积极发挥其政治上的主动性。而且,士大夫集团的努力事实上也使其在政治上形成一股举足轻重的力量,形成了皇权、官僚、理学士大夫间的复杂互动关系。

由宋至明,政治结构基本上以皇权为主,以知识分子为客,统治阶层以养士的方式使士人依附于皇权,为己所用,进入官僚梯队。明代专制制度加强,权力集中在皇帝与大地主官僚手中,他们对知识分子采取高压和防范政策,书院被视为旁门左道而屡遭禁止和焚毁。所以,由中小地主阶层成长起来的明代士人视做官为畏途,对朝政表现出明显的疏离。他们中的许多人谋求归隐,用心于学问,聚徒讲学。

二、冯从吾以"内圣之学"挺立道统

明代士大夫亦大多有相当强烈的以天下为己任的责任感,然而至晚明时,政治异常腐败,晚明的有识之士也曾挺身而出,如东林党人积极地参政议政,"家事国事天下事,事事关心",冯从吾也有震惊朝野的《请修朝政疏》。但由于明代的政治暴虐,士人都遭到不公平待遇,明太祖朝即有大臣"镣足治事”（《明史》卷一五二,《仪铭传》）的丑行,景帝时有掷钱于地令经筵讲官遍拾的丑行。至于对大臣的杖杀、逮系,更是司空见惯。黄宗羲就曾明白指出,明代皇帝对士是“奴婢”蓄之。既以“奴婢”待之,则打骂或赏赐无不凭一己之喜好矣。饱尝统治阶级的酷杀与侮辱后,心怀济世救民的士人已经心灰意冷,“致君于尧舜”的理想彻底破灭。无奈之下,由“外王”转向“内圣”之路,不再期望“得君行道”,既然不能“兼济天下”,只能归隐山林,“独善其身”。为了避开统治集团的政治迫害和思想控制,晚明士人用归入民间和自然生活的方式保有自由的身体和心灵,并进而艰难地寻求明道、伸志的其它途径。这其中自然有迫不得已的苦衷,冯从吾就是在这种失望与痛苦中选择了讲学的道路。

冯从吾继承了儒家“从道不从君”的精神,没有放弃对政治压迫的抗争和对道统尊严的维护。面对晚明的专制统治,冯从吾心心念念于讲学,目的就在于以儒家传统的“内圣之学”挺立道统,使之成为超越世俗政治权势的内在依据。来自“政统”的打压使晚明士人“外王”的抱负无从施展,只能转向更深、更内敛的内功之修,逼迫他们远离朝廷,以讲学“独行其道”。讲学促使士人自我意识觉醒,形成独立的人格,实现内在精神的独立。宋儒之“道”有待于君,“得君”之后才可以行道,其道就是君臣同治天下,对“政”的依附性很强,“道”没有独立性;而明儒之道转向“内圣”取向,更加突出儒家的内省工夫,认为出仕为官并不是士人生命意义的全部,判断人生价值的标准并不在外部世界,它既不是朝廷的褒奖或贬斥,也不是先圣的经书与格言,更不是世俗的诋毁或赞誉,这个标准就是你自己心中的“道”。冯从吾入仕是为了行道,归隐讲学依然是为了行道,所以他对仕途可以有达观的态度。他说,“仕以行道”;而身在山林泽野,与人讲学,“是亦行其道也,不专在仕途才行得道”。（《冯恭定全书》续集卷一,《都门语录》）他在宋儒“以学明道”的基础上,为士人指出了一条独立于政治、独立于科举,以讲学“独行其道”,维护道统独立的生存道路。

三、讲学是挺立道统的现实途径

要真正实现道统对政统的超越,儒家传统的“内圣之学”还需要有现实的支撑,必须确立士人群体现实的社会基础和独立的生存方式,这应是道统超越政统的现实条件。晚明的知识分子,面对现实,苦苦寻找自己的社会基础,重新进行社会定位,重新选择人生道路。讲学使士人既能避开政治迫害,又不放弃使“道行天下”的社会责任。冯从吾“独行其道”的讲学之路,就是在摸索使士人得以自我独立、挺立道统的现实途径。讲学使士人不再依附于官,成为一个真正独立的阶层,自我意识觉醒,士人得以自立于社会,并在“立己”的基础上进而“立人”。士人只有成为一个真正独立的社会阶层,才能摆脱黄宗羲所说的“奴婢”地位。

首先,冯从吾认为讲学可以“衍道脉而维道运”,是发扬道统的关键。道统的象征即是孔子、孔庙,因此,冯从吾将是否讲学作为从祀孔庙的标准,这是前所未有的,超出了传统的标准,过去只看重人品,让所谓品德独占。而他强调孔庙的针对性,将能传扬道统,有功圣学作为从祀的标准。其次,冯从吾强调道统学脉的延续,注重对学谱、家谱的整理,实际上他是在追寻关学的学术传统和士君子阶层的历史发展轨迹。《关学编》是冯从吾为识“关中理学大略”,集宋、金、元、明关学诸儒行实,发凡起例,探隐索迹,为陕西关中的理学而首次创编。亦可以说它是一部关学史,它通过为理学诸子立传的形式,述其为学大略,辨其授受之原委,明其道学之统绪,借以恢复孔孟“儒之正传”。冯从吾率先总结了关中理学的产生、发展状况,使宋明理学在关中地区范围内的跌宕起伏,有了比较清晰的脉络。虽然他并未真正给关中理学归纳出一个学术传统,而是凡祖述孔子者都列入编内,但是,因为有了这样一部关中理学的学术史,客观上为关中理学建立了道脉系谱。冯从吾编撰《关学编》的工作得到了其他关中学者的高度肯定。张舜典赞其用心宏远,使得关学不致湮没无闻;李元春嘉此为振兴关学的壮举;李因笃也赞许他为关学追根溯源、厘清道脉之功。

第二节　醇儒气象

所谓“醇儒”,是指学识精粹纯正的儒者,对儒学笃信且有深入的研究,而非浅尝辄止。如《汉书·贾山传》中讲:“所言涉猎书记,不能为醇儒。”可见对儒学浮光掠影,夸夸其谈是不能称之为“醇儒”的。冯从吾的“善性”“善心”学一尊孔孟家法,维护儒家的正统思想,对佛道、告子等异端学说立场坚定、鞭辟入里的批判处处体现出一派关中醇儒的气象。

一、荀子对儒者的评价标准

由于每个人的思想认识水平、工夫修养层次的不同，决定了学问进阶的深浅程度不同。荀子对儒者有“俗儒”“雅儒”“大儒”的区分。他在《儒效》中说：“故有俗人者，有俗儒者，有雅儒者，有大儒者。不学问，无正义，以富利为隆，是俗人者也。逢衣浅带，解果其冠，略法先王而足乱世术，缪学杂举，不知法后王而一制度，不知隆礼义而杀《诗》《书》；其衣冠行为已同于世俗矣，然而不知恶者，其言议谈说，已无以异于墨子矣，然而明不能别；呼先王以欺愚者，而求衣食焉，得委积足以掩其口，则扬扬如也；随其长子，事其便辟，举其上客，亿然若终身之虏，而不敢有他志，是俗儒者也。”（《荀子・儒效》）荀子对“俗儒”的画像生动：读了一点书，穿着打扮也像有文化知识的样子，但他们的骨子里却与一般的世俗的人一模一样，浅薄而愚蠢却不自知。追随王子公孙身后，心甘情愿终身为奴。他们根本没有学到做人的知识，不懂得怎样做一个人，更不懂得怎样做一个好人。

那么什么是“雅儒”呢？“雅儒”与“俗儒”相比，已经很不错了，他们“法后王，一制度，隆礼义而杀《诗》《书》，其言行已有大法矣，然而明不能齐法教之所不及，闻见之所未至，则知不能类也，知之曰知之，不知曰不知，内不自以诬，外不自以欺，以是尊贤畏法而不敢怠傲，是雅儒者也”。（《荀子・儒效》）能效法后面的君王，统一制度，崇尚社会行为规范和最佳行为方式然而却贬杀《诗经》《尚书》，他的言行已经符合很高的法则，然而他的智慧还不能解决法律所未涉及的问题，所见所闻还没有到达，那么知识就不能辨别各类事物。知道的就说知道，不知道的就说不知道，对内不自己骗自己，对外也不欺骗别人，并按照这个原则来尊敬贤能敬畏法度，而不敢有怠慢和骄傲。这就是“雅儒”。唯一遗憾的是“雅儒”的智慧还不够，所以不能通权达变。

荀子认为真正具有大智慧的是什么样的人呢？他说：“法先王，统礼义，一制度，以浅持博，以今持古，以一持万，苟仁义之类也，虽在鸟兽之中，若别白黑；倚物怪变，所未尝闻也，所未尝见也，卒然起一方，则举统类而应之，无所疑怍，张法而度之，则晻然若合符节，是大儒者也。”荀子很清楚一个人不可能懂得世界上的一切，人的知识总是有限的，而世界是无限的。所以不是说大儒就懂得一切，大儒其实是能分门别类而已，触类旁通而已，他们只是能把握住总的原则，进而对事物进行分门别类，从而找出它的道路和规律，从而解释和解决它。所以大儒的高明也就在于他的好学和很高的理解能力,以及很好的“悟性”。

冯从吾对儒者也类似的区分,也认同“大儒”具有最高的悟性和智慧。

二、冯从吾对醇儒的注解

冯从吾对儒者有自己明确的评价标准,分为“真儒”“醇儒”“大儒”三个层次。他在《池阳语录》中说:

> 儒一也,若立心制行,一毫不假,虽卓然以圣学自命,而中间不无杂于二氏之学,此可以言真而不可以言醇;如纯然吾儒,不杂二氏,躬行实践,不愧古人而硁硁自守,尚隘矣,人为善之量,此可以言醇而不可以言大;若暗然潜修而一腔四海,退然如不胜衣而一念万年,如舜之善与人同,舍己从人,乐取诸人以为善。如横渠“为天地立心,为生民立命,为往圣继绝学,为万世开太平”,此之谓大儒。(《冯恭定全书》卷一一,《池阳语录》)

可见,在理论上能坚持孔孟之道,中间不掺杂佛道等异端学说的思想,这可以称得上是“真儒”,但还不能说是“醇儒”;如果能言行一致,不但理论上坚持纯正的儒家之学,而且能在实践中身体力行,以古代的圣贤为典范,努力效法,严格要求自我,这样已经很了不起了,这样的人可以称得上“醇儒”了,但还不能说是“大儒”;只有学问修养达到了一腔四海的境界,一念万年的胸怀,有舜一样善与人同、舍己从人、乐取诸人的大心,有横渠先生“为天地立心,为生民立命,为往圣继绝学,为万世开太平”一般的志向,这才是纵横古今、立于寰宇的“大儒”。冯从吾与荀子一样,将“大儒”界定为学问工夫的最高境界,是儒者努力追求的理想人格。

清代大儒李二曲(名颙,字中孚,号二曲)曾评价冯从吾之学说,认为:“诸老之醇厚者乏于同慧。颖悟者杂于佛学,惟少墟严毅中正,遵从程朱家法。”(《二曲集》卷七,《体用全书·明体类·冯少墟集》)二曲对冯从吾的评价比东林学派的顾泾阳、高景逸都高,认为他是“醇乎醇者也。”李二曲对冯从吾的评价是“醇儒”,二曲应该是了解冯对儒者的评价标准的,二曲的评价也是比较客观的。祝万龄评价冯从吾说:“以孔孟为宗,以心性为体,以诚敬为功,以辟邪距异为要。”刘宗周也说:“其所最辟者,尤在于佛氏之心性与近儒之无善无恶”。冯从吾在关中讲学,试图超越程朱与陆王的学派之争,力排佛道、辨正学术,回归笃实重礼的关中精神,明显有发扬关学、矫正时弊的意图。

冯从吾立足“善性”“善心”对佛老及“无善无恶”说的批驳体现了他纠心学之偏的良苦用心和“醇儒”气象,也反映出他保守的一面。冯从吾认为,佛道二氏主张性空、本体之无,所以,老子主张绝仁弃义,不理解“善性”是万事万物的根源,仁义礼智是人之本性,是绝弃不掉的。同时,人心需要有“理”的主宰,否则便会本心蒙蔽,“善心”无而“恶心”存。因而佛氏“言心不言理义,则本体涉于虚”。佛氏丢过理字空说目能视,耳能听,饥来能吃饭,倦来能眠,单在气质情欲上说,说得是人心,所以说他是异端。人的气质情欲之性是客观存在,但不反映人的本性,只有义理之性才是“善性”,才是人之为人的本性,所以冯从吾说,人之所以异于禽兽者几希,全在“理”之一字。因为,若不论理,则禽兽之目亦自能视,耳亦自能听,饥来亦自能食,倦来亦自能眠,亦无思无为,人与动物的区分又在哪里?这里指出一点,冯从吾将佛氏之性完全归结为气质情欲之性,生之谓性之性是不恰当的,他对佛性本体的自在自清净有认识不透彻的地方。这也符合他自己对“醇儒”硁硁自守,“尚隘矣”的界定。

三、冯从吾醇儒气象的体现

二曲评价冯从吾是醇儒,是因为他严毅中正,遵从程朱家法。这不但从他辟异端、纠心学之偏表现出来,冯从吾的出处观、功业观也是一遵孔孟之道,体现出一派醇儒气象。他主张一个真正的儒者对仕途应当抱着顺时而为、顺势而为的达观态度,应随时变化而不离道,在仕止久速、用行舍藏的选择中尊重事物变化的客观规律。

冯从吾在任翰林院庶吉士时,曾作馆课《圣之时论》,从《论语·子罕》入手阐发了“随时变易以从道也”的观点。他说:“乃吾夫子则毋意毋必毋固毋我而已矣,可仕则仕,可止则止,可久则久,可速则速而已矣,故其自言曰:‘吾道一以贯之。’一则无偶,无偶则无所安排、无所拣择。时乎夏则箑,而非有心于箑也;时乎冬则裘,而非有心于裘也。圣人以为时固如是,吾亦如是以应之耳矣。造化不能强乎时,而吾欲以聪明智虑强之,能乎哉?此孔子所以为圣人之时也。”(《冯恭定全书》卷一四,《圣之时论》)意必固我都是无视规律,主观妄为的表现,所以孔子强调要毋意毋必毋固毋我。用是否合乎“道”作为进退取舍的最高原则,如此才能做到可仕则仕,可止则止,可久则久,可速则速,坦然应对世易时移。这才是顺应时事变化的明智之举，夏则自然箑，冬则自然裘，无须人为强力，无须聪明思虑，随时变易而不离道。这正是圣人之所以为圣人之处。

这种随时变易的智慧建立在对自然规律、社会规律统一关系的深刻认识的基础之上。《中庸》第三十章有：“上律天时，下袭水土。”朱熹解释为：“律天时者，法其自然之运。袭水土者，因其一定之理。”当有人问上律下袭是什么意思时，冯从吾将自然与人事联系到一起，运用做官进退去留的道理，说明人群社会也存在客观规律，人们的行动选择看似任我所为，其实进退举止之间，人人都必须以“道”（规律）作为选择原则。社会领域与天时地利一样，存在不以人的意志为转移的客观规律。他说：“如可以仕则仕，可以止则止，可以久则久，可以速则速，一毫不肯执着，何等样圆？故曰上律天时。可以仕则仕，可以止则止，可以久则久，可以速则速，一毫不肯假借，何等样方？故曰下袭水土。”（《冯恭定全书》卷二，《疑思录二》）冯从吾认为儒家仕止久速的出处观从容大气，境界远胜主张消极避世的道家学说。老子在《道德经》四十四章中讲“故知足不辱，知止不殆，可以长久。”冯从吾说：“知足不辱，知止不殆，说的未尝不是。但终不如可以仕则仕，可以止则止，可以久则久，可以速则速为正大，因为君子出处之际，只当论可不可，不当论辱不辱，殆不殆。”（《冯恭定全书》卷三，《疑思录》）知道满足的就不受辱，知道适可而止的就可避险。这种劝人们知足常乐、懂得放弃的智慧也值得肯定。但是作为儒家推崇的君子，他们在进退去留之间，考虑的只是应该不应该的问题，而不是个人的荣辱得失问题。如果有必要，为了成就道义，明知奸臣当道，仕途险恶，也要不顾个人安危，毅然前行，勇于担当；如果真需要，为了维护道义，即使是功名利禄在前，也要毅然决然，甘于放弃。相形之下，儒家仕止久速的境界自高。

仕止久速体现了儒家对待仕途的取舍原则，而用行舍藏则体现了儒家面对现实境遇的从容坦然。“用行舍藏”出自《论语·述而》：“子谓颜渊曰：‘用之则行，舍之则藏，唯我与尔有是夫！’”在孔子看来，子路与颜子一个重要不同处在于颜子能做到“用之则行，舍之则藏”。当有人问：“子路行三军，恐颜子未必能此，夫子何以与之？”冯从吾回答说：“用之则行，舍之则藏，正是行三军之上策。可以进则进，可以退则退，可以战则战，可以守则守，临事而惧，好谋而成，兵法之妙，莫过于此，可见行三军特用舍行藏之绪耳，颜子岂迂阔而无用也?”(《冯恭定全书》卷二,《疑思录三》)“用行舍藏”是为官的进退去留问题,这是儒家政治思想里面的一个重要问题,也是现实政治实践中的一个重要问题。儒家之所以面对仕途有从容坦然的态度,就是因为儒家出仕是为了行义。冯从吾认为颜回为用行舍藏做了精彩的注解。别人不理解颜回,认为既没有像孔子般做过鲁国司寇,也没有如子路般统领过三军,怎么孔子说他“唯我与尔有是夫”?冯从吾回答:“有是者,谓有是无可无不可之念也,非着迹在行藏间论也。”

古人做官原为百姓,今人做官却为一身。人们就是不明白为什么要做官才患得患失。他说:“君子之仕,行其义也,非行其势也,非行其利也。”“君臣大义自我而植,宇宙之纲常自我而立,岂为功名富贵哉?中间即有丢过义,只为势利出仕的,是他各人自家见不到各人自家,做了小人,非概以仕途为势窟为利薮也。故曰:君臣之义如之何其废之?又曰:夫人幼而学之,壮而欲行之。行之者,行其义也。知此则知仕止久速无往非道,用行舍藏无往非学,视用舍为寒暑风雨之序,视行藏为出作入息之常。仕者安得以仕为可,以隐为不可?隐者安得以隐为可,以仕为不可哉?如此则可不可之念不转自无矣,此孔子之学不厌而教不倦,所以大有造于天下后世也。”(《冯恭定全书》卷三,《疑思录四》)仕途之中奔着功名利禄而来的大有人在,但是不能以偏概全,因为官场上这些势利小人的存在而将君臣之义一概否定。只要以义作为进退去留的原则,那么仕止久速自然合道,用行舍藏都是践学。仕者不要偏执地以为只有出仕才是行道,排斥隐者;隐者也不能片面地认为只有归隐才是守道,反对仕者。这正是可与不可、仕与隐之间的辩证统一关系,也是圣贤之学使人学不厌、教不倦的微妙之处。

关学后人王心敬在《少墟冯先生》中评价冯从吾“出处进退一介不苟”,也是讲他坚守儒家的出处观,这也是后世学者对冯从吾醇儒气象的赞叹。

第三节 修正心学

晚明时期,宋明理学在理论上日渐圆熟,尤其是心学,已由成熟走向内在义理的日益深入与精微。然而,阳明学的发展与鼎盛也伴随着后学的分化与走偏。王门后学纯任本体而忽略工夫,提出良知现在、良知现成诸说,并不断引申、发展,终至空谈心性,谈玄论虚,使心学“流于清谈”。尤其是泰州学派荡越礼教,一路向玄虚、浮荡发展,“至于纵肆”,使朱子格物穷理之学日渐遮蔽。冯从吾受父亲的熏陶和其师许孚远的影响,笃信良知之学,面对王学末流的虚浮之风,他忧心忡忡,自觉担当起救正心学、倡明心学的学术责任。他与顾宪成、高攀龙等东林学友一道,反对阳明后学只在先天良知上用功,轻忽王学笃实工夫的原旨。他站在心学的立场上,正本清源,坚守“善性”“善心”说,兼重先天良知与后天工夫,极力修正心学的偏失。可以说,他是从心学的阵营中自觉挺立起来,对心学进行自我批判、自我救治的关学家。

一、正本清源

冯从吾敏锐地指出明末学术之偏,心学不是祸根,恰恰是心学不明,本源不清。这是只有担着担子的学者才会说的话,不是一味地口诛笔伐,不是轻省地旁观者清。而是自觉地将学术责任背负在肩上,忍痛自剜心学的病疮。冯从吾强调明“本体”的重要性。本体是源头,源头不明,一切皆错,纲常伦理、道德规范之下的实践根本无从谈起,更莫论探究践履的方法和途径。他认为“论学当先辨宗,宗旨明白,工夫才能不差。”因为本体不明,所有的行为都是冥行妄作,不具备道德意义,所以也无“工夫”可言。他从本体论上辨佛,坚持本体是有,也是针对王学末流流入佛禅,在做正本清源的工作。他坚持心之本体是“至善”,并将“天”“理”“性”这些更多具有客观意义的观念收摄于心体之中,使其作为存有论意义上的终极存在,既彰显出心性本体的价值意义,又奠定了人性之善的本体论基础。确立了“善性”与“善心”本体,“善”就既是内在的,又是超越的,工夫才能切己,才能落到实处。

王阳明的“四句教”(“无善无恶是心之体,有善有恶是意之动,知善知恶是良知,为善去恶是格物”)体现了他本体工夫一体的真意。王龙溪认为阳明不说至善而说无善,是为了破除当时学者认情为性,误解孟子“性善”说本旨的弊病。他认为,把意见、情识一扫而尽,求直下悟入良知的无体,是阳明的本旨,因而四句教是权教。所以,他指出,如果心体是无善无恶的,那么意、知、物便都是无善无恶的,这才是究极话头,并且是通于上根、下根的教法。这就是龙溪所谓的四无论、无善说。王门后学不断论及此问题,至管志道、周汝登、陶望龄等提出“无善无恶”说,主张三教合一。当时,除许孚远、冯从吾师徒外,还有顾宪成、高攀龙、钱一本等东林学人与他们展开了激烈的辩论。《入乡贤祠传》评价冯从吾:“其学虽自王氏入,终亦微救无善无恶之病。”冯从吾坚持“善性”“善心”学说，对“无善无恶”说进行了深入的分析和批驳。[①]他指出至善超越经验的善与恶、善与利的对峙，并在批驳“无善无恶”说的基础上，对相关的“无善之善”“无无亦无”说也进行了仔细的辩驳。什么是“无善之善”呢？持此论者提出，“无善之善”与“善之善”相对。“善之善”对恶而言的，“无善之善指继善之初，不对恶而言也。恶如彗孛妖氛，善如景星卿云，无善之善如太虚，恶如木石屑，善如金玉屑，无善之善如目中不容一屑。”（《冯恭定全书》卷一，《辨学录》）冯从吾首先分析了无善之善针对的问题，他说：“无善无恶、无善之善之说，彼欲以无字药有其善、有意为善有字之病。”（《冯恭定全书》卷一，《辨学录》）对方提出无善之善，是针对“有意为善”的弊病。冯从吾敏锐地指出，以“无善”药有之病，方子不对症，如何能治病呢？佛氏“无善”是从本体层立论，是说无善迹、无善相，而“有其善”“有意为善”是工夫实践中存在的“有”之病痛，所以说方子不相应。冯从吾当然也看到了有之病痛，他不但看到了病症，而且更深入一步，看到病因正在“无善”，而不在“有”字。他说：“有之一字，病痛诚无穷，如有诗文者以诗文自高，有功名者以功名自高，有气节者又以气节自高，傲世凌物，令人难近。或以为名之心为善，或以为利之心为善，或又以善服人之心为善，假公济私，令人难测。如此，是皆有其善、有意为善之病，不知一有其善便不是善，故曰‘丧厥善’。一有意为善便不是为善，故曰‘虽善亦私’。至于丧、至于私，则善于何有？如此是其病正在无善也。且心之本体原有善无恶，而误为无善，以药人之病，夫医先自误也，其如药人何？”（《冯恭定全书》卷一，《辨学录》）

冯从吾对“无善之善”的理论根源也进行了探讨。他在《辨学录》右二十三章中讲：“吾儒之所谓道，正指其可道者而名之也。而异端则曰：道可道，非常道。是明以不可道者为道矣。又曰：上德不德，是以有德。是明以不德为德矣。无善之善其说盖本之此。呜呼！以不可道为道，以不德为德，以无善为善，则善者为有善之善，恶者为无善之善，君子细而小人肆矣。”老子“上德不德”的境界本高，是以超德为至德，讲至德的超越性。但冯从吾有现实的关怀，担心现实中不但“上德不德”“无善之善”的超越境界不被理解，而且出现玩弄光景的情形，使“善”“德”坠入形下层面，如此以来，人们误以不可道为道，以不德为德，以无善为善。那么，善人为善都是有意为之，其为善的背后

① 冯从吾对“无善无恶”说的分析和批驳详见本书第三章第四节。

一定有着某种名利的目的，是伪君子。而恶人为所欲为、肆无忌惮却成了真性情的挥洒。这样，君子就会因为忌讳“伪善”之名，在应该为善之时犹豫、退缩，而小人却真正肆无忌惮起来。因此，冯从吾针对现实流弊对“无善之善”进行了坚决地批评：

> 吾儒之旨只在善之一字，佛氏之旨却在无善二字。近日学者既惑于佛氏无善之说，而又不敢抹杀吾儒善字，于是不得已又有无善之善之说耳。不知吾儒之所谓善就指太虚本体而言，就指目中之不容一屑而言，非专指景星卿云、金玉屑而言也。善字就是太虚，非太虚为无善之善也。‘乃若其情，则可以为善矣，乃所谓善也。’(《孟子·告子上》，笔者注。)由可以为善之善才见得乃所谓善之善，两个‘善’字原只是一个，岂有可以为善之善，乃与恶对之善；乃所谓善之善，乃无善之善之理哉？(《冯恭定全书》卷一，《辨学录》)

“善如景星卿云”“善如金玉屑”，这样说可以；但是，“无善之善如太虚”“无善之善如目中不容一屑”，这样说决不可以。善就指太虚本体而言，就指目中不容一屑而言。王阳明对这一点讲得很清晰：“心体上着不得一念留滞，就如眼着不得些子尘沙。些子能得几多？满眼便昏天黑地了。”他接着说：“这一念不但是私念，便好的念头亦着不得些子。如眼中放些金玉屑，眼亦开不得了。”(《王阳明全集》卷三，《传习录下》)可见，此善具有形而上的意义，具有超越性，非专指景星卿云、金玉屑而言。善字就是太虚，非太虚为无善之善。就景星卿云、金玉屑而言，又有形而下的意义，这反映出此善又具有普遍性，形上之善在形下的善言善行善事中体现出来。善本身是一个统一的整体，它可以表现为本体层的道德原则(至善)，也可以表现为工夫层的道德实践(为善)，但两层之间本来就是合一的，善之理正“由可以为善之善才见得”，道德原则只有贯彻在道德实践中才能真正实现。两层之间决不是分立的，脱离道德实践的所谓纯粹的道德原则(无善之善)是抽象的，是不存在的。冯从吾在此对《孟子》的引用很恰当，“乃若其情，则可以为善矣，乃所谓善也”。朱熹对此句注解：“乃若，发语词。情者，性之动也。人之情，本但可以为善而不可以为恶，则性之本善可知矣。”(《四书章句集注》)为善是合乎人情的，为恶是有违人情的，而此情正是本善之性的自然发用。这样，用孟子的“性善”论不但批驳了“无善之善”，而且进一步批评了“无善无恶”说。

冯从吾还以泉水的源与流、清与浊为喻，说明山泉的源头本来是清澈的，不能因为渐流渐远，有清有浊，便说水之源头本无所谓清浊，也不能说源头之清是无清之清，这都摆明了是说不通的。明白了这个道理，那么，"无善无恶""无善之善"的错误就不辨自明了。他说：

> 山下出泉，本源原清。渐流渐远，有清有浊。谓有浊而清之名始立则可，谓流之清对浊而言则可；谓水之源无清无浊则不可，谓流之清为清之清、源之清为无清之清则不可。知此则本体无善无恶之说，有善之善、有无善之善之说是非，不待辨而决矣。"(《冯恭定全书》卷一，《辨学录》)

冯从吾认为天地间的道理有奇便有偶，有阳必有阴，至于天人、理欲、公私、善恶之类皆是。若不扶阳抑阴，不存天理遏人欲，而曰："无阴无阳，无君子无小人，无理无欲，无无亦无，与其誉尧而非桀，不如两忘而化其道"，(《冯恭定全书》卷一，《辨学录》)这是大乱之道也。他认为"无无亦无"之说，消极地纵容了一己私欲的滋长，而事实上人心是不可能归于一片虚无的。所以，在辩驳"无善无恶""无善之善"的基础上，对"无无亦无"之说又给予坚决地批驳：

> 无无亦无之说人争谈之，不知使人心而果能无无亦无也？在吾儒固非中道，在异端犹成一家。不知人心原是活的，心之神明原不可测，如无一分公心便有一分私心，无一分善心便有一分恶心，公私理欲原相为贞胜，原不容并立，原无一切俱无之理。今却欲无无亦无，不知公心一无私心便有，善心一无恶心便有。无者真信其无，有者又不觉其有，一不觉其有，虽流祸至于不可救药而亦不自觉矣。是无无亦无之说，徒阴纵私欲而使之长也，岂能无无亦无哉？(《冯恭定全书》卷一，《辨学录》)

谈论"无无亦无"之说的人很多，但是却不了解人心是活泼泼的，有很强的主体性和能动性。如果对心之本体(本源处)先不明了，当然就不会"孳孳为善"，就会荒疏于工夫，丧失道德践履的自觉性与积极性。在现实的人心里，公私理欲是不容并立的，人心也不会是公私理欲一切俱无的，"无一分公心便有一分私心，无一分善心便有一分恶心"。因而，主张"无无亦无"，只能导致公心无而私心有，善心无而恶心有。而且，当人们公心、善心泯灭的时候，就会牢牢抱住"无无亦无" 之说，这样他就可以免去良心谴责的痛苦，免去内心挣扎的煎熬；而当私心、恶心滋长的时候，却是无知无觉，不知"羞恶"，不知遮掩,更不会去自我克制,终而成为肆无忌惮的“真小人”,还自我欣赏自己的“真性情”。

二、对治浙中

黄宗羲曾批评阳明后学说:“阳明先生之学,有泰州、龙溪而风行天下,亦因泰州、龙溪而渐失其传。泰州、龙溪时时不满其师说,益启瞿昙之秘而归之师,盖跻阳明而为禅矣。”(《明儒学案》卷三二,《泰州学案》)可见,王阳明之学传到王艮(号心斋,1483—1841,泰州学派创始人)、王畿(号龙溪,1498—1583)时,已渐失去原貌。他们在传达阳明学说时混用释氏之说,使心学走向禅学。这正是冯从吾忧心忡忡,着力纠治心学的主要原因。

阳明后学浙中派持“良知现在”“论学率以悟为宗”,(《东林会约》)流任于本体的顿悟而废弃实修工夫,排斥规矩约束,流入玄虚,造成虚浮的士风。冯从吾针对浙中派“谈空说寂”指出,近世学者任于识悟,无视明理诚敬、穷索防检,主张本体工夫一齐俱到,这是中了佛氏之毒。他还引出“欲识浑沦无斧凿,须从规矩出方圆”的阳明诗句,告诫阳明后学,必须立身行己,无一言一行不求合于规矩准绳,而不敢有一毫逾越处,方谓之真能致良知,方见学问透本源,而不要专任顿悟而陷入混乱。他说,圣贤之学必须在日用常行中着实用功,只有平日里求孝悌忠信之理,讲一介不苟、朝闻夕死之学,而后才能见利思义、见危授命。如果日常行事纵恣,而总是嘴上说“我能了悟心性”,如何能令人信服?可见,圣贤之学本来不在玄远,道在日用常行中。“善心”的发用正在纲常伦理、日用常行间,不能悬空求心。如此立论,正是对治王学末流纯任本体而忽略工夫的虚浮之偏。

为了纠避浙中派废修言悟之流弊,冯从吾在本体工夫统一的基础上进而强调学问工夫,指出做得工夫然后可复本体,着重提掇修这一方面,坚持修与悟并重,由修而悟的主张。与冯从吾同时的东林学者顾宪成、高攀龙都主张修悟并重。顾宪成反对把修与悟对立起来,他指出:“学不重悟则已,如重悟,未有可以修为轻者也。何也?舍修无由悟也。学不重修则已,如重修,未有可以悟为轻者也。何也?舍悟无由修也。”(《小心斋札记》)高攀龙认为修与悟、工夫与本体是不可分的、统一的,修的目的在于悟,而悟又依赖于修;没有渐修工夫,就无法了悟本体,而若不能了悟本体,渐修工夫便失去了意义和价值。所以他说:“工夫不密,在本体不彻;本体不彻,又在工夫不密。”(《小心斋札记》)高攀龙在《冯少墟集序》里赞扬冯从吾修悟并重,说到:“本体如是,复还其如是之谓工夫也。修而不悟者狥末而迷本,悟而不彻者认物以为则。故善言工夫者,惟恐言本体者之妨其修;善言本体者,惟恐言工夫者之妨其悟。不知欲修者正须求之本体,欲悟者正须求之工夫,无本体无工夫,无工夫无本体也。仲好之集至明、至备、至正、至中,非修而悟,悟而彻者不能,真圣人之学也。”(《冯恭定全书》首卷)

冯从吾在给高攀龙的书信中说:“学问源头,全在悟性,而戒慎恐惧是性体之真精神,规矩准绳是性体之真条理。于此少有出入,终是参悟未透。今日讲学,要内存戒慎恐惧,外守规矩准绳。如此才是真悟,才是真修,才是真潇洒受用。”(《冯恭定全书》卷一五,《答高景逸同年》)虽然修与悟都是就工夫而论,但实际上,冯从吾谈到工夫之切己时,更多地指的是实修工夫。在他的工夫论中,实修工夫的具体形式很多,包括“致之、尽之、极之、道之、温之、知之、敦之、崇之”等学问工夫,我们从这些学问工夫中可以见得冯从吾实修工夫的特点。(《冯恭定全书》卷二,《疑思录》)

在修与悟的关系中,冯从吾主张做学问既要讲顿悟自得,又要讲渐进修为。他认为悟是突然有得,一旦因物相融而觉前此之非,心地开朗,宕开一境,当下即是。修是在此突然有得的基础上,下渐进工夫。悟靠积久之学力,蓄积既厚,一旦而通。但知之真,还要靠守之力,守之力即修。修与悟的工夫都是不可或缺的,二者不可分离,“离悟言修非真修也,离修言悟非真悟也”,“大抵真修必本于能悟,而真悟自不容不修。道本一而学者多歧而二之于是,离悟言修者其流弊为乡愿,离修言悟者其流弊为异端。”(《冯恭定全书》卷一三,《薛文清先生全书序》)可以说,悟是一点开明,修是使之巩固,两者互为妙用而成一体。冯从吾在首善书院讲学时,与邹元标重视解悟不一样,而是提倡实修的重要性。他与邹元标在书信中也论及阳明后学“口实超悟”之病,他说:“近世学者多口实超悟,弁髦规矩,而曰一切无碍,其害道不小。承教独提规矩二字,无令放松,而以小心翼翼为真家法,可谓大有功于吾道矣。”(《冯恭定全书》卷一五,《答邹南皋先生》)

三、纠治泰州

王学发展到泰州学派,其性质已发生了一定程度之变化,“一代高似一代”的豪侠气概,有力地促进了该派与传统名教之决裂,这一点钱德洪(字洪甫，号绪山，1496－1574）在世时已有所关注："师既殁，音容日远，吾党各以己见立说。学者稍见本体，即好为径超顿悟之说，无复有省身克己之功。谓一见本体，超圣可以跂足，视师门诚意格物、为善去恶之旨，皆相鄙以为第一义。简略事功，言行无顾。甚者荡灭礼教，犹自以为得圣门之最上乘。噫！亦已过矣！自便径约，而不知已沦入佛氏寂灭之教，莫之觉也。"（《王阳明全书》卷二十六，《续编·大学问》）阳明晚年所提致良知之教重在透显良知圆融之旨，故多就摒除善恶异同而立论。泰州王门虽以王心斋为鼻祖，然其门人多宗龙溪之现成良知说，致使泰州之学渐至走入疏狂之境，大有摧枯拉朽之势。后世批判王学末流之"荡轶礼法，蔑视伦常"的流弊，即针对泰州学派而言。

王阳明的心学理论与他的"狂者胸次"是相辅相成的。他说"我今信得这良知真是真非，信手行去，更不着些覆藏。我今才做得个狂者胸次，使天下之人都说我行不言也罢"。在对"良知真是真非"的绝对信任的基础上，他达到了"狂者胸次"的境地。之后，又依据"狂者胸次"，以"良知"为衡估学说思想是非的标准。他认为"夫学贵得之心。求之于心而非也，虽其言之出于孔子，不敢以为是也，而况其未及孔子者乎！求之于心而是也，虽其言之出于庸常，不敢以为非也，而况出于孔子者乎"。同时又提出"夫道，天下之公道也；学，天下之公学也。非朱子可得而私矣。故言之而是，虽异于己，乃益于己也；言之而非，虽同于己，适损于己也"。这无疑是对程朱理学权威性的大胆否定，充分体现了王阳明的自由个性和"狂者胸次"。

然而，泰州派李贽、徐渭、王艮、何心隐等的思想却是背离传统与权威，行为大多不合常规，极度张扬个性甚至于生命之上，以肯定自我价值。王艮喜欢头戴"五常冠"，身着深衣古服，怪诞不经；徐渭放诞自任，"疏纵不为儒缚"；何心隐纵情任性，举止乖张敢于指斥宰辅张居正；李贽更是异端之尤，他剃发留须，居佛堂而食肉，不拜祖师却高悬孔子像。王艮提出"百姓日用即为道""圣人之道无异于百姓日用，凡有异者，皆谓之异端"。王艮把正统斥为异端，将百姓和圣人相提并论，其反叛精神跃然毕现。"狂禅派"李贽则把"人欲"视为"天理"。倡言"穿衣吃饭即是人伦物理"，强调吃饭穿衣是人与生俱来的自然本性，道德伦理只能在人的自然本性和生理欲望中，离开人的自然物质欲望，则无所谓人伦物理。李贽直接否定儒家正统经典，指出六经、《论语》《孟子》并不是"万世之论"，而只是"道学之口实"，对传统经典及先哲偶像极尽破坏之能事。正如黄宗羲所评价："遂复非名教之所能羁络矣"。

(《明儒学案》卷三二,《泰州学案一》)

为了纠正王学末流的小人无忌惮之病,冯从吾提出“以心性为本体,以诚敬为工夫,以天地万物一体为度量,以从心所欲不逾矩为极则。一息尚存,此志不容少懈。”(《冯恭定全书》续集卷一,《都门语录》)强调“戒慎恐惧”的贯穿着“主敬”精神,“事上磨炼”的“主事”工夫,主张“学务实践,不尚空虚”。以诚敬工夫对治王学末流走向本体之“无”,以至流于动的弊病。他特意作《敬字铭》:“出处隐显,厥惟一敬。可质三王,可俟后圣。曰齐曰庄,惟中惟正。与天合德,与物无竞。其平如衡,其明如镜。圣学真传,归根复命。”(《冯恭定全书》续集卷二,《敬字铭》)认为敬肆之间是区别君子小人的界线。他在《正俗俗言》中说:“传曰:‘君子修己以敬。’又曰:‘小人而无忌惮。’是敬为君子,肆为小人,不待辨矣。”(《冯恭定全书》续集卷二,《正俗俗言》)孔子将是否能做到“修己以敬”看作是能否成为君子的重要标志之一,冯从吾引用孔子对君子、小人的界定,用儒家正统的观点批判泰州学派的纵肆任性是甘为小人。

他在《辨学录》中说:“圣贤论心,不外纲常伦理、出处辞受、动静语默。于此件件透彻,步步踏实,才见真心,才是真正学问。得力处在此,用力处亦在此。若世俗论心,反于放言肆行的人说,心地好,心上真,正佛氏所谓直取无上菩提,一切是非莫管也,世岂有此理?且不知有心学者无论,幸而知有心学而又外纲常伦理、出处辞受、动静语默以求心,吾不知心学果何时可明也?”冯从吾的确是坚守儒家正统思想的醇儒,他一再强调“圣贤论心,不外纲常伦理”,极力维护儒学伦理,告诫世人王学末流的“放言肆行”会使心学晦而不明,误导世人学子流入“佛氏所谓直取无上菩提”。

冯从吾恐有人借明道先生识仁“不须防检,不须穷索”为泰州学派的疏狂荡肆寻求理论根据,他抓住关键丝丝入扣地进行分析:“先生明言心懈则有防,心苟不懈,何防之有?理有未得,故须穷索,存久自明,安待穷索?而近世学者不论心之懈不懈,理之明不明,而动称不须防检,不须穷索,以为元妙,是中佛氏之毒,而借先生以自解者也。呜呼,论本体则仁者浑然与物同体,如不忍觳觫,不忍入井,当下便是,何须防检?何须穷索?论工夫,则一息尚存,此志不容少懈,敢谓心不懈也而不防检?义理无穷,终身学之不尽,敢谓理已明也而不穷索?不穷索则不能识,不防检则不能存,故曰:识得此理,以诚敬存之而已。识得此理,以诚敬存之,则本体工夫一齐俱到,此先生之学所以为大也。若惮于用功,而第曰:不须防检,不须穷索,本体如是如是,则益失先生意矣。”(《冯恭定全书》卷一三,《明道先生集抄序》)明道先生讲识仁“不须防检,不须穷索”必须有一个先在的前提,即必须先论“心之懈不懈,理之明不明”,而近世学者无视这个理论前提,只是一味地讲“不须防检,不须穷索”,这是被佛氏之论迷惑却浑然不知,反自以为高妙,还借明道先生为自己辩解。若从“善性”“善心”本体层面讲,则本体之作用自在而遍润,自然是“不须防检,不须穷索”;但若是从工夫层面讲,义理无穷,终身学之不尽,此志无时无刻不容稍懈。只有心中识得此理,以诚敬存之,才能跻身本体工夫一齐俱到的境界,这才是明道先生学问的真意与高深之处。若是像王学末流那样,忽略工夫,只一味讲本体自在,良知现成,不须防检,不须穷索,自然走向泰州之学纵情恣肆之境。

第四节　中兴关学

关学可以说既是一个地方学派,同时又是宋明理学的地域性表现。明代关学更是体现出明显的地域性特征,它不同于宋代的张载关学是单一学派,明代关学多元发展,实际上是指关中地区的理学。明代关学早期受朱学的影响,中晚期受心学的影响,反映出鲜明的时代性。受朱、王二学浸染,吕柟、马理、韩邦奇等关学家各有所趋,但“实学之风,持而不坠”[①]。冯从吾主动地回应朱学、心学的影响,虽笃信良知之学,但能站在心学的立场上取长补短,援引朱子学的“主敬”工夫,吸收甘泉学派的会通精神,继承张载关学的学脉学风,努力振兴关学,编撰《关学编》,创建关中书院,力倡讲学,成为明代关学的集大成者。

一、对“关学”的建构

冯从吾中兴关学之功,不仅体现在他深入研究关学义理,创建关中书院,力倡讲学并身体力行,“桃李不言,下自成蹊”,远近学人风云际会,关中书院一时盛况空前。冯从吾也因此声名鹊起,被誉为“关西夫子”,与浙江大学者

---

① 赵馥洁:《论关学的基本精神》,《西北大学学报》(哲学社会科学版),2005 年第 6 期,第 9 页。

邹元标南北呼应，成就“南邹北冯”的美誉，也使关学扬声海内。更为重要的是还体现在他不只是独善其身，而是仔细梳理关学学脉，建构关学学术传统的大厦，编撰《关学编》，用心于昭示后学。最值得强调的是，冯从吾以他的“善性”“善心”与张载关学建立了“学承”上的内在关系，发展丰富了张载的太虚本体、二重人性论和“以礼为教”的关学思想，这是对张载的关学思想真正的传承发展，也是对关学具有实质意义的发扬光大。

张载之后，随着北宋衰亡，弟子“三吕”与苏昞转入程门，关学一度式微，遂进入南宋“百年不闻学统”的命运。此后关中理学的发展史都是学者们根据现存资料所整理的。实际上，学术思想发展的脉络与变化以学术传统“系谱式”的呈现，“其实更多仰赖学者们对地方历史文献的搜集、整理与反思的工作，才能真正彰显”。[①] 清晰的学术传统与脉络往往在相当程度是后代人为建构的结果，对于关中理学史的整理，冯从吾无疑是最重要的贡献者。冯从吾在关中除了讲学培育后学之外，最主要的工作就是整理关中理学史，编撰《关学编》。他对关中的学术传统有很深的敬意，万历三十九年（1611）冬天，冯从吾到三原池阳讲学，率领门人拜谒关中先贤王恕、王承裕、马理、张原、温纯的祠墓，并说：

> 吾关中如王端毅（王恕）之事功，杨斛山（杨爵）之节义，吕泾野（吕柟）之理学，李空同（李梦阳）之文章，足称国朝关中四绝。然事功、节义系于所遇，文章系乎天资，三者俱不可必。所可必者，惟理学耳。吾辈惟从事于理学，则事功、节义、文章随其所遇，当自有可观处，不必逐件去学而后谓之学四先生也。（《冯恭定全书》卷一一，《池阳语录》）

冯从吾通过拜谒这个显示尊崇乡贤的礼仪活动，表达了他对理学的崇高信念，认为关乎道德修养的理学是人人必修习的功课，也是其他学问的基础，故也最足以代表关中精神。他编撰《关学编》的目的，就是为了梳理关中的理学史，建构“关学”谱系，凝练关中精神。

《关学编》编撰的目的，除了保存历史、建立关中理学的道脉系谱，更有欲透过先贤事迹言行，激发当代士人延续张载所开创的关学学风之意。该书的

---

① 吕妙芬：《明清之际的关学与张载思想的复兴：地域与跨地域因素的省思》，《中国哲学与文化》（第七辑），桂林：广西师范大学出版社，2010 年版，第 27 页。

编撰原则是:专门辑录关中理学者,历代名臣并不泛入。《关学编》虽列了四位上古学者为前传,但主要上自张载始,下至王之士(1527—1590),总共收有关中理学家四十四人,并在明清多次刊行。吕妙芬说,根据“中研院”汉籍数据库搜寻的结果可知,“关学”一词确实在《关学编》之后才被使用。虽然明初学者已普遍使用“濂洛关闽”的词汇,不过这主要用于标志周敦颐、二程、张载、朱熹的个人之学,意即虽以地域为名,实指涉个别学者之学问。并不标志整体地域学术传统的意义。[①] 大体而言,自从冯从吾借着《关学编》明确将“关学”定义为“关中理学”,即以地域性的理学传统作为关学的范畴之后,这个用法与意涵广为后学接受,此也是今日学界普遍理解“关学”的意义。

与其他关中学者比较,冯从吾突出地保存和表彰了张载所代表的关中学术传统。我们检视王恕、马理的文集,发现他们很少言及张载。只有冯从吾以致力于整理、发挥关中理学传统为职志,明确将张载和宋元以降关中地区的理学传统做紧密的联系。相对其他人,吕柟较常提到张载,也很推崇张载的成就,吕柟对于保存张载文献、致力关中学术工作有极大的贡献,但他更多是从传承整个儒学传统的角度思量,并不特意宣扬关中地方性的儒学传统。相对地,虽然冯从吾也是举国闻名的大儒,他不乏超越关中地域的向度,但他同时也具有强烈的地域认同,并使关学以及张载与地域传统的联系,获得了进一步的确定。

冯从吾不但在关学义理上对张载关学有内在的继承和发扬,而且赋予“关学”明确的界定与内容,建构了关学传承的道脉系谱。另外,他对提升张载在明代的地位也有具体作为。凤翔郿县虽是张载的故里,张载墓也在此地,又建有张子祠,但是张载的后裔从南宋以降屡经迁徙,散落在滦州(位于今河北省)、长沙、南阳、福建、苏州、荆门、镇江等地,晚明凤翔府已经没有张载后裔居住,也没有亲人能照顾张载的墓、祠。这对正在积极建构关学、联系张载与关中地域纽带的冯从吾来说,是何等尴尬的事实。因而,冯从吾、凤翔知府沈自彰等地方士人极力寻觅张载后裔。也就在此时,冯从吾偶然间读滦州旧志,得知横渠后人自金、元已流寓于滦,“读至此,不觉踊跃为先儒喜”,立即致书滦州永平郡守王保宇,望其查实。(《冯恭定全书》卷一五,《与王保宇

① 吕妙芬:《明清之际的关学与张载思想的复兴:地域与跨地域因素的省思》,第29页。

郡丞》）后凤翔知府沈自彰（字芳扬）就是从冯从吾处了解了详细情况，又移文直隶永平府，请知府史文焕在其所属滦州张载后裔中选择品学兼优者，让凤翔府将他们迎归郿县定居。（《冯恭定全书》卷一五，《与沈芳扬太府》）另外，张载家族的家谱编撰似乎也与冯从吾有关，因为冯从吾曾进呈一部张氏家谱给沈自彰，后来沈自彰在崇祯十六年（1643）撰写了一篇载有张载十四代世系的碑文，这篇碑文现在成为研究北方张载后裔的重要史料。

冯从吾在关中讲学，试图超越程朱与陆王的学派之争，力排佛道、辨正学术，回归笃实重礼的关中精神，明显有发扬关学、矫正时弊的意图。其中透露着鲜明的地域意识，并有强调正学传统、欲重振关中学风甚至励进全国士习的意味。

二、发扬关学学风

关学学风在冯从吾为学、为官、为人的实践中都淋漓尽致地体现出来。冯从吾所面对的是晚明王学空疏学风日渐泛滥的学术局面，他遂以救时弊为己任，自觉继承发扬敦本尚实、躬行礼教、崇正辟邪等关学学风，以对治王学之空虚与荡肆，形成自己独立的学术思想。冯从吾为官“侃侃立朝”，刚劲敢为，对官场陋俗和庸俗世风的抗争可说是奋不顾身。他初入朝堂就勇于冲破潜规则。初入朝堂的臣子为了前程，都想方设法与宦官结交，迎来送往，他却我行我素，拒绝巴结逢迎当权宦官。他以讲学伸其经邦济世的人生理想，“以学行其道”“一切事境不为挠屈”，体现了顽强的学风与坚毅的学者气节。“从吾之学风，概言之，即主张敦本尚实、崇真尚简，反对追末务虚、饰伪空谈；主张崇正辟邪，力斥异端邪说；主张学术有‘主’，贵有‘自得’，反对支离与空泛；尚不苟之节操，重躬行之实践等等。”①

敦本尚实。秦可贞在《关中会约述》中论及会约的宗旨：“……周穷约以厚廉靖，恤后裔以慰先德。敦本尚实之念，维风善俗之规溢于言表。”（《冯恭定全书》卷五）冯从吾之学虽“以心性为本体”，但与王学末流空谈心性不同，他重躬行实践，在《宝庆语录》中说：“药玄虚之病者，在躬行二字，既学者多讲玄虚，正当讲躬行以药之可也。”（《冯恭定全书》卷七）他对高陵吕柟很重视，就是因为欣赏其躬行、笃实，他在《吕泾野先生语录序》中说：“我关中泾

① 刘学智：《冯从吾与关学学风》，《中国哲学史》2002年第3期，第74页。

野吕先生尤海内学者所宗为山斗，云先生语录言言皆自躬行心得中流出。最透悟最精实，真可与《西铭》《正蒙》并传不朽者，其有功斯道不浅。余自髫年先大夫命之读，即知嗜好，久而弥笃。”（《冯恭定全书》卷一三）为了端正学风，冯从吾制订了后来在关中影响深远的《学会约》《关中士夫会约》，在《学会约》中明确规定：“崇真尚简为主，务戒空谭（同谈），敦实行”，“敦实行”才可以“戒空谭”，所以他倡导“为学不在多言，顾力行何如耳”。（《冯恭定全书》卷六，《王境关中会语跋》）冯从吾指出，一些学者流于“空谭”的一个重要原因，就是学问不得要领，不能抓住根本，所以他主张敦本。他指出：“本体源头处一不清楚，此后来流弊无穷。”所以强调：“学问之道，全要在本原处透彻，未发处得力。”（《明儒学案》卷四一，《甘泉学案五》）“若丢过此心，不去‘精一’，而徒欲喜怒哀乐中节，视听言动合礼，此真舍本而务末。”（《冯恭定全书》卷一二，《关中书院语录》）

躬行礼教。冯从吾认为“礼”与“非礼”是区别“无所忌惮之小人”与“克己复礼之真儒”的标准。他说：

> 礼仪三百，威仪三千，此天地间实在道理，此士君子实在学问。发育万物，此发育也，峻极于天，此峻极也。若不敦厚以崇礼，而曰礼伪，率天下荡检踰闲，放纵恣肆以为真，是小人而无忌惮也。（《冯恭定全书》卷二，《疑思录》）

冯从吾认为“礼”是天地间的实在道理，是实在学问，如果不敦厚以崇礼，而是人人争说礼是虚伪不实的形式，只会导致世人以放纵恣肆为真，而使小人为所欲为、肆无忌惮。他严厉批评时人视“礼”为迂伪、为糟粕的态度，强调古代圣人之教要求人们动容周旋均合“礼”。他忧心时人逾越礼教，所以在《关中士夫会约》第一条就提倡复古礼：“省会风气近古，诸凡礼节颇有先民之意，第恐久而寖失其初，是不可不一申之者，其冠婚丧祭当以会典家礼为主，至于冠礼久已不行，尤望诸公亟倡之。”（《冯恭定全书》卷五）

崇正辟邪。冯从吾为学不为异端邪说所迫挟，敢于坚持正见；为人不向奸邪、流俗屈服，敢于坚持正义。《行实》谓：“崇正辟邪，秦风丕变，海内道学一振。”（《冯恭定全书》续集卷五，《行实》）崇正辟邪是他在学术责任心趋使下认定的学术态度，所辟之“邪”，有佛老“二氏”异端之说，有时儒“沦于谈空说寂”之流弊，有学术不端之风气等，“其于异端是非之界，则辨之不遗余力”。（王心敬：《关学续编》卷一，《少墟冯先生》，北京：中华书局，1987 年版）面对不良的学风、士风与乡风，冯从吾都敢于抵御和抗争。他尤其厌恶士人中的乡愿之气，在《正俗俗言》中给予批评揭露："秦俗明知敬之是，而百方嫉忌之，百方吹求之，使敬者必至于无所容。明知肆之非，而狎溺之，百方左袒之，使肆者益至于无忌惮。"（《冯恭定全书》续集卷二）明知道"敬"为是，"肆"为非，但是他们不敢坚持真理和正义，是非不分，造成的结果只能是敬者"无所容"，肆者"无忌惮"。冯从吾"以出处辞受一介不易为风节"，凡遇该说话处，他都能"明目张胆，纠弹不避，以一身彰宇宙之公道"。（王心敬：《关学续编》卷一，《少墟冯先生》，北京：中华书局，1987年版）正如他自己所说："学者须是有一介不苟的节操，才得有万仞壁立的气象。"（《冯恭定全书》卷三，《疑思录》）

三、励进关中士风

冯从吾的讲学著述活动对关中地区士风民俗的改善也起了重要作用。冯从吾十分重视士风，他认为士风厚薄直接关系世风民俗，因而振兴世风应当自士大夫始，士应当在风俗变革中起表率作用。当时，关中士人风气中存在诸多问题，比如士人之间，相互"争讥""诋毁"，不能"成人之美"；"怕人责备"，是非不分，不能坚持正义；喜欢议论他人是非；讨论学术，或自以为是，或自足自满，或不能"虚己下人""过于激辩"等等。

冯从吾对秦地陋俗不自护其短，他生在关中，长在关中，对时风陋俗感触良深，但是他不遮不掩，揭开疮疤，鞭策秦人扭转乡风乡俗。他在《正俗俗言》中说："世间最有功德事，莫大于成人之美。南人每见人行一好事，大家必称赞之，羽翼之，务底于成。秦俗则争讥笑之，诋毁之，务底于败，如此则师反受其益，而弟子多受其损，何也？师见其讥笑诋毁，则益有所警戒，弟子见其讥笑诋毁，曰：'我何苦无故自投于风波是非中也。'半途而废者多有之矣。"（《冯恭定全书》续集卷二）指出秦人不像南方人那样，总是成人之美，而是交往中多相互取笑，相互嫉妒，甚至相互拆台，结果只能导致双方两败俱伤。这样做的结果是，做老师的学问日益精进，但其门下却日益冷清。为什么会这样？因为为师之人在苛刻的舆论当中自会心生警戒，严谨自律，久而久之学养自然深厚。而弟子们总是听到别人的讥笑诋毁，久而久之自信心就会受到打击，为了避免无故的伤害，许多人会选择放弃，于是求学过程中半途而废之人比比皆是。杨龟山和吕与叔都是二程门下的高足，可是，龟山的门人几乎遍布东南地区,而与叔的门人却寥寥。王阳明和吕泾野都是明代大儒,阳明的门人遍布海内,而泾野的门人却寥寥,当然,门下的热闹与否对与叔、泾野二公并不会产生多大的损害,但是却对关学的发扬光大极为不利。

冯从吾孜孜讲学、著述,希望通过讲学著述活动,变革士人风俗,变革关中风俗。在讲学过程中,冯从吾会同关中学人一起制定了士人交往的规约,如冯从吾与关中士人一起订立了《学会约》《关中士夫会约》等,在关中书院倡导一些行为规范,集为《关中书院语录》,还做有《士戒》《做人说》等。这些规约从细节上对士人的日常行为、与人交往、言语举止等提出了具体的要求。如详细说明士人约会所带的饼果酒器、拜帖发放、称谓运用等。值得注意的是这些会约中的内容:一是怎样处理学术争鸣中的各种关系。《关中士夫会约》提出,遇到有争议的,旁观者应该以劝和为主,"不要以小愤伤大体";《学会约》规定"彼此讲论,务要平心易气,虚己下人"。对同仁的过失,应该尽言相告,让朋友改过,"不可在背后说,更不能当众言"。二是对学会中贫弱者的帮扶。《关中士夫会约》提倡照顾"年高步履不便者",每当聚会、散会之际,要送"年高步履不便者"至其家;学人要"出入相友,守望相助,疾病相扶持",如果有年老无子,或者有子而贫者,大家每年要出钱帮助他们,"不要见人贫贱姗笑凌辱,见人富贵叹羡"等等。三是对于私自结党行为的杜绝。《学会约》规定:"会中一切交际俱当谢绝。"《关中士夫会约》云:"士风薄恶莫过于投递揭帖。"凡是遇到这种情况,士人应该一律回绝。四是这些约定十分注重细节。如不要"借人书籍不还,不要"轻易议论人家私事"等。

冯从吾与士人一起订立的会约和他的著述,体现了冯从吾提倡崇真尚简、戒空谈、敦实行的精神导向。比如《学会约》规定,士人相约,"不设酒醴,不用柬邀,会中一切交际俱当谢绝";《关中士夫会约》强调:"如坐谈时久,随便出一饼一果用之,不必设桌,以滋靡费"。要求学者正常的交往应该是纯真、朴实而非饰伪、造作,此即"崇真";杜绝种种奢靡之举和交往中的繁冗礼俗,此即"尚简"。《学会约》字里行间无不体现出冯从吾对那种出于非自然真情的饰伪、矫柔造作之风的切肤之痛。冯从吾为关中士人所制定的各项规约,主要是希望通过士人规范自己的日常行为变革风俗,使风俗向善。如冯从吾在《学会约》中强调:讲学不只是为了教人,也同时是为了"自求其益",因此应该"默默点检自家心 ,默默克制自家病痛 ,则识得本体自然",主张士人"发愤为学,断当自改过"。冯从吾希望士人能够从自我做起,发明本心中的善,引导风气。其中包括遵循礼教的规范。在《关中书院语录》中,冯从吾劝诫士人,“视听言动要合礼”。在《关中士夫会约》中,冯从吾倡导礼制,尤其倡导冠婚丧祭之礼,希望士大夫能够在乡族中率先实行。对于久已不行的冠礼,即成年礼,《会约》发出倡议,希望士大夫能够带头践行。以冯从吾为首制定的各种规约,对关中地方士风民俗的改善产生了深远的影响。《关中书院会约》“行之十余年 ,没有更改”,其为当时士人所尊崇可见一斑。其中有些内容,比如如何处理学术争鸣中的各种关系等,对于今天的学人仍有积极的启发意义。

第五节　对后学的启示和影响

明代专制制度的加强、统治者对知识分子的高压防范政策和禁学之政,使许多士人感到在官场中已无法担负儒者的救世责任,于是他们退出仕途,转而向内修炼心性,在山林之间寻求精神寄托和自我生命的安顿。冯从吾退出仕途后的生活内容以讲学著述为主,隔世的闭关、独立的思考和讲学活动使其尤其重视内在心性修养,工夫的内在倾向越加明显。冯从吾内向性的心性修养工夫论是对明代专制的文化制度的自然回应,在现实的挤压下,他从外王之路被迫转向,使儒家内反的心性工夫、内敛的人格特征得到了极大的拓展和提升,对后世学者产生了深远的影响。刘宗周作为冯从吾的同门师弟,他们有着同样的时代背景、历史环境和政治境遇。因而,冯从吾的内向工夫论在刘宗周那里得到了进一步的演绎和发挥。清初关中大儒李二曲在对宋明理学总结的基础上,对儒家的内圣外王之道进行了重新思考,提出“明体适用”之学,使冯从吾本体与工夫合一的观点在其“体用全学”中折射出来。

一、对刘宗周“慎独”说的影响

刘宗周,字起东,浙江山阴(今浙江绍兴)人,因讲学山阴县城北蕺山,学者们称他为蕺山先生。历仕明神宗、熹宗、思宗、福王四朝。天启初,为礼部主事,历右通政。因劾魏忠贤、客氏,削籍归。崇祯初,起顺天府尹,奏请不报,谢疾归。再起授工部侍郎,累擢左都御史。又以论救姜采、熊开元,革职归。福王监国,起原官。杭州失守,在南明大势已去的情况下,他临难仗节,绝食二十三日卒。门人私谥“正义”,清时,追谥“忠介”。刘宗周素来以清苦严毅著称,致谨于一言一行,笃行自律,以“宿儒重望”而为晚明清流领袖。刘宗周的思想学说具有承先启后的作用,当代新儒家学者牟宗三甚至认为,刘宗周绝食而死后,中华民族的命脉和中华文化的命脉都发生了危机,这一危机延续至今。刘宗周之子刘汋说:“先君子之学,学圣人之诚者也,始致力于主敬,中操功于慎独,而晚归本于诚意。”(《刘子全书》卷四十,《年谱》)中年以后,刘宗周以“慎独”标宗而自成一家。

小人当道,国事日非,既不能作济世之名臣,不妨作一个弘道之名儒。因此,刘宗周与冯从吾可说是英雄所见略同,都走向了以讲学而弘道,注重内省的治学道路。刘宗周认为世道之祸,酿于人心,而人心之恶,以不学而进;今日理会此事,正欲明人心本然之善,他日庶不至凶于尔国,害于尔家。刘宗周在讲学中令学者收敛身心,使根柢凝定,为人道之基。他说:“此心绝无凑泊处。从前是过去,向后是未来,逐外是人分,搜里是鬼窟。四路把截,就其中间不容发处,恰是此心凑泊处。此处理会得分明,则大本达道,皆从此出。”(《刘子全书》卷四十,《年谱》)于是他提出“慎独”之说,作为自己学术思想的根本所在。慎独是传统儒家提倡的一种道德修养方法,亦可指经道德修为而达到的一种道德境界。刘宗周认为,孔门“相传心法”唯在慎独,他在自己的著作中反复强调“慎独”之重要。认为慎独是学问的第一义,言慎独而身、心、意、知、家、国、天下一齐俱到。故在《大学》为格物下手处,在《中庸》为上达天德统宗、彻上彻下之道也。刘宗周把“慎独”提到了很高的地位,他认为“君子之学,慎独而已矣”“学问吃紧工夫,全在慎独,人能慎独,便为天地间完人”。(《刘子全书》卷一二,《学言下》)

那么什么是“独”?刘宗周的学生陈确解释说:“独者,本心之谓,良知是也。”(《陈确集》上册,《辑祝子遗书序》)“独”即是本心,即是良知,是人具有的一种主观道德能力,“慎独”则是一种内省的道德修养工夫。刘宗周把“独”提升到本体论高度,而把“慎独”说成是最重要的修养方法:“独之外别无本体,慎独之外别无工夫。”(《刘子全书》卷八,《中庸首章说》)“独即天命之性所藏精处,而慎独即尽性之学。”(《刘子全书》卷五,《圣学宗要·阳明王子》)所以,“独”是“至善之所统会”,所谓致知在格物,格此而已。“独者,物之本,而慎独者,格之始事也。”(《刘子全书》卷四〇,《大学古义约记》)这里,不仅宇宙中的万事万物,而且人类的一切道德准则都统摄在“独”(或者叫本心、良知)之中,独中具有喜、怒、哀、乐。四者,即仁、义、礼、智之别名。“慎独”说是刘宗周的道德修养论。他在当时历史条件下提出“慎独”,与冯从吾有着同样的良苦用心和理论针对性,也是为了能振拔当时颓废的士风、世风。他高度概括了“慎独”的重要性:君子由慎独以致吾中和,而天地万物无所不贯、无所不达矣。达于天地,天地有不位乎?达于万物,万物有不育乎?天地此中和,万物此中和,吾心此中和,致则俱致,一体无间。如果说“慎独”是刘宗周全部学说的宗旨,那么“诚意”则是他的全部学说的根基。牟宗三先生将刘宗周这种“诚意”“慎独”的学说概括为“以心着性”“归显于密”。的确,诚意、慎独的内倾性极为明显。人心与天地、万物关系极大,通过“慎独”的工夫治心,心为天地万物之本,本正则天地万物悉正。刘宗周希望通过对内在超越的道德本体的探求,找到一个现实道德实践的理论基础,然后再向外展开,去寻求这种超验本体的实现方式,达到本体与工夫的合一,由诚意而正心、修身、齐家、治国、平天下。

冯从吾强调“内省”“自反”“自悔”等心性修养工夫是针对王学末流讲良知现成,废弃工夫。刘宗周在当时历史条件下提出“慎独”,有着同样的良苦用心。针对当时日颓的士风,刘宗周希望通过内省的工夫,收拾人心,使人人向善,跻于道德之域,以解救“世道之祸”。刘宗周的“慎独”有更内敛的严苛、自克倾向。他主张对人的种种过错,尤其是对人未见而己独知之过,需加以痛改而不能放过。刘宗周反思明末颓败的朝政,认为国事弄到现在这个样子,“吾党与有罪焉”,不能只怪所谓“奸党”。他对“正人”的行为作了深刻的反思,指出“吾辈出处语默之间,亦多可议。往往从身名起见,不能真心为国家”,批评一些“正人君子”只顾自家清誉,一味博取好名声,不以国家为念。

与冯从吾心志相同,刘宗周也坚决批判“无善无恶”说。冯从吾为了救正“无善无恶”说在工夫实践中所产生的流弊,追根溯源对王阳明四句教首句“无善无恶心之体”也进行了批评。刘宗周虽然没有过多地对王阳明进行正面批评,但他认为王阳明在有些问题上语焉不详可能导致后学者误入歧途,对王学做了许多补偏救弊的工作。如他认为王畿的“四无说”是以觉育性,一觉无余事,是率天下都是禅,因而背离了儒学,甚至也不合王阳明的原意。刘宗周主张将“四无说”改为“四有说”,即心是有善无恶的心,则意亦是有善无恶之意,知亦是有善无恶之知,物亦是有善无恶之物。这样,就解决了本体与工夫之间的关系问题,划清了儒与禅间的界线。冯从吾视西方文化为异端邪说,对基督教非常排斥。也许受冯从吾的影响,刘宗周的思想也有保守的一面。他明确拒绝天主教,在关于西洋传教士汤若望的争论中,刘宗周的主张更暴露出当时儒学已经缺乏应变能力。崇祯帝打算用汤若望制造火器,希望利用西洋的先进技术,解决内忧外患问题。但是,刘宗周坚决反对重用汤若望,更坚决反对制造火器。他引经据典说,我听说用兵之道,太上汤武之仁义,其次桓文之节制,下此非所论矣。今日不待人而恃器,国威所以愈顿也。他深恶痛绝地预言火器终无益于成败之数。他把汤若望看成异端之人,请崇祯"放还本国,以永绝异端之根"。他对西洋天主教的排斥和火器的拒绝都表明,晚明时以冯从吾、刘宗周为代表的传统儒家已失去了宽宏大量的开放精神,这也许是近四百年来中国落伍、中华文化发生危机的原因之一。

二、对李二曲"明体适用"的启发

李二曲(1627—1705),明清之际哲学家。名颙,字中孚,号二曲。陕西盩厔(今周至)人。因为"盩厔"在《汉书》中解释为山曲和水曲。所以人们便称他为"二曲先生"。在李二曲成长的过程中,冯从吾可以说是对他影响最深的关学家。二曲早年因为家境贫寒,借书苦学,遍读经史诸子以及释道之书,自学成才。清廷屡以博学鸿词征召,但他具有崇高的民族气节,每次都以体弱有病而坚拒,不愿为满洲贵族效劳。他力主自由讲学,曾讲学江南,门徒甚众,后主讲关中书院,与清廷钳制思想政策对立。与孙奇逢、黄宗羲并称三大儒。主要著作有《四书反身录》《二曲集》等。二曲在开始自学时没有什么计划和系统,没有拣择,见到什么书就读什么书。其中既有儒家经典,也有先秦诸子的著作和历史书籍,还有佛教和道教的书。十七岁他读了冯从吾的文集后,受到很大启发。他不仅了解了儒家学说发展的源流,而且使他懂得,只有儒学才有益于个人身心的修养,有益于移风易俗。从此以后,他便一心一意地研究儒家经典及历史著作,并且努力掌握其中的要领。

冯从吾主张"本体"与"工夫"并重,强调工夫要落在自家身上,敦实行。程朱理学流于支离,阳明心学,尤其是后学谈本体而略工夫,废修言悟,流于浮荡。冯从吾提出"本体"与"工夫"并重的思想,其中就有纠正当时学术流弊的用心。李颙为学兼采朱(熹)、陆(九渊)王(阳明)两派,以为"朱之教人,循循有序""中正平实,极便初学","陆之教人,一洗支离锢蔽之陋,在儒者中最为儆切"(《二曲集》卷四,《靖江语要》),主张兼取其长。他说:"先觉倡道,皆随时补救……孟氏之后,学术堕于支离葛藤,故阳明出而救之以致良知，令人当下有得。及其久也易，至于谈本体而略工夫，于是东林顾、高诸公及关中冯少墟出而救之以敬修止善。”（《二曲集》卷三，《南行述》）李颙的“明体适用”“悔过自新”无疑受到冯从吾“本体”“工夫”合一、内向工夫论的启示。二曲一生读书、教书、著书，也突出地强调一个“实”字，注重实修、实学，实用。在他看来，所谓实修，就是要能“悔过自新”，提高自身修养的自觉性。他说：“悔过自新”的目的，是为了叫人做一个真正的人。这是因为，现在人们的通病，就是不懂得做人的基本道理，廉耻之心丧尽。因此他说，人们再也不能空谈了，而要注意“悔过自新”，培养羞恶之心，懂得什么叫廉耻。一个人只有具有廉耻之心，他的心才是真心，人才是真正的人，学才是真正的学。李二曲主张一个人不仅要读有利于身心修养方面的书，而且要读对实际工作、对治国平天下有用的书。他认为，一个人只有把这两方面的书都读通了，才能做到有德有才，德才兼备。他同顾炎武反复辩论“体用”问题，提出“明道存心以为体，经世宰物以为用”的见解，将“格物致知”的“物”扩充到“礼乐兵刑、赋役农屯”，以至“泰西水法”等实用学问。可见，李二曲不仅主张要读有用之书，而且主张学以致用，注重实行。他曾经说：走路要脚踏实地，千万不要踩空了步子，如果一个人只知道空谈理论，而轻视实行，那就像走路踩空了步子一样，难免是要摔跤的。这种重实行不尚空谈的作风，是李颙实学思想的一个重要特点，也是冯从吾“为学不在多言，顾力行耳”，敦本尚实的关学传统的再现。

冯从吾重会通而求自得，不立门户。李二曲也认为，读书不要有门户之见，即使是异学之言，只要它有益于人的身心修养，也不妨采用。他曾说过这样一段话：天地之间的道理，有前面的圣人没有讲过的，后面的圣人却说出来了；有儒家学者没有说过的，而那些非儒家的学者却偶尔说出来了。我们不要因人废言，只要其言有益，就该接受，而不应排斥。李颙不仅反对学术上的门户之见，而且反对真理只能由圣人垄断，凡人不能有所发现的传统观点。他说：天地之间的道理，有贤人没有发现而普通人却发现了的，不要以为出身贫贱的人就不能发现真理。他曾举出许多出身微贱的古人和明代学人为例，说明只要肯用心钻研，不论是圣贤还是平凡人，在学问上都可以有所成就。今天看来，李颙这样提倡解放思想，勇于探索真理，确实是难能可贵的。正是基于这种认识，所以他在谈到农业的耕作方法如何做到因时制宜、方法适当时，指出不仅要读中国人徐光启著的《农政全书》、徐发仁的《水利法》，而且要读意大利传教士熊三拔著的《泰西水法》。他主张将这些书的要点广泛地张贴在农村、交通要道，使老百姓都能看到，以便使他们懂得如何操作，从而充分发掘土地的潜力。这些看法反映了李颙治学的开明态度和实事求是的精神。

三、冯从吾的学术影响

冯从吾是明朝末年享誉全国的关中大儒和理学家，也是关学承前启后的关键人物。他会通朱王，救正心学，反思理学，总结关学，尤其是著《关学编》和创建关中书院等学术贡献对关学的发展起到了巨大的推动作用。他一生用心于圣贤学问，以讲学为职志，重会通而求自得，提出自己"本体"与"工夫"并重的心性之学，"善性""善心"说是其哲学思想的核心部分。冯从吾之学一禀孔孟，在笃信良知学的同时，援引朱子学的主敬工夫，以对治王学末流的浮荡。二曲弟子王心敬概括其学："先生之学，始终以性善为头脑，尽性为工夫，天地万物一体为度量，出处进退一介不苟为风操，其于异端是非之界，则辨之不遗余力。"（王心敬:《关学续编》卷一，《少墟冯先生》，北京：中华书局，1987 年版）黄宗羲《明儒学案》中对冯从吾这样评价："先生受学于许敬庵，故其为学，全要在本原处透彻，未发处得力，而于日用常行，却要事事点检，以求和其本体，此与静而存养，动而省察之说，无有二也。"《关学续编》指出了冯从吾强调"性善"，针对王学末流的流弊，批驳"无善无恶"说，用力于儒佛之辨；《明儒学案》抓住了冯从吾重工夫，他既讲静养，又讲动察。但是二者都对冯从吾心性之学的主旨揭示不够，尤其是后者，只是按师承归入甘泉学派，使其阳明学的心学路向变得模糊。还是冯从吾自己的概括比较客观准确，他自述学术宗旨："以心性为本体，以诚敬为工夫，以天地万物一体为度量，以从心所欲不逾矩为极则。"（《冯恭定全书》续集卷一，《都门语录》）所谓"工夫""度量""极则"都是"善性"与"善心"本体的展开，诚敬工夫是本体发用于道德践履，"万物一体"的度量是"善心"所固有的胸怀，"从心所欲不逾矩"是工夫达至的最高境界。

冯从吾的"善性""善心"说首先强调要明体，就是针对明末学术之偏。王学末流讲良知现成，却恰恰造成心学不明，良知本体玄虚不清。他坚持心之本体是"至善"，并将"天""理""性"这些更多具有客观意义的观念收摄于心体之中，使其作为存有论意义上的终极存在，既彰显出心性本体的价值意义，又奠定了人性之善的本体论基础。只有确立这样的心性本体，“善”才能既是内在的，又是超越的，工夫才具有真正的道德实践意义，才能避免纳交要誉，避免纵欲猖狂。冯从吾还以性体“至善”对五霸的假仁义、老庄的“绝仁弃义”及“无善无恶”说进行了批判，并对道心与人心、未发与已发、气质之性与义理之性这些重要的心性论命题都作了深入细致的阐发。在辨明本体的基础上，冯从吾强调工夫之切要，是重工夫基础上的本体工夫合一论。他对“求心”“养心”“正心”“存心养性”等心性工夫论述得细微而精到，对“反省”“自反”“犯而不校”“自得”“自慊”等内向性工夫的阐发多前人所未发。这种工夫理路的内敛在他的心性工夫中表现得很充分，而在其师弟刘宗周的“慎独”说中更是发挥到了极至。为了纠正王学末流的小人无忌惮之病，他既重视贯穿着“敬”之精神的未发工夫，即静处存养，同时又重视在日用常行中的动处检点。冯从吾的讲学思想尤其独树一帜，他为讲学付出了毕生的心力，继承宋儒“以学明道”的思想，并视讲学为儒者独有的生存方式、经世方式，是儒者的鲜明特征，他甚至提出以讲学作为入祀孔庙的标准。面对明朝的专制，他为士人指出了一条独立于政治、独立于科举，以讲学“独行其道”的经世途径，它拓宽了士人的生存空间，也拓宽了士人的思路，不是只寄希望于“学而优则仕”这座独木桥。

冯从吾的学术特征，从积极的一面来分析笔者以为主要有三点：一是重会通而求自得。他在会通诸家的基础上，走出自己独特的“本体”与“工夫”并重的学术道路。能够把当时似乎是冰炭不相容的对立学派，看作是一个大家庭里的成员，可以和衷共济，认为“诸凡先儒所云无欲、主静、居敬、穷理、复性、体认天理等语，皆是致字里面工夫”。同时，强调学问工夫要有“自得”之头脑主意。二是强烈的学术责任感。他有极强的道统、学统意识，注意对关学史、理学家传略的编著，著有《关学编》《元儒考略》《宋儒考略》《明儒小传》。对异端辨之不遗余力，以救正心学，倡明心学为己任。他是从心学的阵营冲出，对心学之偏的自我救正，这体现出他理论上的清醒，更体现出正视自我错误的勇敢。三是重视讲学。冯从吾视讲学为士人安身立命的根本，他一生走到哪里，讲到哪里，其讲学思想非常丰富。他尤其强调讲学自身的独立性，讲学对士人的独特意义，这都是前人所没有的。他“讲学而不粘带世味”的讲学原则，平民化的讲学特点，讲学内容主张重义理而不重文词，以及灵活多样的讲学方法对我们今天的教育教学都颇具启发意义。毋庸讳言，冯从吾的学术思想也存在保守、片面的局限性。其不足也有三点：一是方正有余而圆融不足。视佛老、西方文化为异端邪说，坚决排斥而不是“扬弃”的态度，儒佛之辨停留在本体论的有无，将佛家的性归结为气质情欲之性，对佛性有见不透之处，对佛老“无”的圆融境界、“境界本体”论认识不足。对基督教非常排斥，认为“吾道自精，何事旁求？”二是“无善无恶”辨有病法的倾向。此辨为了纠正王学末流虚浮的流弊，其现实意义不容忽视，但是，追根溯源对王阳明“无善无恶心之体”的批评，义理上有粘滞之语，有病法的倾向；三是讲学思想中，个别具体观点失之偏颇。如认为中国之所以是文明之邦，就是因为讲学的缘故，他说：“顺义久款边陲容然，亦中国讲学之效。或者未达？余曰：异类叛寇乞降，以中国夫妇有别之故。使中国无圣人，不讲学，夫妇安得有别？中国夫妇无别，彼安肯来降，可见讲学功效甚隐甚大，岂是寻常莫要紧事？”“中国外国开辟以来，都是一样。只是中国有圣人教他知道理，便谓之中国；外国无圣人教他知道理，便谓之外国。”（《冯恭定全书》续集卷一，《都门语录》）这些都体现了冯从吾学术思想保守的一面。但是，套用冯从吾对王阳明的评价用语，冯从吾的“善性”“善心”说可以说是“得失不相妨”。他的学术特征，包括从消极的一面讲都体现出鲜明的关学学风：严毅中正、求实笃定、自信顽强、勇于担当。

冯从吾不但对关学有中兴之功，一定意义上他是“倡明理学，继往开来”。冯从吾维护道统尊严的强烈意识，严儒佛之辨的义正词严，纠心学之偏的良苦用心，正关学学风士风时自揭疮疤的勇敢，都让后人真切地感受到了他对学问、对人生的真诚和追求。其学术主旨可以用他《谕俗》中一句通俗易懂的话来概括：“千讲万讲不过要大家做好人，存好心，行好事，三句尽之矣。”冯从吾以自己的人品和学术昭示着关学后人，更是影响着天下人心，“先生人品学术久而弥光”（《冯恭定全书》续集卷五，《公移》），给我们留下了一个永远的“关西夫子”的形象。

附录一　年谱

1557年，明世宗嘉靖三十六年，丁巳。十一月二十三先生生。阳明卒后二十九年。

1563年，嘉靖四十二年，癸亥。先生7岁，与朱宗尉相与，一起读书识字，谈文谈诗。

1565年，嘉靖四十四年，乙丑。先生9岁，其父冯友手书阳明“个个人心有仲尼”诗，命习字，又命学其为人，先生之知学自此始。是年，入塾就读，拜长安萧九卿为启蒙师，开始较正规地学习理学。五月二十三日，父殁，居丧严格遵循礼制。

1567年，明穆宗隆庆元年，丁卯。先生11岁，

1569年，隆庆三年，己巳。先生13岁，母殁，居丧严格遵循礼制。象璜游。

1570年，隆庆四年，庚午。先生14岁，就读沈豸先生，受毛诗。

1576年，明神宗万历四年，丙子。先生弱冠(20岁)，荫父之恩被选入太学，阅读了大量儒家经典，有了对儒学系统而深入的学习。

1581年，万历九年，辛巳。先生25岁，选士，小修词之技。

1585年，万历十三年，乙酉。先生29岁，自太学卒业，归里，遇许孚远督学关中，讲学正学书院，闻先生名，延之。先生与蓝田王之士(秦关)讲切关、洛宗旨，为许公器重。师从许孚远，许公言：“公亟以为终座代我也。”

1588年，万历十六年，戊子。先生32岁，举于乡。

1589年，万历十七年，己丑。先生33岁，省试(王家屏十七年时为吏部左侍郎，东阁大学士。对冯极为赏识。《乔允冯氏族谱序》。万历十八年升礼部尚书，王文端公)。下月，廷试成进士，观政礼部。书自警语二则于壁，谓“士君子释褐后，不可忘了秀才气味”。选为翰林院庶吉士，应馆课，与焦漪园、涂镜源、徐匡岳诸公立会讲学。在馆中阅《邸报》而心生感触，著《做人说》二篇，曰“文人何如圣人?”

1591年，万历十九年，辛卯。先生35岁，八月，庶吉士改山西道御史，巡

视中城，司城者违法乱纪，先生疏斥之，权贵敛迹。十二月，追查粥棚霉粮之事，先生揭发主事将好粮贪污，用霉粮掉包，此后，赃官们收敛行迹。十二月二十二日，参礼科都给事中胡汝宁乃权贵之门客，倾邪狡猾，“前后疏参者，神庙皆留中，先生列其状，得旨摘调。”

1592年，万历二十年，壬辰。先生36岁，正月十三日，上著名的《请修朝政疏》，其疏曰：“困曲蘖而欢饮长夜，娱窈窕而宴眠终日”，由于直谏犯上，险遭廷杖，被迫辞官归家。此后三年，与萧茂才等学友读书论学，共同讲学于宝庆寺。

1595年，万历二十三年，乙未。先生39岁，正月，萧茂才将先生三年的读书札记编次为《疑思录》六卷。五月，任河南监察御史。巡按直隶等处，督理长芦、山东盐课及河道。十月，再次被罢免，削籍归里（第二年朝廷派大量太监充当矿监、税使）。是年冬，辑讲稿成《订士编》。自夏五（阴历五月）至岁杪（阴历十二月），先生得杂著若干篇，命曰《东游稿》。

1596年，万历二十四年，丙申。先生40岁，正月，州牧张君刻《订士篇》。秋，先生讲学宝庆寺，拟定《学会约》八款，倡导“崇真尚简，务戒空谈、敦实行”的学风。为诸生立学规，题为《士戒》。为农工商各界写通俗之《谕俗》。仲冬（阴历十一月）十一日，先生做《善利图》并系之以说。门人榆阳许大伦、咸宁任国珣辑《宝庆语录》一卷。

1597年，万历二十五年，丁酉。先生41岁，冬十二月，拟《关中士夫会约》。

1598年，万历二十六年，戊戌。先生42岁，正月初六，举首会，会后病，九年未能赴会，卧病闭关九年，静摄斗室，足不逾阈。

1605年，万历三十三年，乙巳。先生49岁，作《辨学录》，

1606年，万历三十四年，丙午。先生50岁，八月，著成《冯氏族谱》。在《冯氏族谱自序》中讲了做谱的缘起、做谱的原则。九月，著成《关学编》。阳月朔日（阴历十月初一），著成《冯氏家乘》。

1608年，万历三十六年，戊申。先生52岁，三月，讲学于太华山。

1609年，万历三十七年，己酉。先生53岁，三月，讲学太乙峰下。十月初一，宝庆寺会讲，十分拥挤，当道建关中书院。院成，冯从吾主讲并任山长，被誉为“关西夫子”。

1611年，万历三十九年，辛亥。先生55岁，孟冬（阴历十月）二十一日，

先生至三原池阳，谒王端毅等五位学者祠墓，谒毕讲学于城北西寺，翌日归，又讲于城南庆善寺，门人将两地讲语辑为《池阳语录》。是年，刊《陕西通志》35卷。

1612年，万历四十年，壬子。先生56岁，春，赴新辟太华书院讲学，作诗两首。是年，巡按陕西毕懋康收集先生著作《关学编》《疑思录》《辨学录》《善利图说》以及各地讲语等，合刻为《冯少墟集》梓行问世。

1613年，万历四十一年，癸丑。先生57岁，门人刻《太华书院会语》。

1614年，万历四十二年，甲寅。先生58岁，主持关中书院事、讲学。此后六年，先生讲学之外，杜门著述。著有《元儒考略》。

1615年，万历四十三年，乙卯。先生59岁，开始修撰《长安志》。

1620年，明光宗泰昌元年，庚申。先生64岁，起升尚宝卿，进太仆少卿，均未赴。不久，即改大理寺卿、冏卿，因兄丧未行。

1621年，明熹宗天启元年，辛酉。先生65岁，秋，应诏赴京，任左佥都御史，两个月后任左副都御史。

1622年，天启二年，壬戌。先生66岁，与邹元标等讲学于京师城隍庙。秋，建成首善书院。山阴门人王应遴辑录先生京师讲语而成《都门语录》，浙江桐溪方大镇笔录讲语而成《闻斯录》。九月初六，上《辨讲学疏》，十月连上五疏，告归。十一月，奉旨归里，经伊洛之间，赴会讲学。十二月，讲于新安，吕豫石辑讲语为《川上会纪》。

1623年，天启三年，癸亥。先生67岁，归陕，杜门著书，不废讲学。

1624年，天启四年，甲子。先生68岁，二月，起升南京都察院右都御史，请告。十一月，拜工部尚书。十二月上疏力辞，终以新衔致仕。

1625年，天启五年，乙丑。先生69岁，魏党张讷疏诋，请废天下讲坛，先生被削籍。

1626年，天启六年，丙寅。先生70岁，十一月二十三日，七十寿辰。熹宗下令毁天下书院，大肆屠杀东林党人，十二月，乔应甲毁关中书院，先生衄血病榻，寝食俱废，昼夜趺坐百余日，竟以不起。

1627年，天启七年，丁卯。二月十二日，先生卒于长安，享年71岁。去阳明盖百年矣。1629年，明毅宗崇祯二年，己巳。四至六月，降旨昭雪复官，追赠太子太保，赠一品文官诰，谥恭定。

附录二 历代有关的序、跋、题记等

1. 洪琮重刻《冯恭定先生全书》序

讲学之说，起自《论语》，子曰："学之不讲，是吾忧也。"夫子所谓讲学，即讲德是如何修？义如何徙？过如何改？只是一事，非有四段工夫，此孔门讲学家法也。孟子愿学孔子，正人心，距邪说，曰："予岂好辨哉？予不得已也。"及孟子没，而其传泯焉。后世遂有以学术杀天下者矣。二程夫子不恤浮议，毅然以讲学自任。紫阳朱子始条列白鹿洞书院讲规，尝谓河南程氏两夫子出，而始有以接孟氏之传。夫二程之学得之濂溪，然濂溪精于学，而不大讲。至聚徒讲学，自二程始。向非程、朱之讲，则濂溪之学其孰从而传之？

关中讲学肇自张横渠先生，当其勇撤皋比，以及屏居横渠，无在不讲知礼成性、变化气质之道，学必如圣人而后已，其言曰："为天地立心，为生民立命，为往圣继绝学，为万世开太平。"皆讲学也。传称先生为学，初不欲讲，曰：「学者不务蓄德，只益口耳。"程伯淳开之曰："道之不明久矣，人善其所习，自谓至足，如必孔门不愤不启，不悱不发，则师资势隔，而先王之道或几乎熄。趋今之时，且当随其资而诱之，虽识有明暗，志有浅深，亦各有得。尧、舜之道，庶可驯至。"横渠用其言，故关中学者躬行之多，与洛下并，是其为世道人心计者，盖深且切也。

冯少墟先生弱冠入正学书院，从许敬庵讲学，在翰院与同志立会讲学，著《做人说》；出为御史，按部进诸生讲学，著《订士编》；罢归，讲学宝庆寺，著《学会约》《善利图》《辨学录》，问业甚众。关中为立书院，著《关学编》诸书，召入副宪，与邹南皋会讲都城隍庙，环听如堵墙，十三道奏建首善书院。归疾作易箦，犹拳拳以讲学作人为遗训。

先生一生著述皆讲学之言，自少至老皆讲学之事。呜呼！何其勤也。每言异端，是发端处与吾儒异，辨学不可不精。《大学》格物，即是讲学。难与并为仁，即是曾子仁处，故曰：勘过并学，当下识仁；勘过忌字，当下识人。"鸳鸯绣出凭君看,莫把金针度与人。”坏人心术不小。善字从羊从言,善不言不明,物之善群莫如羊。君子乐与人群,故莫大乎与人为善。又论末世讲学,有异端、越俎、操戈三大弊以为戒。故听其讲者如呼人之寐,而使之觉如叩钟,大以大鸣,小以小鸣,如晬盘示儿,无所不具。听其自取如白日当天,远近皆照,如时雨润泽,处处沾足,是真有八荒我闼,一息万年。天地为心,万物一体之怀焉。昔孔子不得位,知者为贤于尧、舜。孟子辟邪说,昌黎以为其功不在禹下。先生有诗:“救得人心千古在,勋名直与泰山高。”则谓先生勋名直与华山高,可也。

家光禄请勒先生《善利图》于书院,与《白鹿洞教规》相发明。余生也晚,承家光禄遗训,不及游先生之门。今从中孚李子得先生全集,梓而传之,以窃附于私淑之义。

至先生人品学问,诸先辈论叙甚详,余又何赘焉?唯是叙其终始讲学之诚,直接乎孔、孟以来相传之意,则先生之书真圣道中天矣。虽然讲不在口耳,先生有曰:“讲到无言处,方知道在心。”曾子一唯,何消多说。《论语》默识,政次章“讲”字来。关学一编,曰:“尧舜一心至今在,诸君子其心至今在也。若不自见其心,虽起横渠诸君子,共晤一堂,庸哓口耳。”此又讲学征言也。今其书具在,学者当自得之,又岂游、夏所能赞一词哉?

康熙癸丑嘉平冬月,新安后学洪琮拜题。

2. 李颙《冯恭定先生全书》识言

余生平徧阅诸儒先理学书,自洛、闽而后,唯《冯恭定公少墟先生集》言言纯正,字字切实,与薛文清《读书录》相表里,而《辨学录》《善利图》《讲学说》《做人说》,开关启钥,尤发昔儒所未发,尤大有关于世教人心。张南轩尝言:“居恒读诸先生之书,惟觉二程先生书完全精粹,愈读愈无穷。”余于先生之集亦云。第集板经明末之变,毁于兵燹,读者苦无从得。余久欲觅有力者重寿诸梓,而机缘未遇,私窃耿耿。顷学宪洪公访余,论学因言及斯集,遂慨付剞劂以广其传。

惟是先生至今尚未从祀,识者以为缺典。昔东林 吴觐华《真儒一脉》序谓:“西北有关中之恭定、山右之文清,东南有梁溪之端文、忠宪,皆欣然为天柱地维。后有具只眼,议大廷之典者,知儒宗一脉的,有其派而千古真常,盖决不容澌灭也。余尝以为知言。”世不乏主持名教、表章先贤之大君子，敬拭目以望。

3. 毕懋康《冯少墟先生集》序

少墟冯先生读中秘书，拜西台，风节文章有声宇内，亡何言伸而身退，里居掩关九载，精研契悟，讲明圣人之学，从者如归，门下士多至千余人，一时称关西夫子云。余适奉命按秦，得卒业。所著《辨学录》《疑思录》《善利图说》《学会约》诸书十数种，抉关启钥，多发前人所未发，《辨学录》参勘源头，最为得力，大要排距二氏似是之教，尤谓释家言窜蚀吾道，变幻其说，舍筏超津，即宿儒慧士间不觉堕彼法中，是可患也。故兹录其言甚辨，其理入微，不直铲涤末流，所由失直，力剖本始所由分。

昔人云儒释差之毫厘，谬以千里。此直云儒释宗旨原隔千里，绝无毫厘之似。至其言心，则曰：“丢过理说心，便是人心惟危之心，即有知觉，是告子知觉运动之觉，佛氏圆觉大觉之觉。”其言尤为痛切。当几觌体直下，信及直下，就性命落根，真为数百季间聚讼之庭，判未了公案。呜呼！渺论哉！窃观先生学贵有主，不贰以二，不参以三，用贵实践，摻贵祗敕，不为虚恢婾纵者所借托。夫有主则历千变而不可惑，实践则究必到而不可欺，祗敕则神常惕而不可懈，屹砥柱以遏洪流，坚键关以搤众会，其风窢然，恶可而言？不以觭见之也。其于本也，弘大而辟深；其于宗也，调适而上遂矣。傥所谓承前启后，非圣弗遵，非经弗由，好修笃至，身任先觉者非邪？

盖道学肇自虞廷，讲学创自洙、泗，至宋诸君子始绍绎章明之。紫阳集诸儒大成，推宗河、洛，然于吕、游、杨、谢犹斥，其侵淫佛老，不少假。相友善者如陆、吕兄弟，亦诋子静子约学，傍近似而涉异端。嗟夫，洞宗获真，凭虚失据，学术小杂，滥觞靡止，意念深矣。国朝薛文清独尊紫阳，云：“多闻见而后卓约，弗为荒幻径猎。”《读书录》令人穆乎有余思。关以西称吕文简诚敬真笃，正经息邪，具载所著《内篇》中，卓然醇儒。

先生其潆洄吕、薛，合派紫阳，而溯源洙、泗乎？是故其辨学也，脉然若独茧之丝，凛然若春水之冰，厚其防若千丈堤之不可溃，远其界若风马牛之不相及。庶援彼入此，推此附彼，惚恍连犿，諔诡自恣之言无所假途而寄其谲，今日者赖先生浚心敏行，煜然使学者耳目再一新已。关中数十季来道脉大畅，文简得舆，先生超乘，俾横渠之绪迄今布濩流衍，而不韫韣炳炳麟麟，岂不懿哉？先生家食久，主上行且赐环虚，孤卿三事待之行，将以道德为事功，是其土苴将犹陶铸宇宙者也。若夫集中诸摛撰，歌咏自尔有德之言，质有其文行之必远，故合刻而为之序，使学者知所向，方其颐可探也。

万历壬子仲冬长至日，赐进士第、巡按陕西监察御史、前奉敕巡按直隶等处、兵部员外郎、中书舍人新安毕懋康撰。

附柬

尝闻先儒之言曰："见到孟子道性善处，方是见得尽。"不佞亦曰："见到先生说心说理处，方是见得尽。"真令人心悦意，莫可云喻者，且大集中即单词只语，往往使人乍泳而跃然，湛思而未罄，枝叶华萼无不归根，江河盆盎皆可得月，惟是朴樕之笔又何能赞一词？兼以日来诸务猬集，昕夕拮据所不能视飧者，若而旰所自甲而达戊，睫不交者，若而宵又无，遑问文墨之事？愈觉肠枯，笔涩小序，率率塞白，譬若从垤敦而度高乎？泰山怀泛滥而测深乎？重渊亦未至也。惟大加郢斤。幸甚。

4.高攀龙《冯少墟先生集》序

少墟先生，余同年，冯仲好也。仲好少即志圣人之学，由庶常吉士为侍御史，言事罢归。闭关九年，精思力践，而于圣人之道始沛如也。所在讲学论道为集，凡二十二卷，余受而卒业焉，作而叹曰："此真圣人之学也。"圣人之学之难明也，盖似是而非者乱之，其差在针芒渺忽间，不可不辨也。

今夫人目则能视，耳则能听，手则能持，足则能行。视听持行者，耳目手足也，所以视听持行者，何物也？凡世之不知学者，皆觌面而失之于是也，然而目之视贵其明，耳之听贵其聪，手之持贵其恭，足之行贵其重。所以聪明恭重者，何物也？凡世之知学者又往往觌面而失之于是也。然而目之明，非我能使之明，目本自明；耳之聪，非我能使之聪，耳本自聪；手足持行之恭重也亦然，其本来者又何物也？世之知正学者又往往觌面而失之于是也。耳目手足者，形也；视听持行者，色也；聪明恭重者，性也；本来如是，莫知其然而然者，天也，此所谓本体也。本体如是，复还其如是之谓工夫也。修而不悟者，狥末而迷本；悟而不彻者，认物以为则。故善言工夫者，惟恐言本体者之妨其修；

善言本体者,惟恐言工夫者之妨其悟,不知欲修者正须求之本体,欲悟者正须求之工夫。无本体,无工夫;无工夫,无本体也。

仲好之集至明至备、至正至中,非修而悟,悟而彻者不能,真圣人之学也,吾特于其集中示人最切者揭而出之,以见似是而非者乱吾圣人之学,其端盖异于此也。

万历癸丑秋七月,锡山年弟高攀龙书。

5.邹元标《少墟冯先生集》序

予平生所藉以切砥者,北地自吾师青州朱鉴塘先生外,则有我疆孟公、洪阳王公,中州心吾、吕公、云浦孟公,此五君子者,大儒也。我疆常挟被过舍中,人皆迂之,孟先生曰:"予不知邹君为吏部郎也。"吾师友两孟王公俱为泉下人,常念之潸然不禁,归而离索日久,曰:"安得此师友以摩切?"予朝夕闻秦中少墟冯公继五先生,力肩正学,心尝仪之。会友人周鹤峋观察,贶元标集曰:"子不可无一言以谂同志。"予拜而卒业。

大都谓学必有宗,吾儒学以理为宗,理必操而存,孳孳屹屹如寒求衣,饥求食。其诱人也,如春风熙物。其拒诸说不使阑入也,若操戈御巨寇。夫使关、闽学晦而复朗者,公也。此世儒皆能知之,然公之入微,人未易知也。公示曲阜诸生曰:"举躅盈眸皆是鸢飞鱼跃,现前笃信圣人,能无出入。笃信自家,始为不离卓乎?渊矣!"以詹詹一家学名者,非所以观公也,道非一人之道也,必六通四辟,始无所不入,无所不受。公学虽有宗,然于新建亦极笃信,曰:"致良知三字泄千载圣学之秘,有功吾道甚大。"虽不能疑无善无恶一语,又曰:"非无善无恶之说,并非致良知之说者,俱不是。"盖公不欲以虚无寂灭令后学步趋无据。非虚而公,明而溥者安能之?彼世儒入主出奴,妄筑垣堑者,视公何如哉?易之上爻,潜见惕功亦密矣。四曰或跃在渊者。或之者,疑之也,疑则渊之与天上下悬殊,不疑则位乎天德。天德不可为,首惟吾夫子足以当之,其余即颜子犹一间未违。

元标束发问学,九折羊肠褰裳,凡几而孜孜"吾斯之未能疑"。即夫子启漆雕开亦何以过此?夫吾儒患不能疑耳。一息尚存,此疑不懈。九天九地,何之不入?愿与公终身请事焉?

嗟乎!华岳萃崒造天,黄河澒洞无涯,代有巨儒,横渠之后,明有仲木,今有仲好，可称鼎足，可以张秦，亦可以张明矣。予与公天假之缘，得一合，并其所请事者，有在顾予老矣。莫往莫来，悠悠我思，知公有同然也。

时万历癸丑仲冬，侍生吉水邹元标尔瞻父，顿首拜撰。

6. 姜士昌《冯少墟先生集》序

圣门之学，至中正至平实，而天下之骛高奇者，无当也。濂、洛、紫阳诸君子，当汉、唐寥寥后，相与章明经术，力排似是而非之谬，而圣学始揭日月而行，中间若象山、阳明两先生，其悟道早，其见地高，其平生操修固卓然，靡间而独其所为衡量往哲，辨难同侪，指点后学者，或微涉顿造径诣。夫世或有顿造径诣之人，而无顿造径诣之教，二先生以见地为教，故其门人得二先生精意者，往往振拔于问学名节，一时称极盛，而失二先生立言本指者，或藉解悟废躬行，或喜圆融开方便，其流之弊，卫道之士不能无隐忧焉？而况沿波流而弥下焉者乎？

秦中少墟冯公，予自辛卯岁视秦学，曾识公都门，比予垂去秦，而公以按宣大，移疾还里。尝诣公斋中，图书四壁，泊如也，予慨焉。怅公归之晚而予行之遽，而嗣是公再入都，更以直道绌归，而下帷林卧，与秦人士讲明圣贤之学者二十余年，而公之集始成。侍御东郊毕公按秦中亟梓行之，而予门人鄠陵令张君舜典，公同志友也，持公集暨公书来属予序，予受而卒业。

若《关中书院记》、韩昌黎《原道》之篇之所不能言，当与《定性》等书并。若《辨学录》《疑思录》及它论学语，严正学之防，谓异端本非是，不得谓之似是，而于以痛惩末世废修言悟、课虚妨实之病，中间至言精义，多程、朱诸君子所欲剖析而未尽者，如云或问："天命之性无声无臭，原着不得善字？"

又云："吾儒所谓善，就指太虚本体而言，就指目中之不容一屑而言，非指景星庆云金玉屑而言也。"

又云："人之病正在无善，乃反以无药无，岂不益重其病而速之亡乎？"

又云："人心原是活的，如无一分善心，便有一分恶心。"

又云："《易》有太极，乃天地自然的，故无思为。有太极而无思为，有物则而无声臭，乃吾儒正大道理。若舍太极专讲无思为，舍物则专讲无声臭，有是理乎？"

又云："孔子'七十而从心所欲不逾矩'，文王'纯亦不已'。若孔子谓我得矣,便放开,便是逾矩。文王谓我得矣,便放开,便是已。其何以为圣人?后世学者只是越过守,浮慕化,所以敢于放开,卒至于流弊不可言。"

又云:"谓之曰理,自是无障;谓之曰障,还不是理。"

又云:"世之砥节砺行、循规蹈矩而不闻道者,诚有之矣。未有真能闻道而不砥节砺行、循规蹈矩者也。"

又云:"不质鬼神不可以言学,不慎独不可以质鬼神。"

又云:"一本《大学》都是释格物,不必另补格物传。"

又云:"'述而不作'不是圣人谦辞,后世天下不治,道理不明,正坐一作字。"

又云:"只为志彀一念,不知坏古今多少人。"

又云:"克己有当下斩钉截铁意,不行颇费工夫,不能遽拔病根,然亦克己之一法也。"

又云:"问豫立之意?"曰:"豫字即下文择善固执博学审问慎思明辨笃行。"

又云:"近世学者不论心之懈不懈,理之明不明,而动称不须防俭,不须穷索,以为玄妙,是中佛氏之毒,而借明道先生以自解者也。"

又云:"随时变易而不从道,则小人而无忌惮,是故君子无轻言时。"

公论辨若此等类,翼往哲,诏来者,砥颓波,卫世道,即令圣人复起,宜无以易斯言,真洙、泗之儿孙,濂、洛、紫阳之嫡胤也。

盖予二年前,闻公著有《善利图说》,心疑之,舜跖善利乃孟子提醒人心最剀至语,安所烦图说为?已而读公图说,曰:"中间无路。"曰:"圣狂分足处,善念是吾真。若要中间立,终为跖路人。"嗟乎,此仲好先生所以为仲好者也。视象山先生鹅湖辩论,晦翁闻而心折,一时听讲人士相与感动流涕者,不尤直截痛切哉?公又数举高陵吕文简公,时时以"改过安贫"四字劝学人,为同游告。夫改过安贫二义,《论语》六艺诸篇中,盖珍重言之,末世视为卑浅语。若无其高论者,非文简公暨仲好先生,安能为此言?予居恒谓讲学非难,本之身心真有,以自得为难。其撰著论驳真足以正虚幻之人心。障茅靡之世教为难,否则虽言高于秋旻,藻于春华,奈何言学也?公于象山、阳明二家言,若相辨难,实相成,真二先生益友矣!

东郊毕公持节省方,时崇经术,表章公集,功在天下与后世,真紫阳先生同里。若张君舜典与公下上问辨最深,研又最精诣,措之鄢陵,以政为学,蔚有三代以上吏道风,其得于公之劘切者远矣,可谓有志者也。

万历癸丑嘉平月,丹阳姜士昌仲文撰。

7.洪翼圣《冯少墟先生集》序

天地之性人为贵,而不欲虚其贵也,则学为先。学以圣人为的,而圣人之道原在吾心。苟非见之彻,践之实,而孳孳弗能已。即欲尽性至命,何由焉?翼圣夙闻冯先生游神洙、泗,潜心圣学。兹奉命督学秦中,得先生诸录读之,辄豁然曰:“如先生之于学也,所谓见之彻,践之实,而孳孳弗能已者,非耶?”

盖余尝读《易》,至于天下雷行物与无妄,而知天之与人体自无妄,所谓继之者善也。唐、虞之精一,禹、汤之祗懋,文、周之敬止思兼,无非尽此性,完此善也。仲尼远宗近述,真万古一圣矣。然其志学也,所志何物?其从心不逾矩也,矩为何物?统之此性此善也。而孟氏则直指本体曰:性善。

自释氏出,创为理欲双遣之论,曰:“不思善,不思恶,是本来面目。”而世且纷然好之,遂使《楞严》《圆觉》诸书与《六经》争道而驰,而妙明真空等谛反俎豆于吾儒之上,其欲浑而之一者,曰:“吾儒之无声无臭,何别于佛?”其欲兼而收之者曰:“吾道广大,何所不容?”然而世之崇释者伙矣!岂惟寂灭枯槁无用于世,而猖狂自恣者卒至纵欲败度、溃法乱纪,及诘之,则曰:“万法本空,如梦如幻,安用束缚?”为清谈乱晋,浮屠亡梁,祸实本此,而辟之者且曰:“儒与释,差之毫厘。”嗟乎!惟其有毫厘之说,此异端益得操戈也,而先生推穷其本,直断之曰:“善恶俱无与性善之旨,迥然不同,则其千里悬隔也。不在末流,已在发端。”此何等痛快直截也!且曰:“人心原是活的,无善心,便有恶心,原无一切俱无之理。”反复发明,无余蕴焉。儒佛老庄混为一途之弊,可不攻而破矣。岂非发前贤所未发,而揭圣学于中天乎?

夫学患不得其源耳,惟于性也而见其善,则溯观于天而认所为于穆矣,还观于身而认所为降衷矣。认善既真,则不善之萌也不遏不已,善之萌也不扩不已,发于事亲则为孝,发于事君则为忠,爱则为仁,宜则为义,通则为智,贞于视听言动则为礼,一于常变顺逆则为信,其寂然不动也则未发为中,其感而遂通也则中节为和,阐于文章则非虚车,显于功名则非权术,征于廉介则非矜激,众理万善沛然洋溢于天地万物之间,而灿然宣著于纲常伦理日用。云为之际,譬之源头活水生于天,一出于山下,漾而为江河,漫而为湖海,机容已乎？不容已乎？先生之于圣学也，思而疑，疑而复思，辨之必欲其明，而讲之必欲其透，日兢兢于慎独崇礼，凛凛于利善圣狂，一禀诸规矩准绳，而有所弗能已，岂惟践之实，由其见之彻也？然则先生之洞见性善也，辟异端在此，修圣学在此，成己在此，成物在此，教天下后世在此，岂非一以贯之者耶？

或谓翼圣曰："君何信先生之笃也？"翼圣曰："余观先生立朝以直声著，居乡以恂恂著，环堵之室，萧然寒素，杜门著述，足不履公廷。门人耳其教则瞿然顾化，其出而任官者辄以廉吏显。"翼圣谒先生请益，则瞻之俨然，就之温然。其词之婉也曲，而中引人于善，令人乐从而弗觉其词之确也，则虽孟贲之勇、万夫之雄，弗能夺焉。主上方虚公孤以待先生，而先生嚣嚣然，可以达道，可以求志，一切世念毫不以动乎其中？周、程、张、朱之蕴身体而言阐之矣，世之庸人与乡愿既同流合污，鲜所振拔，而异端之害道又滋甚，向非先生笃志圣学，淑身以淑世，起流俗而辟异端，则洙、泗一脉将安赖哉？翼圣虽不敢暴弃，而赋质昏愚，何幸遇先生得一发蒙也，兹录也殆将不朽，信先生者直录乎哉？有先于录者矣。

万历癸丑季冬，赐进士出身、钦差陕西提督学校、按察司副使新安洪翼圣撰。

8. 焦竑《冯少墟侍御集》序

道未始有敝也，而任之者人人殊焉。《记》曰："君子之中庸也，君子而时中；小人之中庸也，小人而无忌惮也。"君子小人之中庸岂有异哉？然一得之以时其中，一以恣其无忌惮之为，至其无忌惮也，则亦不得为中庸已矣。孔子倡学洙、泗，盖逆知后世之学有出于此者矣，故绸缪于仁义礼乐之文，谆复于天人理欲之辨，而未尝辄及于道，岂圣人不欲人之早有知乎？晚宋诸儒不得夫子之意，保残守陋至于晦塞而不明，自白沙、阳阳二子出，知其模仿似而非真，诵说多而迷始也，直揭本体以示之，乾坤载辟而日月重朗，学者当事逸功倍，以直跻圣人之域而无难。徐而察之，乃有不然者，何欤？

少墟侍御与余同馆阁之游，余不自量，以学相切劘者三载，乃散去，诸君子率过信余，而侍御之向余尤笃，今别十有九年，闻方①聚徒讲学，任道甚力，

① 天启本无「闻方」二字。

顷得其论著，所为追琢于念虑，检束于躬行者详哉。其言之也，而于性与天道有不数数然者，岂侍御之学而有未至欤？将别有说欤？迨内核于身心，而外验之朋辈，乃霍然而寤，始知侍御之自有主，谓而余之所窥有未尽也。圣人者有道有器，守于器者阶循等历，犹有所报而不逾。盖潜心者可由是为上达之阶，而不能者亦可以寡过，乃道之未明而务摆落古人之形迹，将荡然无复可守之矩度，而移游茫昧，反易为浮诞惰纵者之所托。以余观于世，盖往往然矣。君爱身洁己，不稍以非礼自点，前图史而后珩璜，如处子之在闺，其以先儒之矩矱导扬阐绎，沥肠敷肾，语尽而情忠，惟恐彼之不喻于我，而我不悉于彼也，岂将以是为闲先圣之道之具，而防学者之末放也欤？虽然言所可及，思所可至者，非至也；言不能及，思不能至，而豁然还其本心，孟子之所谓自得之则居安资深，取之逢其原，朱子所言不费推移而中流自在者，庶几近之矣。在侍御勉之而已，余与侍御相期者远，既以侍御之诲自勖，而复以此语进观者，将无以为孟浪之言也夫。

万历甲寅新春，琅琊年弟焦竑书。

9. 赵南星《冯少墟先生集》序

昔吾夫子叹天下无圣人君子而思善人有恒，非以圣人君子为绝德也。善人者，生而善者也；有恒者，忠信之人也，故曰，无而为有，虚而为盈，约而为泰，非有恒也。自古无不学之圣人，亦无不学之君子。善人、有恒可以为君子，以至于圣人而皆不好学何？则彼固生而善，生而有恒也，且其列于士人之林，则亦尝从事于学矣。以为吾自不为不善，何必更学？夫资质之美者既不好学，而二人者之外，又皆困而不学，天下安得有圣人君子也？

圣人尚矣，世有君子必讲学以明道，使彼二人者皆能为君子，与之持宇宙而康民物，然所讲者必圣人之学乃可耳。若冯少墟先生者，则可谓明于圣人之学者也。夫明于圣人之学，然后能行，行之与明，固非有二也。今夫学射者不操弓矢而谈射，非惟必不能射，其所谈者必无当于后羿。学奕者不涉棋局而谈奕，非惟必不能奕，其所谈者必无当于秋储。行之生熟而明之浅深随之，不能行而徒以其意想测度谈道，未有不差之毫厘，谬以千里者。若少墟先生之于道，则可谓允能行之者也，何以知之？其所讲者平淡而融彻。平淡者，圣人之正学也；融彻者，其体会真也。今《论语》《孟子》之书具在，《论语》所载，夫子之言有一语不平淡者乎？然至玄至妙在其中矣，此所以为圣人之言也。《孟子》则阐明《论语》之言，而时露其玄妙，固圣贤气象之殊，要亦觉悟后学，有不得不然者。夫语圣学之要，则一“敬”尽之矣。即“致良知”之说，未若敬之一言正大而无弊也。后之讲学者又过为玄妙，舍所戴之天而言九天之上，又言无天之天；舍所履之地而言九地之下，又言无地之地，此与“白马非马”之辩何异？愚者不必言矣。忠信之人必闻而骇之，以为妖言。夫吾之所望，以共为君子者，在忠信之人而先令其骇，则天下无复可与言学者，适足以号召谲诡妄诞之徒为斯道蠹，是以少墟先生之言，是真能学圣人者也，是真能为君子者也，是真能使天下人为君子者也。

先生进则直谏以匡时，退则修身以正人，是谓知行合一，天下之真知也。言行相顾，天下之至言也。余反复先生之集，想见其心极虚，其量极广，其救世之念极切，如是而有言，安得不洋洋秩秩也？珑玲其音者，其质玉乎？岂不然哉？余受先生之益多矣，先生不鄙而命为之序，余欣然命笔而以请正于先生焉。

万历甲寅秋七月，高邑赵南星顿首撰。

10. 邹德泳《冯少墟先生集》序

圣贤之学，学为人而已。而人之所以有生者，独躯壳也乎哉？“天生蒸民，有物有则”。孩提之童，无不知爱其亲也。及其长也，无不知敬其兄也，此岂烦教戒束摄乎？唯是情滋智凿，日失其所以为人之理，故名为人而实邻禽兽。故孟子常就其发动端倪拈出，以诏天下，曰：“乍见怵惕。”曰：“呼蹴弗受。”皆卒然触之，而本心便不容不如是，应者故知即心即理，物外无则，而践形顺则存乎其人，是以《大学》首揭止善，《中庸》究归明善，盖皆实实见有此理，为人之不可须臾离者。夫然故缉熙非寂照，恂栗非苦空，而戒慎恐惧，非事于虚无断灭之归者。夫然故吾儒之学为广大而精微，为高明而中庸，为费而隐，为微而显，为下学而上达，而始终本末一以贯之，挽近学子不得圣贤以为依归，而一二好奇吊诡者影证觉体，遂以为心无善恶，无事修持，偈偈焉鼓天下而趋之，则性杞柳、性湍水而仁义果必戕贼为矣，几何不率天下而遍满无忌惮哉？

仲好侍御力持正学，刊落诐淫，自昔辛卯不敏于都下。领承心折，久之继先后以言事罢去，而仲好造日益深，所著有《疑思》《辨学》诸录及《善利图说》诸书院讲语，娓娓若干卷，直从危微精一阐发理会，如朗日中天，而近世谈空说无荧惑人耳目者，扫之不遗余力，烈矣哉，仲好之功岂在孟氏下乎？而予且瞠乎后矣。然仲好犹冲然不自信，属有起予之望，予何能赞一词？忆昔有问于先文庄者，曰："程子谓在物为理，将理外乎？"先文庄曰："且看《大学》云何，夫程子亦曰：心之在物为理，心之处物为义，故曰，体用之谓也。"予恐天下或外心觅理，而不深察于仲好惟一之旨，故附此为请益地，要于知言亦剩语耳。

万历甲寅岁孟冬月旦，安成年弟邹德泳汝圣父拜撰。

11. 曹于汴《冯少墟先生集》序

夫道生人，失其所以为道，则失其所以为人矣。谁甘于失其人，而每失其道弗思耳。道贯于血气之质，弗相离也，离道而抱空质焉，与土梗何殊乎？是道也，其大无外，或狭而小之；其密无间，或辍而断之；其粹无滓，或点而蔑之，是故学为急焉。学也者，恢廓而使之大，绵联而使之密，涤荡而使之粹也。

道不待学而有，而非学无以保其有，非学无以复其有，非共学无以共其有，故孔子早岁志学，没齿不厌也。然学亦难言矣。性天之奥，本中有本，胡以彻之？知见之纷？岐中有歧，胡以析之？习情之锢，忽醒忽迷，胡以觉之？是用连朋，讲究互参，证以求至当，相夹持而防堕落，故孔子以不讲为忧也。夫道需学，学需讲，有不啻饥之食，寒之衣者，而讲学罹世訾非，尽世之尤也。不学之士患在不讲，讲学之士患在不副，或亦艳为美，称担簦聊聚，朝朝问路，岁岁不越阈，辟露背而谈九容，挥至尘而称俭素，于我乎何有？故孔子之训无行不与。夫惟相与以行，则学为真学，讲为真讲，而万事宗之无斁也。少墟冯先生沉潜圣学，践履笃至，问业之士如云，而先生惟有故似阐扬剀实，卫道谨严，盖亦以行为讲，以行为学者也。道不在兹哉？昔有问楚侗先生以天命之性者，先生方欲训解，其人曰："噫，公自言其性耳。"先生为之矍然。慕冈先生会友于白下，凝然相对，或曰："冯公何无讲座上？"曰："此人浑身是讲，其亦旨于论讲矣。"

汴不肖，仰先生之行有年，兹诵其讲道之集，若而卷而窥君子之慥慥也。敬缀数语，志向往焉。

万历乙卯秋八月朔日，安邑曹于汴谨撰。

12. 贺时泰《冯少墟先生集》后序

盖横渠先生之言曰："为天地立心，为生民立命，为往圣继绝学，为万世开太平"之数言者，古未尝有是言之。自横渠先生始，生乎先生之后者，无论聪明俊杰之士，即微有知识，少能向往者，靡不艳慕之亟，称之以为人生斯世必如是。必如是，盖憾不于其身亲见之者，是人之情，大抵然也。审若是宜，其率吾之性，尽吾之才，举一世置之清宁安阜之域，又揭斯道于中天，令世世成永赖之体。俾先生之言，一一皆有明验成效焉，斯为不负先生者，愿迨其一时意气之感激。虽如此，迨考其生平之谬戾，竟如彼始，未尝不欲立心究也，反伤其心，初未尝不欲立命，卒也反戕其命。往圣之绝学，匪惟不继，大乱其真者比比皆然。万世之太平，匪惟不开，酿世之乱者历历可数，岂横渠先生言之必不可行，失之大而夸者耶？而非然也？行基之言言，肖之心其心，辨者其词确，其词确者其绩著。盖若影之从形，声之应响，无一不吻合焉者，胡以征之？则今关中少墟冯先生所著之书是也。

先生生同横渠之乡，中和之气独禀其全，纯粹之精尤擅其美，曰道，曰德，和矣，顺矣；义之缕析处各各条理，曰理，曰性，穷矣，尽矣；命之根极处，一一彻至。质之千圣合若符节，通之万灵，毫无遗憾，见地真不可阶升，纵使吾先圣再起，必无间然也矣。

时泰夙膺天罚，两耳聩聩，几五十年，藉前修遗训，开觉耄愚蒙，其于先生虽私淑之勤，终秦、楚之限，顷邀天幸、祝鹤、修年伏惠以全书，朝夕研穷，窃谓先生之言质之横渠之"四为"，盖已见之行事深切著明，殆匪载之空言者比，何者？

天地之心，亟互立矣。顾天地之心何在？人心是也。人心必有理以主张之，而后不至于颠倒错乱，太极默运，覆载生成，其显证也。先生之言曰："佛氏以理为障，一切总归于空，所以无感时，似与吾儒同，一有所感，便颠倒错乱，依旧落于世味中而不可救药。"夫人心至是，几不立矣，知人心便知天地心。自先生斯言出，举凡人心皆有以自持，其不至于高卑易位，东西易面者，胥由之矣。是天地之心无能自立，先生为之立之也。

生民之命，亦宜亟立矣。命附人之身心，天覆之，地载之，鬼神鉴之，魂梦验之。命不立者,心不属身,魂不附体,神褫其魄,鬼丛其祟,而大命倾矣。先生池阳之讲,不惟士人兴起,即里巷小民咸拥舆聚观,候门窃听,欲得一二语终身诵之,先生因出所刻:“做个好人,心正身安魂梦稳;行些善事,天知地鉴鬼神钦”旧对一联示之,于是众共朗念,欢然稽首而去。此段光景,立之斯立,讵不亲见,即一邑寰宇可推,是生民之命向胡偃仆颠顿。今胡振奋激昂,先生为之立之也。

往圣之学湮残如线,谁与继之,唯不知学之当讲,夫是以学绝不继。先生曰:“天下事各有职分,一毫越俎不得。只是讲学一事,无论穷达,人人都是当讲的,人人都是有分的,说不得越俎,故曰,‘自天子以至于庶人,壹是皆以修身为本。’”斯言也一细味之,谁不猛省奋发,举往圣之学既绝而复续者,皆自先生之一言始,非先生为之继之,而谁为也?

太平非小补之勋,万世非旦暮之近,若之何以开之?先生集中载王安石一段正与开太平相反者,其言曰:“世之论安石者曰执拗,曰自是,此皆是病症,非是病根。安石志大才高,学博目空,将古今圣贤都看不上,以为尧、舜虽是圣帝,而疆域甚隘;禹、汤、文、武虽是圣王,而享国不过数百年;孔、孟虽是大圣大贤,而亦不能使春秋、战国为唐、虞 三代,都是迂阔了,须是富国强兵,开疆拓土,名利兼收,做古今第一个有用的圣人,干古今第一件有用的功业。且宋室国弱兵寡,全被韩、范、富、欧及赵抃、程、张诸迂阔人把国家事耽阁了,须是得这等敢做敢为,不怕人议论,不说迂阔话人,如吕惠卿、章惇、蔡京辈才干得实事,才做得出大功业。其心以为待我事功成时,方且格天地,光祖宗,使人人称颂,一时天变何足畏?祖宗何足法?人言合足恤哉?安石不是有心祸天下,只是学术主意差了,所以自误,误人国家耳。”夫安石神髓尽在此处,先生搜之抉之如视诸掌,然则安石之学一世不用,一世之太平开,万世不用,万世之太平开,是先生为万世开太平又如此者。

由斯以谈横渠先生之“四为”,快论也。先生各指其所自出,如水之有原,如病之有因,身斯世斯道之责者,率而由之太和,自在宇宙间矣。

昔之称扬横渠先生者曰:“一变至道。”若先生夫固从容中之者也,其书岂非国朝之元龟,斯文之正印耶!抑又因是而窃有感焉。先生报一友人书简末云:“昨因贱恙不能尽谈别来体验,此心觉过不去。然不为门下一言,此心亦觉过不去,即此是良知也。门下以为何如?”引而伸之全集中,凡体天地之撰,通神明之德,顺性命之理,类万物之情,并种种与人为善处,不啻数百万言,诸名公前序洋洋洒洒，昭揭阐扬备矣。泰伏而思之，是皆先生此心过得去者。残废人七十有二，笔研久荒，不揣而强缀繁言，非腾口也，要必如是方于此心过得去，敢僭笔之用以告。夫凡读先生之集者，亟宜知先生之心也。

时万历四十五年岁次丁巳夏五月，望楚江夏声老人贺时泰顿首拜书。

13. 董其昌序《少墟冯先生集》

在昔己丑之岁，庶常吉士二十有二人，天子命少宗伯田公为之师，而金陵焦弱侯以理学颛门为领袖。是时同侪多壮年，盛气不甚省弱侯语，惟会稽陶周望好禅理，长安冯仲好好圣学，时与弱侯相激扬。仲好冷面骨人也，尝端居晏坐，茹淡寘营文字之饮，鲜所征逐。吾党爱周望之简易，而惮仲好之矜庄，不敢以狎进，私戏之曰："此食生猪肉者"，谓其有意于两庑之间也。余既以请急归，越岁还朝，遇南昌刘幼安于淮阴，为仲好五岳起方寸也，曰："三秦大邦，仲好修士且阁试之甲乙，不在人后，有上下其手者，竟得西台，何也？"余曰："子体矣，谓承明著作之廷，足以满仲好志耶。"居久之，有诏屏逐诸言者，而仲好应坐废，且二十一年矣。仲好无几微牢骚不平之气，而益湛思于学脉。盖寤寐洙、泗，折衷濂、洛，虽一秉承于先觉，而独证独创，自为一家之书。今所刻语录、纪、序、诗歌、尺牍、杂著十余万言，是己异时讲学，先生微言不乏而征信。或希仲好独以躬行为劝学者，观其酬应取予细微造次之际，无不心折意消，故翕然宗之曰："关西夫子而朝士想闻其风时，以入告奠备细旃之听。夫康斋以布衣召见，文清以陈臬爰立，坐论之任，岂复借资于官秩，而况仲好固文学侍徒之臣乎哉？吾以仲好卜世运矣。"余回环参寔全集宗旨，若有悟入，而诸序者业先之，不复厅赘，独以诸君子所见者江、汉吞天浴日之后，而余所见者，岷嶓发源、泛觞之初。盖仲好学为圣人之志，定于庶常时，而今之充实光辉，不离本来骨相也。崔侍御六千里外属余为序，余既幸附不朽，又以慨罔望仞安，皆不及睹也。嗟乎！士固有百，不为多一，不为少吾。己丑同馆，得仲好，足称盛矣。

岁在戊午，华亭年弟董其昌撰并书。

14. 陈继儒《冯少墟先生集》叙

儒束发，窃有意于性命天人之间，每谓训诂词章非学也，而制举义尤甚。

自少迄老，沉酣于患得患失之途而不得出，于是吐青衿去之差觉，耳目肝胆始为我有，而所谓性命天人之学，亦辍不谈。或询之，予曰：“吾有会于群龙无首之旨也，今夫龙旱者欲得其霖，渴者欲得其珠，乘风云而上下者欲得其腾掷变化之势，则余姚而后龙溪，已然矣。”数年来谈理学者，独关西少墟冯公声迹俱阒，北面而事者尝数千人，而莫敢有訾议，则何故？余尝卒业全集，而后知公之无间然也。

公之学戒空谈，敦实行，即有商略，毋及朝廷利害边报差除，毋及官长贤否政事得失，毋及家门私事，毋及词讼请托，毋讥弹前辈，毋倾陷同袍，崇俭德以敦素风，酌往来以通交际，严称谓以尊古谊，绝告讦以警薄俗，周穷约以厚廉靖，恤后裔以慰先德，种种会约一见于宝庆，再见于关中，非特发蔀击蒙，移风易俗，凡向来讲学之流弊，士大夫积习之膏肓，悉从公道眼觑破，亲手拈出，病根已净，然后与之粱肉，又然后与之上药禁脔，则公疑思有录，订士有编，善利有图，太华诸会语是也。峻二氏之堤防，抽六经之扃钥，圣贤为神，豪杰为瞻，华岳为骨，黄河为舌，读其书可以望而知其人矣。儒也鄙，无能蠡测管窥，即有揣摹度，不出诸名公弁语上。独喜公终日讲学，而若未尝讲学；终日聚徒，而若未尝聚徒；不分门别户，不揷标树羽，不走时局，不握朝权，不招射的，逍遥环堵之中，超然免于言论之外。非践履严明，涵养精洁，何以有此？出则名真御史，退则名真大儒，是本朝孔庑间第一流人物也。讵止与张横渠、吕泾野鼎足关西而已哉！不佞儒怀中一瓣香，今请为少墟公礼却矣。

华亭陈继儒撰。

15. 钱时《冯少墟先生全书》序

先儒云：“性者，心之生理。”此一语已括尽千古之学问矣。只此“生、心、性、理”四字，标门宗旨，添出支离。余生也闇，不足印正之，但每读吾乡《文成先生遗书》及曾叔祖《绪山先生绪言》，详哉！其言之也。

平生闻海内有冯少墟先生，恨未即见。壬子岁，谪官秦中，得谒先生，聆先生之教者两月。临歧，出理学书十余帙谬语余，谦谓多疑，必属余订之。盖历途中数千里，不忍释手。大都先生之学，真正孔、孟之脉，程、朱之派也。夫得力在直透宗，教见儒释所以分处。夫《辨学录》则其最著者也。间尝撮举之，如谓：人“丢过理说心，便是人心。”“吾儒之旨只在‘善’之一字，佛氏之旨却在‘无善’二字。”“理欲之辩真不啻中国夷狄君子小人，彼谓无理无欲，无无亦无，是大乱之道也。”“盖佛氏之失正在论心论性处与吾儒异。吾儒之所谓生指生理，告子之所谓生指生死。”娓娓诸言，直指中肩，河源鼻祖，斯已见矣。从此参透，则录疑思，图善利，编订士，语关中太华，大都安顿。

“理”字、虞廷之道心、孔子之至善，皆是物也。盖先生“以性即理也”一语为破天荒。噫，即此了心性，即此了生矣。以先生淡薄清真，躬行君子，造理之深，言之深切著明，真未易草草看过。

盖余归越，别先生讲院中，诸生环者如堵，一生问：“君子上达？”先生曰：“希贤希圣希天，可不是上达？”生再问，余曰：“这恰是理欲本色。上达，先生说明。且说下达，大都‘达’字义，不但究竟极顶的话，是彻表彻里，做得一通百透，才是他成就结果的地位。尝试与尔体认自家，可曾有好货好色，甚者有机变的念头否？此念发时可也。曾独知自愧闷否？虑清议否？惧鬼神否？怕王法否？夫此有愧虑，有惧怕者，是我与尔之所不达也。若小人便都一笔勾消，全然无碍，此如何等心？如何等性？如何等生？知小人所达于下处，就可反见君子所达于上处。”诸生为之涣然，余因语先生曰：“学问原了在一‘理’字。”比归，反复紬绎，是书说宗说教，不啻列眉，是理谱也。求心觅性，我生若何？当人人自得之矣。

余少从父师，佩先训，生文成先生之乡，愧未闻道，得先生面命，且手授诸书，若洒然发覆焉者。敬复先生请以是书，大颁布之，何疑何订？即曰《少墟先生全书》可也。余固非能佞先生，直不能晦理耳。

万历甲寅岁六月，诸暨后学钱时顿首谨题。

16. 涂宗浚《辨学录》序

心学之传，始自虞廷，而其言曰：“人心惟危，道心惟微，惟精惟一，允执厥中。”十六字言本体，辨析至精；言工夫，条理极密，万世道学之宗统于是矣。后世学者寖失其宗，不知中之所在，而概以心当之，于是以觉言道，而不以所觉之理言道，其原盖淫于佛氏空觉极圆之说。以无善为心体，以天生蒸民本有之性悉扫而空之，其弊至于率天下之人恣情纵欲，流于小人之无忌惮，而尤自以为无碍也。圣学之蓁芜，可胜慨哉！

少墟冯公潜心理学，积有岁年，精一之功入于无间，近得其所与诸门人

《辨学录》读之，直指心之理为道心，以心之觉为人心，道心非无觉，以觉之正当处言也。为书八十一章，阐性命之秘，辨似是之非，如所云："吾儒之旨只在'善'之一字，佛氏之旨只在'无善'二字。"又曰："儒学只有一个'善'字，直从源头说到究竟，更无两样。故《易》曰'继善'。颜曰'一善'，曾曰'至善'，思曰'明善'，孟曰'性善'，又曰：'孳孳为善。善总是一个善，为总是一个为，非善与利之间复有无善之善。"

呜呼，尽之矣，善即理也，即道也，即中也。精乎此，谓之惟精；一乎此，谓之惟一；执乎此，谓之执中；以之为君，谓之仁；以之为臣，谓之敬；以之为子，谓之孝；以之为父，谓之慈；以之交朋友，谓之信；以之视听言动，谓之礼；以之临大节而不夺，谓之节。皆理也，道也，中也，此吾儒之正传，孔、孟相与讲求切磋以教天下万世，只此一脉，以维持宇宙，更无余蕴矣。少墟辨析于毫发之间，凡世儒所易惑处，辄为道破。吾儒家宝始复其旧，佛氏之流弊始塞其源，虞廷心法于是乎晓然复明于天下矣，其功不亦伟与？不敏与少墟共参此学于十余年之前，己亥以后，不相闻者几十年，而少墟究理愈深，辨学愈晢。顷者不敏叨抚榆阳，得以所学知止一宗远求，印正少墟，以为有当也，所以相期于必至之域，固有不言而信者矣。若夫少墟立朝大节，居乡儒行，卓然于一时，固荐绅士大夫所共服也。笃实辉光之应，岂偶然哉？岂偶然哉？

万历三十五年，岁在丁未春仲之吉，赐进士第、中宪大夫、钦差巡抚延绥等处地方、赞理军务、都察院右佥都御史豫章涂宗浚书。

17. 李维桢《辨学录》序（二篇）

王文成揭"良知"之学，新天下耳目，其论自正，而其徒贤知之过者寖淫窜入于禅，今且百年，而弊滋甚，于是格物修身两家之说复起，或矫枉救失，或标宗分门，纷若聚讼矣。不佞窃谓道本一贯，求之言语文字则支离蔓延，愈益晦塞。夫格物致知修身，何可偏废也

长安冯仲好《辨学录》，凡八十一章，其首章云："圣贤学问总在心上用功，不然，即终日孳孳，属枝叶耳。"所以辨心学甚详。或言仲好之学又似专以"正心"立教者，非也。身外无心，心外无意，知物道一而已，惟以言语文字自为一家，而后众言淆乱，听其说可喜，而核其实则乖。仲好为析是非，决嫌疑，使大道不迷于他歧，则修身正心诚意致知格物一以贯之矣。昔孔子论性相

近,而孟子独称性善;孔子多言仁,而孟子每言义,彼愿学孔子者,岂顾背之?要以是时,淫辞邪说荧惑天下,欲正人心,必就其蔽锢关切之所在,而剖决挽回之,故曰:“予岂好辨哉?予不得已也。”

不佞未见仲好全录,而第据前数章所,论辨意当如此。与仲好谈者张孝廉心虞,传其录者张右丞宪周。仲好有《订士编》《善利图说》《士戒》《关学编》诸书,与此互相发明,盖自得之见、不易之论,合而观之,知学不可无辨,辨不可无录,录不可无传矣。

又

余自秦入晋,张右丞以冯仲好《辨学录》,迫余序之。余所见才数章,皆论心语,倚马成草,姑以塞诺耳。久之得全录,而知仲好所辨在儒学释学,其论极为精微也。

释初入中国,所传经语义犹浅,其后乃有禅;或不立文字,净知妙圆,体自空寂;或以不思善不思恶本来面目;或不看经念佛,无事省缘,静坐体究,所谓弥近理而大乱真者,其源皆自不辨心性始。

吾儒曰尽心知性,释亦曰明心见性,若相同而实相远。盖本之告子,告子非不言心,而曰:“不得于言,勿求诸心。”恻隐之心,仁也;羞恶之心,义也,而曰:“仁内义外。”非不言性,而曰:“犹杞柳,犹湍水。”曰:“生之谓性。”孟子辨之不遗余力。世无孟子,而释氏以告子之说簧鼓天下。论性曰:“在目为见,在耳为听,在口为议论,在手能持,在足能运。”又曰:“众生皆有佛性,噬人之兽可为瞿夷,比丘十千之鱼尽为忉利天子。”曰:“离一切心,即汝真性。”曰:“禅学悟入乃是心思路绝,天理尽见。”曰:“心法起灭天地。”朱子惜其明心而曾不得心为之用,见性而曾不得性为之用,则以知觉运动之性为性,而非义理之性;以惟危之人心为心,而非惟微之道心也。人之所以异于禽兽者几希耳,心性一谬,人与禽兽何殊?此其学术视吾儒本原若淄素然,又安往而不谬哉?

吾儒万物皆备于我,而释恶外物;吾儒循理,心虚而理实,而释以理为障;吾儒学不躐等,而释病其迂,一超直上,好奇吊诡之士堕其云雾中,于是攘庄列之言,以佐其高,如宋景文所云:“抑自觉其陋,而更出己意,益求前人所不及者。”入之而讳其怪幻鄙俚之谈如朱紫阳所云而祸始烈,有谓盗贼念佛免罪为圣人,大改过者,有谓造无限罪恶,而迁谪时划地说禅者,有谓识透即罪恶都无者。禅自禅,罪恶自罪恶,是禅学且为乱贼三窟矣。

愚不肖者复惑于轮回因果之事而皈依之,而彼且曰:"度尽众生,方了菩提。"众生度尽,又恶用世界为也?昔鹅湖之学堕于禅,朱子辨之不啻孟子之于告子,至今日乃有舍喜怒哀乐未发之中,而谈无善无恶心之体。又曰:"无求同异于儒释,求其是者而学焉可矣。无求是非于讲说,求诸心而安焉?"是矣,遂使儒门顿有三释,以雪峰云门过孔子上,俨然为释传法,沙门建幡。告四远,则逢蒙杀羿者也。左右采获,自负集儒释大成,而所崇信惟释,则游说反间渠成而利秦者也,阴宗其指,阳避其名,既得把柄入手开导之际,改头换面随宜说法,则暮夜诗礼发冢之盗,恐东方明者也。

凡此皆起于学之不明,学之不明起于心性之不明,而仲好之所为力辨也。辨者亦有之,曰:"释见圣人之上一截,儒得圣人之下一截,是以下学上达为二学也。"曰:"儒释本同而末异,是以物有本末,为二物也。无为贵辨矣。"仲好直穷其本之不同,而其学之不可以达明镜之照,利斧之断芟夷,蕴崇之加蔓草,何以过兹?明道先生言:"会者大率谈禅,天下成风,设有数孟子,无如之何?"故宋时辨释学者,惟周、程、张、朱,其详具《遗书》《语录》《文集》中,而本朝惟罗文庄《困知记》,今得仲好羽翼之,幸甚。犹恨无羽翼仲好其人者,而何得以好辨疑仲好也。

大泌山人李维祯本宁父。

18. 杨鹤《辨学录》序

吾乡先正道林先生少婴羸疾,入山习静,不言默识者三年,自是洞然于性命之学。古人学问多从病中生也。少墟先生而生善病弱,不好弄甫,就外传即锐然志于圣学,先后从敬庵、鲁源两先生游,及官中秘柱史,未尝一日辍讲,归而卧病,闭关九年,精思力践,遂入圣人之室,所著《疑思录》《学会约》《善利图说》,多先生病言,而《辨学录》一书尤先生静中妙悟,见儒释所以分别处,皆昔贤所未发也。

阳明先生谓:"释氏与吾儒只是毫厘之隔。"先生独辨其宗旨不同,如薰莸冰炭之不相入。余尝撮举一二,如曰:"吾儒之学以理为宗,佛氏之学以了死生为宗。仙家自有仙家宗旨,佛氏自有佛氏宗旨,与吾儒全不相干。"曰:"吾儒论学只有一个'善'字。"曰:"天命之性就是命之以善,善何曾有声有臭。"

曰:“操则存,舍则亡,出入无时,莫知其乡。”仅仅十四字解人心惟危,道心惟微,曲尽其妙。曰:“佛自佛,儒自儒,不混而为一。”曰:“吾道本大,何必兼二氏而后见其大?邪固不能兼正,正岂可以兼邪?”皆先生独得之见,千言万语惟恐学者堕入罟擭陷阱之中,盖吾儒之道如渡江河之有维楫,扬帆鼓柁,中流自在而行,彼真空妙有把柄何在?如以飘飘不系之舟试于黑风白浪,何嗟及矣?此先生拳拳欲人求之实地也。

先生清明在躬,志气如神,然终日正襟危坐,俨乎若思,应事接物如执玉如捧盈此心,未尝一刻放下,先生有主之学于是可见。昔横渠学凡数变,阳明亦悔二十年错用其心,先生过人远矣。

余生于闇斋、道林二先生理学之乡,愧不闻道,赖先生时时教之,若将兴起焉者。为妄缀数语,以志依归之意。若先生微言妙论,余固不足以知之也。

武陵后学杨鹤顿首书。

19. 张舜典《辨学录》跋

夫谓之学,以学道也。然道一而已矣,而学则多歧焉,故学不可不辨也。明辨之先于笃行也,孔门之正宗也。故卑之而功利也,易辨也。惟高之而寂空也,难辨也。何者?此性命,彼亦性命;此生死,彼亦生死,混之而无别,淆之而不清,非深于圣道者不能析其弊而归之正。

余少有志于学,中间亦为异教所溺者数年,近始悟而反之,乃知吾道至足,亦至精也。岁乙巳,至长安访少墟冯兄,而商正之,遂留余精舍中颇久,日为辨难,每至夜分,喜而忘倦,其高足弟子亦鳞鳞共集话也。余稍发其端,少墟则大阐其蕴,辨虚实有无邪正几微之介,昭然如明鉴之烛,须眉不爽也,此非深于道者乎?则其开我之迷,而鼓我之趋者,益诚不浅矣。余别后,少墟乃述其言,次第成篇,共八十一章,传之宇内,则所以指导来学者,功岂细耶?呜呼,有志于学者,其尚毋忽于斯言。

友弟岐阳张舜典谨跋。

20. 周传诵《疑思录》序

《疑思录》,余同年友冯仲好氏录其讲学语也。仲好读中秘书冠柱,后惠文冠，正色立朝，天下想望其丰采，及休沐过里，则杜门却归，足不逾户阈，乃多士执经问难，户外屦常满。尝手学、庸、论、孟书，诏诸士溯洙、泗渊源，抉邹、鲁秘密，力辟蓁芜，共偕大道，语具录中。

其潜心理学，笃信圣人，情见乎辞矣，而自题曰“疑思”。且曰吾斯之未能疑，何居？千古圣学肇自唐、虞“允执”一言，直开草昧，宣尼承之曰：“笃信好学。”曰：“信而好古。”未闻以疑示者，即疑思问一语，正思祛疑，非求疑也。至白沙先生始曰：“大道本无阶级，以疑为阶级。故大疑则大进，小疑则小进。”仲好之旨其本此乎？余谓疑信非有两心，疑正所以信也。万里之程始于跬步，必真信其可至，然后肯秣马脂车，日征月迈，亦必真经历跋涉，然后能踌躇歧路，详审迷津，倘测想前途，若越溟渤望瀛洲、方丈，然尚在恍惚有无间，而欲质所向往，问征夫以前路，其何疑之从？世之不信学者，既任其惶惑，敝精神于无用；信者又固其扃钥，视天下为无可疑，其信心过于信学，其所疑益成其所不信，终其身或信或疑而卒无所成。此夫求前而却步，南辕而燕程者也，故苟志于学即疑益矣，无问信；不志于学即信非矣，无问疑。虽漆雕氏所谓信未易言，然亦从此信入也。仲好聚友讲学，谆谆信之一字为从游者规，而兹录顾皇皇若弗及疑，余谓此正其信后语，且以药世之自信而居之不疑者耳。门下执经多士皆笃信仲好者，传览兹录，苦所及不广，谋付剞劂，公之同好，而问序于余。余寡昧不知学，然夙办此信心，故以此坚多士之志，若能疑与否？则多士当自得之，余何言？

仲好论著甚众，善利有图，辨学有录，订士有编，关学有编，其余种种未艾，率多发前贤所未发，然大疑大进得力处在兹录，故信仲好者亦当自兹录始。

万历戊申孟夏既望，关中年弟周传诵书。

21. 杨嘉猷《疑思录》序

少墟冯先生《疑思录》成，寄猷一帙，寓书曰：愿子一言以弁诸首，猷因仰而读，俯而思，寻绎久之，乃叹曰：先生真善读书者哉！今夫四子之书表章自程、朱，颁降自昭代，其理炳如日星，夫何疑？试观海内三尺童子皆能诵说，搦管为文，且谓家思、孟而户颜、曾矣，奚足疑？矧先生褎然为一代大儒，即删诗、书定礼、乐，皆分内事，又何待疑？且思也噫嘻，我知之矣。众人以书观书，只藉为制科羔雁，而一切无补于身心，是不知疑者也。贤知者左袒二氏，反厌薄圣贤之言为无奇，是不屑疑者也。不知疑，不屑疑，则均之未能思矣。先生力排异端，羹墙尧、舜，故于四子之书以心读之，以身证之，证之而是也，则已纤毫未协，焉得不疑，疑稍未释，焉得不思。思者明之基，而疑者信之渐也。

猷观录中，大都悟后语自别，如曰："一本《大学》都是格物，不必另补一传。"则群言之折衷也。曰："《论语》论工夫不论本体，论见在不论源头，《中庸》则合并言之。"如此而后，可以泄孔子之秘，破异端之非，则道德之阃奥也。

曰："由孔、孟而后至今日，才好说只消转念，不消易业，则举业之标的也。"曰："天地间惟有此道，仲尼、颜子之乐乃所以乐道，非悬空别有个乐。"一言而圣贤心体有归宿矣。

曰："孔子曰：'学而时习之'，不曾说出所学何事？孟子曰：'学问之道无他，求其放心而已'，是其解也。孟子愿学孔子，故特拈出圣学之原以示人一提，而孔、孟宗传若券合矣。"又曰："甘得淡者品高，容得人者量大。"见何卓也！

"志伊尹之志，须从一介志去；学颜子之学，当自'四勿'学来。"功何密也！

"讲到无言处，方知道在心。"旨何约也！

诸如此类，皆发先儒所未发，直破千古之疑者也。夫能破千古之疑者，必自一念之能疑始。假令寻数行墨驾，言无疑，直矮人观场者等耳，乌能剖藩篱，窥圣域，力障狂澜，羽翼传注之若斯哉？

白沙有言："以我观书，则开卷得益；以书博我，则释卷茫然。"若先生真能以我观书者矣。漆雕氏曰："吾斯之未能信"，正其疑未释处。先生曰："吾斯之未能疑"，正其力求信处。故曰："思者明之基，疑者信之渐也。"或曰："先生默识道体，乌乎疑？又乌乎思？曰疑曰思，直谦辞耳。"猷曰："唯唯否否。"昔宣尼读易，尝绝韦编矣。夫以圣人天聪明之尽，奚事韦编屡绝哉？疑之也，疑而思，思而信，是以"十翼"成焉。先生之疑思，毋亦宣尼读《易》之遗意乎？名之曰谦，猷不敢知矣。

时万历己酉春三月，荆山门人杨嘉猷元忠甫书于靖边之吏隐轩。

22. 张舜典《疑思录》序

长安冯少墟笃志洙、泗之学，日取四子书潜而玩之，随有所得，随即札记，久而成编，名曰《疑思录》，寄音以贻不佞。不佞读之，亦不能不疑，疑而不能不思也。少墟之《疑思录》何居？

《洪范》有言："思曰睿，睿作圣。"不疑则思不起，不思则不能通微，不能通微而谓之诚，可乎？故知思诚之学起于疑而成于思也，入圣之阶也。即夫子亦必四十而后不惑，则四十之前，夫子必疑而思矣。周公思兼三王，其有不合者，仰而思之，则不合而生疑端，周公亦善疑且善思矣。颜子疑于高坚前后，其思亦苦，及闻博约之后，卓尔妙其立境，不可谓非思之有得也。若曾子之问则疑端更多，而思则可知至一贯之印而始涣然冰释，使当时曾子不疑而不思，即孔子启以一贯，恐不能神解而一。唯孟子曰："我四十不动心。"则四十之前心犹动矣，必疑而后动，思而信之凝之而不动，则孟子浩然之气亦由此疑思而得之，故曰："大疑则大悟，小疑则小悟。"若曰即不思之本体而存之无事，思念不必穷索，运水搬柴即为神通妙用，言则甚易，而证则实难，自谩谩人不浅，吾恐于圣人明善诚身之学无当也。少墟于四子书善疑而思之，故有所得以成编，大悟大彻，可知己作圣之功不在兹乎？若不佞亦不能无疑而不能善疑，不能不思而不能善思，不能有所得如少墟耳。且此疑思之义亦精且微矣。

人徒知《易》以卜筮立教，乃稽疑之典，不知易之卜疑即疑而思之，以求合天则之学也，故曰："居则观其象而玩其辞，动则观其变而玩其占，参伍错综于心而理有定衡，执而守之不难。"不然者，疑根未破，此心摇摇不如风前之絮乎？何以为事为之准？故知《易》之立教乃择乎中庸，而明诚之学非徒如世俗卜筮之谓也。少墟之读四子书，人以为少墟之善学四子，故疑而思之，会而通之。吾以为少墟之善学，夫易不用卜筮而自有神明之道也。

且今四子书治举业者举能言之，海内坊刻几于充栋，中间亦有当者不当者，然为举业而作，则为文而解其义，不为身心而求其旨也，虽能疑且思，思而有妙解出，若过于汉之训诂，吾终以为得而未得，是纸上之机括，非心中之妙悟。若《疑思录》者则异于是，是为德业而作，不为举业而设。若举业则人疑思之可也，何劳少墟疑，疑而思之？易曰："精义入神以致用也。"是录中多有精义，不佞不能缕细数之，惟在善读者之自得也。

先是吾乡端毅王公则有《四书意见》，文简吕公则有《四书因问》，其书皆直接洙、泗心传，不为训诂文辞之解知，学者无不宗而主之，今《疑思录》出，盖称鼎足矣。王、吕二先生而后，学其在少墟乎？

万历岁次已酉阳月望日，歧阳友弟张舜典顿首拜撰。

23. 刘鸿训《疑思录》跋

余友人读先生《疑思录》问于小子，训曰："周茂叔云：'明不至则疑生，明无疑也。'谓能疑为明，何啻千里？"

"冯先生特致言于疑也，何相戾也？"

训曰："不然。茂叔为抛却无心之镜而专用逆亿者发，故系明于公，绝疑于独，盖指细人揣摩猜异之疑，不可有非，谓吾儒参求心性之疑为可少也，若吾儒参求心性之疑，一人无此则真觉闭，一日无此则心径塞，一隅无此则师说芜，一邦无此则正学废，一世无此则人人师心，室室置喙，猖狂恣肆之习炽，而孔门弗明弗措之教化为荆榛飑蝪之途矣，不亦大可畏哉？"

又谓漆雕开曰："吾斯之未能信。"冯先生曰："吾斯之未能疑。"奚取于疑与信，而反之也？

训曰："不然。先生之求为疑，即开之求为信，能疑斯能信，不能疑无能信之日矣。试想漆雕开未能二字是何境界？则疑信之关一撞俱破，宁有二哉？"

往岁读《王龙溪先生文录》，爱其矢口玲珑，篇章浩淼，比再读，则滉漾舒逸之气一发辄盈数札。盖阐明自正，评驳自确，虽曰为阳明先生倡揭良知之学，不啻救焚拯溺，窃恐远绍微言者不应纵制举之笔，而开蔓衍之津也。余哀梗之，未敢言，因读冯先生见示诸刻，响与桴传，语随意尽。

且是编言格物言率性言求仁言仁义孝弟，提纲携领，触处洞然，真如月落万川，为物不贰，令人灼见尧、舜、孔、孟以来相传嫡脉，翼圣言而扫新旧之说，在此编矣。其视语语沾着良知字者，孰脱洒而孰沾滞也？小子训中心悦之式之，不自知其狂僭而以问于先生，非谓薄龙溪而弗师也。西使再至，恳先生教之。

门人长白刘鸿训谨跋。

24. 张绍龄《疑思录》跋

夫学之难也，传而不失其宗难。自孔氏以学之不讲为忧，历曾、思以至孟氏，立的于万世，是故学道者必折衷于鲁、邹云。秦、汉以来，侈于训诂词章，杂以佛老清谭，淆乱偏陂而莫可救药。逮濂、洛、关、闽诸大儒起，始振其敝，以扶其统，厥后门户分立而议论烦，议论烦而真旨隐。于是阳明先生倡为"致良知"之说，以觉人心之迷，其有功于圣门甚大，而其末流亦不免有遗议甚哉。

传而不失其宗难也，我师少墟夫子崛起关中，继泾野先生后，执理学牛耳，其入道也，曰："无斯之未能疑。"其提宗也，曰："人性皆善，而要其归于不失其赤子之心。""由濂、洛以窥洙、泗，而学始粹然复归于正。"语具录中，录凡六卷，往往言本体不离工夫，言工夫不离本体，即若所勘欲立欲达、修己以敬、君子自反数则，俨然立心制行，待人真矩矱也，而拔本塞源之论，写出千古同体万物之旨与末世俗习相沿之弊。

自尧、舜之孝弟，禹、稷、颜回之同道，以至五伯、老庄、杨墨、子莫之悖乱狂伪，若见垣一方，皆前贤所未发，又前贤所欲发，百世以俟圣人而不惑矣。龄退而深惟曰："孔子以博文约礼剖精一之蕴，故记《论语》，曾子唯一贯作《大学》，子思明性道著《中庸》，孟子正人心息邪说以承三圣，不得已而与门弟子述仁义七篇。夫子阐实行，正宗旨，接邹、鲁以来不绝如线之脉，厥有《疑思录》，其系于世道人心岂浅哉？"于是群及门士谋寿诸梓，以传读是录者，倘能以不失其赤子之心为圣学真诀，而服习夫子之训，精察而力行之，又何传而失其宗者之足忧也耶？

谨拜手而书于后，门人咸宁张绍龄谨跋。

25. 吴籛《订士编》序

余之事西台少墟冯先生也，方自今兹始，而余之愿折节先生也，则实闻义于西台。镜源涂先生乃余之夙知先生也，则方薄游粤、蜀及家食，时而已乡王之矣。盖公以杜陵硕彦通籍金闺，惠文柱后，丰稜节谊表表。汉廷旋以抗直触忤言入而身遏，然身詘而道尊矣。比归来，绝径杜门，精研耽道，洞然悬罄，而公方僴然于贫富之辨，如将挽之，盖余入长安凡三造请，而后见先生于卧所,始克酬数年乡王之愿,随辱投以《订士》一编,而受读焉,然后见先生之学之一斑,而窃幸士学之知所皈依也。

夫学不明,则道不立;道不立,则经不尊,故士离经以辨志,证援知据,摘文竖义,取诸汉原,究本始统,壹圣真与于宋,守师说以耳,食摭释老以枝指,缘时事以傅会,则近世以来学蔀哓然,而莫可底止矣。盖其志弥羶,其说弥竞,其境弥棼,其理弥晦,故广川之奥、昌黎之超、象山、新建之诣,乃各极其志之所向,方以丽于斯道而拔新标异,共振世之幽滞,若先生行古之道,志古之人,澹泊宁静,贞其守祛,练神明通其会,尊经以立道守道,以殖学节缘学植,而言与行孚知公之志,于潜而达于见出其余绪,而九鼎于汉廷矣。是编也,何足以尽先生,而先生之学见于此。

时万历壬寅岁二月吉旦,知华州事,门人楚沣吴鑁顿首拜撰。

26. 王命爵《订士编》序

《订士编》者,嵯台冯公编也。公行部至东,必造黉序,进诸生,讲四书义,率出己意,反覆印证,期于剖微言,透宗旨,有前人所未发,而末学所共迷者。凡历三郡,得如干首,不佞命爵读之心畅,爰属州牧张君刻而广其传。

公关中人也,既擢上第,游中秘,篇章一出,人人竞相手录。命爵窃神交公久,每念关中有空同、槐野二公者,岂不烜赫登坛,只敝精神于文词,要以默契圣真,为世大儒,独泾野吕先生。先生之学,命爵无能窥万一,顷从公谭学,公辄称引先生,不置口即是编可睹已。以公盛年锐志,今且杜门精诣,必有不为先生也者,乃知关中故多材,匪直以文词鸣。求是编于文词,抑亦浅之乎!观公者与?

万历丙申元春,旧属下山东东昌府知府、庐陵王命爵顿首撰。

27. 陈邦科《订士编》后序

昔杨子之邻人亡羊,追之不获,曰:歧路之中又有歧焉,不知所之?杨子戚然变容者竟日。余观近日博士家逐迹丧真,殆不幸类是。夫书者,圣人之迹也,而有不可传者存焉,惟大觉玄解,始能旦暮遇之。而近日博士家慕吊诡则支离传注,狃发冢则惧伤口珠,或梦中占梦而自谓全觉,或学一先生之言而暖姝自喜，是何其多歧也？夫赤水玄珠，知珠不能索而得糟魄之喻，斲轮者所以释椎斲，而议读书之君也。然则逐迹丧真之士，安得不厘朱公之戚哉？

侍御冯先生以关陕大儒出入金马之门，已而簪笔柱下，代狩东省。巡历之暇，时进诸博士弟子，与之辨析精微，愍大道之多歧，而亡羊者众也，因录次成书，命之曰《订士编》，云意与诸博士弟子相印证也，余得而卒业焉。大都辟博约一贯之道，发克复四勿之功，明根心定性之旨，而归重于先立乎大之一言，推原费隐之说，仲尼之中庸而拈出淡字固字之义，尤宋大儒所未发，直指良知为作圣之基，而勘破生死贫富之关，至于由、回之志，颜、冉、司马之仁，孔、曾、孟子之学术事功，又各历历剖之详焉。去圣人二千余岁矣，仅仅数千言，胠其关键，曲尽阃妙，筌蹄尽化而不出其宗。

噫，化声邪！法音耶！三籁邪！子静登坛，新建提衡，渊渊理窟哉！余揞知雪神恍见德机，而知先生之发吾覆也，乃请其草授之剞劂氏，嘉与海内诸博士弟子共印证之，都人士聆真人之謦欬，得未尝有何啻逃？空谷者忽闻足音也，畴不跫然而喜左袒下风乎？出涯涘而观大海，庸讵东省十数学宫而已哉？

先正李文达尝言宦途惟薛大理以理学为务，兹观冯先生雅有文清夫子之风焉。是编出而宋儒先又树一赤帜矣，海内博士家诚无乐鶢于钟鼓，无求马于唐肆，涤除宿根，扫撤尘障而别具只眼焉。周道如矢，君子所履岂惟永无歧路之泣？即向所称圣人之不可传者，尽在是矣。

属下直隶河间府知府陈邦科顿首谨书。

28. 周宇《关中士夫会约》序

《关中会约》盖冯柱史仲好首议，而诸君子乐成之，一时义举，百年希觏，于子野涣群之易曷少焉。柱史叩余言为约规，余盖重感吾党先达人文之盛，而式微于今也。兹约诚行无渝，则式微者以道盛。往盛可无谭，然窃有惧焉。士固有同舍于而割席、千里而比肩者，则心之一与弗一耳。心诚一，无会亦会，矧曰会？不约皆约，矧成约？故面会不若心会，约以词不若约以心，尝怪论交君子，分社近党，合醵若嬉，有一多焉，而挟有一少焉，而忮党非嬉非挟，与忮尤非心之所由，弗一也。兹用会以合一约，以贞合会，不数而志洽，约不烦而谊正，风启大同，道振式微，类族自我，乡人所望，乃或声骛而寡实，文具而鲜终，阳浮道与而畜贰，将令望我者缘款，索我拾罅，议我其谓之何？诸君子当俾不落，是乃余为是惧也。诚虑于所不必然，但冀释余惧者，以必不然，用广首议美意云。

戊戌端月首会日，约中朽樗周宇题。

29. 周传诵《关中会约》跋

会举于戊戌正月，仲好氏书约，先大夫题辞，不佞以使事过里，与末议焉。亡何仲好养痾杜门，九年始出。不佞东西南北，抱先大夫戚归，终制从乡先生后，亦逾九年。越丁未春，两人始再与斯会，盖相视而慨会合之难也。虽然不佞重有戚焉，先大夫题约谆谆以心一规，兹雍雍济济，罔弗一也，而不幸往矣。诸先进且强半修文，嗟嗟百年，驹隙几俟河清。此古人终日乾乾，竟寸阴而永终誉也。会合维艰，无虚良晤，九原可仰，盍勖方来？近一时长者坦衷亮节，人人可用为仪，而嗣至诸君子郁然焕然，争相澡濯，即不佞如诵，或亦可肖而化焉者，于休哉？洛下耆英情谊不洽于后进，兰亭少长，流连仅止于壶觞，孰如今兹萃涣，维风而相观道义者乎？此会良称不偶，吾愿诸君子共敦之矣。会既毕，仲好谓不佞不可无言，遂不辞而跋其后。

后学周传诵谨书。

30. 秦可贞《关中会约》述

此《关中会约》也，何述焉？纪侍御冯仲好先生雅意而述之，以诏吾党也。盖吾党宝庆之会，前未有也，自仲好始倡之，会有定期，约有定款。先生自有引，故先达周司农先生弁有辞旨哉。乃言皆萃涣之良箴，而协德之宝训也。盖崇俭德以敦素风，酌往来以通交际，严称谓以尊古谊，绝告讦以警薄俗，周穷约以厚廉靖，恤后裔以慰先德，敦本尚实之念，维风善俗之规溢于言表，一时士庶羡为盛会，传之海内，慕为盛举。今行之十余年，弗替也。

兹仲好方奉召还台，观风天下，首以此化导缙绅士，则斯世斯民皆善德矣，岂惟一乡一国也与哉！第惧仲好行矣。吾党意人人殊设，有弗继仲好之雅者，此事或废，奈仲好之始愿，何今以往，有能体仲好意俾善，则雅意世世守而不坠，吾且愿为执鞭而从之矣。贞不佞敢僭为数言，以为吾侪告勿立异，勿有我，勿为齐民所指摘，则庶乎？斯会斯约永贞，为毋负矣。夫睹是会也，读是约也,有不犁然当心者,非夫也。若夫会心匪面之训,反薄归厚之倡,则有二先生之言在,不佞又何说之辞?

岁丁未闰月望日,会中迂叟秦可贞拜手谨述。

31. 王境《关中会语》跋

少墟先生讲学有年,顷谢政归,余窃喜得相与肆力于学也,乃与诸同志约会于宝庆寺中,先生欣然从之,坐讲终日,拳拳以躬行相劝勉,一时人心莫不感发兴起已,咸谓其不可无约以遵守之也,因请于先生,先生出此以示。后与会者益众,其约抄阅不给,余因谋诸同志付之梓人。呜呼,为学不在多言,顾力行何如耳,戒空谭,敦实行,先生约中业已及之矣,愿与同志共勖之,余又何赘焉?

咸宁王境谨跋。

32. 洪翼圣《善利图说》序(附柬)

今试语人曰:“汝当为圣人。”则必骇然,曰:“圣人我所望而震也,何敢为?”又试语人曰:“汝盗跖也,禽兽也。”则必怫然,曰:“我纵不肖,何至为盗跖禽兽?”不知人生斯世,止有两途:利则跖,善则舜。出善入利,间不容发,故处而孳孳为利,则儒冠而盗跖禽兽;出而孳孳为利,则轩冕而盗跖禽兽,彼其心已为盗跖禽兽矣,而犹不自知也,方且扬扬得意焉。昔孟氏深为不求放心者哀,人而为盗跖禽兽也,宁不为孟氏之所哀乎?哀之而欲警之,故为之说曰:“欲知舜与跖之分,无他,利与善之间也。”冯先生推广孟氏之意,而立之图,翼圣一见之而惕然,再玩之而醒然,三复之而豁然。

夫孟氏利善之说,何始乎?此虞廷所谓“道心”“人心”也,发端仅分于一念,而善之积也则由有恒而善人,而君子,即圣人可到焉;利之积也则由斧斤而牛羊,而梏之反覆,去禽兽不远焉。善之积也,则文学功名尽为舜用,而以才济其美;利之积也,则文学功名尽为跖用,而以才济其恶。

嗟嗟,流芳百世,谁不愿之?遗臭万年,谁则甘之?乃一披图而所为流芳者始自何念?遗臭者又始自何念?昭然若指诸其掌,则利与善之间,可不畏哉!可不畏哉!乃世之自诿者则曰:“我已为跖矣,难复为舜矣。”即安于放纵可也,不知孟子曰:“虽有恶人,斋戒沐浴,亦可以祀上帝。”《易》之《复卦》五爻皆阴,一爻独阳,固静极而动,亦恶极而善也。一爻之善兆,而为七日之复,故曰:“复其见天地之心乎?”刚长不已,复且变而为乾矣,纯乎天矣。向也跖,今也舜矣。图曰:“从此回心,犹可向道。”此先生示人以复机也。

世之善人君子或自满曰:“吾道德修矣,声望著矣,圣域难到,姑宽假可也。”俄而利心忽入,人品心术顿非其初,在《易》之姤五阳之下,忽生一阴,阴之浸长,不尽剥五阳不止也。《书》曰:“惟圣,罔念作狂。”既已为圣,一或罔念,即流为狂。向也舜,今也跖矣。图又曰:“未成一篑,半途而废。”此先生示人以诣极也。

世之人又或曰:“吾为善无近舜,为利无近跖,柴立乎中央,则亦已矣。”不知人心无中立之理,半善而半利,终是一利;半舜而半跖,终是一跖。譬之过桥者不在桥上,则在水底,桥水之间应无驻足处。图又曰:“若要中间立,终为跖路人。”此先生示人以决断也。然则利转为善,而善必造于圣;跖转为舜,而舜则不复为跖。如是而后,不受孟氏之哀;如是而后,无负先生立图之意乎?

且图之义何祖也?伏羲则有《八卦图》,惟文、周、孔子能会之。大禹则有《洛书图》,惟箕子、武王能会之。周濂溪崛起而接圣脉,则有《太极图》惟二程、张、朱能会之。此三图者,非贤圣莫解也。先生善利之图,固贤圣之秘旨,而实愚不肖所共醒惕也。天下之善人少而不善人多,则先生之醒惕天下也广,而其善天下也多。假令伏羲、大禹、濂溪复生斯世,宁不谓今之图与昔之图若合符节哉?翼圣谨书诸绅,将终身佩焉,尤愿先生勒此图于关中书院,以诏来学。故为之序。

万历癸丑,陕西提学副使,新安洪翼圣撰。

附柬

世人每犹豫于善利之介,盖不知不为圣人君子,则必为盗跖禽兽耳。台臺善利图大包无外,细入几微,触目警心,谁不知惧。且于不善者开向善之机,于为善者凛鲜终之戒,于迟回者破中立之非,令人去利去之尽,为善为到底。若操此以终身,何怕圣贤境界不可渐臻?

学问最患不痛不痒,两头牵制,如台臺之学问,则一刀两断,切骨入髓,非大智大勇,谁能如斯?翼圣三生有幸,得遇此图。愚意此图当勒之于关中书院,与白鹿洞教规互相发明,则学未讲而举目燎然,谁肯甘为盗跖禽兽者?将许多犹豫念头登时放下，此入门直捷路也。翼圣且终身佩之，珍为百朋，岂惟翼圣，诸学者俱宜书一图于座右？古圣贤诸图皆精微渊奥，非上智莫晓，而善利图则理奥而形显，贤愚佥受，其益直与古圣贤诸图并垂不朽矣。翼圣谨拟一序，愧无能阐图之微意，不知尚有一隙之明，可向进否？望台臺指示而教诲之。是荷。

33. 张维新《善利图说》序

在昔唐、虞授受“执中”之旨，穆然尚矣。孔子接三代之传，拳拳欲以善人是见，然亦罕言利。顾战国，何时也？子舆氏拯人心以胥溺，泣狂圣于临歧，于是提衡舜、跖，以危善利所归趋，岂其有凿乎“精一”之窍？盖人心与世道推移如狂澜，莫可底遏圣贤所为深忧密计者。忧深故言之切，计密则防之周，故曰：“予岂好辨哉？予不得已也。”

不佞夙不敏，尝从事大贤之门上下议论，一日署臬秦中，获少墟冯公《善利图说》一帙，相与印可，末复附录，以足其义理欲烛乎眉睫几希，示诸掌上，抉身心性命之微，撮濂、洛、关、闽之奥，惕然有慨于衷，因抚卷而叹曰：“道妙无言，学本一贯。”孔子不云乎：“中人以上可以语上也，中人以下不可以语上也。”夫既不可以语上矣，则中人以下皆圣人之弃人乎？无已形不辨则视影，以察里不著则视表，以端尧、舜相传一中，而未始以善利分之。孔子微言善利，而未始并析之。子舆氏始并析之，而未有以图象之。至于图象之而其于世道人心忧且计，更何如也？乃真谓画前无易耶！嗟夫，士君子终身学术，莫先善利之辨。善之途一，利之途则什佰千万焉。一者易得于道，什佰千万者则茫乎？莫知所之绎。公所为斯图也，亦有大不得已者在矣。

万历癸卯中秋谷日，汝上张维新书。

34. 张维任《善利图说》序

吾友冯仲好潜心理学，自为诸生、太学生而已。然寻以子丑高第，读中秘书，其学益深，其养益邃，及出秉柏台，东巡齐、鲁，而考德问业者日滋众，具在《订士编》中。既而青蒲犯颜，遗佚归里，与吾党诸君子讲学宝庆梵宇，大都议论，不立异亦不蹈常，不事玄虚亦不涉卑近，要以抒所自得，敷明宗旨，说详而反约，人人有虚往实归之幸，一时学士师尊之，乃因答问善利，作为图说，始于毫芒一念，终于圣狂。千里途岐，竟逊其严。若此苟知回心向道，却是入圣之几，有令人惕然猛省处，至反覆辨难，亹亹数千言，率旨于味，为世教人心虑亦靡已。今即高卧西京，而苍生系望异日者，以学术为事功勋，未可量也。吾离索仲好久，恒企交儆之思，而把玩兹帙，如对切劘，因命梓人，以公同志，则其造诣之闳，深渊邃亦足以窥其概矣。

万历甲辰孟夏，潼关友弟张维任顿首，书于巫山公署。

35. 屈拱北《善利图说》序

人性本善，利者，有己之私也，原不并立，岂容交战而角胜乎？上知以本善者洗除其己私，中士不以有己者戕牿其本善，安勉虽殊，入圣则均。若歧路而争驰，即去圣而入跖旨哉。冯仲好之言曰："善念是吾真，欲人之培养其善也。"又曰："中道立，终为跖。"恐人之托利于其善也。此其辨晰理奥，深得作圣之肯綮矣，与同志者共之。

万历庚子春日，关中屈拱北书。

36. 顾唱离《善利图说》跋

夫善利之剖，歧远矣，而其乍剖处在几微芒忽间，倘盱其微而忽之，将歆其鹄而赴之，有不步跖之武而雁其行者，鲜矣。即或作意修持，气索中道，旋而自解曰：吾纵不得上俪于舜，亦岂得下齐于跖乎？是谓人间世有不舜不跖之善人也。以不舜不跖为善，曷异持娵娃之髢，索赖于九戎乎？故善不悉微芒，终归歧路，第君子知微，众人察影，人而君子宁几哉？则又安所凭矣？有我冯夫子者出，悯道统之陵彝，怆善途之眜昧，慨人心之谬迷，揭善利之说示天下，而复摹之以图，使夫察影之辈有所凭而措趾焉。披图展睛，便知若为善，若为利，若为善而善，若为善而利，择精而赴猛，世遯而心敉，不至起眩微芒，旁驰千里。斯图之捃精，何阙而注益？不既溥乎？嗟嗟善为贞宅，为真主，乃忽而凿一利窦，主反受绾受翳焉。直至瞻图会臆沉智，始朗如饮消渴，以烛夜之浆，坐久暍于爽飔之宇，回望歆颜，几成蹶陷，不胜魄悸哉！而吾师画图之心亦不胜轮困而多戚矣。

万历己酉元旦，门人中吴顾唱离顿首撰。

37. 宜论《善利图说》跋

自昔未有以析舜、跖之途，乃始于子舆氏。子舆氏始析舜、跖之途，未有以阐兹象教，乃又始于少墟先生。至有象教，而先生之心滋戚矣。先生昔游中秘，而代狩丰稜，节谊固表表于时，要亦一本于正学，而不以标异濂洛关闽之绪，则毅然以身荷之，庸能一日忘斯世，而世顾歧路争驰也。于是始穆然为是图焉。无事汗牛充栋而圣狂烛于眉睫几希，示诸掌上，盖真非有道不能也。故虽以嗤嗤之氓，按形思义，哓然若执烛龙而示之途。有虞氏之芳烛，善反之则是矣。昔子舆氏独晰其理，未晰其象，先生晰其象而并晰其理，亦大有不得已者在矣。若其详则，有先生之说与诸名公之序，具载于帙，余又何赘焉？

万历丙午季秋，华下后学宜论谨书。

38. 张燁《太华书院会语》序

燁自早岁即志学人，然自惭自痛，苦无以涤旧习而新之。荏苒岁月，止是旧人。当丁未冬，受谕华阴庠也。濒别，安昌曹自梁即命燁问道长安，盖指冯少墟先生言也。抵任三月，为戊申春，先生即偕六七同志有华岳游，盖天作之合。聚讲灏灵楼上，燁得分一尺光听讲，颜子不远之复及乐水乐山之旨，半生疑障儵然顿撤，而华阴士之知讲学亦始于此。五日，送先生，别锡有教言，二三子促燁于四知书院，述先生宗旨。然观先生后，寔难为言矣。九月，以学宪檄徵燁正学书院。夫正学书院在长安，缘是又得与先生游，凡沉酣道德之圃者十月余。明年己酉，反华阴，遂与崔公明府议改青柯坪之署为太华书院。又明年壬子，先生复至其地，一时请北面者无虑数百人。斯道中天，意其在此。太华之西七十里为华州，先生往来所必由，两地门人录先生会讲语梓之，属不佞燁序其端。

燁读先生语，皆言尽性，盖惟是问学渊源清而不溷，而后可以施之实用，为正大光明之业。犹记灏灵楼之讲《率性章》也，燁曰："人惟有率有不率，故圣人修道以立之教。"先生稍不然之，良久云："性无有不率者，人皆率性，而尽性者寡耳。"归来沉思，始知天下之人果无有不率性者。盖率性即是良知，良知无人不有,率性无时不然,孩提而知爱,稍长而知敬,率性也;乍见而恻隐起,呼蹴而羞恶起,亦率性也。率则心有所不及思,而明有所不及用,即率之人不知也。人惟见方然,而复不然,则以为此率而彼不率矣,然而实非也,如小人闲居为不善。夫为不善可矣,如何必于闲居?闲居为不善可矣,如何又厌然于见君子?不但误为处必有羞惭,即故为处亦必有遮掩。一语穷而舌遁,一揖失而面赤,一存注之不良而转睛顾眄之不能隐,是谁致之而然也?人性本善,则有不善者,自无所容,而为之者乃其恶之者也,率性也。噫,人亦何时而不率其性也哉?今《会语》中言性亦悉矣。同志者试读一过,宁得有再疑之性乎!

今且请与约士君子,上下千古,自盘古而至今,始有我混同六合收万有,而为一惟是我。始有我也,我不可负;惟是我也,我不可辞。邵子所谓生一一之人,当兆人之人者,岂非圣乎?圣也者,人之至也。人之至者,始得谓之人之人也。惟圣人而始得为人中之人,则不至于圣而为人中之非人也亦宜,然圣人尽性而已。性无涯充之满,则圣人性无欲减之尽,则圣人为其所不为,欲其所不欲,是谓拂己之性。拂己之性不智,既拂己之性而又终堕为人中之非人,尤不智,是千古以来之虚生我,而六合以内之空有我也,是望于贤者思之而已。

万历癸丑夏四月,蒲坂张燀谨书。

39.韩梅《池阳语录》序

先生颖悟夙成,治举子业时,每试辄售,所搆制秝出,关内外靡不人人㩟传,然先生已注意理学,迨子丑联捷,历玉堂乌府,弥铮铮有声,而向道之志弥坚。今观代狩齐、鲁,与弟子员讲论,足称洙、泗家法。再入中台,忠义激奋,上可薄云霄,而严可凛冰霜,识者谓浩气磅礴,亦其言责宜尔。比挂冠归,则恂恂大雅,似不能言,而理学益邃,从游者日益众,一时缙绅学士多执经问难,而农商工贾亦环视窃听,有非宝庆禅所能容者,当道遂为辟今关中书院,以聚生儒讲肆,即白鹿、鹅湖未之或过,是时教泽洋溢,风韵四讫。

梅私淑自艾,犹以不亲出大贤之门是惧,叨署原庠获侍皋比间,尝审视而毖察之见。夫屋漏衾影,大庭动履,无一不与。今日谆谆学约,合又无一不与昔日侃侃封事合。夫讲矣而不行,为世所诟;行矣而不尽符,所讲亦未厌世所望。先生惟身有之,故不觉言之,亲切而有味,且其一段盛养,光辉俨然太和元气,又不止泰山岩岩而已。

我关中自横渠氏以来几数百载,以迄明兴,教化翔洽,远出前代。黄河源自天上,太华高插云端,风气浡郁,真儒崛起,其嗣续《西铭》,溯源周、孔,以翊国朝崇儒重道之化,此实天数,非独人事尔也。

辛亥冬,先生游池阳,其间闻风兴起,追随步趋者,坊里几空,梅复获侍于清河南北禅寺,更觉闻所未闻,方谋录先生语寿梓,而张生有德、房生建极、党生还醇辈已先之矣。先生语录共若干卷,池阳特其一斑耳,然从游我辈讲学以析理事功、节义、文章、道德、以标格主敬,以沿宗旨,成终以究归宿,则一斑也而全豹已该。先生实大声宏,今上久道励精,在廷大臣广从人望,采诸节钺,直指久近,奏议交章累牍,力为推毂,则先生指日还朝,自是语录转为经济,尧、舜君民千载一时,俄顷间耳。乃其作人至意,犹勤勤恳恳不辍。今观录中命定二绝,超然物外,真是蔬水浮云气象,至以"难逃徒惹"四字,直砭末世利名膏肓,则先生之有功世教,媲美前贤,兹可得其大概云。

尝忆王文成以武功牛耳斯文,先生以直谏主盟吾道,功力庶几相当,而揆厥所自。文成一代才人,先生尤三秦豪杰,起家亦略相仿。昔孟氏以空言存什一于千百,昌黎氏谓其功不在禹下。夫禹与孟氏主臣异地,然惟其功,不惟其地也,则夫文成之与先生,正先后相望,而并为明儒宗,条列洒洒,尤万世而下,薄海内外,诵法孔氏者之指南也,讵区区训一池阳士而已哉。是为序。

万历四十年岁次壬子春二月,三原县儒学署教谕、门人城固韩梅顿首撰。

40. 周宇《冯从吾奏疏》序

草莽臣曰:余读冯柱史仲好氏四疏草,盖重慨,窃有祝云:人有恒言,主圣臣直,圣有容容祝用,直尚切切祝俞,此臣主相成,圣直交感之会,盖千载一时,自古难之。柱史早抱奇瑰,颖出西土,起家已丑进士,储秀馆阁,简登台宪,谏固其职也。就列未几,而移疾在告。还朝未几,而忽赐罢免。计先后恪共乃职不三二稔,辄毅然联疏飞霜,其纠胡斥江,力奋神羊,一触已称骨鲠。若壬辰春正一疏,直气凌霄,谠言犯阙,佹触霆威,幸转春煦,闻者为之吐舌,咸颂圣之容、圣之容也。丙申之罢,或尚权舆于此。赋归以来,萧然四壁,脱屣凡尘,初犹聚徒古寺,牛耳道源。既益屏迹闭閤,足下不履寝阈。于是过辙者必式门闾，观风者竞表宅里，缙绅恻井渫，中外望严起，两台使车洊举遗佚，嗟嗟不拜赐环，焉望前席？硕人、考槃，谁何补阙？在《易》“否”“泰”“剥”“复”，理若循环，但愿圣主元默，功至锐意维新，隐时艰而求旧人，召贾傅于宣室，起唐介于裔土，兹草莽病臣所为慨，而日仰天窃祝焉者。

或者乃谓信而后谏，训在语中，柱史迹未煖而骤危言，无亦左斯道乎？余谓此非所宜论臣职也。信而后谏，若所谓勿欺而犯者，蚳蛙以数月不言见讥，子舆氏奚必信。近闻勋戚上卿，相与连篇累牍，规切时政，不啻维百，宁无一信，率亦群然，屏息伏听，诏书之彰信而未获报，如之何为？柱史祝尚自慎理药物，恭候恩纶之日下，鱼水交成，傥容斯用，而切得俞方来有待，慎勿遂遗斯世也。

万历癸卯仲冬阳复日，江关倦客周宇子大甫谨序。

41.乔允《冯氏族谱》序

冯氏故无谱，谱之作自侍御少墟公始也。侍御方为诸生，即从德清许敬庵先生讲明义理之学，其指要在敦实践而诎空谭。已连成进士，由中秘出为御史，寻以直道忤时免归，益与同志倡学关中，所著述板行多种，谱其一也。

夫自宗法废，而天下无世家，历世滋蔓，子孙至不知祖宗名行，与身所自出。族属不相识，有如路人，贤者伤之。谱所以原世系，序昭穆，使民相亲长，而敦本不忘。盖保姓鸠族，扶义翼教之善物也。尧、舜之道，不越孝弟，人人亲其亲，长其长，而天下平。圣贤学脉，端在于此。侍御生平以之自修自证，内圣外王，资养深矣。族谱之作，所谓是亦为政者也，苟有用我，即执此以往，宁有二道乎哉？

侍御往在中秘省试，《原心记》大为王文端公所赏识，欲留之，遂以冠诸卷，他相乃抑置第二。即第二矣，例亦当留，而竟不留。侍御处之，裕如也。居恒雅以道自任，动容周旋，悉中规矩。终日与谭，绝不见一言有所依阿，侃侃刚直之节已知世必不能容，岂待为御史？发奸指佞，始为忌者所甘心哉？侍御身退而名益重，实学实行，里人化之，天下信之，年来起用之章屡上不报，朝野无不惜之，乃侍御则但知孳孳问学，若将终身焉？嗟乎！嗟乎！国家有真儒如是，而不使及时行其所学，为海内一道同风用佐圣明雍熙之治，而仅仅施家政于族谱，可慨也夫。

旧治年弟宁陵乔允顿首撰。

42. 陆梦履《冯氏族谱》序

盖余读《冯氏族谱》，而不觉怃然也。夫人产是土，犹曰：是吾桑梓之乡。即欲他徙，且顾瞻徘徊，而弗忍去，况其本支百世，为身所自出者耶？若之何？其身所自出也者，而途之人视之，于是有宗法。宗法者，合涣而统于一，沿流而溯之源，是敦睦之轨也，于是有谱牒。谱牒者，缘伦叙位，缘位著名，支衍之而图列之，是纪乘之遗也。故谱牒，本以维宗法于不废，而谱牒之滥也，宗法之废益甚，以至于不可复。则其说始于司马子长，而应邵、王僧孺、柳冲、路淳、韦述、柳灿、张九龄诸人继之。大都抑新门而袭旧望，耻寒畯而附通显，急夸耀而缓推崇，甚至综核姓氏，以门第官人题名慈恩，皆以望族而遥遥华胄，识者掩口，亦足羞矣。

尝试观孩提之童，其父母鹑衣藿食，至贫贱也。有朱门贵戚，欲抚而育之，则怫然不愿，而宁甘其鹑衣藿食者，此至情也。乃学士大夫而反孩提之弗若，岂不异哉？幸有宋诸儒讲明宗法，而庐陵、眉山二氏著为宗谱，庶几古之遗意焉。今冯氏谱，实取法庐陵，世经人纬，类史氏年表，或以讳，或以名，间述一二行实，粤自始祖，逮于今兹，而旁及外家，一洗魏、唐牵合之陋，而往往于尺幅只字间，敦本阐幽，义指具备，又类谷梁氏春秋。嗟乎！是可以风矣。余族故业农，而吴中陆氏为著姓，人亦有以梁公告身与进者，意颇厌之。而冯侍御兹谱，适符合也，遂不辞不文而为弁诸首。

万历丁未九月朔旦，年家后学昆山陆梦履谨拜手撰。

43. 余懋衡《关学编》序

理学一脉，其盛衰关世运高下。然自东周以还，圣如孔子厄于无位，不得行其所学，徒与弟子讲业于洙、泗之滨，晚而赞易、序书、删诗、修春秋、定礼乐以俟后贤，令斯道不终坠，所谓圣人既往，道在《六经》也。孟子绍之，皇皇救世，所如不合，徒讬空言，今所存仅七篇遗书耳，又不幸火于秦。佛于东汉、宋、梁、陈、唐，老庄于晋，经既阙讹，学又诞幻，至功利之习溺，文辞之尚牵，渐靡成风，末流莫挽，盖不知理如何，学如何矣。宋自濂溪倡明绝学，而关中有横渠出,若河南二程、新安朱子后先崛起,皆以阐圣真、翼道统为己任,然后斯道粲然复明。

关中故文献国,自横渠迄今又五百余岁矣,山川深厚,锺为儁彦,潜心理学,代有其人。逌我明道化翔洽,益兴起焉,如泾野则尤称领袖者。侍御冯仲好氏,关中人也,弱冠即志圣道通籍。不数载,以言事归山中,闲暇日,惟讲求正学,排斥异端,为拳拳所著《关学编》四卷,始于横渠,讫于秦关,计姓字三十三,虽诸君子门户有同异,造诣有浅深,然皆不诡于道。设在圣门,当所嘉与者,简册兼收,讵不宜也。其书以"关学"名,为关中理学而辑,表前修,风后进,用意勤矣。

余不肖向往古昔有年,且居子游之乡,产晦庵之里,彬彬名儒,不一而足,未能博稽精论,仿仲好体裁,次为成书,坐视先哲遗迹放失,媿矣,罪矣!仲好有此举,叹服良久,遂属长安杨令募工梓之,用公同志。盖理为人人具足之理,学为人人当讲之学。编内诸君子,其力学以明理,明理以完性,皆人人可企及者,非绝德也。由诸君子而溯孔、孟,是在黽勉不息哉。衡虽鲁,敢为同志共勖之。

万历戊申八月念八日,新安后学余懋衡书于朝邑之贞肃堂。

44. 李维桢《关学编》序

《关学编》者,侍御史冯仲好集关西之为理学者也。其为孔子弟子者四人,学无所考。于宋得九人,于金得一人,于元得八人,于明得十五人,诸附见者不与焉,皆述其学之大略,为小传,授受源委可推求也。

夫伏羲画卦,为关西万世理学祖,至周有文、武、周公父子兄弟,号称极盛。周之后,置他闰位不论,西汉、李唐有天下最久,无能为理学者。至宋,乃始有周、程三先生兴于濂、洛,而张子厚先生崛起关西,与之营道同术,合志同方。盖当是时,禅教大行,先生少年亦尝从事于斯。久之,悟而反正,以为佛门千五百年,"使英才间气,生则溺耳目恬习之事,长则师世儒宗尚之言,因谓圣人可不修而至,大道可不学而知。人伦不察,庶物不明,上无礼以防其伪,下无学以稽其弊,诐淫邪遁,乱德害治。"其持论深切著明如此。信乎,所谓"独立不惧,精一自信,有大过人之才"者矣。程子谓博闻强识之士,鲜不入于禅,卓然不惑,惟子厚与邵尧夫、范景仁、司马君实,岂不难哉?同子厚,游二程门，如游定夫以克己与四勿不相涉，吕与叔以喜怒哀乐未发由空而后中，杨中立因而执之，谢显道以知觉为仁。四先生且然，况其他乎？吕微仲表子厚墓称："学者苦圣人之微，而珍佛之易入。横渠不必以佛、老合先王之道，则子厚先生著书立言，攘斥异学，生平所苦心极思，几不白于世矣。"迨其后也，鹅湖、慈湖辈出，而周、程、张、朱之学日为所晦蚀，然关西诸君子尚守眉县宗指。近代学者左朱右陆，德、靖之间，天下靡然从之，关西大儒亦所不免。明圣学，正人心，扶世教，安得起子厚于九京而扬扢之哉？

仲好之为是编也，直以子厚承洙、泗。汲公略见《进伯传》后，虽乡里后进，未可显斥先正之过。其学术醇疵，胪列吧分，以俟夫人之自择，而毫厘千里之差，隄防界限之严，详于辨学、疑思二录中，要之以子厚为正。故关学明，而濂、洛以下，紫阳之学明，濂、洛以上，羲、文、周、孔之学亦明矣。余谓仲好有远虑焉，有定力焉，有兼善之量焉，有继往之功焉。若夫侈说其乡人，以为游谈者誉，造作者程，非仲好意也。

大泌山人李维桢本宁父。

45. 张舜典《关学编》后序

夫天覆地载，日照月临，凡有血气，莫不有性命，而道在焉。道在而由之知之，则学在也。奚独以"关学"名也？

关学之编，少墟冯侍御为吾乡之理学作也。吾乡居天下之西北脊，坤灵淑粹之气自吾乡发，是以庖羲画卦，西伯演《易》，姬公制礼，而千万世之道源学术自此衍且广矣。子曰："文不在兹乎。"又曰："吾其为东周乎"，则西方圣人发挥旁通，东方圣人怀而则之，其揆一也，此载在《诗》《书》，无庸复赘。故此编惟列孔子弟子四人、横渠先生而至今，无不考而述焉。故不载独行，不载文词，不载气节，不载隐逸，而独载理学诸先生，炳炳尔尔也；不论升沉，不计崇卑，而学洙、泗、祖羲、文者，无不载焉。少墟之用心亦可谓弘且远矣！不然，自张、吕诸大儒而外，如不列于史册，则湮没而无闻，后死者恶得辞其责也。

书成，人无不乐传之。然则，是学也，果何学也？诵是编而印诸其心，即心即学，即学即羲、文、周、孔未见有不得者，奚止论关中之学，即以论天下之学，论千万世之学可也。

万历岁次己酉正月人日，后学岐阳张舜典书于澶渊之闇然亭。

46. 李日宣《都门稿汇》草

犹记都门从诸老于古隍，落日空庭，积雪下也，视少墟先生凝然冲然，正色而却寒威，冷语以破嚣氛，一时汉官威仪恍然复睹，邹、鲁遗风，唐、虞盛际猗与盛欤！时虽同志相与为贺，而有识还复虑危。无何一番风雨，鸿鸰差池，畴昔坐风立雪之场惟见冻云护宇，凉月照扉，亦可畏矣，亦可怀矣。顾此道关乎气数，实繇道命。

先生以三十年来缺事，复之一朝，莫能卒岁。以今视昔，或亦天之所以玉老成也，而宣又记一日与先生静坐，先生深谭"少不得、算不得"六言最痛快。窃尝以此仰窥先生吃紧工夫，全在算得处做，而不肖则谓即此少不得处，便自有个算得者在，因念我辈行世，不徒仕进一路，固见少不得，算不得，即讲学亦然。如今之论学者说躬行，说反求，说默识，说退藏于密，其视讲习讨论不啻如糠粃刍狗，了不相涉。顾细思之，亲师取友原属学问得力，而审问明辨犹为力行，入路此处但少却些些，便不合算。若论尽头一着，并躬行、反求、默识、退藏于密都算不得，到算不得时，即尧、舜事业亦不过太虚中一点浮云，过目何有于他，然则天下更有何事足以人算者。

都门红尘，满道眼目，稍不清多被风沙瞒过，赖先生与邹南师、曹真师及其余婺源、锺益都、乔孟津、高无锡、陈宜兴、郑建德及敝乡萧庐陵、邹安成、饶进贤诸老，后先登进，提撕其间，如醒醉眼，如沃垢口。今二先生虽远去，春明而一片饩羊地，犹时令人过而起肃，则幸有先生之《都门日抄》在。余行部关中，得卒业，稍为先生编辑，属邹西安为广而传之，使人知落日积雪中，犹有正色冷语者，谁谓风急天寒夜，遂无当门定脚人。请以质之先生。

天启甲子孟春元日，通家晚生吉水李日宣序。

47. 叶向高《都门语录》序

世之病讲学者有二：曰伪，曰迂。此二者诚有之，然伪者对真而言。天下事无独必有对，有阳必有阴，有善必有恶，有君子必有小人，有真则必不能无伪，凡事皆然，何独讲学？若迂之为言，则自古圣帝明王制礼作乐经纬天下，何事不近于迂？今之科举，以时艺取士，其迂尤甚，而世不能废也，何独于讲学而迂之，而欲禁绝之。夫伪学口夷行跖，不必论矣。彼真迂者，不过腐烂而不适于用，惟谈空说幻，引佛老之近似，以窜入于吾儒，此非迂也，乃伪之尤耳，又其甚者，反驾二氏于孔、孟之上，显然叛此而即彼，此乃贼耳，何止于伪？

吾观少墟冯先生之讲学，言言辩义利，正纲常，力辟邪说，使人反躬实践，惟心身日用人伦物理之为兢兢，由其说则身修、家齐、国治、天下平，背其说则害于其身，凶于其家，贻祸于国与天下，何如近里，何如切实。而先生生平立身行己，居乡居官，又无一毫谬于圣贤之教，可谓极真而不迂矣。以先生而讲学，何不可耶？当南宋时，学禁甚严，岂不以为迂以为伪，而不知此名一立，则必以学为讳。以学为讳，则必以正心诚意之说不可闻于人主，夫使人主而不闻正心诚意之说，天下岂得不乱不亡？此皆理势之必然者，故余以为今日讲学，正当讲其不伪不迂者，以力救迂伪之习，使天下晓然。知学之有补于世道而不当禁，此固冯先生意也。

明兴，真儒不乏，而儒效未章，其弊在于不讲圣贤之学，而讲自己之学，又在于借圣贤之学以文饰自己之学。夫学至于孔、孟已至明至尽，无可复加，学圣贤者，只当就其意以发明，不必别开门户，而近儒必自出一意见，自立一题目，偶有所窥，遂自谓不传之秘，以号召天下，而天下亦遂宗之，曰：某氏之学。故愈讲愈支，伪儒益得借以自匿。今冯先生所讲，皆圣贤之学，而未尝自标为冯氏之学，其所最辟者，尤在于佛氏之心性与近儒之“无善无恶”，而一皆取证于圣贤，不以一毫私见与角是非。如此讲学，可以万世而无弊矣，谁得而病之？先生到处有语录，门弟子记之，分为数种，汇刻于都门，余得而寓目焉。因记旧岁，有以讲学攻先生与邹南皋先生者，余深折其非，然二先生竟以此去。夫二先生皆今世之儒宗也，余不能为世留二先生，意甚愧之，故于兹刻，敢效一言，使世之君子取而读之，其必不以讲学为伪且迂也，则其所裨于世道亦不浅矣。

天启癸亥冬孟友人福唐叶向高序。

48. 刘宗周《都门语录》序

冯先生，今之大儒也，倡道关西，有横渠之风，而学术醇正似之。其教人多本于人伦五性，惓惓于正人心，息邪说，判人禽凡圣之所以分于最吃紧处，为海内学者所尊信。比官京师，会东逆逼江海，羽书告急，远近震恐。先生慨然曰："此学术不明之祸也。"于是限日，率同志士绅于城隍庙斋房为讲会，一时人心帖然，若不知有逆祸者。余尝侧席讲下，见先生论说绝不作训诂伎俩，第于学不可不讲，与今日不可不讲学处，泠泠转叠，使人恍然有省，而其诚意恳恻油然盎然彻人肺腑中，不觉顾化之妙，于是士之向往日益众，轮蹄云集，至不能容，则创为首善书院以居之。未几，佥人目为迂阔，异议藉藉，而先生拂衣去矣。其教言为友人王堇父辑录，予得卒业焉。

夫昔者禹抑洪水而天下平，至孟子辟杨、墨，明先王之道以救世，识者谓功不在禹下。方今外祸，当事者议安攘，茫无借箸，乃先生独以讲学为第一义答，亦孟子所谓"修孝悌忠信，以挞秦、楚坚甲利兵"之意也。当人心崩溃之余，先生仅以绪说妙论激发天下，当十万师，使天下晓然知有君臣父子之伦，三纲之道明而樽俎之容威于折冲，则先生学之所及，于是乎远且大矣。顾先生学足以行远方，而不能化同气之佥人。道足以遏寇氛，而不能息一时之邪说，则邪说之害果甚于外患，而益知讲学之不容已矣。先生岂欺我哉？今第令先生之道明于日星，彼邪说者终不能肆鬼火以凭人，则首善之地当兴。清庙明堂，永垂不朽。闻先生之风者，虽百世下犹将观感兴起，而况亲炙之者乎？谓先生今日之功不在孟子下可也。

维时狎主齐盟者，为吉水邹先生，道同心同而出处同，其教言相发明者，堇父亦别有刻，余辱二先生教最深，一时聚散出处之故，多系余感慨，姑缀数语于简端，以告同志，非敢谓智足以言先生之道也。

天启癸亥冬十月，东越刘宗周起东甫序。

49. 方大镇《闻斯录》序

"独学而无友，则孤陋而寡闻。"夫子嘉与子贱，必归于鲁之君子，故曰："就有道而正焉。"余不肖，筑室桐溪，绍明先君子之志，壹惟闇然是务，不欲求知于世，而四方之士或有取其一节者，余未敢自信。师心独学，乏就正也。宇内开社，若吉水、关中、虞城、婺源、无锡、嵊县并负当世之望，意欲负笈，而道阻且长，艰于行李，仰止亦已有年。会天启壬戌，诸贤既已次第集京师，而余亦谬领京畿之命，但以太夫人老，踌躇维谷，太夫人语之曰："主上新御，弓旌贲于四海，而畴昔向往诸贤，无弗应者，而奈何尚淹，不以此时捧檄，一就正其所学,更复何待乎?”余唯唯,遂行,至中山,再领大理之命。

先是邹先生、冯先生、锺先生立会琳宫,既数月矣,仲秋三日,余始厕讲席之末,月仅三会,会仅餔时数刻,然片晌可以当千秋,一语可以慰生平,机缘所值,故自不浅。乃未及两月,先生各别去矣。因笔其所闻于会中者,题曰《闻斯录》。盖夫子教冉求曰:“闻斯行之。”岂独为“求也进”欤?不逮则耻,不习则省,学者刻厉工夫,固宜如是,否则虽有闻,亦何益?余小子质非兼人,每患其退,所以纪闻者,激于进,疾于行也。恍然此会之未散,而虚往实归,庶几可以自信。长安功课,匪同浪游矣,是为引。

桐川宁澹居士方大镇。

50. 吕维祺《川上会纪》序

先是海内以学为讳,无复言讲学者。余谓所恶于讲学者,为其伪也,乃并其真者而訾之乎?岂因噎而废食耶?只不有其名可也。冯少墟先生之言曰:“讲学正要立个名色,使天下后世人人知学,成就方多。若怕世人讥笑,删去名目,只成就我一个人,恐道脉自我而任,便自我而绝。人只是恐人讥笑,故耻其名,不知不以不学为耻,而以学为耻,则可异矣。且讲而不行,可耻孰甚?讲而行,又何耻之有哉?”此其见大而言之,亲切有味,余不及也。

乙卯之役,余会先生于关中书院,所语如是,余闻而身之矣。至是先生被召为御史大夫,果以讲学逐,天下于是笑先生之不逢世,而以学为讳,尤甚于昔,乃有志之士则望先生若凤凰芝草,几幸一见焉。是日方夜,篝灯团坐,共质向日之所语于关中书院者,而先生语益进,诸生皆欲身先生者,而心嗜先生语。谓是日语多不能记,且不暇记。日向余问,则余忘之矣。诸生固问不已,乃仅记忆其所回答语数端,略为缀述,其忘者十之七,然以语求先生,则亦远矣。是日会者,先生若余及先生之门人孙绳祖、杨道兴,其子嘉年,其孙湛若、恂若,而舍弟吉孺氏,同诸生凡数十余人,邑长吏解君与焉。是为壬戌冬十有二月之七日。微风披拂,天寒欲雪。

新安吕维祺撰。

51. 叶向高《新建首善书院记》

赐进士出身、光禄大夫、大柱国、太子太师、吏部尚书、建极殿大学士,福清叶向高撰文。

赐进士出身、中宪大夫、太常寺少卿兼翰林院侍读学士，华亭董其昌书丹并篆额。

首善书院者，御史台诸君所创，南皋邹先生、少墟冯先生讲学所也。额曰"首善"者，以在京师，为首善地也。二先生语余："子为我记。"余曰："记讲学者，必其素尝学问之人。高不知学，何以为辞？"二先生固强之，余乃言曰：

古之所为教学，则庠序学校尽之矣。当其时，里党之所习闻，师儒之所修明，舍三德、六行、五伦之外，无他物也。自邹、鲁兴，龂龂于洙、泗凫绎之区，始言心、言性、言道德仁义，而其指归不出于孝弟。时庠序学校废，而贤人君子之志于学者，始欲得圣贤为之依归，以共维世教于不坠，其上下之相为补救如此。汉、唐以来，以杂途词章取士，置德行伦常于不讲。至宋，而濂、洛、关、闽诸儒乃复绪邹、鲁之微言，转相授受，鹿洞、鹅湖始有书院，以聚徒讲学，亦杏坛之遗意也。

明兴，设科罗才，虽取词章，而学宫功令载在卧碑者，一本于德行，至以"明伦"额其堂，其大指与三代同。而末流之弊，逐功利而迷本真，乃反甚于汉、唐。贤士大夫欲起而维之，不得不复修濂、洛、关、闽之余业，使人知所向往，于是通邑大都在所皆有书院，而京师独阙，欲讲学者率寄迹于琳宫梵宇黄冠缁流之所居，而无一敬业乐群之地，盖二百余年于兹矣。

夫大学之道，明德新民，归于止至善。其释止至善，首言邦畿千里，维民所止，其重邦畿如此，要其所止，又不外乎君臣父子之伦。盖圣人之教人明白显易，不为奥说渺论又如此。夫惟君臣父子之伦明而后朝廷尊，朝廷尊而后成其为邦畿，可为民止，故曰："商邑翼翼，四方之极"。会极会此，归极归此，此之谓"首善"，非他之通邑大都所得而比也。二先生之惓惓于此，意念深矣。

吾所为邹先生之学深参默证，以透性为宗，以生生不息为用，其境地所诣，似若并禅机玄旨而包括于胸中。冯先生之学，反躬实践，以性善为主，以居敬穷理为程，其识力所超，又若举柱下竺乾而悉驱于教外，要之于规矩准绳，伦常物理，尺尺寸寸不少逾越，与世之高谈性命，忽略躬行者大相迳庭。则二先生师世淑人之模范，又无不同。故凡谒邹先生盎然如太和元气之熏蒸，疑游华胥之庭；其见冯先生则屹然泰山乔岳，生仰止之心。

今合二先生振铎于邦畿，又适值天子道化覃敷，统接尧、舜，一时名流济济，如龙源锺先生辈相与于喁唱和，共明君臣父子之伦，阐皇极以示会归，使凡有志于大学者，毋以至善为荒唐，而唐、虞 三代之治可复还于今日，则其所补于世道，岂浅鲜哉。往徐文贞在政地，好讲学，朝绅或借以为市，江陵矫之，至尽毁天下之书院，使世以学为讳。

余愧不能为文贞，奉二先生于皋比，而幸与之同朝，时聆其謦欬，又读其论学之书目，睹书院之建，未尝不忻忻然有执鞭之愿。世得无执江陵之见，以俏余乎？余亦甘之矣。书院在大时雍坊十铺，贸自民间，为金一百八十两，皆三厅。十三道之所轮经记其事，则司务吕君克孝、御史周君宗建。以天启二年冬月日开讲，是为记。

吴郡温如玉、南唐张应召同摹勒上石。

52. 翟凤翥《重兴关中书院序》

闻喜翟凤翥撰

关中书院，明万历间当道诸公为少墟冯先生讲学设也。先生正学大节详志传中，与邹南皋、曹真予、冯慕岗诸公称理学名臣，表表一时，而书院与白鹭、弘运并著，堂构岿然，号舍布列，前开泮沼，后起中天阁。肖至圣像于其上，岁时祀之。从先生游者至五千余人。关中书院之盛，近古未有也。

天启朝，珰党柄政，夺先生官，又以其党郇瑕之乔抚关中，毁书院，移阁城隅，曳先师像，为佻傥所狎文。子云："吾道中天者，城阙一隅而已。"时有地震之警，珰逆诛，书院随复，阁还旧址，益大之。都御史刘公广生，直指吴公焕、吴公甡暨布按诸公，即以先生木主龛于其堂，与先师并祀春秋。壬午，孙督军假寓弗安，筑还之。皇初肇鼎，暂贮火药，嗣有欲材其阁者，以像故，弗敢动也。梁桶半颓，雨风不蔽，圣体暴露，与向之曳狎城阙等，人心其安之？

日者，天子重道崇儒，广厉学宫，而以礼乐俎豆之地委诸草莽，则又当道者过也。余不揣越俎，以绅士之议，请诸院台恢复前业，以祀先贤，以启后学，佥曰："善。"且祈各输捐，以佐厥工也。

噫嘻，佛老之宫、淫邪之祠遍天下，优夷优塞之徒争以金钱事之，而其弟子又不惜烧指跣足，持钵延乞，以庄严其珠宫琳馆之脱臂于手眼者，圆满功果也。吾辈师祖何人？名教何地？蓁蓁芜芜，付诸秦灰，抑亦佛弟子弗若矣。振绝学而起之，其功果又何如乎？

弘运书院，曹先生之教，余双吕见齐诸君子世守之矣。旧岁走吉阳，登白鹭洲，堂阁坊舍，南皋遗迹，焕然聿新也。关中为自古名都，先师之灵、少墟先生之祀独可听其弃置而弗为之所乎？复则实愿与诸同志共成其事，足觇文教之大振也。是为序。

巡抚陕西等处地方、兵部尚书、都察院右副都御史加二级贾汉复谨募。

53. 康熙校梓《冯恭定公全书》跋

先祖《恭定公文集》传世已久，其版藏关中书院。兵燹后，遗失弗存。澄若等鬻田购搜，十年始获一集，而力之刊，不果，遂无以应求者，夙夜怀恧焉。今上龙飞十有二年，值总督鄂大宗师首倡道学，上接周、程，延中孚李先生，率多士讲学关中书院，复立先祖木主于中天阁下，慨然垂问前集，而邑父母郭遂以实对。蒙愍全书湮没，传之不永，因谋之督学洪宗师捐俸，重付剞劂，阅二载乃竣。旧集既焕，典型匪遥，硕辅佑文，于斯为至，不但澄若等瞻注祖武如在耳目间也。览者鉴之。

康熙乙卯桐月，嫡孙澄若、溥若，曾孙续先、绳先仝识。

54. 光绪校梓《冯恭定公全集》跋

钦命总督陕西军务、兵部尚书、右侍郎兼都察院副都御史鄂善恭阅。

钦差提督学政、陕西按察司佥事洪琮重校。

嫡孙冯澄若、溥若，重孙续先、绳先，元孙世泽、德馨、德庆、德润，六世孙廷献、廷遴、廷祥、廷彦、廷玉、廷杰校正。七世孙毓英、毓阑、毓栋、毓芬、毓元、毓莳、毓棨、毓芳、毓蕙、毓芝，八世孙秉贤、秉信、秉坤、秉乾、秉仲、秉文、秉良校正。九世孙金甲、澍甲、腾甲、启甲、振甲、承甲、兴甲、登甲、裂甲，十世孙光宗、建宗、绍宗、继宗、效宗、培宗校正。

康熙癸丑仲秋望日重刻。

55. 补刊《冯少墟集》书后

丙申秋，偶读《冯少墟先生集》，喜其学术纯正，语言明透，快心满意，如餍粱肉。嗣知先生之学，乃继横渠、泾野而特起者，有此模范，恨不及早遇之。

因念吾秦讲学之盛,代不乏人,近得三原复斋贺先生一倡导,甚有端绪,忽焉告终,此风又歇,使此书果能盛行,未必关学不复振也。第集板残阙过多,势难再印,欲加重镌,又非力所及。友人冯凤舞夙有补刊志,复屡致丁嘱,心久识之。矧补刊,需费亦省,遂往就商。且众同志孙学让、石确以共襄此举。幸塾师合阳雷柱亦笃嗜此书,爰与详加雠校,正其错误,理其纷乱,漫灭者易之,破烂者完之。命梓修葺,历三月而工粗竣。统计工一百四十五,需银二十二两。杂费共用银九两七钱。奈苦乏巨资,不能多摹,兹仅得一百五十部,已属勉力。有能广为刷印,尚有待于来者。总之,今兹之举,惟冀是集之行,览者多而悦者众。倘此学日明,于世道人心必将大获裨益。若更有贤士大夫深思斯道之坠,肯慨然集资重镌,以期永久,则又今之所厚望也。

光绪二十二年冬月,华州马天佑谨记。

56. 周传诵《关中四先生要语录》序

今学士大夫谁不知有泾野、溪田、苑洛、斛山四先生也者,第或浮慕其节义,风猷彪炳当世,不知此其绪余耳。乃四先生居恒论说,有一息不以身心问学为兢兢哉!以故克养宏深,注厝自别,知非袭取口耳者可同日语也。慨自藻缋风胜,好修道微,流俗相沿,极重莫返,濂、洛、关、闽之学几为绝响,间有讲者又或高谈性命,脱略庸行,勦说瞿昙,支离圣轨,不惟不足以力挽流俗,且为流俗藉口,于是乎讲学之名,世且厌闻矣。此固惩噎者过,亦徒讲者咎乎?然百尔君子,谁能须臾外此道此学,以律身应世,而语稍及之,即相视缄口,胡其隘也?嗟夫,道不远人,随在各足日用饮食。归有余师,若可无讲,顾纷华易悦,方寸靡常,不有提撕,寐者焉觉?亦安可不讲?不然,是审问明辨皆赘词,而宣圣吾忧为过计耶?吾关中四先生继出,卓立于纷纭波荡之中,毅然以斯道为己任,有所发明,慥慥乎率躬行切近语,见者信其为有德之言。今遗训具在,读其书,论其世,参前倚衡,用以自淑,而身心言动有不粹然一归之正,以免于盭者必不然也。然则讲乌可废患讲者不四先生耳?余不敏,懵不知学,幸生四先生之乡,又友人冯仲好氏笃志力行,昕夕过从,时举四先生语相勖也已。仲好氏曰:"兹学之不讲久矣,四先生之教,吾愿与志学君子共焉。"因出其所录要语四卷示余,遂谋付剞劂,而缀数言于简端,且喜从兹得便于检阅观省,庶几乎日与四先生对也。

万历乙未春日，关中后学周传诵谨书。

57. 李元春《冯少墟关中四先生要语录》序

少墟先生既辑《关学编》，又有《四先生要语录》，"四先生要语"即见关中诸先生之传授矣。四先生在关中尤表表者，具有全书，得其全书而读之，幸也。不然，得此数页遗言，日日诵习，亦可也。然此录今人尚少见者。忆予少时从先河滨家烂帙中阅此，记泾野语一条云："居翰林七八年，衣一布袍，惟何子粹夫一人。"遂铭之于心，负装走京师二十年，服粗食疏，不随人俯仰，不受人馈遗。守此志尔，亦可见此书之益人矣。幸此书未失，搜得之，间加注语，付之梓，以公于人。有同志者当知共宝之。

李元春又育甫。

58. 毕懋康《元儒考略》序

曩余于役关中，尝过冯先生所，商订圣贤之学，先生每称引古昔，探源穷本，时吐濬心，铲诠冶灵，靡不砉然解答，然两忘。己巳，读先生集，有同时同修之好，为序而梓之。已读先生更订泾野语录，仰止先哲益笃，为序而梓之。于是，证信质疑，咎移呈转，亹亹不倦，先生尝言："东夷有圣人，西夷有圣人，距千余里无二揆，此心此理同也。上世有圣人，中古有圣人，千余岁无二揆，此心此理同也。清明熙洽，草昧昏乱，时异代殊，始终无二揆，此心此理同也。学士家不洞宗穷理，摄归心性，纵事功文章满天下，徒然枝叶伎俩耳。濡首褰裳，奚获也？"再出所纂《元儒考略》，观之，余瞿然避席，曰："勤哉！远哉！先生之学也。勤以忽励，远以近溯，辟之脈然，经举而络张，络断而经坏。孔、孟为经，而宋诸儒为络。宋诸儒延其脉，至元且几欲绝矣。张元所以举宋，所以继孔、孟，如线相续，罔俾断坏，岂不渊哉？甚矣！先生之勤于志，远于任也。夫当元之代，是天地一晦冥也。时晦冥而人欲清夷则难。上任晦冥而下任清夷，则又难。元诸儒生逢不辰，杂侏儒兜杂中，兵燹逼侧，求死不赡，上无庠序之养，下无师友之承，乃能闻风向道，续绝学之脈，崛起坌浊腥秽之世，是真豪杰士也。不知其人可乎？虽然士有幸不幸，遭际使然，顾阐微抉幽，君子志也。许鲁斋氏仕元，生居显位，殁被嘉号，我更加重从祀，孔庙为巨典，其选矣。若德安赵氏，开北学之宗；容城刘氏，纂考亭之胤，学行粹然，一轨于正，皆终其身不仕元。清风穆如，闻者兴起，此其应祀庙庭，当不后于许，而今何没没也。说者谓二氏有君不事，其巢许之流乎？蒙窃否焉？当尧、舜时而挂瓢洗耳，其人亦龊龊者尔。彼耻事夷主，终不受禄，以明志。且也讲学授徒，开一代群蒙，辅君相所不逮。使当尧、舜时，其所就讵止，竖咫尺之义者，惟是祀典，綦重矣。然人与典实交相为重，论其世，考其人，克灼知厥若矣，岂其使有遗典，将遏佚前人光，故夫美玉蕴于碔砆，凡人视之怢焉。不砥不知其珍也，精炼藏于矿外，庸人视之忽焉。不铸不知其干也，然岂独石有玉而矿有金哉？儒以经纬纲常，建植轮轨。首阳之饿，信国之忠，千古犹有余烈焉。讵以二氏而不得比于俎豆耶？”余聊表而出之，俾有志论世者采焉。

万历乙卯二月望日，新安毕懋康撰。

59. 邹元标《古文辑选》序

李、汉之文者，贯道之器，不深于斯道有至焉者，否也，是以韩子深于道矣。然读其《原道》一篇，首以博爱为仁，及定名虚位，知道者视之犹自有间。文何容苟言？然知文者亦难蔽陷离。穷益氏知言盖自有本，原望后学所易窥者。今去益氏无远，而所谓离经畔道者塞天下。至言，文也；莠言，亦文也。莠之与嘉谷相似，而害嘉谷益甚。今文亦质后生，末学浸入肺肠，其生心害事为祸不浅，冯仲好先生忧之，自春秋列国以至汉、唐、宋、元，择可为训者曰：《古文辑选》，令诸从游者不眯目而走失。径善先生，知道者也。知道则知文，其可传无难，素惠诸生，心良勤矣。言子贡学既有得，曰："夫子文章可得而闻，性与天道不可得而闻。"说者谓不可得闻，是夫子有所秘，而不知性与天道尽在文章中。离文章，别无性道。离可闻，别无不可闻。由其可闻者，悟其不可闻者，是在诸生矣。内宋张大儒文，予欲别为一册行世，先生曰："仍之请于《定性》《识仁》二书，而轻读过。"

吉水邹元标书。

60. 周邦基《古文辑选》叙

文也者，古之圣贤所庸以绘己之心，而留为世诏也。苟自知其心矣，即六经五口注充栋，与片牍奚异？自举业词章之学出，务割菁藻以缀隋枝，春华秋实裂而为两，道亡而文亦亡，关西冯先生有忧焉，乃于讲学之暇，缉选古文，大率以不谬于圣贤之心，而与《六经》近者为是，盖信学者之所务割而引之以为悟，心之梯航，意不在文也。嘻，宁独有贵于古文者赴于文，固甚深矣。

夫汉儒注六经而经亡，道浸不传千余年，而《太极图》《西铭》《定性》《识仁》诸篇出，购古文辞自雄者，反取鞅、斯、申、韩之余唾而踞其上，谓勃窣理窟亡奇也，此不足为文辞家诟病也。彼不知天地间以何为切着，不知求心而安知己之心为何状？不知己之心，则安知圣贤之心，而知太极诸篇之言言绘心也。菁华在前，又足以脍炙人口而贾声利，则安得不去民而取彼也。今缉选出而兹习其少瘳矣。乎然不知其心而读其文，则亦一种粹精之古文，割之以资吾粹精之举业词章而已。两先生之忧当更大，余小子皆先生所忧中人，故附言诸先生后，令读斯选者知有贵于古文者在。

楚西陵后学周邦基拜手书。

61. 四库全书总目《少墟集》提要

二十二卷（江苏巡抚采进本）。明冯从吾撰。从吾有《元儒考略》，已著录。其《文集》初刻止於万历壬子。此本乃其次子嘉年益以癸丑以后至天启辛酉作，类序重刻。自卷一至卷十二皆语录，卷十三至卷十八皆诗文，卷十九至卷二十为《族谱》《 家乘》，卷二十一至卷二十二为《关学编》。盖生平著作，汇於此集。

其中讲学之作，主於明理；论事之作，主於达意，不复以辞采为工。然有物之言，笃实切明。虽字句间涉俚俗，固不以弇陋讥也。

惟其与朱童蒙争论首善书院讲学一疏，称“宋之不竞，以禁讲学故，非以讲学故也。先臣守仁，当兵事倥偬，不废讲学，卒成大功。此臣之所以不恤毁誉而为此也”。又郭允厚、郭兴治等劾邹元标，从吾又上疏力争，称：“京师讲学，昔已有之”云云。其说颇为固执。夫士大夫自甲科通籍，於圣贤大义，不患不知。顾实践何如耳，不在乎聚而讲也。维古极盛之治，有皋、夔、稷、契；亦越小康之世，有房、杜、王、魏、韩、范、富、欧阳，亦何尝招百司执事，环坐而谈心性哉。无故而舍其职司，呼朋引类。使其中为君子者，授人以攻击之间；为小人者，借此为攀附之途。党祸之兴，未必非贤者开门而揖盗也。至於谓宋之不竞由禁讲学，尤为牵合。考宋之党禁，始於宁宗庆元二年八月，弛於嘉泰二年二月，中间不过六七年耳。至於宝庆以后，周、程、张、邵，并从祀孔子庙庭；紫阳、东莱之流，并邀褒赠。理宗得谥为“理”，实由於是。盖道学大盛者四五十年，而宋乃亡焉。史传具存，可以覆按，安得以德祐之祸归咎於庆元之禁乎？”

从吾初为御史，拒绝阉人，劾罢胡汝宁，禁大计苞苴。又上疏谏神宗不亲政事，几遘危祸。后廷议三案，亦持正不阿，卓然不愧为名臣。惟此两疏，意虽善而未计其流弊。故附纠其失，俾来者无惑焉。

62. 四库全书总目《元儒考略》提要

四卷（浙江巡抚采进本）。明冯从吾撰。从吾字仲好，长安人，万历己丑进士，改庶吉士，又改御史。以上疏言事廷杖，历迁左副都御史。以争“红丸”“梃击”事乞归。起工部尚书，以疾辞，后竟削夺。及阉党败，诏复官，谥“恭定”。事迹具《明史》本传。

是编乃集元代诸儒事实，各为小传。大抵以《元史儒学传》为主，而旁采志乘附益之。中有大书特传者，亦有细书附传者，皆据其学术之高下以为进退，体例颇为丛碎，又名姓往往乖舛，如欧阳元别号圭斋，今乃竟题作欧阳圭。既以号作名，又删去一字，校雠亦未免太疏。然宋儒好附门墙，於渊源最悉。明儒喜争同异，於宗派尤详。语录学案，动辄灾梨，不啻汗牛充栋。惟元儒笃实，不甚近名，故讲学之书，传世者绝少，亦无汇合诸家勒为一帙，以著相传之系者。从吾掇拾残剩，补辑此编，以略见一代儒林之梗概，存之亦足资考证。物有以少见珍者，此之谓欤。

63. 四库全书总目《冯子节要》提要

十四卷（安徽巡抚采进本）。明冯从吾撰。从吾有《元儒考略》，已著录。从吾以风节著，而亦喜讲学，无锡高攀龙、高邑赵南星皆称之。时官京师，会讲都城，至环听者院宇不能容。终亦以此招谤。是编即其各地会讲之语也。

64. 范鄗鼎《冯先生集》前识言

先生讳从吾,字仲好,号少墟,陕西长安人。万历戊子举人,己丑进士,历官工部尚书,享年七十有一,赠太子太保,谥恭定。

鼎读《少墟集》二十二卷,敬识之曰:世之貌为理学者率多掇拾唾余,以炫己长,胸中未必能了了,而欲笔下不期期,难矣。先生诸《语录》,字字透露,直令听者手舞足蹈,而其理则与读书两录相表里,诗文亦复称是。前有横渠,后有泾野,今见先生,太华三峰,真关中大观哉!

鄗鼎识。

65. 刘得炯《关学编》序

理学之著明于世,天人之道也,性命之原也,此理人人俱足,此学人人可为,而卒鲜其人,何哉?盖两间之正气不能不有杂气以间之,理也亦数也,天无如人何,人亦无如天何也,然而秉懿好德,人有同情,故曰:"圣贤可学而至也。"其在易曰:"穷理尽性以至于命。"圣圣相传,心心相印,如日月星辰之丽天,毫发不爽也;如山河大地之流峙,万世不易也。外乎此者为杂学,而貌乎此者为俗学,学之途分,遂将酿为世道人心之害。圣人为一己正性命,即为天下万世开道统,上世羲、黄至二帝、三王无论矣。春秋、战国辟生民未有之奇,深私淑愿学之志,而濂、洛、关、闽千有余年而独得其宗,圣道之光大灿然复明于世。自宋至明,代有传人,至我清昌明正学,学者咸知理学之为要而翕然向风,无不仰慕前徽,希踪曩哲,得升其堂而嚌其胾。

余读《关学编》而深有感焉。是编少墟冯先生之所著也。先生讳从吾,字仲好,长安人,万历己丑进士。自庶常入朝,累有建向,然艰于仕进,生平笃志圣贤之学,四方从学者千余,人称"关西夫子"。乃举关中理学之可传者集为一编,自横渠张夫子始,共三十三人,将使前贤之学问渊源微之发明,圣道显之立身,制用卓然,不愧为学者以昭来兹,示典型,而新安持国余公序刊以传世云。

独是是编自明季至于今百有余岁矣,虽间有旧本,而版籍无存,恐迟之又久,澌灭殆尽,后之人即欲觅是书而知其人,其奚从而知之?余以寒氊薄植,固望关、闽之门墙而不得入者，虽然，窃尝有志于斯道矣，《易》曰："西南有朋。"从其类也。邑中丁巳进士赵氏蒲者与余同谱，现任仪陇县知县，其学务实行，居官识大体，号为知交，因邮寄书信，约为同志，捐银三十金，余亦捐俸数金，重为刊刻焉。

夫《四书》《五经》，理学之渊源备矣，国家垂为令典，以丹铅甲乙，匪徒记诵词章、取科第戈荣名已也。前君子以心入乎圣贤之心，而心有国理，后之人岂不能以心志乎前人之志而与之同心哉！并将少墟先生入于集中。而复斋王先生以布衣锐志圣学，四十余年不出户庭，甘贫乐道所难能者，亦续入焉，以就正于有道之君子。

噫，学者之浅深，性也；功名之得失，命也。正心诚意以修身，主敬致知以力学，而后性命一归于正，敢不折衷儒先，惟日孳孳以期共勉于诸君子之后哉！

乾隆丙子二月朔日，中卫后学刘得炯书于朝邑学署健中堂。

66. 李元春《关学编》序

《关学编》，冯少墟先生所辑，以章吾关学，即以振吾关学者也。先是吾邑赵廷璧先生尝重刻之，而学师中卫刘先生得炯即以少墟补入，又入吾邑王仲复先生，意皆勤矣。然此编人皆知之，而后学犹未能尽见。予不敏未能自振，顾恒欲人之胥振于正学，往与同志订《文庙备考》一书，邑中雷氏刻之，思此编亦不可不家置一册，因与及门共订，补入七人，续入二十人。既成，邮寄江西，质于同学漳州郡守霍子松轩。松轩以为此不可不公于人，而吾乡蒙君竟取付梓。有止予者谓将有僭妄之讥，予不以为然。

夫学为圣贤，人人事也。学之即不能为圣为贤，其可不以圣贤自勉乎？自勉于圣贤，即奈何不以圣贤为师乎？师圣贤又安能已于向慕之心，不急急飏前人之为圣为贤者乎？世之人惟自阻曰："我岂为圣为贤之人？"人或又有阻者曰："汝岂为圣为贤之人？"而亦因以自阻，斯世遂终无圣贤。况吾不能为圣为贤，岂敢谓人之不能为圣为贤，则又何嫌于以不能为圣贤之人望人之皆为圣贤也。止者又谓："所补所续，使学问行谊一毫不符，即恐有玷。"此论固然。然圣门弟子材不一科，品不一等，圣人有予有斥，有未及论列，而既以圣人为师，承其传者皆不可谓非圣人之学也。

此编有待补续，少墟固自言之矣。赵氏之刻，补少墟并及仲复，诚当，而论者犹以未入家二曲为歉。予正为续二曲，遂广搜罗凡，所得皆取之史志。又数十年，博访乡论，确然见为正学者，夫何疑于入此编中？如游师雄受业横渠，载之《宋史》，学术几为事功掩，然事功孰不自学术来？此疑少墟所遗也。他若在少墟前者，或未及盖棺，或与少墟同时同学及诸门人，少墟所不能入，又刘学师所未暇采也。至与仲复同时，二曲且漏，宜其漏者尚多，是皆乌得不补不续？而后之宜续者又乌能已耶？

呜乎，前人为圣贤之学，皆无名心，而后之人不可不章其名。章前人之名以励后学，补缀遗编与刊刻者同一心也。世之人不以为妄，亦或以好名议之。为所不当为而避其名可也，为所当为而避好名之名，天下之以好名败人自立为善者多矣。避之而诿诸他人，俟之后人，人尽如我，其又何望哉？

二曲少欲为圣学，乡人多阻挠之，甚有以为妖者。予自十四五即有志程、朱，迄无所成，今年过六十，刻此编，犹愿与同志共勉于二曲少时之所为耳矣。编中二曲以前补续者，予所录辑也。二曲及王丰川传，令及门王生维戊为之者也。马相九系马生先登之先，与同学诸人皆年过二曲，老始延二曲为师，一时皆称夫子，其学可知，即令先登为之传。孙西峰、王陵川近已皆入乡贤祠，则令吾儿来南为之传。

道光庚寅七月，朝邑李元春时斋甫题于桐阁学舍。

67. 贺瑞麟《关学编》序

关中之地，土厚水深，其人厚重质直，而其士风亦多尚气节而励廉耻，故有志圣贤之学者，大率以是为根本。三代圣人具见于经，不待言也。秦、汉及唐，圣学湮塞，知德者鲜。宋兴，明公张子崛起，横渠绍孔、孟之传，与周、程、朱子主盟斯道。早悦孙、吴，年十八欲结客取洮西之地，慨然以功名自许。及其撤皋比，弃异学，任道之勇，造道之淳，学古力行，卓为关中先觉，此少墟先生《关学编》独推先生首出而为吾道之大宗也欤！后之闻风兴起，代不乏人，莫不以先生为景仰，故一续再续，深书大刻，岂非以先生之学恳恳然属望于吾关中人士者哉？

吾友长安子俊柏先生，少喜谈兵，欲有为于天下，大类横渠，其强毅果敢，有足以担荷斯道风力，卒之志不得伸。近岁大宪延聘教授关中、味经各书院，三秦之士靡然从之。又倡议创立少墟专祠，盖思以少墟之学教人，并思以少墟所编诸人及续编诸人之学教人，谓非重刻诸编不可。刻既竣，君病日亟，手授门人，犹欲商订于余，且属为序，其用意关学如此，胡君竟不起疾也，悲夫！惟君生平重事功，勤博览，其论学以不分门户为主，似乎程、朱、陆、王皆可一视，虑开攻讦之习，心良厚矣！夫学为己者也，攻讦不可也，然不辨门户且如失途之客，贸贸然莫知所之，率然望门投止，其于高大美富，将终不得其门而入矣，可乎哉？是非颠倒，黑白混淆，道之不明，惧莫甚焉。学以孔、孟为门户者也，程、朱是孔、孟门户，陆、王非孔、孟门户，夫人而知之矣。先儒谓不当另辟门户，专守孔、孟如程、朱可也。孟子、夷惠不由而愿学孔子，岂孟子亦存门户见乎？

余尝三四见君，知其意不可遽屈，硁硁之守，老亦弥笃，意与君益各勉学，或他日庶有合焉，而今已矣，不意君犹见信，辄以关学相托，复取私录诸人而亦刻焉。窃恨当时卒未获痛论极辨，徒抱此耿耿于无穷也，吾乌能已于怀哉！学术非一家私事，因序此编而并序余之有不尽心于君者。倘不以余言为谬，或于读是编也，亦不为无助云。

光绪壬辰孟秋，三原贺瑞麟识。

68. 刘古愚《关学编》前序(代)

冯恭定公《关学编》首圣门四贤，卷一宋横渠张子九人，卷二金、元杨君美先生十二人，卷三明段容思先生九人，卷四吕泾野先生十三人。公序其前，而岐阳 张鸡山序其后，此原编也。丰川续之，则自少墟以及二曲门下诸子，周勉斋即续丰川于其后。桐阁又续之，则于宋补游景叔，于明补刘宜川诸人以及国朝之王零川。贺复斋又续七人，即列桐阁于其中，为续编三卷。丰川编，远及羲、文、周公，下及关西夫子而下，非恭定所编例，去之。刻既竟，乃书其后曰："自周公集三代学术，备于官师，见于《七略》，道学之统自关中始。成、康而后，世教陵夷，遂至春秋，大圣首出东鲁，微言所被，关中为略。降及战国、秦，遂灭学。汉、唐诸儒训诂笺注，循流而昧其源，逐末而亡其本。自宋横渠张子出，与濂、洛鼎立，独尊礼教，王而农诸儒谓为尼山的传，可驾濂、洛而上。然道学初起，无所谓门户也，关中人士多及程子之门。宋既南渡，金溪兄弟与朱子并时而生，其说始合终离，而朱子之传特广。关中沦于金、元，许鲁斋衍朱子之绪，一时奉天、高陵诸儒与相唱和，皆朱子学也。明则段容思起于皋兰，吕泾野振于高陵，先后王平川、韩苑洛，其学又微别，而阳明崛起东南，渭南南元善传其说以归，是为关中有王学之始。越数十年，王学特盛。恭定立朝，与东林诸君子声气相应，而邹南皋、高景逸又其同志，故于“天泉证道”之语不稍假借，而极服膺“致良知”三字，盖统程、朱、陆、王而一之，集关学之大成者，则冯恭定公也。于是二曲、丰川超卓特立，而说近陆、王。桐阁博大刚毅，而确守程、朱。

今刊恭定所编关学，即继以二家之续，盖皆导源于恭定，而不能出其范围者也。窃尝论之，同此性命，同此身心，同此伦常，同此家国天下，道未尝异，学何可异也？于词章禄利之中，决然有志圣贤之为，此其非贤即智。贤则有所为也，智则有所知也。为衣食之事，未有不知粟帛者也；知粟帛之美，未有不为衣食者也，故“理一分殊”之旨，与“主静立人极”，“体认天理之”说，学者不以为异，而其所持未尝同也。然则“主静穷理”，与“先立乎大”，“致良知”之说得其所以同，亦何害其为异也。明自神宗倦勤，公道不彰，朝议纷然，东林诸儒以清议持于下，讲肆林立，极丰而蔽。盖有目而无古今，胸无经史，侈谈性命者矣。纪纲渐坏，中原鼎沸，诸儒目经乱离，痛心疾首，遂谓明不亡于流贼，而亡于心学，于是矫之以确守程、朱，矫之以博通经史，矫之以坚苦自立。承平既久，而汉学大炽，以训诂笺注之为，加于格致诚正之上，不惟陆、王为禅，即程、朱亦逊其记醜而博，亦何异洛、蜀、朔角立，而章、蔡承其后也？

某少失学，三十后始获读《刘念台先生书》，幸生恭定公乡，近又谬膺关中讲席，为恭定讲学之地，乃与同志重葺恭定祠，而以其左右为少墟书院，因刊恭定所编关学，而并及丰川、桐阁、复斋之续，凡以恭定之学为吾乡人期也。窃谓士必严于义利之辨，范之以礼而能不自欺其心，则张子所谓礼教与圣门“克己复礼”，成周官礼未必不同条其贯，是即人皆可为尧、舜之实，而纷纭之说均可以息，亦何人不可以自勉哉！呜呼，是恭定望人之苦心，亦刊恭定遗编者之苦心也。

69. 刘古愚《关学编》后序

呜呼，此余友沣西柏子俊先生所刻《关学编》也。关学之编始于冯恭定公，王丰川续之，又刻李桐阁、贺复斋所续于后，而先生没已期年矣。先生病急，口授余义例为序于前，俾余序其后，余复何言？然习先生性情行谊，莫余若。而是书之刻，又多商榷；其所以刻，与资之所由来，及平日议论及于是书者，不可无一言于后。先生性伉爽，学以不欺其心为主，嫉恶严人，有小过，不相假借，改之则坦然无间。其有善，识之不忘，逢人称述，士以此畏而爱之，喜岳武穆“君臣之义，本于性生”语，尝谓余曰：“此可括西铭之蕴，知父子无性而不知君臣，不能视万物为一体；求忠臣于孝子，义本于仁也。移孝作忠，本仁以为义也。忠孝一源，明新一贯，千古要述，皆充仁以为义，而非有他也。”故论学力除门户之见，而统之以忠孝。光绪丁亥，宪司延先生主讲关中书院。书院为恭定讲学地，先生又生于其乡，乃访恭定祠旧址，扩而新之，旁为少墟书院，以少墟之学迪其乡之士。廉访曾公怀清割俸，属刻是编，而恭定原本无恭定传，乃取丰川所续继之，后之与关学者又不得略焉，则不惟非恭定本，亦非丰川本矣。泾阳王葵心先生以身殉明，大节凛然，与西人天主之说泊三纲者截然不同，然事天之说正西人所藉口，乡曲之儒略迹，而识其真者几人。先生常欲去之，书出则仍在焉。其先生病未暇，亲检与抑，亦人果无愧忠孝，不妨宽以收之与。先生没，无可质证。然学卒归于忠孝，则亘古至今，未有能议其非者，而今之从事西学者，均能知有君父，则算术技巧非必无补于世也。

附录三　冯从吾研究文录

一、古籍部分

1. 翟鳳翥恭定冯少墟先生传(《冯恭定全书》)

2. 冯少墟先生小像自赞(《冯恭定全书》)

3. 冯少墟先生像赞(5 篇,《冯恭定全书》)

4. 冯少墟先生像赞(1 篇,光绪三十四年六月《陕西教育》杂志第二期)

5.《明史》冯从吾传

6.《明儒学案》恭定冯少墟先生从吾

7.《关学续编》少墟冯先生

8. 清嘉庆《长安县志》、清乾隆《西安府志》、清雍正《陕西通志》冯从吾传

9. 诸儒评论(8 则,《冯先生集》/《广理学备考》)

二、专著部分

10. 陈俊民:《张载哲学思想及关学学派》/《关学思想源流论》,北京:人民出版社,1986 年版。

11.《关学编》(附续编)/《点校说明》,陈俊民、徐兴海点校,北京:中华书局,1987 年版。

12. 郭琦、史念海、张岂之:《陕西通史》(思想卷)/《明代关中理学集大成者冯从吾》,西安:陕西师范大学出版社,1997 年版。

13. 陕西省地方志编纂委员会《陕西省志》第七十九卷(上册)/人物志,西安:三秦出版社,1998 年版;

陕西省地方志编纂委员会《陕西省志》第七十卷/出版志,西安:三秦出版社,1998 年版;

陕西省地方志编纂委员会《陕西省志》第七十一卷(上册)/著述志/古代

部分,西安:三秦出版社,2000 年版。

14. 方光华:《古都西安:关学及其著述》,西安:西安出版社,2003 年版。

15. 何睿洁:《冯从吾心性之学研究》,西安:陕西人民出版社,2010 年版。

16. (日)冈田武彦:《王阳明与明末儒学》/《湛门派系统》,上海:上海古籍出版社,2000 年版。

17. (日)沟口雄三:《中国前近代思想的曲折与展开》/《童心说的走向——东林派对无善无恶的批判》,北京:中华书局 1997 年版中译本。

三、论文部分

18. 郗蒙:《冯从吾》,《理论学刊》1987 年第 11 期。

19. 杨志清:《冯从吾与 <冯氏族谱>(提纲)》,张中正《明史论文集》,黄山书社 1993 年版。

20. 祝永明:《书院门 · 关中书院 · 冯从吾》,《陕西档案》1999 年第 2 期。

21. 吴有能:《冯从吾心性论初探》,“张载关学与实学”国际研讨会的论文集《张载关学与实学》(葛荣晋、赵馥洁主编,西安地图出版社,2000 年版)。

22. 吕效祖:《冯从吾“做人说”的教育思想》,《陕西教育》2000 年第 8 期。

23. 刘学智:《冯从吾与关学学风》,《中国哲学史》2002 年第 2 期。

24. 贾俊侠:《冯从吾与关中书院的教学思想及教学特点》,《唐都学刊》2003 年第 1 期。

25. 侯长生:《冯从吾与关中书院及东林党争》,《文博》2006 年第 6 期。

26. 孙学功:《冯从吾两篇关于伊斯兰教的碑文及其价值》,《华夏文化》2007 年第 1 期;

孙学功、陈战峰:《试析冯从吾对道家的态度及其学术观念》,《唐都学刊》2007 年第 2 期;

孙学功博士论文《冯从吾学术思想研究》,《中国博士学位论文全文数据库》。

27. 刘继红硕士论文《冯从吾“善心说”初探》,《中国优秀硕士学位论文全文数据库》。

28. 何睿洁:《道统与政统张力中的依附和超越——从冯从吾论“讲学”说起》,《人文杂志》2008 年第 1 期;

何睿洁:《论冯从吾对“无善无恶”说的辨析》,《西安工业大学学报》2010年第2期;

何睿洁:《冯从吾的关学思想建构》,《唐都学刊》2013年第2期。

29. 张亲霞、郑荣《冯从吾与关中士人风气》,《华夏文刊》2008年第2期。

30. 王美凤:《试析冯从吾的佛学观》,《唐都学刊》2009年第2期;

王美凤:《从冯从吾“儒佛之辨”看晚明关学之佛学观》,《西北大学学报》(哲学社会科学版)2010年第2期;

王美凤:《冯从吾与邹元标学术交往略论——兼谈关学与心学之互动》,《唐都学刊》2012年第6期。

31.《关西夫子冯从吾》,《国学》2009年第2期。

32. 刘莹:《未发立体:冯从吾工夫论探析》,《船山学刊》2011年第4期;

刘莹:《冯从吾与明代关中理学》,《西安电子科技大学学报》(社会科学版)2012年第5期。

33. 米文科:《冯从吾的工夫论》,《信阳师范学院学报》(哲学社会科学版)2013年第1期。

34.(美)韩特龄(Joanna F. Handlin)博士论文《Action in Late Ming Thought:The Reorientation of Lu Kun and Other Scholar—Officials》,美国加州大学出版社,1983年版。

35.(德)Renate soden 博士论文《冯从吾的伦理哲学》。

参考文献

一、古籍部分

(1)国学整理社. 诸子集成[M]. 北京:中华书局,1954.

(2)李学勤. 十三经注疏[M]. 北京:北京大学出版社,1999.

(3)[宋]张载. 张载集[M]. 北京:中华书局,1978.

(4)[宋]程颐,程颢. 二程集[M]. 北京:中华书局,1981.

(5)[宋]朱熹. 四书章句集注[M]. 北京:中华书局,1983.

朱熹. 朱子语类[M]. 北京:中华书局,1999.(注:宋人黎靖德编。)

(6)[宋]胡宏. 胡宏集[M]. 北京:中华书局,1987.

(7)[明]秦可贞. 咸宁满侯生祠记[M]. 明万历本.

(8)[明]冯从吾. 冯恭定全书[M]. 光绪本.(注:《冯少墟集》二十二卷,《冯少墟续集》五卷)

(9)[明]冯从吾撰,陈俊民、徐兴海点校. 关学编(附续编)[M]. 北京:中华书局,1987.

(10)[明]王守仁. 王阳明全集[M]. 上海:上海古籍出版社,1992.

(11)[明]胡广(纂修). 明神宗实录[M]. 南京:江苏国学图书馆传抄本.

(12)[清]李颙撰,陈俊民点校. 二曲集[M]. 北京:中华书局,1996.

(13)[清]李元春(辑). 关中道脉四种书[M]. 清道光十年刻本.

(14)[清]黄宗羲撰,沈芝盈点校. 明儒学案[M]. 北京:中华书局,1985.

(15)[清]王鸿绪. 明史稿[M]. 清敬慎堂刻本.

(16)[清]张聪贤. 长安县志:卷二十三/经籍志,卷二十七/先贤传[M]. 民国二十五年排印本。

(17)[清]陈鼎(辑). 东林列传[M]. 扬州:江苏广陵古籍刻印社,1982.

(18)[清]高廷珍(辑). 东林书院志[M]. 清光绪七年重刻本.

(19)[清]孙奇逢(编辑). 理学宗传(二)[M]. 济南:山东友谊书社出版,1989.

(20)[清]张廷玉. 明史[M]. 北京:中华书局,1974(标点校勘本).

(21)[清]张骥. 关学宗传[M]. 陕西教育图书社,民国十年(1921)排印本.

(22)[清]永瑢、纪昀.四库全书总目[M].北京:中华书局,1965.

(23)[清]谷应泰.明末纪事本末[M].北京:中华书局,1977.

(24)[清]郑邦相、王禹锡.咸宁县志[M].清康熙本.

二、专著部分

(25)容肇祖.明代思想史[M].开明书店,1941(民国丛书本).

(26)孟森.明清史讲义[M].北京:中华书局,1981.

(27)赵宗正、李曦.中国古代著名哲学家评传:续编四/明清部分[M].齐鲁书社,1982.

(28)中国哲学史学会、浙江省社会科学研究所.论宋明理学[M].浙江人民出版社,1983.(注:宋明理学讨论会论文集。)

(29)陈俊民.张载哲学思想及关学学派[M].北京:人民出版社,1986.

陈俊民.三教融合与中西会通[M].西安:陕西师范大学出版社,2002.

陈俊民.蓝田吕氏遗著辑校[M].北京:中华书局,1993.

(30)徐耿华(编).陕西历史名人传[M].西安:陕西人民出版社,1988.

(31)蒙培元.理学范畴系统[M].北京:人民出版社,1989.

(32)陈来.宋明理学[M].沈阳:辽宁教育出版社,1991.

陈来.有无之境——王阳明哲学的精神[M].北京:人民出版社,1991.

(33)陕西省哲学学会.气化之道——张载哲学新论[M].西安:陕西人民教育出版社,1992.

(34)尹协理.宋明理学[M].北京:新华出版社,1993.

(35)姜广辉.理学与中国文化[M].上海:上海人民出版社,1994.

(36)萧萐父、许苏民.明清启蒙学术流变[M].沈阳:辽宁教育出版社,1995.

(37)嵇文甫.晚明思想史论[M].北京:东方出版社,1996.

(38)刘蔚华、赵宗正.中国儒家学术思想史[M].济南:山东教育出版社,1996.

(39)蒋伯潜、蒋祖怡.诸子与理学[M].上海:上海书店出版社,1997.

(40)侯外庐.宋明理学史[M].北京:人民出版社,1997.

(41)杨国荣.心学之思——王阳明哲学的阐释[M].上海:三联书店,1997.

(42)郭琦、史念海、张岂之.陕西通史:明清卷,思想卷[M].西安:陕西师范大学出版社,1997.

(43)陕西省地方志编纂委员会.陕西省志:第七十九卷(上册)/人物志[M].西安:三秦出版社,1998.

陕西省地方志编纂委员会.陕西省志:第七十卷/出版志[M].西安:三秦出版

社,1998.

陕西省地方志编纂委员会.陕西省志:第七十一卷(上册)/著述志/古代部分[M].西安:三秦出版社,2000.

(44)韩强.儒家心性论[M].北京:经济科学出版社,1998.

(45)苗润田.中国儒学史:明清卷[M].广州:广东教育出版社,1998.

(46)宋志明、向世陵、姜日天.中国古代哲学研究[M].北京:中国人民大学出版社,1998.

(47)步近智、张安奇.顾宪成、高攀龙评传[M].南京:南京大学出版社,1998.

(48)牟宗三.心体与性体[M].上海:上海古籍出版社,2000.

牟宗三.从陆象山到刘蕺山[M].上海:上海古籍出版社,2001.

牟宗三.宋明儒学的问题与发展[M].上海:华东师范大学出版社,2004.

牟宗三.中国哲学十九讲[M].上海:上海世纪出版集团,2005.

(49)左东岭.王学与中晚明士人心态[M].北京:人民出版社,2000.

(50)张学智.明代哲学史[M].北京:北京大学出版社,2000.

(51)丁为祥.虚气相即——张载哲学体系及其定位[M].北京:人民出版社,2000.

(52)李明辉.孟子重探[M].台北:联经出版事业公司,2001.

(53)林平,张纪亮.明代方志考[M].成都:四川大学出版社,2001.

(54)徐复观.中国人性论史[M].上海:三联书店,2001.

(55)葛兆光.中国思想史:第二卷[M].上海:复旦大学出版社,2001.

(56)张立文.宋明理学研究[M].北京:人民出版社,2002.

(57)冯天瑜.中国学术流变:下册[M].上海:华东师范大学出版社,2003.

(58)樊树志.晚明史[M].上海:复旦大学出版社,2003.

(59)方光华.古都西安:关学及其著述[M].西安:西安出版社,2003.

(60)彭国翔.良知学的展开[M].上海:三联书店,2005.

(61)林继平.李二曲研究[M].西安:陕西师范大学出版社,2006.

(62)郭齐勇.中国哲学史[M].北京:高等教育出版社,2006.

(63)(美)牟复礼,(英)崔瑞德.剑桥中国明代史[M].北京:中国社会科学出版社,1992.

(64)(日)宇野哲人著,马福辰译.中国近代儒学史[M].台北:中华文化大学出版社,1982.

(65)(日)沟口雄三.中国前近代思想的演变[M].北京:中华书局,1997.

(66)(日)冈田武彦.王阳明与明末儒学[M].上海:上海古籍出版社,2000.

(67)(德)安德烈·贡德·弗兰克著,刘北成译.白银资本[M].北京:中央编译出版社,2000.

三、论文部分

(68) 全汉升.明清间美洲白银的输入中国.中国经济史论丛(第一册)[C].香港:新亚研究所,1972:444—445.

全汉升,李龙华.明中叶后太仓岁入银两研究.香港:香港中文大学中国文化研究所学报[J],1972,(1):123—155.

(69) 樊树志.一条鞭法的由来与发展.明史研究论丛(第一辑)[C].南京:江苏人民出版社,1982:124—151.

(70)步近智.明万历年间理学内部的一场论辩[J].孔子研究,1987,(1):74—82.

步近智.晚明时期儒学的演变与影响[J].中国史研究,1989,(1):144—152.

(71)任大援.晚明学者刘邦采对"致良知"学说的发挥[J].西北大学学报,1987,(3):80—84.

(72)衷尔鉅.论明代的理学和心学[J].中州学刊,1990,(12):52—60.

(73)丁为祥.王阳明"无善无恶"辨[J].孔子研究,1993,(2):115—120.

丁为祥.从"格物"之辩看阳明与甘泉心学的分歧[J].孔子研究,1994,(2):87—92.

丁为祥.王阳明宇宙观的双重性及其意义[J].武汉大学学报,1999,(4):61—66.

丁为祥.从性自命出看儒家性善论的形成理路[J].孔子研究,2001,(3):28—37.

丁为祥.罗钦顺的理气、心性与儒佛之辨[J].中国哲学史,2002,(3):45—53.

丁为祥.明代心学的形成机缘及其时代特色[J].中国哲学史,2003,(3):81—94.

丁为祥.张载为什么著《正蒙》[J].哲学研究,2007,(4):22—28+128.

(74)权剑琴.冯从吾与关中书院[J].陕西教育,1994,(10):46.

(75)王凤贤,丁国顺."工夫即本体"命题的形成及其时代意义[J].孔子研究,1995,(4):83—91.

(76)陈永革.人心向善与人性本善——孟子心性论的伦理诠释[J].中国哲学史,1996,(4):48—53.

(77)刘学智.心学意趣、关学学风——李二曲思想特征略析[J].孔子研究,1997,(2):98—102+113.

刘学智.关学学风:躬行礼教,崇尚气节——从关中"三李"谈起[J].陕西师范大学继续教育学报,2001,(2):35—37.

刘学智.冯从吾与关学学风[J].中国哲学史,2002,(3):73—79.

(78)武占江,孟昭信.关学、实学与心学[J].西安电子科技大学学报(社会科学版),1999,(4):21—26.

(79)吕效祖.冯从吾"做人说"的教育思想[J].陕西教育,2000,(8):43.

(80)何俊.论东林对阳明学的纠弹[J].浙江大学学报,2000,(4):106—109.

(81)林乐昌.李二曲的经世观念与讲学实践[J].中国哲学史,2000,(1):115—122.

林乐昌.张载对儒家人性论的重构[J].哲学研究,2000,(5):48—54.

林乐昌.张载答范育书三通与关学学风之特质[J].中国哲学史,2002,(1):71—76.

林乐昌.张载关学学风特质论——兼论张载关学学风的现代意义[J].陕西师范大学学报(哲社版),2002,(3):33—41.

林乐昌.张载“心统性情”说的基本意涵和历史地位——在张载工夫论演变背景下的考察[J].哲学研究,2003,(12):35—41+92.

林乐昌.论王阳明讲学生涯与社会教化使命.哲学研究,2006,(11):59—64.

(82)屠承先.明末清初本体工夫论的融合与终结[J].哲学研究,2001,(5):60—65.

(83)王杰.明清之际的两股主流思潮[J].理论前沿,2001,(14):13—15.

(84)刘宝村.晚明东林学派与无善无恶说之争[J].唐都学刊,2001,(3):5—8.

(85)贾俊侠.冯从吾与关中书院的教学思想及教学特点[J].唐都学刊,2003,(1):95—97.

(86)朱丹,张琳,从本体到工夫:晚明理学思想的创造性转化[J].四川教育学院学报,2003,(5):12—14.

(87) 陈时龙.从首善书院之禁毁看晚明政治与讲学的冲突[J].史学月刊,2003,(8):40—45.

(88)东方朔.《性自命出》篇的心性观念初探.武汉大学中国文化研究院.郭店楚简国际学术研讨会论文集[C].武汉:湖北人民出版社,2000.

(89)吴有能.冯从吾心性论初探.葛荣晋,赵馥洁.张载关学与实学[C].西安:西安地图出版社,2000.

(90)[日]冈田武彦著,屠承先译.明末儒学的发展[J].哲学译丛,1989,(3):73.

冈田武彦著,吴光等译.明代的文化与思想论纲[J].孔子研究,1991.(2):40—48.

图书在版编目(CIP)数据

冯从吾评传/何睿洁著．—西安：西北大学出版社，2014.10

（关学文库/刘学智，方光华主编）

ISBN 978-7-5604-3512-1

Ⅰ.①冯… Ⅱ.①何… Ⅲ.①冯从吾（1556～1627）—评传 Ⅳ.①B248.99

中国版本图书馆 CIP 数据核字(2014)第 241835 号

出 品 人 徐 晔 马 来

篆　　刻 路毓贤

出版统筹 张 萍 何惠昂

冯从吾评传 何睿洁 著

责任编辑 马 平　　**装帧设计** 泽 海

版式统筹 刘 争

出版发行 西北大学出版社

地　　址 西安市太白北路 229 号　　**邮　　编** 710069

网　　址 http://nwupress.nwu.edu.cn　　**E - mail** xdpress@nwu.edu.cn

电　　话 029-88303593　88302590

经　　销 全国新华书店

印　　装 陕西向阳印务有限公司

开　　本 720 毫米×1020 毫米　1/16

印　　张 23.5

字　　数 360 千字

版　　次 2015 年 1 月第 1 版　2016 年 3 月第 2 次印刷

书　　号 ISBN 978-7-5604-3512-1

定　　价 48.00 元